U1016298

中外法学家书系

中国合同法研究
中日民事法学之对话

ZHONGGUO HETONGFA YANJIU
ZHONGRI MINSHI FAXUE ZHI DUIHUA

[日] 小口彦太 [中] 韩世远 王成
[日] 濑川信久 松冈久和 渡边达德 著
文元春 杨远舟 译

人民法院出版社

图书在版编目（CIP）数据

中国合同法研究：中日民事法学之对话 /（日）小口彦太等著；文元春，杨远舟译 . -- 北京：人民法院出版社，2019.6

ISBN 978-7-5109-2436-1

Ⅰ . ①中… Ⅱ . ①小… ②文… ③杨… Ⅲ . ①合同法—研究—中国 Ⅳ . ① D923.64

中国版本图书馆 CIP 数据核字（2019）第 028985 号

中国合同法研究：中日民事法学之对话

［日］小口彦太 ［中］韩世远 王成 著
［日］濑川信久 松冈久和 渡边达德
文元春 杨远舟 译

责任编辑 兰丽专 **执行编辑** 杨佳瑞
出版发行 人民法院出版社
地 址 北京市东城区东交民巷 27 号（100745）
电 话（010）67550638（责任编辑） 67550558（发行部查询）
65223677（读者服务部）
客服 QQ 2092078039
网 址 http：//www.courtbook.com.cn
E-mail courtpress@sohu.com
印 刷 河北鸿祥信彩印刷有限公司
经 销 新华书店

开 本 787 × 1092 毫米 1/16
字 数 504 千字
印 张 28.25
版 次 2019 年 6 月第 1 版 2019 年 6 月第 1 次印刷
书 号 ISBN 978-7-5109-2436-1
定 价 116.00 元

版权所有 侵权必究

序一

我推荐《中国合同法研究：中日民事法学之对话》一书。该书是中日两国著名民法学者长期合作研究我国合同法的最终学术成果，于2017年由日本成文堂出版日文本。我国《合同法》起草过程中，曾经广泛参考借鉴日本的立法经验和判例学说。现今《合同法》实施已近20年，并且按照立法计划，将经过适当修改完善、编纂为中国民法典的合同编。《中国合同法研究：中日民事法学之对话》中译本，无疑对于我国《合同法》编纂为民法典合同编、对于我国合同法理论研究和裁判实务具有重大意义！

中国社会科学院学部委员 梁慧星

2018年5月20日于北京

序二

欣闻早稻田大学名誉教授、江户川大学校长小口彦太教授组织撰写的《中国合同法研究：中日民事法学之对话》近期将在华出版，这是中日民法学界交流的一项成果，我为之感到高兴。

作为日本研究中国法的代表性学者，小口彦太教授长期在早稻田大学开设比较中日民法（特别是合同法）的课程，多次组织中国民法学者赴日访问，开展面对面的法学交流。《中国合同法研究：中日民事法学之对话》一书就是小口彦太教授组织中国、日本著名学者就合同法中的一些重大疑难问题展开研究的学术成果，也是中国人民大学与日本早稻田大学展开合作研究的标志性作品。该书最初于2017年由日本著名的成文堂出版发行，现在又由人民法院出版社翻译出版中文版本。这种由中日法学家开展直接交流合作、并将相应成果分别以不同语言出版的形式，让人耳目一新，可以说开辟了中日民事比较法研究的新范式，并将使中日两国的法律学人从中受益。近年来，日本对民法典的债法内容作了大规模修改，中国也正在编纂中国民法典合同编，可以说，《中国合同法研究：中日民事法学之对话》的出版正逢其时，对两国民法的发展和完善也会起到积极的推动作用。

我与小口教授相识将近三十年，长期以来我们一直保持着密切的学术交流关系和良好的友谊，我们曾多次就中日民法问题在早稻田大学和中国人民大学美丽的校园里一边散步一边讨论，留下了许多难忘的记忆。小口教授温文尔雅，人品学识俱佳，我从他身上也学到了很多东西。小口教授多次邀请我到早稻田讲学，我的《合同法》一书就是由小口教授在百忙之中拨冗翻译、审校，并在早稻田大学出版社出版日文本。2016年，我也曾经邀请小口教授来中国人民大学开展中日合同法比较研究的学术专题讲座，受到了师生广泛好评。

我衷心祝愿小口教授学术之树常青，也祝愿中日两国的民法交流进一步深化，并结出硕果。

是为序。

中国法学会民法学研究会会长
中国人民大学一级教授

2018年5月28日

中译本序言

本书的特色在于，完全有别于一般合著类书籍，未采用分章节执笔再予统合的方式，而采用中日两国学者共同围绕中国合同法上某个争论点询谋谘度的方式。易言之，中日学者对同一论题互换意见之后再整合梳理。作为合著者代表的我本人一直以来在早稻田大学法科大学院讲授中国合同法，有件小事记忆犹新。有一位同学在课程评价调查问卷中感叹："与其说中国合同法与日本契约法相差甚远，不如说中国合同法的学习提高了对于日本民法设置条文之理由的兴趣。"这位同学虽未言明，但他恐怕是想表达通过学习他国法会更加加深对于本国法的理解吧。本书正是立足于此，希望借由本书可以让广大读者在理解他国之合同法的内容的同时，进一步加深对于本国合同法的理解。

本书的出版目的有两点。其一，助力今后日益重要的中国对日贸易。合同法是开展中日贸易最为重要的一环；正确的理解日本契约法的审判实务和学说动向对于中国的对日贸易具有举足轻重的意义。本书日方的各位执笔者，每一位都是日本代表性的著名学者，他们的真知灼见足以帮助各位读者准确地理解中日合同法的异同。此外，本书还详细介绍了 2017 年日本债法修正的核心——契约法修正——的内容。这部分内容势必对中国企业的对日贸易大有裨益。

其二，希望本书可以对当下正在进行的中国民法典合同编的起草工作有所贡献。梁慧星先生赠言：“（本书）无疑对于我国合同法编纂为民法典合同编、对于我国合同法理论研究和裁判实务具有重大意义！”王利明先生亦赠言：“近年来，日本对民法典的债法内容做了大规模修改，中国也正在编纂中国民法典合同编，可以说，《中国合同法研究：中日法学者之对话》的出版正逢其时，对两国民法的发展和完善也会起到积极的推动作用”。

本书日文版刊行之时，隶属日本学士院的一位值得钦佩的友人也曾赠言：“（本书）不仅仅对涉中事务的实务家有所裨益，在反映两国法的差异这一层面，更是比较法、比较文化上的珍贵资料”。

借由本书刊行之契机，殷切盼望中日学术交流百尺竿头更进一步。

最后，谨向举荐本书得以在中国顺利刊行的中国国家法官学院副院长蒋惠岭先生和对本书刊行给予大力支持的人民法院出版社表示最诚挚的谢意。此外，《中国合同法研究》中译本的顺利刊行，有幸得到早稻田大学法学学术院的文元春副教授以及早稻田大学比较法研究所的杨远舟助手的倾力相助；二人以极高的水平翻译了本书中的日本民法条文、“问题的提出”“点评”等各个部分。在此深表感谢。

早稻田大学名誉教授
江户川大学校长　小口彦太

2019年6月25日于日本东京

日文原版序言

现行《中华人民共和国合同法》自实施以来已经过了16年（编者注:截至2019年已经过20年）。正如“接轨”（连接国内外市场的轨道）这一标语所示，该法着眼于21世纪全球化的市场经济而制定，并积极地采纳和借鉴了国际性的最新合同立法与思想。问题在于，在立足于国际性的最新合同立法动向这一意义上属于“先进”立法的《中华人民共和国合同法》（本书以下简称《合同法》）实际上是如何发挥其功能的？我认为，在自该法颁布和实施以来已经过16年的现在，有必要暂且停下来探讨其理论与实务动向。

不过，现时日本社会存在诸如尽管中国有法也如同无法的观点，其观点果真属实吗？验证其真伪的一种手段就是审判实务，因为法被预设为最终防线是作为裁判规范而得以实现的。就中国的案件数量而言，据中国法律年鉴社2015年出版的《中国法律年鉴》的统计，与其他民事案件相比，合同纠纷案件名列前茅，2012年至2015年这四年的案件数量达到了936197件。顺便提及的是，同一时期侵权案件为125249件，2008年至2015年有关物权纠纷案件为67685件，2009年至2015年婚姻家庭与继承纠纷案件为164666件。此外，就其判决内容而言，编者（小口）查阅到的有关合同纠纷大约1200件案例，均详细记载了当事人的主张、抗辩以及法院的事实认定，并在此基础上，展开法律解释进而推导出判决。也就是说，以《合同法》为限，依据法律的纠纷解决已踏踏实实地在中国扎下了根。此种事实表明，在诸如《合同法》等民事法领域，真正的法律解释学时代已到来。立足于此种认识，本书虽限于《合同法》总则部分，但以期对中国《合同法》进行综合性的研究。

不过，本书虽以合著为名，但与对每个题目采分担执笔形式的一般合著相比，其内容是不同的，本书所有撰稿人对于每个题目采用了以“问题的提出”“答复”“点评”等形式来多层次地参与其中的特殊形式。也就是说，本书为中日法学家合作之产物。之所以能够完成此种合作之著，仰赖于中方的韩世远、王成两位教授，日方的濑川信久、松冈久和、渡边达德三位教授的积极配合以及但见亮（**一桥大学法学院法学研究科副教授——文注**）与文元春两位在口语翻译与书面翻译等方面所付出的舍身忘我的努力。此外，我谨对在出版学术著作越发困难的当下，欣然承接本书出版的成文堂以及提供出版资助的早稻田大学孔子学院表示由衷的谢意。

编者识

凡　例

一、本书日文版原则上省略了教授、先生等敬称，但中文版依循中国的通常用语，原则上使用了前述敬称。

二、关于日文参考文献依循原文主义，原则上以原文标出，不另行译为中文。

三、关于《合同法》与相关法规的记载方式，首先列举1999年制定的中国统一《合同法》的条文，在相关各条文之后列举与该条文相关的其他法律、司法解释的条文，除情势变更原则外，将草案等参考资料列于最后。其后，一并列出与中国《合同法》相对应的日本法条文。关于日本法，只列举与中国法相对应的条文，原则上不列举只有日本法才有的条文，并在《中日条文比较》部分有所提及。

四、关于中国《合同法》条文的标题，如无特别说明，均出自简易版《公民常用法律手册》（法律出版社2011年版）。

五、随着日本民法（债权法）的修改工作，将现行《日本民法》中修改或新设的条文作为《日本民法修正案》（引自［日］商事法务编：《民法（债权关系）修正法案新旧对照条文》，商事法务2015年版）列举到现行《日本民法》之后，在此基础上，将对中日条文进行比较。此外，原则上对日本的《日本民法修正案》（债权法）仅标记为《日本民法修正案》。

六、本书中以下司法解释的缩略语如下：

1.《最高人民法院关于贯彻执行〈中华人民共和国民法通则〉若干问题的意见（试行）》［法（办）发〔1988〕6号，1988年4月2日公布施行］。以下简称《民法通则意见》；

2.《最高人民法院关于适用〈中华人民共和国合同法〉若干问题的解释（一）》（法释〔1999〕19号，1999年12月29日公布施行）。以下简称《合同法适用解释（一）》；

3.《最高人民法院关于审理商品房买卖合同纠纷案件适用法律若干问题的解释》（法释〔2003〕7号，2003年4月28日公布，自2003年6月1日起施行）。以下简称《商品房买卖合同解释》；

4.《最高人民法院关于适用〈中华人民共和国合同法〉若干问题的解释（二）》（法释〔2009〕5号，2009年4月24日公布，自2009年5月13日起施行）。以下简称《合同法适用解释（二）》；

5.《最高人民法院关于当前形势下审理民商事合同纠纷案件若干问题的指导意见》（法发〔2009〕40号，2009年7月7日公布施行）。以下简称《民商事合同指导意见》；

6.《最高人民法院关于审理买卖合同纠纷案件适用法律问题的解释》（法释〔2012〕8号，2012年5月10日公布，自2012年7月1日起施行）。以下简称《买卖合同解释》。

七、本书第二编中经常出现的主要著作的缩略语如下：

1. 王利明：《合同法研究（第一卷修订版）》，中国人民大学出版社2011年版。以下简称王利明Ⅰ书；

2. 王利明：《合同法研究（第二卷修订版）》，中国人民大学出版社2011年版。以下简称王利明Ⅱ书；

3. 崔建远主编：《合同法（第五版）》，法律出版社2010年版。以下简称崔建远Ⅲ书；

4. 韩世远：《合同法总论（第三版）》，法律出版社2011年版。以下简称韩世远Ⅳ书。

八、有关国际货物买卖合同的《联合国国际货物销售合同公约》表述为CISG，该《公约》的日文翻译出自［日］甲斐道太郎等编：《注释国际统一买卖法Ⅱ》，日本法律文化社2003年版。

九、本书第二编“答复”“点评”部分中括号内的补充说明如出自小口时，将注明。

日本的民事判例集略记（以本书引用为限）

大审院（1875 ~ 1947 年）民事判决录→民录
大审院或日本最高法院民事判例集→民集
最高法院裁判集民事→集民或裁判集民
下级法院民事裁判例集→下民集

判例年号简称及其计算方法（译者注）

明治→明（1868.9.8 ~ 1912.7.30）
计算方法：1867 +年号数，如明治 45 年为 1867 + 45 = 1912 年
大正→大（1912.7.30 ~ 1926.12.25）
计算方法：1911 +年号数，如大正 8 年为 1911 + 8 = 1919 年
昭和→昭（1926.12.25 ~ 1989.1.7）
计算方法：1925 +年号数，如昭和 17 年为 1925 + 17 = 1942 年
平成→平（1989.1.8 至现在）
计算方法：1988 +年号数，如平成 13 年为 1988 + 13 = 2001 年

目　录

第一编

本书的概要

出版本书的经过如下：

到目前为止，著者小口深感对于在讲授中国《合同法》的过程中所借鉴的中国的代表性著作中视其为理论上以及实务中所存在之问题部分有必要加深认识。有幸的是，著者申请到了日本文部科学省的科研经费，在得到中日两国民法学者的帮助后成立了“中国合同法研讨会”，开始着手上述课题。

本研讨会以如下方式进行了研究：首先由小口整理了认为重要的各个论点，由时任早稻田大学法学学术院助理教授的文元春将其译成中文，在开研讨会之前提前发给中国的两位民法学者韩世远教授和王成教授。在此基础上，在每年两次、合计六次的研讨会中，口头询求韩、王两位教授的答复，由濑川信久、松冈久和、渡边达德三位教授从日本法的立场（比较法的立场）出发，分别阐述了各自的观点，并进行了讨论。如欲圆满地进行此种讨论，就需要熟练的翻译，有幸得到但见亮、文元春两位的帮助，由此进行了非常热烈的讨论。本书就是在上述历时六次研讨会讨论的基础上写成的，由韩、王两位教授重新对口头答复进行了书面整理，由小口将其译成日文发给日方的三位民法学者，再由该三位以“点评”的形式进行了书面整理。

本书由中日两国合同法的相关条文以及条文比较（小口撰写）、有关中国统一《合同法》总则部分中各个论点的“问题的提出”（如无特别说明，均由小口撰写）、“答复”（由韩、王两位教授撰写）、“点评”（由濑川、松冈、渡边三位撰写）四个部分构成。本书以期对合同法上的特定题目进行深入的探讨，与所谓的概论类著作是不同的。本书所列讨论事项如本书目录所示。

此外，将本书第一编的标题标为“概要”，归根结底，其表明由小口对第二编的详细讨论进行了简要的整理，不妨直接从第二编开始阅读。本《概要》仅限于“问题的提出”以及中方两位学者对此的答复，对于其详细内容以及日方学者的“点评”部分，还望直接参照本书第二编。

第一章　一般规定

中国《合同法》的第一章规定了立法宗旨、合同的定义以及合同自由等《合同法》的诸原则。在制定《物权法》阶段，出现了物权法草案违宪的议论，并围绕如何表述立法宗旨这一问题展开了激烈的讨论。与此相对，在制定《合同法》阶段，将该法定位为接轨国内外市场的法律来推进其立法工作，并没有产生多大问题。在本章中特别成为问题的是有关《合同法》第2条“合同定义”的问题。

关于统一《合同法》的适用范围，在草案阶段规定为：“合同是……设立、变更、终止债权债务关系的协议”，而在通过时，“债权债务关系”被修改为“民事权利义务关系”。既然是民事权利，那么当然包括物权，这就不免产生中国《合同法》是否已承认物权合同概念这一疑问。关于这一问题，中国民法学界也存在不承认债权合同（负担行为）与物权合同（处分行为）之区别的学说、虽承认二者的区别但不承认物权行为无因性的学说以及承认债权合同与物权合同的区别并主张物权行为无因性的学说。韩世远教授认为中国的立法者没有采纳无因性，而在语用学上区分债权行为与物权行为是有其意义的；王成教授认为《合同法》规范的合同就是债权合同，但债权合同仅仅在与物权合同相对时才有意义，由于中国法不存在所谓物权合同，就没有必要使用债权合同这一概念。该问题特别是在如何理解有关无权处分的《合同法》第51条以及第52条规定的违反法律、行政法规的强制性规定的无效合同这一点上显现出来（参见本书第二编第三章第三节和第四节）。

此外，第一章还规定了合同自由、公平、诚实信用、遵纪守法（公序良俗）、履行义务等诸原则，由此产生了诸原则之间是否存在价值位阶这一问题。比如，中国的代表性民法学者之一的梁慧星教授认为权利滥用之禁止原则直接来源于规定公民的自由和权利从属于国家的、社会的、集体的利益这一《宪法》第51条的规定，而王利明教授则认为诚信原则才是民法特别是债法中的最高指导原则。与此相对，韩世远教授和王成教授均对此种价值上的位阶化持否定性的态度。韩世远教授认为立法者并没有突显某一原则而是并列规定，即使如果存在价值的体系的话，其也肯定是变动着的，不存在一个永久不变的价值体系；王成教授认为讨论原则问题，包括讨论价值位阶问题，需要结合具体问题或者具体案例进行。

然而，当着眼于诸原则在中国的实际功能时，有一个需要注意的原则，那就是公平原则。该原则在不安抗辩权或情势变更原则等未被明文规定的时期，发挥了弥补法律漏洞的功能，也在计算因违约而造成的损害赔偿额时发挥了重要作用。但特别需要注意的是，除了上述功能以外，该原则还兼具突破法律这一独特的功能。其典型案例为发生在广东省的五月花餐厅爆炸案，在该案中，广东省高级人民法院尽管认定被告五月花餐厅不构成违约和侵权，但还是依据公平原则判决被告向原告支付 30 万元“补偿”金。其名称虽为“补偿”，但既然是判决，就具有强制力，其实际上与损害赔偿并无二致。而且，该判决是作为“案例”而登载于《最高人民法院公报》的，这表明最高人民法院认为该案例具有参考性价值。

关于该案例，韩世远教授认为结果导向的本判决是关注舆论和民意的判决，其背后存在着诸如“劫富济贫”“不患寡，而患不均”等中国的文化特点，并指出此种判断将损害法治所追求的“确定性”和“可预见性”；王成教授也认为本案判决是采结果导向的、法治还未成熟的 13 年之前的例外性的判决，其不具有普遍意义。

第二章　合同的订立

关于合同的成立，中国《合同法》与日本法相同，采大陆法系的意思主义。但本章在有关合同订立的诸多规定中重点探讨了在比较法上具有特异性的有关隔地人之间要约与承诺的规定方式、电子合同的普及程度及其实务中存在的问题、缔约过失责任以及格式条款的效力问题。

首先，关于隔地人之间的要约与承诺，中国法在相当范围内承认了对要约的撤回（在要约到达之前或者与要约同时到达）与撤销（要约到达后承诺通知发出之前）的同时，又规定合同自承诺的意思表示到达要约人时起成立，其规定明显有利于要约人。此种与日本法、英国法以及德国法均不同的中国法的立法背景将成为问题。

对此，韩世远教授认为该规定在很大程度上受到了 CISG 的影响，其背后存在着《合同法》的起草者强烈意识到了与国际市场接轨这一因素。此外，他认为，有关要约拘束力的 CISG 的规定反映出了英美普通法、法国法、德国法等各法系代表的观点，其为折中的方案；中国法也是如此，一方面，允许要约的撤回和撤销；另一方面，又规定了不允许撤销要约的特殊情形。由此，在解释论上变得复杂，需要特别注意。王成教授则着眼于该特殊情形，主张将中国法的规定理解为不承认要约的拘束力是存在误解的。

此外，认为合同因要约与承诺的意思表示一致而成立这一经典性的合同理论，由于近年来电子合同的快速普及而不得不被修改。关于中国电子合同的普及程度，韩世远教授指出："虽然没有去查找，但我印象当中是超过美国的。"而且，据王成教授的介绍，就通过购物网站进行货物和服务的交易而言，淘宝网 2013 年"双十一"一天的交易额就达到 350.19 亿元人民币。在此种电子合同中将不可避免地发生点击失误，民法学者也对理论上的由点击失误产生的承诺之撤销进行了探讨。对此，韩世远教授和王成教授均指出，此问题已通过 2013 年修订的《消费者权益保护法》第 25 条的“cooling-off”（七日）规定得到了解决。

其次，关于缔约过失责任，将此问题是以违反《合同法》上的诚信原则来说明，还是以侵权理论来说明，是存在意见分歧的。梁慧星教授将此责任理解为违反《合同法》上的义务，而王利明教授则主张，此责任为既不属于合同责任也不属于侵权责任的一种法定责任，将来在民法典制定时应当将缔约过失责任从现在的《合同法》纳入到债法体系中。对此，韩世远教授指出，就“定性”而言，缔约过失责任居于违约责任与侵权责任之间，是一法定的特别结合关系；借鉴《欧洲合同法原则》及《国际商事合同通则》将其规定于合同法中，也并无不妥。此外，王成教授在肯定性地介绍上述王利明教授观点的同时，又指出，无论规定在合同法还是规定在侵权法中，在司法实务中不会出现太大差异。

关于格式条款，中国《合同法》第 40 条虽规定了其无效事由，但在格式条款显失公平的情况下能否适用《合同法》第 54 条有关合同可变更、可撤销的规定是不明确的。对此，有观点认为在当事人愿意变更该条款的场合，应当允许其请求（王利明教授）。对此，韩世远教授指出：中国《合同法》规定了“部分无效”（第 56 条）和“部分解除”（第 165 条），而没有提及“部分撤销”；但是，即使在现行《合同法》下也可以解释为《合同法》承认了“部分撤销”，其规范基础应寻求于第 54 条；而且，如若承认格式条款的“部分撤销”，将产生与“部分无效”之间的竞合这一问题。而王成教授则指出，既然已存在有关无效事由规定的第 52 条、第 53 条，那么，规定格式条款无效事由的第 40 条就是多余的；而且，如果存在显失公平情形，无论其是否是格式条款，此时由《合同法》第 54 条来处理即可。

第三章　合同的效力

中国《合同法》中关于合同效力规定的大部分内容属于日本法民法总则中关于法律行为的内容。而在本书中，特别将如下事项作为了考察对象，亦即：有关是否需要行政机关的批准和合同效力规定的第 44 条；有关包括买卖他人之物在内的无权处分之合同效力规定的第 51 条；规定违反法律、行政法规的强制性规定的合同无效的第 52 条第（5）项；有关对应于日本法上错误的、作为撤销事由的重大误解规定的第 54 条。

中国通过由计划经济向市场经济的转型取得了惊人的经济发展，但是仍然存在着大量以行政机关的批准为合同生效要件的规定。近年来，试图要求限制此种批准的规定之中的效力性规定范围的呼声颇具声势。然而，究竟何种规定属于非为单纯管理性的、效力性规范是不明确的。对此，韩世远教授在指出《合同法》第 44 条本身并不具备如第 52 条第（5）项那样能够判断该合同有效或无效的规范性功能的基础上，列举了关于经过批准和登记才能生效的、所谓“效力待定”的诸种规定。由于颇具参考价值，因此，将其列举如下：

《中外合作经营企业法》（2017 年第四次修正）第 5 条、第 7 条、第 10 条；《中外合作经营企业法实施细则》（2017 年第二次修订）第 11 条；《外资企业法》（2016 年第二次修正）第 6 条、第 10 条；《外资企业法实施细则》（2014 年第二次修订）第 7 条；《中外合资经营企业法》（2001 年第二次修正）第 3 条、第 13 条、第 14 条；《中外合资经营企业法实施条例》（2014 年第五次修订）第 14 条、第 20 条第 1 款、第 4 款；《对外合作开采海洋石油资源条例》（2011 年第三次修订）第 7 条第 2 款；《对外承包工程管理条例》（2008 年 9 月 1 日生效）第 7 条、第 9 条；《对外贸易法》（2016 年修正）第 19 条。

王成教授也指出，《合同法》第 44 条属于效力待定的规定，未报批场合的合同效力也属于效力待定；与此相对，在报批但是未获批准时，合同效力如何，值得讨论。并指出："我个人倾向于缔约过失说。"

在中国的民法学者之间所进行的激烈争论是，《合同法》第 51 条规定的无权处分人所签订合同的效力问题。该问题历来就有完全无效说、效力待定说和完全有效说三种学说，但由于《买卖合同解释》采用了韩世远教授所提倡的将合同区分为债权合同（负担行为）和物权合同（处分行为）这一所谓区分说的观点。因此，看起来似乎该问题已统一为：即便为无权处分，债权合同（负担行为）本身也有效这种学说。但是，争论还在持续，采效力待定说的梁慧星教授指出，不是针对《合同法》第 51 条而出台该司法解释的，而是针对相当于《合同法》第 132 条规定的由所有权人实施的有效处分行为的 5 种类型而出台该司法解释的。

相关案例数量之多足以与《合同法》第 51 条相提并论的是第 52 条，特别是违反法律、行政法规强制性规定的合同的效力问题。《物权法》第 191 条第 2 款规定，抵押人转让抵押财产的，须经抵押权人同意。本书以程啸教授所介绍的、违反该规定之转让合同的案例为素材进行了探讨。关于此种合同的效力，学说上分为无效说、有效说、效力待定说和区分说；关于该案，一审采用了无效说，而二审采用了区分说，并判定债权合同有效，但因未经抵押权人同意，因此，物权合同（处分行为）无效。本案真正的争点在于请求支付高额违约金，采无效说的一审判定，既然合同无效，也就不发生违约金请求权；而采债权合同为有效这一立场的二审则在承认解除合同的基础之上，判令支付违约金。关于本案，韩世远教授支持采区分说的二审判决，王成教授也支持了二审判决。不过，我认为，王成教授关于"我个人倾向于有效说及区分说"的表述是微妙的，其似乎更倾向于站在不承认区分债权合同与物权合同的有效说（因此，亦发生物权变动）的立场。《合同法》第 52 条第（5）项的重点在于辨别该法律、行政法规是属于使合同效力归于无效的效力性规定，还是属于不影响合同效力的管理性规定；但尚未由案例来形成一种确定的判断标准。

在日本的民法修正过程中，有关错误的问题也成为了争点之一；而在中国法上，重大误解也成为了争点。不过，其争点的表现方式与日本不尽相同。日本的教科书一般将错误分为动机之错误与表示行为之错误，并认为只有表示行为之错误才符合《日本民法》第 95 条所规定的错误。而且，在日本的民法修正议论中，有观点建议将日本最高法院关于错误的相关判例理论予以明文化。其判例理论为："为了使意思表示的动机错误作为法律行为要素之错误而产生无效的效果，应以存在其动机表示于相对方而成为法律行为之内容，且如无该错误则表意人将不会作此意思表示之情形为必要。”与此相对，中国关于重大误解的认识框架与日本存在很大差异：首先，传统民法理论区别“误解”与“错误”两个概念，“误解”指的是，诸如受要约人误将出租房屋之要约理解为出卖而为承诺之类的、表意人的相对人所具有的错误。其次，一般认为，中国的重大误解的构成要件中不包括“表示错误”。中日两国使用相同的汉字这一事实中隐藏着引起意想不到的“错误”之可能性，因此，有必要确定中国法上所言“误解”与“错误”的含义。对此，韩世远教授指出，符合日本法上之错误的中文为“重大误解”；日本法着眼于“意思表示”，中国法则着眼于“民事行为”（合同）；日本法着眼于“法律行为的要素”，中国法着眼于“行为内容”。此外，王成教授则指出，与上述有关“误解”的理解方式不同，在中国一般认为，误解相当于日本和我国台湾地区等所规定的错误；在其后果上造成损失为重大误解的一个重要的衡量标准；现也正在进行着将该标准予以具体化的尝试。

第四章 履行抗辩

合同有效成立后，将进入履行阶段，而构成该履行阶段主要论点之一的是履行抗辩问题。关于该抗辩，中国法在同时履行抗辩权之外还规定了不安抗辩权与先履行抗辩权（也表述为后履行抗辩权，本书称之为先履行抗辩权）。其中，先履行抗辩权属于其他国家的立法例所没有的、中国特有的立法，而对于该规定的评价分为积极与消极两种学说。本书中，韩世远教授持消极立场，而王成教授则持积极立场。王成教授认为关于在交易双方之间的信任关系薄弱的中国社会，此种规定具有重要意义的说明是饶有兴味的。

虽然中日两国法律均规定了同时履行抗辩权，但其规定方式存在相当大的差异。在中国法上，所谓同时履行，指的是没有先后履行顺序，在实务中也是严格要求该要件的。而且，正如其被称之为履行"抗辩权"的那样，原本应当作为一种权利来建构同时履行抗辩权，但却使用了"应当同时履行"这种使人联想起义务性规定的表述。由此，其具有了与如若不同时履行则构成双方违约这种理论连接在一起的可能性；事实上，也有观点已指出，这种双方违约规定正在使同时履行抗辩权的规定成为具文。基于此种批判，也有观点主张建议删去双方违约的规定；与此相对，韩世远教授则指出，在双务合同中，不具有牵连关系的主合同与从合同（附随合同）之间也还是存在双方违约的情况，并拥护双方违约在立法上的意义。

关于同时履行抗辩权，在日本，存在效果说与行使效果说相对立，判例和通说均支持存在效果说；而在中国，以教科书一类的叙述为限，似可认为行使效果说处于支配性的地位。本书中王成教授也支持行使效果说，而韩世远教授则有些许倾向于日本的存在效果说。不过，该问题若不经分析大量案例尚不可窥其真实，因而暂作今后之课题。此外，在日本关于同时履行，从诉讼经济的观点出发，在实务上采用了交换给付判决。对此，梁慧星教授等主张同时履行判决。王成教授也指出，在实务上采用的是同时履行判决。与此相对，韩世远教授认为：中国《民事诉讼法》上没有同时履行判决的明文规定，一旦被告所主张的同时履行抗辩权成立，法院就会驳回原告的诉讼请求。总而言之，此问题还有待于对大量案例进行分析。

关于不安抗辩权，中国法仿效大陆法系而规定了此权利，但其适用范围不仅仅限于诸如对方财产、经营状况恶化等事由，而在相当大的范围内承认适用不安抗辩权。这被认为是其引进了美国法上履行期前的违约（预期违约）的缘故。此外，中国的不安抗辩权不仅仅限于中止履行，而且还承认合同解除，这一点也被认为是受到了美国法的影响。不过，在不安抗辩权的规定中还规定可以解除合同，这也产生了与《合同法》第94条规定的法定解除事由之间的逻辑自洽性的问题。特别是围绕是否需要催告这一问题，关于事实上以催告为要件的第69条不安抗辩权规定与并未明示以催告为必要的第94条第（2）项规定（以预期违约为由的合同解除）之间的关系，即使在本书中，韩世远教授与王成教授的观点也是针锋相对的。此外，关于不安抗辩事由的发生时期，存在两种观点：支配性的观点认为应限于订立合同后所发生的情形，而韩世远教授则认为还应包括订立合同前存在的不安抗辩事由在合同订立后显现出来的情形。如依后者，将出现不安抗辩权与重大误解、欺诈之间产生竞合的情况。

第五章 债权的保全（1）——债权人代位权

在制定《合同法》的同一年，最高人民法院公布了《合同法适用解释（一）》，共30条，该规定约三分之一的内容是由有关债权人代位权的条文构成。可见，最高人民法院想要通过运用债权人代位权来解决所谓的三角债问题。

在日本法上，即使在债权人的债权未到期的场合也是承认行使代位权的，而在中国法上不存在此种表述。对此，韩世远教授和王成教授均认为从相关司法解释的规定来看是以已届清偿期为要件的。不过，对于保存行为是否承认其例外将成为问题；对此，韩世远教授认为中国立法机关对此持积极态度，而司法实务则持消极态度。

围绕行使债权人代位权的效果归属问题，是归属于行使代位权的债权人还是归属于全体债权人，在中国也存在意见分歧。在《合同法草案》阶段，曾规定为“归债务人后再清偿债权”（1997年征求意见稿），可见其采纳了后者的立场。然而，其后的《合同法适用解释（一）》第20条则规定，如若在债权人代位诉讼中获得胜诉判决，那么，行使代位权的债权人与债务人、债务人与次债务人之间相应的债权债务关系“即予”消灭。此种规定给人以行使代位权的债权人似乎可以无需抵销程序的形式来优先受偿的印象。事实上，在中国民法学界，甚至有学者将此理解为类似于债权转让（债务人向债权人转让其对次债务人享有的债权）的法定转移。对此，韩世远教授持否定态度，并指出，代位权行使的效果并非直接地归属于债权人，而是借助于抵销制度间接地归属于债权人。与此相对，具有法官实务经验的王成教授倾向于肯定法定转移说。

以上问题将涉及可否代位行使所谓特定物债权的问题，《合同法适用解释（一）》

第 13 条关于债务人对次债务人所享有的债权采用以具有金钱内容的债权为限的表述。如若限于金钱债权，在如下设例那样的场合中就不能行使代位权。

设例：当甲从乙处购买了 A 物，在还未受领的情况下甲将 A 物转让给了丙。此时，如果甲怠于行使对乙的交付请求权的话，可否承认丙行使代位权？

关于这个问题，王成教授指出，既然司法解释将代位权限于金钱债权，法院在适用代位权时，必须遵守这样的规定；且王成教授以自己所查阅到的范围为限，在审判实践中是不承认对特定债权行使代位权的。

不过反观案例，可以发现还存在不少此种案例，亦即：在债权人获得关于对不履行债务的债务人的请求履行之胜诉判决后，在因债务人仍拒不履行而进入强制执行程序的情况下，作为申请执行人的债权人代位行使债务人（被申请执行人）对次债务人所享有的权利。虽然韩世远教授和王成教授均对此持否定性的立场，但这一事实使我（小口）产生了债权人代位权是为了弥补中国的民事强制执行法的不足而被适用的这一想法。此种设想的背后依据 2011 年《最高人民法院关于依法制裁规避执行行为的若干意见》的第 14 条第 1 款规定（被执行人怠于行使债权对申请执行人造成损害的，执行法院可以告知申请执行人依照《合同法》第 73 条的规定，向有管辖权的人民法院提起代位权诉讼）。而且，正如此处有被执行人怠于行使“债权”这一表述的那样，其列举的是所有的债权，因此，只要处于强制执行的过程之中，也就可以对特定物债权行使代位权。事实上，纵观案例，在强制执行过程中行使代位权的情况下，其范围并不仅限于金钱债权。

第六章　债权的保全（2）——债权人撤销权

在考虑债权人撤销权的性质时，由谁成为被告这一问题是很重要的。不同于采折中说的日本，在采撤销诉讼（形成权）说的中国，债务人必将成为被告，且虽也有受益人也成为共同被告的情况，但此种情况并不是绝对的；此外，不存在与债务人的法律行为不具有任何关系的转得人成为被告的情况。倘若如此，当仅以债务人为被告的场合，为何该判决的效力及于受益人甚至转得人呢？有必要对此加以说明。关于这一点，韩世远教授认为：由于中国债权人撤销权中的撤销具有绝对效力，因此，也及于受益人和转得人。此外，王成教授认为：《合同法适用解释（一）》第24条将仅仅以债务人作为被告还是也将受益人作为被告交由债权人来选择；法院从有利于查清事实这一点出发，也是希望受益人甚或转得人都参加诉讼。但是，以小口所查阅到的案例为限，没有看到以转得人作为被告的案件，仅有债务人成为被告的案件占了绝对多数。

关于债权人撤销权的行使范围，中国《合同法》第74条第2款所规定的“以债权人的债权为限”情形中的债权人指的是以全体债权人的全部债权为限，还是以行使撤销权的债权人的债权为限，这也将成为问题。对此，韩世远教授指出，应以行使撤销权的债权人的债权为限。但是，依小口所查阅到的案例，指出债权人撤销权的目的在于保全全体债权人的全部债权的案例不在少数。

此外，在中国也有不少债权人撤销权的行使与债务人放弃继承权或分割家产权之间的关系成为问题的案例。其中，关于放弃继承权能否成为撤销权的客体这一问题，在中国也存在着意见的分歧。虽然也存在著名学者的此种观点，亦即：由于继承人放弃继承仅仅是未增加债务人财产的行为，并未减少债务人的责任财产，因此，不能成为撤销权的客体；但是依王成教授之见，在司法实务中有很多判决将放弃继承作为了撤销权的客体。不过，一般认为中国的家庭财产属于共同所有，由此，诸如在共同所有人之一的债务人放弃自己的持有份额（或以不合理低价转让）的场合，能否行使债权人撤销权将成为问题。对此，韩世远教授和王成教授均持肯定立场。

第七章 情势变更原则

中国《合同法草案》曾明文规定了情势变更原则，但最终相关条款被删除，其后又通过《合同法适用解释（二）》第 26 条予以承认。乍一看给人以 1999 年的《合同法》否定了情势变更的适用，而其在《合同法适用解释（二）》中得到了承认的印象。但事实却完全相反，其真相在于：出台该司法解释是为了遏制《合同法适用解释（二）》之前所存在的、在相当大的范围内承认适用情势变更的情况；韩世远教授和王成教授指出，作出此种限制的主要原因是为了应对 2008 年的国际金融危机。

不过，在《合同法适用解释（二）》中删除了《合同法草案》曾规定的要求重新协商（再交涉义务）的条款，其理由将成为问题。关于这一点，韩世远教授指出，在该司法解释中删除再交涉义务条款的理由恐怕在于：即使将此称为再交涉义务，但其并不是强制性的而是鼓励；如果一方不进行重新磋商，其法律后果不是强制履行，而只可能是损害赔偿；损害的证明也很困难。此外，王成教授指出，最高人民法院在适用情势变更时是重视调解的，这应当是司法解释中没有规定事前协商的理由。

上述司法解释作为适用情势变更的要件列举了“非不可抗力造成的”“重大变化”，因此将属于“不可抗力造成的”“重大变化”的情形排除在了该司法解释的适用范围之外；而对于后者情形，其似乎设想的是依照《合同法》第 94 条第（1）项所规定的因不可抗力致使不能实现合同目的场合来解除合同的。但是，实际上在其适用上难以区分《合同法》第 94 条第（1）项与有关情势变更的司法解释。但是，韩世远教授和王成教授均强调应当严格区分二者。

此外，韩世远教授还作了如下介绍：在中国实际的司法实践中，存在原本应适用有关情势变更司法解释的案件却适用《合同法》第 94 条第（5）项的事实。为何存在此种事实？《合同法》第 94 条第（5）项规定有“法律规定的其他情形”，而司法解释不是不包括在此“法律”之中吗？对于小口的此种疑问，韩世远教授的说明如下：首先，《合同法》第94条第（5）项属于在法定解除中行使解除权的规定，这是由一方当事人所行使的解除权；其次，在由情势变更解除的场合，应当由当事人向法院提起诉讼。因此，在情势变更的场合，不应适用《合同法》第94条。尽管如此，法院之所以适用《合同法》第94条是因为在有情势变更解除的场合，（必要时）应上报最高人民法院，下级法院认为这一流程较为复杂。但是，此种适用《合同法》第94条的做法是错误的；而且，司法解释虽不是“法律”，但在今天的中国时常见到只援引司法解释的情形。这种做法，并不算错。但是，近年来通过最高人民法院和最高人民检察院的相关司法解释，对于由司法解释创设规则的做法进行了限制。

第八章 风险负担

风险负担有给付风险和价金风险，日本法上指的是价金风险，而中国《合同法》第 94 条第（1）项以及第 149 条似乎规定的是给付风险，因此，有必要进行确认。韩世远教授关于这一问题的观点如下：

《合同法》第 94 条是关于解除权的规定，即便其第（1）项规定了不可抗力，这一规定也并非关于风险负担的规定。《合同法》第 142 ~ 147 条所规定的风险负担，在解释上应当限定于“价金风险”，并不解决“给付风险”问题，尽管法条用语表述为“标的物毁损、灭失的风险”，所指者并非“物的风险”（给付风险），而是价金风险。

中国《合同法》在因不可抗力致使不能实现合同目的的场合，同时规定了合同解除［第 94 条第（1）项］与风险负担。由此，关于如何考虑此二者的关系将成问题。在中国，首先关注和研究该问题的是周江洪教授，作为相关事例举例，周教授列举了羊兴新案（详见本书“第八章第三节一、问题的提出【案例 1】）以及孙红亮案（详见本书“第八章第三节二、韩世远与王成的答复”之后）。前者的案情为：虽出售地方政府所有的房屋，但在办理过户登记之前，包括该房屋在内的地区因公共目的所需而成为征收对象，由此，导致不能实现该房屋买卖合同；而后者的案情为：在以分期付款的方式签订车辆购买合同后，在还款过程中该车辆被抢，由此导致不能实现合同目的。关于前者的事例，一审法院适用了合同解除，而二审法院则适用了风险负担；关于后者的事例，一审法院（终审法院）虽采用了同时适用风险负担和解除的表述，而其实质上适用了风险负担。在学说上，周江洪教授主张仅适用风险负担规则；韩世远教授主张依据《合同法》第 148 条解除合同；而同样采解除说的王成教授则将其法律依据寻求于《合同法》第 94 条第（4）项的根本违约。此外，关于后者的事例，介绍该事例的《人民法院案例选》的评析人主张适用风险负担；与此相对，王成教授认为适用合同解除在其效果上更为妥当。如上所述，由于《合同法》第 94 条第（1）项与风险负担规定并存，由此导致中国的司法实务与理论学说产生了混乱。

此外，在中国一般认为受领迟延也构成违约，在这一点上，其与认为受领迟延不构成债务不履行的日本通说是不同的。在此成为问题的是：在受领迟延中因不可抗力致使标的物灭失的场合，是将此作为由违约责任产生的损害赔偿的问题来处理，还是适用规定因受领迟延风险移转于买受人的《合同法》第 143 条之规定。王利明教授认为风险负担属于在双务合同中当事人双方均无归责事由情形中的标的物灭失、毁损问题，主张由违约责任产生的损害赔偿的方式来处理；与此相对，韩世远教授和王成教授则采风险负担说。具体来讲，韩世远教授认为，作为受领迟延的一项特殊法律效果而发生风险转移；王成教授也认为因买受人的违约而发生风险转移。

设想在交付有重大瑕疵的标的物之后，因不可抗力致使该标的物灭失、毁损情形的规定为《合同法》第 148 条，该条也是在司法实务中适用频率高的规定。而且，依通说的理解，于此场合，买受人可以解除合同；但也存在此种理解，亦即：既然已经交付，买受人就应当负担风险，但买受人仍可以向出卖人追究违约责任。

第九章 债权让与

我们常常讨论债权的二重让与这一问题。在日本法上，是通过以附确定日期的证书通知债务人或者承诺的先后来判断向第三人转让债权之效力的优劣的；而在中国法上，就债务人而言，通知为生效要件，但通知的先后并不对债权让与合同的优先效力产生影响，而是以签订让与合同时间的先后来判断效力的优劣的。如若向第二受让人（乙）发出的通知先到达债务人处，而债务人向乙清偿的话，债务人的该行为有效，因而债务人可以从债务关系中解脱出来；而此时第二受让人将成为获得不当得利之人，第一受让人（甲）可以向乙请求返还不当得利。于此情形，不存在中国学说上的分歧；但是，在先向甲发出通知且债务人已清偿的场合，关于乙在合同法上的定位问题，学说上则存在意见分歧。崔建远教授将此问题区分为乙是善意或恶意的场合，并进行了如下的主张：在乙善意的场合，应该“准用”《合同法》第150条的权利瑕疵担保责任规定，认定让与人与乙之间的让与合同有效。不过，乙不能取得债权，可以向让与人追究违约责任；与此相对，在乙恶意的场合，应“准用”《合同法》第51条的无权处分规定，如果甲不予追认，让与人与乙之间的让与合同就无效，让与人应对乙承担缔约过失责任。对于此种见解，韩世远教授进行了如下批判：关于乙善意的场合，此处的“让与合同有效”，是自何时起且因何种法律根据而有效？对此并没有交代；“准用”一词并非《合同法》所用概念；此外，关于乙恶意的场合，既然第二次债权让与已定性为“无权处分”，就应该“适用”《合同法》第51条才对；即使在适用《合同法》第51条的场合，也无法说明规定即使以无权处分进行的合同亦有效的《合同法适用解释（二）》第15条。但是，王成教授赞成崔建远教授的观点，并指出，关于上述先向甲发出通知的场合，如果乙是善意，则为有效，适用上述司法解释第15条；如果是恶意，则是效力待定，适用《合同法》第51条。

在日本，作为融资手段的债权让与担保制度已得到法律化，且运用此种制度备受瞩目。而在中国，又是何种情况呢？这也是一个学术界感兴趣的问题。关于这一点，韩世远教授指出，在中国《物权法》中承认权利质权，可以出质的权利包括债券、存款单、应收账款等；但是中国《物权法》《担保法》并没有承认让与担保，通过让与债权提供担保，在立法层面欠缺专门的规则。而且，王成教授也指出，没有找到债权让与担保的司法案例。

此外，在上述日本的债权让与担保中也是将未来债权考虑在内的，而在中国的债权让与中是否也承认此种未来债权的让与将成为问题。对此，韩世远教授和王成教授均持肯定意见，王成教授列举了国际保理业务中对未来应收账款的转让等具体事例。但是，法院究竟是否普遍承认未来债权让与呢？对此，我（小口）存有疑问。作为其典型案例，周江洪教授介绍了“冯碧莹案”。该案的案情为：在签订有关房屋20年的长期租赁合同后，房屋所有人即出租人甲将租金债权转让给乙，其后甲的财产被扣押，而丙在强制执行和拍卖过程中取得了甲的房屋所有权。由此，乙和丙的租金债权中何者优先成为了问题。对此，法院判定：甲转让的虽是20年收租权，但其具有作为所有权人抑或处分权人这一附条件的债权的不确定因素，条件从某时起不能成就，则从该时起丧失收租权，也就无收租债权可转让。但是对于此种判断，介绍本事例的周江洪教授以及韩世远教授、王成教授均持批判性的立场，他们从新所有权人丙已继受甲乙之间的合同的立场出发，认为乙的租金债权优先。

第十章 合同的解除

《日本民法》明文规定了合同解除的不可分性。与此相对，在中国法上没有发现存在此种规定。在中国，虽然理论学说也对此予以承认，但司法实务中是如何处理的也将成为问题。对此，韩世远教授主张应适用《民事诉讼法》第 52 条的规定；而且王成教授也指出，中国司法实务更多是将其看作一个诉讼法的问题。因而，司法实务中是通过《民事诉讼法》中关于必要共同诉讼的规定来解决的。

中国法关于合同解除的效果，除了恢复原状、赔偿损失之外，还列举了“补救措施”。但是围绕如何理解该“补救措施”，存在多种学说。韩世远教授认为，所谓“采取补救措施”，也就相当于“价值形态的恢复原状”；其由所提供劳务的恢复原状、受领的标的物为金钱时的恢复原状等类型构成。而关于解除的效果，在中国也存在所谓直接效果说和折中说的对立。比如，采直接效果说的崔建远教授对于第三人为恶意而不能适用善意取得的场合，针对将解除权人的标的物返还请求不以物权请求权而是以债权请求权来理解的折中说进行了如下的批判：如若依据该说，受领人与恶意第三人之间的买卖合同也是有效的，这显然是过分保护了恶意第三人；与此相对，采折中说的韩世远教授认为：即使出卖人解除了合同，标的物也并不当然复归于出卖人；第三人取得所有权并不是基于《物权法》规定的善意取得规则；这时，出卖人和第三人均为债权人，哪一个的债权能够获得满足，取决于债务人即受领人的自由意思；而王成教授认为，就《日本民法》第 545 条第 1 款而言，其仅规定了不得侵害第三人的权利，但第三人的权利如何加以保护，本条并未有明示；而中国法则明确规定，在具体的保护措施上，可以通过《物权法》第 106 条（善意取得）等规定解决。

中国《合同法》在其第 94 条第（1）项承认了因不可抗力致使不能实现合同目

的场合的合同解除。由此，产生了与风险负担的竞合。当产生此种竞合时，应如何处理？此外，在中国《合同法》的立法阶段，是否存在过关于二者关系的讨论？这也将成为问题。关于后者的问题，韩世远教授和王成教授均指出并没有讨论此种问题。关于前者的问题，韩世远教授认为：应当将《合同法》第94条第（1）项和风险负担规则分别理解为特别法和一般法；而王成教授则在有关风险负担的答复（第八章第三节）中指出：合同解除后，双方分担损失的方案灵活性更大些，比风险负担仅让债权人一方承担更具合理性。

中国《合同法》第94条第（2）项是关于以预期违约为由的解除合同的规定，既包括“当事人一方明确表示不履行主要债务”（明示毁约）情形中的解除，也包括“以自己的行为表明不履行主要债务”（默示毁约）情形中的解除。另一方面，关于不安抗辩权的中国《合同法》第69条也规定可以解除合同；韩世远教授认为，就行使该不安抗辩权中的解除而言，实质上是要求催告的。但是中国《合同法》第94条第（2）项并没有需要催告的表述，因此，二者的关系将成为问题。对此，韩世远教授主张运用中国《合同法》第94条第（2）项也应当以催告为要件的解释论；与此相对，王成教授主张第94条第（2）项属于拒绝履行这一（债务人的）主观决定，因此无需催告。对此，韩世远教授主张在默示毁约场合应当需要催告。

关于中国《合同法》第94条第（3）项以迟延履行为由的解除，在将受领迟延也作为违约的中国，能否承认以受领迟延为由的解除将成为问题。对此，王成教授认为，受领迟延虽然也可以构成违约，但该受领义务为不真正义务，且义务的强度较弱，其违反不发生损害赔偿责任；与此相对，债权人另外还负有协力义务，而该义务为一种真正义务，当违反协力义务的场合，将被追究违反附随义务的责任。但是，中国《合同法》第94条第（3）项并不承认以附随义务为由的解除，因此，解除不会得到承认。韩世远教授也指出，中国的通说将中国《合同法》第94条第（3）项解释为关于债务人迟延的规定，不包括受领迟延。

中国《合同法》第94条第（4）项是借鉴CISG而制定的，但有别于后者，其没有采纳以是否存在可预见性来判断是否成立根本违约的规定方式，其立法上的评价将成为问题。对此，韩世远教授持积极评价的态度，他指出，通过抛弃主观标准，减少了因主观标准的介入造成的在确定根本违约方面的随意性以及对债权人保护不利的因素，王成教授也是同样的观点。不过，中国《合同法》第94条第（4）项不同于第（2）项和第（3）项，其未将解除的要件限定于主要债务。因而，能否承认以违反附随义务为由的解除将成为问题，韩世远教授对此持肯定态度。

关于中国《合同法》第94条第（5）项，特别成问题的是能否将依据从严格意义上不属于“法律”的司法解释的解除也包括在本项之中。对此，韩世远教授认为，对中国《合同法》第94条第（5）项所规定的“法律”不必作严格的解释；与此相对，王成教授则主张进行严格解释，认为司法解释本身不是法律。

第十一章　违约责任

以往的违约责任是作为过失责任来被规定的［如《经济合同法》(已失效)]，而在审判实践中采用了过失推定的方式，并且虽然在《合同法草案》阶段也规定为过失推定，但现行《合同法》则采用了严格责任。如何评价此种立法方式将成为问题。对此，韩世远教授指出，对于非典型合同，一旦发生违约，在适用法律时如何确定相应的归责原理（不是归责原则）将成为问题；现实司法实务中，对于服务合同（例如医疗服务合同等)，似未采用严格责任立场，从结果上值得肯定，但是在法理说明上尚属问题。此外，王成教授指出，就价值判断的角度，在民事活动中分清楚对错，还是非常有必要的。

中国《合同法》作为违约责任的效果，除了实际履行（继续履行)、赔偿损失之外还列举了"补救措施"，但是围绕如何理解此种责任承担方式存在着各种学说。韩世远教授认为：退货、减少价款或者报酬属于"补救措施"，修理、更换、重作与继续履行同属特定救济范畴；王成教授认为：从立法论而言，补救措施属于实际履行即继续履行，修理、更换、重作属于瑕疵履行后而采取的补救措施，而减少价款或者报酬具有赔偿损失和补救措施的双重意思。

《合同法》第 108 条是关于预期违约的规定，其被认为是采用了英美法上的明示毁约与默示毁约两种区分方式。其中，就默示毁约而言，其与不安抗辩权之间的关联将成为问题。也就是说，是以行使不安抗辩权为前提条件，还是如同美国法那样，应解释为不以其为要件，这将成为问题。韩世远教授认为：对此问题，CISG 第 72 条第 2 款的规定（如果时间许可，打算宣告合同无效的一方当事人必须向另一方当事人发出合理的通知，使他可以对履行义务提供充分保证）具有参考价值；王成教授也认为，在默示毁约的场合，不能仅凭一方的主观判断，因此，必须以一方行使不安抗辩权为前提。

就物的瑕疵担保责任与违约责任之间的关系，存在着统合论和竞合论，且以统合论为通说。统合论认为，物的瑕疵给付作为不适当履行而构成违约；而竞合论认为，物的瑕疵担保责任与违约责任是彼此相对独立的，买受人可以自由选择其中之一。从证明责任的角度来看，竞合论相比统合论更有利于买受人。韩世远教授认为：《合同法》总则中的第111条与分则中买受人的检查义务（第157条）、通知义务（第158条）各有其规范对象，不会产生竞合。王成教授认为，应当优先适用瑕疵担保责任的规定即分则中的第157条和第158条。

关于中国《合同法》第111条规定的请求减少价款和报酬的性质问题，在中国也存在着请求权说与形成权说的对立。对此，韩世远教授持形成权说（不过，非为一部解除说而为变更说），王成教授则似乎采请求权说。

中国《合同法》不同于有关《日本民法》第416条第1款的日本的通说（相当因果关系说），其以可预见性来判断损害赔偿的范围。其预见的判断时点是以订立合同时为准的，但关于预见的主体与内容则存在各种学说。对此，韩世远教授主张，预见的主体为违约方，而关于预见的内容，只要求预见损害的类型而无须预见损害的程度；而王成教授虽也以违约方作为预见的主体，但对于预见的内容，将损害类型和损害程度均作为其要件。

中国《合同法》第113条第2款是关于规定适用《消费者权益保护法》的条文，此处的惩罚性损害赔偿是基于合同法上的请求权还是基于侵权法上的请求权将成为问题。对此，韩世远教授认为：惩罚性损害赔偿本身并不具有特定的私法性质，其既可以在合同法中主张，也可以在侵权法中主张。与此相对，王成教授认为，《消费者权益保护法（2013年修正）》第49条以及第55条的赔偿请求权属于侵权法上的请求权。

关于违约金的性质，在中国也存在着种种论点，相关案例也非常多。首先，违约金能否视为损害赔偿的预定将成为问题，王利明教授对此种见解持否定性的态度。但是，韩世远教授认为，《合同法》第114条沿用了《涉外经济合同法》中“视为违反合同的损失赔偿”这一规定。王成教授认为，违约金与损害赔偿的关系，与违约金的性质能否调整有关。关于违约金与合同解除的关系，虽有一个最高人民法院的判决作出了因解除而违约金请求权也归于消灭的判断，但绝大多数的判决，包括最高人民法院的判决，都支持合同因违约被解除后可以继续要求违约金。采直接效果说的学者（崔建远教授）也认为，合同解除虽具有溯及力，但其不影响违约责任的存在。而关于赔偿性违约金的构成要件是否以过失为要件,在中国也存在意见的分歧。对此,韩世远教授认为：在赔偿性违约金的场合,只要不存在通过约定或特别规定来规定以过失（过错）为要件的情形的,不要求以过失（过错）为成立要件。王成教授也指出,违约金责任的构成要件就是违约责任的构成要件。

不过,中国法承认由法官调整违约金数额,对此,《买卖合同解释》第27条规定:"买卖合同当事人一方……未主张调整过高违约金的,人民法院应当……进行释明。"这给人以通过法官的职权来强制调整违约金的印象。对此,韩世远教授指出,调整违约金要以当事人请求调整为前提,即使出台了上述司法解释,也并不会有什么改变。王成教授也持同样立场。

关于定金与违约金以及损害赔偿的关系,也存在多种学说。梁慧星教授认为,中国《合同法》上的定金属于违约定金,违约定金为损害赔偿之预定,因此,定金与损害赔偿不得并用；而王利明教授则认为,违约金和定金的并用虽然是被禁止的,但是可以并用违约金和损害赔偿或者定金和损害赔偿。对此,韩世远教授指出,违约金是损害赔偿总额的预定,违约定金则通常被理解为了损害赔偿最低额的预定；以违约定金抵充填补损害之后,非违约方仍有损失的,仍不妨就未获填补的损失继续要求赔偿。此外,韩教授还指出,王利明教授将违约金理解为一种最低额的损害赔偿,而此种理解与通说是不同的。王成教授认为,依据《买卖合同解释》,定金和损害赔偿可以并处,违约金如果定性为损害赔偿额的预定,当然也可以与定金并处。

中国《合同法》第119条对受害人课以减损义务。关于本条的"适当措施",王利明教授将其替换成"合理措施",在此基础上指出,产生减损义务的情形,除了受害人在主观上非为善意的情形和不作为情形之外,还包括采取了不合理的行为造成损失扩大的这种情形；并将减损义务的根据寻求于诚实信用原则。韩世远教授和王成教授基本上与王利明教授持相同的立场。

关于中国《合同法》第121条,有学者指出,在司法实践中适用本条的案例是很多的；而关于本条,法律出版社出版的《公民常用法律手册》中标有"因第三人过错造成的违约"责任这一标题。但是,就本条而言,围绕"第三人"的范围亦或是否以"过错"为要件这一问题,存在着意见的分歧。关于第三人的范围,虽也存在限于"与合同当事人一方有联系的第三人"的学说（梁慧星教授）,而韩世远教授则认为,关于该"第三人"的范围并没有什么特别的限制,而且也可以在没有过错的场合适用,上述标题为条文中所没有的表述,并不准确。王成教授也认为该标题是不合适的,在此基础上继续指出：本条的目的在于,守约方不能向第三人主张违约责任；违约方不能以违约是由于第三人的原因造成而主张免除自己的责任；也就是说，其目的在于强调合同的相对性。而关于第三人的范围，与韩世远说持相同立场。此外，与规定因不可抗力免责的中国《合同法》第117条之间的关系，他认为，在受不可抗力影响的人是合同关系之外的第三人时，该第三人又作用于合同一方构成违约时，按照中国《合同法》第121条，此时，违约方应当向守约方承担责任。

关于由同一个行为同时成立违约责任与侵权责任的请求权竞合的问题，中国的主流学说采选择性竞合说，原告只能选择其中之一，即使原告据此败诉，也不能再以其他请求权来进行请求。对此，王成教授以《合同法适用解释（一）》第30条以及《最高人民法院关于审理旅游纠纷案件适用法律若干问题的规定》第21条为依据，支持上述主流学说。但是，韩世远教授则认为，即便法院在违约诉讼中作出败诉裁决，依然可以另行基于侵权诉讼加以主张，这与“一事不再理”原则及民事判决的既判力并不冲突，而且实务中也并未统一为选择性竞合说。

第二编

中国《合同法》研究

第一章　一般规定

第一节　中国《合同法》与相关法规及中日条文比较[①]

一、中国 1999 年《合同法》（节选）与相关法规（下同）

《合同法》第 1 条【立法宗旨】 为了保护合同当事人的合法权益，维护社会经济秩序，促进社会主义现代化建设，制定本法。

第 2 条【合同的定义】 本法所称合同是平等主体的自然人、法人、其他组织之间设立、变更、终止民事权利义务关系的协议。

婚姻、收养、监护等有关身份关系的协议，适用其他法律的规定。

第 3 条【平等原则】 合同当事人的法律地位平等，一方不得将自己的意志强加给另一方。

第 4 条【合同自由原则】 当事人依法享有自愿订立合同的权利，任何单位和个人不得非法干预。

第 5 条【公平原则】 当事人应当遵循公平原则确定各方的权利和义务。

第 6 条【诚实信用原则】 当事人行使权利、履行义务应当遵循诚实信用原则。

第 7 条【遵纪守法原则】 当事人订立、履行合同，应当遵守法律、行政法规，尊重社会公德，不得扰乱社会经济秩序，损害社会公共利益。

第 8 条【依合同履行义务原则】 依法成立的合同，对当事人具有法律约束力。

---

① 本书“《合同法》与相关法规及中日条文比较”部分内容中的法律条文按其所规定内容的相关联性顺序罗列。——编者注

当事人应当按照约定履行自己的义务，不得擅自变更或者解除合同。

依法成立的合同，受法律保护。

《合同法（草案）》（1998年8月20日）第2条 合同是平等主体的公民、法人、其他组织之间设立、变更、终止债权债务关系的协议。

二、《日本民法》（画线部分表示《日本民法修正案》中的修改部分。后同）

第1条【基本原则】 私权应当符合公共福利。

行使权利以及履行义务，应当恪守信义、诚实实行。

禁止权利滥用。

第2条【解释的标准】 对于本法，应以个人的尊严及两性实质的平等为宗旨解释之。

第90条【公序良俗】 以违反公共秩序或善良风俗的事项为标的的法律行为无效。

三、《日本民法修正案》

删除《日本民法》第90条的上述画线部分。

四、中日条文比较

1. 中国法的一般规定由《合同法》的立法宗旨（第1条）、《合同法》的调整范围（第2条）以及基本原则（第3条~第8条）构成。其中，日本法上不存在相当于《合同法》的宗旨及其调整范围的规定。

2. 就基本原则而言，除了中国《合同法》第6条与《日本民法》总则第1条基本对应外，其他条文之间看不出有对应关系。虽然中国《合同法》第3条与《日本民法》总则第2条均存在“平等”这一表述，但日本法所指的是身份法上的平等，两者的内涵是不同的。之所以日本法上不存在相当于中国《合同法》第3条的明文规定，是因为平等原则是一个不言自明的原则而无需另设规定。《学生常用法规全书》将中国《合同法》第7条的标题标注为“公序良俗原则”，如果可以以此来解释该条的话，《日本民法》总则第90条是与该条相对应的。不过，中国《合同法》第7条不具有作为直接规范的效力，因此，《日本民法》第90条直接对应的是中国《合同法》

第 52 条第 4 项。虽然中国《合同法》上找不到与《日本民法》总则第 1 条第 3 款所规定的禁止权利滥用原则直接对应的规定，但正如后文所述，中国《宪法》第 51 条（中华人民共和国公民在行使自由和权利的时候，不得损害国家的、社会的、集体的利益和其他公民的合法的自由和权利）相当于该规定，且其为来源于宪法的原则。

因此，有学者（梁慧星教授）认为禁止权利滥用原则为《合同法》诸原则中最高的原则。日本法上不存在相当于中国《合同法》第 8 条所规定的依合同履行义务原则的规定。其理由为：既然合同已有效成立，履行债务的义务就当然发生，无需另设规定。就中国《合同法》上诸原则中的公平原则而言，中国《侵权责任法》亦规定了公平责任原则（参见该法第 24 条），而日本法上不存在采用此种表述的规定（虽然判例中也存在援引公平原则的情形）。中国法上的此一公平原则实际发挥着何种功能成为中国法研究中的一项重要课题。

第二节　物权合同概念

一、问题的提出

关于统一《合同法》的适用范围，在草案阶段规定为："合同是……设立、变更、终止债权债务关系的协议。"而在通过时，"债权债务关系"被修改为"权利义务关系"。与此相关，谢怀栻先生指出："我国《合同法》也未规定《合同法》里的合同限于所谓'债权债务合同'而排除所谓'物权合同'。因为第 2 条只说'民事权利义务关系'而不是说'债的权利义务'。从前学者解释《民法通则》时，认为通则将合同规定在第 85 条而这一条位于'第二节：债权'之中，因而主张《民法通则》中的合同应限于债权合同而不包括物权合同。现在《合同法》第 2 条第 1 款给合同作的定义和《民法通则》给合同作的定义是大体相同的，但其上没有'债权'的限制，就难于对之作相同的解释。而且在《合同法》的最初草案中用的是'债权债务关系'，这个问题就更突出了。更成问题的是，《合同法》公布施行后，《民法通则》仍然存在有效，两个法律对'合同'这一概念的解释应该一致才好。这一问题的解决有待于有权机关的有权解释。"[①] 如何理解上述谢先生的观点？是否应理解为中国《合同法》已另外设想

① 谢怀栻等：《合同法原理》，法律出版社 2000 年版，第 24 ~ 25 页。

到了物权合同呢？此外，是否赞成有关不动产物权变动中的物权行为之无因性理论？

二、韩世远与王成的答复

（一）韩世远的答复

谢怀栻先生作为在中国民法学界被普遍尊敬的老前辈，对于德国民法学术系统非常熟悉。他本人也曾撰文，纠正中国学者对于物权行为理论存在的误解。[①] 另外，他本人对于《民法通则》第85条关于“合同”定义及其解释，也发表过精辟的见解。[②] 由此可以说，他对于《合同法》第2条的文字表述，具有十分鲜明的问题意识。

众所周知，在以买卖为典型的分析框架中，[③] 所谓“物权行为理论”包括两个主要方面的内容：物权行为独立性和物权行为无因性。当有的学者讲，《民法通则》所规定的“合同”是“债权合同”时，他实际上已经接受并使用了“物权行为理论”，因为他已经区分了债权合同与物权合同。否则，不提物权合同，只讲债权合同，是没有意义的，他完全可以而且应当只使用“合同”概念。

上面的区分，还只是在概念使用的层面，是将“债权合同”“物权合同”当作法律思维的工具。这在今天的中国，两个概念已经被民法学人所习以为常，作为帮助沟通法律思想的工具，没有什么太大的问题。可是，有的学者提出，只讲物权行为独立性、不讲物权行为无因性是没有意义的。今天的中国，正是有很多人只讲物权行为独立性而不讲物权行为无因性。岂不知，批评者自己已经无意识地接受了物权行为理论，并且运用了物权行为独立性的观念。

物权行为是有因抑或无因，是立法者政策选择问题，不是学者解释民法问题的工具选择问题。立法者没有采纳无因性，学者作解释论展开时，便不应强作无因性的解释。我个人认为，中国法没有采纳物权行为无因性理论；但是，我个人并不排斥使用物权行为、债权行为这些概念进行法思考。

---

① 谢怀栻、程啸：《物权行为理论辨析》，载《法学研究》2002年第4期。

② 谢怀栻：《正确阐述民法通则以建立我国的民法学》，载《法律学习与研究》1987年第5期。

③ 在谢怀栻和程啸前引论文中，围绕“物权行为”的讨论区分以下三种情形：其一，单独存在的物权行为；其二，与一定的债权行为有关系的物权行为；其三，存在于买卖、赠与和互易这些交易行为中的物权行为。强调物权行为的独立性与无因性只是全部物权行为理论中很小的一部分（针对上述第三种情形），因此，不能把否定“买卖中物权行为的无因性”的观点发展成为否定整个物权行为的观点。

（二）王成的答复

1. 关于谢怀栻先生观点的看法。

我自己理解，谢怀栻先生表达了三方面的内容：首先，根据《民法通则》的体例，《民法通则》中的合同应当为债权合同。其次，《合同法》中只谈权利义务关系而未提债权债务关系，如何理解《合同法》规定的合同性质成为一个重要的问题。最后，两部法律之间出现的不一致该如何解释。

这些问题的确是颇具困扰的问题。我自己的理解如下：

第一，按照中国《立法法》第92条的规定，新法优于旧法。《合同法》系新法，《民法通则》是旧法，故而，当二者内容冲突时，应当以《合同法》的内容为准。因此，《合同法》公布施行后，《民法通则》仍然有效，在二者不一致时，可以依照上述规则加以解决。

第二，《合同法》第2条本身的规定如何理解。从第2条第1款的文义来看，无法判断《合同法》所指合同的类型。但是从体系及历史等角度来看，对第2条第1款有两方面的限制。第一个限制是《合同法》第2条第2款，即婚姻、收养、监护等有关身份关系的协议，不属于第2条第1款规定合同的内涵。第二个限制是，从中国通说来看，从20世纪80年代以来，中国的司法实践及实在法没有区分过物权合同和债权合同。因此，通说认为，《合同法》规范的合同就是债权合同。但是，债权合同仅仅在与物权合同相对时才有意义，由于中国目前不存在所谓物权合同，《合同法》规范的合同也就无所谓债权合同和物权合同了。① 当然，在这方面存在着不同的观点。

2. 我自己不赞同物权行为无因性理论。

三、濑川信久的点评

（一）问题的梳理和限定

小口教授在“问题的提出”中，介绍了谢怀栻先生所主张的关于《民法通则》第85条与《合同法》第2条第1款中合同的概念，并针对与其相关联的物权行为的独立性与无因性进行了提问。关于这一问题，韩世远教授同意在概念使用这一层次上区分债权合同与物权合同的同时，反对承认与物权行为的无因性相结合的独立性。并且主张是否采用物权行为的无因性是立法者的政策选择问题，中国的立法者

---

① 参见崔建远Ⅲ书，第1页。

并没有采纳无因性。王成教授则并未深入到债权合同与物权合同的实质区别，认为如果《民法通则》与《合同法》中的“合同”概念之间存在冲突的话,应当依照“新法优于旧法”的规则予以解决。并且指出，不仅仅是物权行为的无因性，就连物权合同与债权合同的区分，在1980年之后的中国司法实践以及实在法中都不存在。因此,《合同法》规范的合同并不包含债权合同和物权合同这层含义。

关于“问题的提出”中所设定的上述两个问题中，有关《民法通则》与《合同法》中的合同概念的问题是与使用“合同”一词的这两部法律条文的适用范围直接相关的问题。因此，如王成教授所主张的那样，与债权合同和物权合同的区分这一问题分开来考量更为自然。不过，即使与债权合同和物权合同的区分问题予以分开讨论，与王成教授的主张所不同的是，也可以考虑依据《民法通则》第85条和《合同法》第2条第1款的立法事实来进行解释。但是，在这两部法律的立法事实并不明晰的情况下，是无法采用这种解释方法的。针对以上的情况，谢怀栻先生似乎从区分债权合同和物权合同的立场出发，指出两部法律存在矛盾。不过，即使将两种合同概念的区分纳入两部法律的解释当中，仍然需要结合两部法律的具体条文阐明其含义。由于无从知晓谢怀栻先生区分两种合同概念的意图以及将其纳入《民法通则》第85条和《合同法》第2条第1款解释当中的意图，因此，对于此问题无法作出更为深入的点评。以下，针对物权行为的独立性与无因性问题进行探讨。

（二）关于物权合同的独立性与无因性以及物权行为论

1. 前言

小口教授之所以提出债权合同与物权合同的区分以及物权合同的独立性这一问题，是因为预感到这些问题与中国合同观念的特色有关吧。关于这一点，虽然韩世远教授与王成教授否定债权合同和物权合同的区分，但一并探讨由日文介绍的持肯定性立场的学说的话，[①] 可以看出，有关这两个合同概念的讨论，随着中国的登记制度与不动产

① 相关日文文献可参见孙宪忠：《关于制定中国物权法的若干问题（一）（二·完）》，载日本《民商法杂志》2004年第130卷第4·5号；孙宪忠：《物权法上物权变动规则的概要》，载［日］星野英一、梁慧星监修，［日］田中信行、渠涛主编：《思考中国物权法》，日本商事法务2008年版，第49页；渠涛：《关于中国物权变动制度的一种考察》，载《日本法政论集》2008年第227号；渠涛：《中国物权变动制度立法的应有之义》，载日本《法学家（Jurist）》2008年第1357号；尹田:《中国物权法上不动产物权公示的效力》,载早稻田大学孔子学院编:《中日民法论坛》，日本早稻田大学出版部2010年版，第169页；郑芙蓉：《中国物权变动法制的结构与理论：从与日本法的双向性比较的视角出发》，日本评论社2014年版。

交易的不断变化而反映出了在合同关系的形成、确定、实现这一过程中的交易当事人、登记机关以及对合同内容进行事后判断的法院这三者之间的分担关系以及其变化过程。

2. 问题构造的整理

首先，整理一下问题。债权行为和物权行为，首先分别指的是产生债权的法律行为和产生物权变动的法律行为。但是，物权行为的独立性并不是这种单纯概念上的区分的问题。[①] 此问题关涉对于现实的合同行为是否应当将使债权发生之部分与使物权变动发生之部分予以分开来把握，以及如何理解其意义的问题。兹简单展开讨论。

关于合同，既存在仅产生合同当事人之间债权债务关系的合同（例如雇佣合同），也存在仅引起物权变动而不产生债权债务关系的合同（例如作为实践合同的抵押权设立合同、借款合同、清偿行为等）。[②] 无论是中国还是日本抑或是德国，都将诸如前者一类的合同称为债权合同，将诸如后者一类的合同称为物权合同。[③] 以上是针对物权与债权的区分而对于合同种类进行的区分。问题是，如何把握诸如买卖合同等，（a）在合同当事人之间产生债权债务关系的同时，（b）也产生物权变动的合同。物权行为的独立性和无因性的问题正是在此种情况下，是否应将其理解为基于同一个合同即产生a和b的效力，还是认为基于不同的合同产生 a 和 b 的效力，且在现实中是否要求存在此种合同的问题。顺便提及的是，此处作为 b 的物权变动所考虑的情形为：（b–1）使用和改变标的物的权利、收取孳息权、以本人名义登记的权利、标的物的给付风险与价金风险、作为观念性所有人地位的移转等；[④]（b–2）移转向第三人主张此种权利和地位的权利。

---

① 韩世远教授和王成教授认为，区分债权行为与物权行为有单纯概念上的意义和实质性的意义，日本的学说亦是如此。可参见［日］舟桥谆一、德本镇编：《新版注释民法（6）（补订版）》，日本有斐阁 2009 年版，第 238 ~ 239 页；［日］末弘严太郎：《物权法 上卷》，日本有斐阁 1921 年版，第 64 ~ 65 页；［日］星野英一：《民法概论Ⅱ》，日本良书普及会 1976 年版，第 31 ~ 32 页（区分了作为“观念性意思”的物权行为与作为移转所有权这一“特别意思表示”的物权行为）；［日］田山辉明：《民法要义 2 物权法》，日本成文堂 2012 年版，第 46 页（“观念性的物权契约说”与“符合交易习惯说”）等。

② 参见［日］舟桥谆一：《物权法》，日本有斐阁 1960 年版，第 78 页（还列举了设定地役权、交付定金）；郑芙蓉：《中国物权变动法制的结构与理论》，日本评论社 2014 年版，第 93 页（还列举了放弃抵押权）。

③ 参见［日］末川博：《物权法》，日本评论新社 1956 年版，第 59 ~ 60 页。

④ 由于（b–1）属于合同当事人之间的权利义务，因此也可将其理解为买受人的债权与出卖人债务的内容，但其是基于对标的物的直接支配而产生的，所以笔者认为其为所有权移转的效果。

3. 中国法的概观

根据以上的整理尝试概观中国法的变迁。

（1）《物权法》制定之前。在中国，改革开放之后开始出现了国有土地使用权的交易，如何调整物权变动便成为了问题。其中，有关（b-2）中的对第三人效力问题毋庸多言，有关（b-1）中的当事者之间的物权变动以及（a）中的出卖人的债务也认为是基于登记而产生，在未登记的场合，出卖人即使撤销合同也不承担违约责任（损害赔偿责任）。① 对于其理由，有观点认为，私人的不动产上的权利也是依存于行政权力的登记行为的，登记被认为是交易合法的依据，司法将未经登记的不动产买卖认定为违法和无效。此外，改革开放以后，从房地产开发市场的调整和税收（虽然当时不存在地租或固定资产税之类的不动产持有税，但登记时征收了土地使用权价格的 1.5% ~ 3% 的税）的观点出发，亦严格要求需进行登记。②

笔者认为，与上述登记的重要性相比，实现合同关系的司法制度薄弱也是就 ab 的效力以登记为要件的理由之一。比如，买受人不能通过裁判请求移转登记，移转登记只能基于出卖人的自愿履行。国有土地使用权的买卖被认为是一种基于移转登记的实践合同（但是，如欲使其成为无效合同，尚需由出卖人主张其无效）。③ 在未登记的情况下，由于不发生（b-1）的当事人之间的物权变动，因此，买受人不能向

---

① 参见尹田：《中国物权法上不动产物权公示的效力》，载早稻田大学孔子学院编：《中日民法论坛》，日本早稻田大学出版部 2010 年版，第 173 ~ 174 页。郑芙蓉：《中国物权变动法制的结构与理论》，日本评论社 2014 年版，第 83 页。其中列举了此种案例（【甲】肯定了虽签订买卖合同但未进行变更登记的出卖人反悔而使合同无效的主张）。

② 郑芙蓉：《中国物权变动法制的结构与理论》，日本评论社 2014 年版，第 84 页注 181。顺便提及的是，该书虽认为买受人不能以未进行移转登记为由要求出卖人赔偿损失，但该书第 83 页中有关二重买卖的案例肯定了第一买受人对出卖人的损失赔偿请求。

③ 参见［日］仁井田升：《补订中国法制史研究 土地法·交易法》，日本东京大学出版会 1980 年版，第 69 页以下。据［日］森一宪：《中国当代法中固有法的影响》，载日本《吉备国际大学政策经营学部纪要》2007 年第 3 号。在中国古代历史上，有关不动产和重要动产（诸如马、牛、奴隶等）的买卖属于一种要式行为，即需要向衙门申报并缴纳契税之后得到完成支付的证明印章。不办理此种手续，不承认其效力。现在也有《契税暂行条例》（税率为买卖金额的 35%），如若未缴纳契税则不能进行登记。

（b−2）的第三人（从出卖人处购买标的物的其他买受人）主张其已买受的所有权。[①]

（2）《物权法》制定之后。关于物权效力的 b，2007 年制定的《物权法》基本维持了上述观点。[②] 首先，在城市不动产（国有土地使用权与地上建筑物）的物权变动中采取登记为生效要件，将（b−1）和（b−2）的效力取决于登记与否。其主要的理由仍出自由国家对不动产进行监督管理、不动产物权需经登记才能移转这一通常的理解、统一的处理、在各地适用同一标准这一要求，而不是出自于物权变动的公示。[③] 与此相对，在农村的集体土地承包经营权与地役权的物权变动中则以登记作为对善意第三人的对抗要件。[④]

不过，《物权法》对于此种规则承认存在其例外。首先，关于（b−1）的登记生效要件主义，其不适用于因人民法院、仲裁委员会的法律性文书、人民政府的征收决定等以及因继承、受遗赠、合法建造、拆除房屋等导致的物权变动，于此情形，即使未经登记也产生其效力。[⑤] 其次，关于（b−2）的登记对抗要件主义仅适用于第

---

① 郑芙蓉：《中国物权变动法制的结构与理论》，日本评论社 2014 年版，第 85 页。其中列举了此种案例（【乙】在二重买卖中，第二买受人已进行登记的情况下，未经登记的第一买受人不能取得所有权，已登记的第二买受人取得所有权）。不过，在该案件中，可能是由于出卖人未主张无效的缘故。该案例认为第一买卖也是有效的，并认可了第一买受人对出卖人的损害赔偿请求。关于二重买卖关系，日本法认为两个买受人均取得所有权，但未经登记则不能向他方主张权利（不完全的物权变动）。与此相对，中国法则认为，未经登记，即使在当事人之间也根本不发生所有权的转移（登记生效要件主义）。

② 以下内容请参见孙宪忠：《物权法上物权变动规则的概要》，载［日］星野英一、梁慧星监修，［日］田中信行、渠涛主编：《思考中国物权法》，日本商事法务 2008 年版，第 51 页；尹田：《中国物权法上不动产物权公示的效力》，载早稻田大学孔子学院编：《中日民法论坛》，日本早稻田大学出版部 2010 年版，第 175 页；郑芙蓉:《中国物权变动法制的结构与理论》，日本评论社 2014 年版。

③ 郑芙蓉:《中国物权变动法制的结构与理论》，日本评论社 2014 年版，第 132 ~ 133 页。

④ 对此，可以进行如下的整理：在采用登记生效要件主义的城市不动产中，经登记，可同时产生（b–1）和（b–2）的效力；而在采用登记对抗要件主义的农村集体土地承包经营权与地役权中，即使未经登记也可产生（b–1）的效力，而只有经登记，才能产生（b–2）的效力（但是，就（b–2）的效力而言，对于恶意第三人则无需登记）。关于以上内容可参见郑芙蓉：《中国物权变动法制的结构与理论》，日本评论社 2014 年版，第 87 页的（5）。

⑤ 参见尹田：《中国物权法上不动产物权公示的效力》，载早稻田大学孔子学院编：《中日民法论坛》，日本早稻田大学出版部 2010 年版，第 177 页；郑芙蓉：《中国物权变动法制的结构与理论》，日本评论社 2014 年版，第 133 页第二段。笔者未能整理清楚在《物权法》制定之前，对于此种例外是如何处理的。

三人为善意之情形，于第三人为恶意之情形，即使未经登记也可以对抗该第三人。[①]反观日本法，前者的例外对应于由物权变动的类型所导致的例外，后者的例外则对应于“恶意者排除论”。

如上所述，《物权法》不仅就 b 的效力放宽了登记生效要件主义，而且就 a 的效力完全否定了以往的登记生效要件主义，并承认未经登记亦产生出卖人的债务。[②][③]不过，虽然承认了买受人对于出卖人的损害赔偿请求权，但并未承认移转登记请求权。

如上所述，《物权法》规定，如欲产生 b 的效力，应以登记为要件。而就产生 b 的效力，是否还应要求与发生债权的意思表示所不同的其他的意思行为这一物权合同的独立性问题，《物权法》不置可否，交由解释论来处理。[④]对此，学说也存在分歧，

---

① 参见郑芙蓉：《中国物权变动法制的结构与理论》，日本评论社 2014 年版，第 87 页的（1）。

② 《物权法》第 15 条规定：“当事人之间订立有关设立、变更、转让和消灭不动产物权的合同，除法律另有规定或者合同另有约定外，自合同成立时生效；未办理物权登记的，不影响合同效力。”参见孙宪忠：《物权法上物权变动规则的概要》，载［日］星野英一、梁慧星监修，［日］田中信行、渠涛主编：《思考中国物权法》，日本商事法务 2008 年版，第 55 页；尹田：《中国物权法上不动产物权公示的效力》，载早稻田大学孔子学院编：《中日民法论坛》，日本早稻田大学出版部 2010 年版，第 189 页注 8；郑芙蓉：《中国物权变动法制的结构与理论》，日本评论社 2014 年版，第 91 页（物权行为理论是作为解决使债务的发生被登记所左右这一问题为目的的议论），第 131 页第 4 段（本文中有关中国《物权法》的日文翻译出自该书第 288 页）。

顺便提及的是，将登记与产生出卖人债务这两者予以分离的动向，似乎已部分出现在了《物权法》制定之前。虽然 1984 年《最高人民法院关于贯彻执行民事政策法律若干问题的意见》规定不以登记为房地产买卖合同的生效要件，但此后的司法解释将此限定于 1983 年《城市私有房屋管理条例》施行之前的纠纷（参见郑芙蓉：《中国物权变动法制的结构与理论》，日本评论社 2014 年版，第 103 页）。而 1995 年《最高人民法院关于审理房地产管理法施行前房地产开发经营案件若干问题的解答》对于《城市房地产管理法》施行前的不动产纠纷，将登记作为了有关国有土地使用权的出让合同、转让合同以及抵押合同的生效要件。

③ 在中国，一般将此称为“债权合同的独立性”，此处所指的独立性不是指与物权合同相独立的独立性，而是指与登记相独立的独立性。此外，孙宪忠教授虽主张《物权法》第 15 条承认了“物权合同的独立性”（参见孙宪忠：《物权法上物权变动规则的概要》，载［日］星野英一、梁慧星监修，［日］田中信行、渠涛主编：《思考中国物权法》，日本商事法务 2008 年版，第 55 页），但笔者认为，此种主张是对“物权合同的独立性”这一用语的扩张解释，应属误读。

④ 参见尹田：《中国物权法上不动产物权公示的效力》，载早稻田大学孔子学院编：《中日民法论坛》，日本早稻田大学出版部 2010 年版，第 180 页；郑芙蓉：《中国物权变动法制的结构与理论》，日本评论社 2014 年版，第 91 页以下、第 131 页。

如韩世远教授与王成教授那样，独立性否定说似为多数说。独立性肯定说的理由有：①物权变动的解释将更为清晰；②由于即使未经登记也可通过转移占有的意思行为来移转物权，因此，即使在出卖人（开发商）以未完成移转登记为可乘之机而将标的物转卖给他人之情形，也可由第一买受人取得该标的物。[①] 物权变动解释的明晰性指的是，由于独立性肯定说作为一个整体来把握（b-1）和（b-2），因此依据该说不发生不能向第三人主张的、只在当事人之间产生的物权变动，也就不需要基于否定说、不完全物权变动说等的说明，以及可以定型化地来把握所有权的移转时期。[②]

4. 基于日本法的考察

（1）以上的中国法与现行日本法有着相当大的不同。但是，日本法也经历了同样的变迁。

在江户时代的旧俗当中，需通过一些带有外部性表征的行为才能发生物权变动。亦即，在有关田地山林等的买卖中，需要有官府的检验章、亲属合伙的加盖印章、庄屋（掌管村务的官吏，亦称“名主”，相当于现在的村主任——译者注，下同）的公章（日文原文为“奥印”，指的是为了证明所制作文书内容的正确性而在文书最后所加盖的印章）、公所的见证、地亩册的更改，在房屋买卖中需要中介人（日文原文为“道具屋”）的参与，在宅基地买卖中需要町会所的许可，在一般动产的买卖中需要交付等，即是如此。[③] 在明治初期（1873 年）进行了地税改革并施行了《日本土

① 作为肯定独立性的理由，孙宪忠列举了如下几个不同的理由：(1) 债权关系的成立与物权变动在概念上的区别［参见孙宪忠：《关于制定中国物权法的若干问题（一）》，载《民商法杂志》第 130 卷第 4·5 号，第 768 页的（1）］；(2) 物权变动应以交付、登记为要件［参见前引文，第 769 页的（2）］；(3) 确保权利处分人的处分意思（孙宪忠：《关于制定中国物权法的若干问题（二·完）》，载《民商法杂志》第 130 卷第 6 号，第 1082 ~ 1083 页、第 1084 页第 3 行至第 1085 页第 7 行部分指出，不能将产生排他性物权效力的依据寻求于只在个人与个人之间产生效力的债权合同。)；(4) 除了登记之外，如存在基于当事人意思表示的转移占有等符合公示原则的移转物权的意思表示，也应对此承认物权变动（参见孙宪忠：《物权法上物权变动规则的概要》，载［日］星野英一、梁慧星监修，［日］田中信行、渠涛主编：《思考中国物权法》，日本商事法务 2008 年版，第 55 页、第 58 ~ 59 页）。其中，(3) 通过要求具备产生物权变动的独立性意思来限制物权变动的发生，而（4）虽然在将物权变动的原因扩大到登记这一点上与（3）所指向的方向是相反的，但将物权变动连接于当事人有关物权变动的意思而非登记这一点上，两者是相同的。

② 郑芙蓉：《中国物权变动法制的结构与理论》，日本评论社 2014 年版，第 198 ~ 199 页。以此为由，主张应超越学说有关独立性的分歧，而应以登记为物权变动的生效要件。

③ 参见［日］末川博：《物权法》，日本评论新社 1956 年版，第 64 页。

地质押抵押规则》，该规则以更改地券名义以及在买卖证书上进行户长公证（加盖公章）作为了买卖合同的生效要件。但是，其后在借鉴了法国法和德国法之后，逐渐地以将相关事项记载（登记）于户长公所备置的土地买卖转让骑缝章账簿作为对抗第三人的要件，并开始理解为土地所有权是通过当事人之间的买卖合意而移转的，1886 年（明治 19 年）的《日本登记法》明确了这一观点。[①] 其后，1896 年制定的现行民法典规定，a 和（b–1）的效力均仅由当事人的意思表示且由一个意思表示而产生（参见第 176 条），而（b–2）的效力，除了（b–1）的要件以外，尚需具备登记、交付这一公示方法才可产生（参见第 177 条、第 178 条）。如此，《日本民法》在一方面将登记作为对抗要件予以简单化且将其适用范围予以一般化的同时；另一方面，将物权的移转从外部性的表征行为中剥离了出来。但此后，作为对抗要件的登记主义受到了部分限制，[②] 而要求物权变动需要外部性表征行为的观点保留了下来。

判例在民法典制定之后保持了一贯性，将 a、b 作为同一个意思表示的效力来把握（独立性否定说）。但是，在 20 世纪初期，学说认为买卖合同由债权合同和物权合同组成，a 的效力由债权合同产生，而（b–1）的效力是伴随着公示的物权合同产生的。此种独立性肯定说占据了统治地位，虽然其在 20 世纪 20 年代后期开始逐渐衰退，但是其主张持续到了 20 世纪 50 年代。该说最初受到了德国法学非常大的影响，但在末弘严太郎教授提出《日本民法》第 176 条采用的是法国法的意思主义这一批判后，该说将传统交易习惯和当时的实际交易情况作为了其论据。比如，关于当时的实际交易情况，采独立性肯定说的末川博教授指出：“我认为，在一般情况下，直到实施了诸如交付标的物、收受价款、完成登记等伴有外部性表征的行为为止，不发生所有权移转。”在以他人的权利为标的的买卖中，出卖人取得其所有权时，买受人即使不知情也取得该所有权，这是“当事人完全不能预期的”。在买卖合同被解除的场合，所有权当然复归到之前的出卖人，那么，“在买受人根本没有参与其中的情

---

① 参见[日]牧英正、藤原明久编:《日本法制史》,青林书院 1993 年版,第 290 ~ 293 页。详见［日］福岛正夫 :《福岛正夫著作集 第 4 卷（土地 · 登记）》，劲草书房 1993 年版，第 432 ~ 437 页。

② 日本判例大约在制定民法之后的 10 年之后，逐渐开始承认其例外。时至今日，对于那些入会权等特定物权、基于共同继承而取得继承份额、取得时效等特定的物权变动原因以及不法占有人、实质性的无权利人、先前的所有人、背信恶意人等特定第三人，否定了以有无登记来确定是否优先保护的规则，承认了未经登记也可对抗。参见[日]舟桥谆一、德本镇编:《新版注释民法（6）(补订版)》,日本有斐阁 2009 年版,第 540 页（原岛重义、儿岛宽撰写部分）、第 658 页（吉原节夫撰写部分）。

况下其却将失去所有权，这也是十分不可思议的事情。”在买卖一方的预约或为第三人订立的合同中，如果仅以单方的意思表示即可移转所有权的话，“想必连当事人自身也会不知所措。”如若在签订买卖合同的同时即可发生所有权转移的话，出卖人行使同时履行抗辩权所能拒绝的仅为交付而已，且在简易交付的场合已无法拒绝交付。[①]

与此相对，独立性否定说在一方面正面评价独立性肯定说将物权变动的时期予以明确化并将其予以公示这一点的同时，指出："在使得发生物权变动的效力不以伴有形式的特别行为为必要的制度下，即使要求存在独立的行为……（其结果）仅为让当事人重复在外观上与债权行为并没有任何区别的意思表示……这反倒只会导致给当事人徒增不便的结果，其为没有用处的理论。”[②] 上述观点并没有考虑到确认所有权人处分意思的必要性。而且，该独立性否定说认为，在独立性肯定说主张由物权合同所产生的（b–1）的效力当中，所有权的移转由与a相同的合同而产生，不过，其移转的时期按照a之合意内容而定，为a的债权合同生效时或支付价款、交付、移转登记时。虽然围绕以其中哪一个时期作为原则这一问题，独立性否定说内部也存在着意见的分歧，但是任何一种见解均认为不必要求物权行为的独立性而确认有无处分意思，由此，将独立性的问题转化为有关移转时期的合同解释问题。[③] 此外，物权行为的无因性被认为是以其独立性为前提的，进而以否定独立性为由而否定了无因性。[④]

（2）根据上述的概观，可以看出，不论中国法还是日本法，曾经都将物权变动和登记等外部性表征行为相结合在了一起，其后逐渐地从登记等行为中将其分离了出来。在中国，法院开始通过解释当事人的合意来判断是否发生物权变动，由此，对登记主义进行了限制。在日本，也将登记纯化为对抗第三人的要件，包括物权的

---

①　参见［日］末川博：《物权法》，日本评论新社1956年版。关于末川博教授将传统交易习惯作为其论据这一点中有关旧俗部分可参考本书。顺便提及的是，本文括号内的数字是该书中的页码。除了以上内容，该书第63～65页指出：其认为在实际生活中，如果没有交付标的物、支付价款、移转登记的话，也就不发生所有权的移转。此外，该书第77～78页，除了无效、撤销的情形之外，还阐述了合同解除的情形［属于后述（ⅱ）的情形］。末川教授对于无因性并没有从保护转得人交易安全的角度来考量。

②　参见［日］我妻荣、有泉亨：《法律学体系注释编 民法总则·物权法》，日本评论社1950年版，参见第261～262页。以上为持否定说的观点。

③　关于以上内容，参见［日］舟桥谆一、德本镇编：《新版注释民法（6）（补订版）》，日本有斐阁2009年版，第226～236页（山本进一撰写部分）。

④　参见［日］舟桥谆一、德本镇编：《新版注释民法（6）（补订版）》，日本有斐阁2009年版，第240～241页、第245～248页（山本进一撰写部分）。

移转在内，将当事人之间的权利关系作为合同解释的问题来处理。但是，不能将这种趋势简单地理解为扩大了当事人的意思自治。因为虽然此种趋势被理解为由法院对合同进行解释的结果，但是要求具备登记等外部性表征行为原本就具有使当事人自身确保权利处分意思的意义。

毕竟，物权行为的独立性——在要求存在产生 a 之效力的债权合同的同时，还要求存在产生 b 之效力的物权合同——根据情况的不同具有不同的含义。[①] 其一,（ⅰ）在债权合同有效的场合，通过另外要求使之产生物权变动的意思行为来确保丧失物权之人的处分意思。其二,（ⅱ）在债权合同无效、被撤销、被解除的场合，通过从失效的债权合同中予以分离来维持物权变动的效力（无因性），①如果不存在外部性表征行为（返还已支付的价款以及返还占有与登记）则不发生物权的复归；②使转得人可有效取得该物权。而且,独立性肯定说的意义在于（ⅰ）与（ⅱ）-①这一点上。但是，日本的多数学说（独立性否定说）将独立性肯定说与否定说，流于表面地与德国法形式主义和法国法意思主义的对立相结合，而忽视了（ⅰ）（ⅱ）-①。那是因为，当有关是否发生物权变动的纠纷被带入法院时，认为法官可以通过合同解释来恰当处理是否存在物权变动的合意这一问题。[②]

5. 结语——展望与课题

如果从现实可行性的角度来考虑的话，不论日本还是中国，只要迅捷的交易这一需求继续存在，那么，肯定独立性的可能性就不会太大。而且，如采独立性否定说，将通过法官的事后性合同解释来判断是否发生物权变动。

在日本，迄今为止，关于物权行为独立性的意义与功能，是在与公证制度、司法书士制度的应有之态之间的关系来把握的。[③] 但是，有必要在此之上增加审判制度的应有之义。而且，在审判中判断有无物权处分意思时，应考虑在合同与其履行过

---

① 郑芙蓉：《中国物权变动法制的结构与理论》，日本评论社 2014 年版，第 91 页即已指出，“物权行为的独立性”所具有的意义不是单一的。在中国，除了此两种意义之外，还有作为与债权合同的登记相独立的意思来使用的学说（参见孙宪忠：《物权法上物权变动规则的概要》，载［日］星野英一、梁慧星监修，［日］田中信行、渠涛主编：《思考中国物权法》，商事法务 2008 年版）。

② 参见［日］舟桥谆一、德本镇编：《新版注释民法（6）（补订版）》，日本有斐阁 2009 年版中独立性否定说的观点（山本进一撰写部分）。

③ 参见［日］镰田薰:《在法国上的不动产交易与公证人的作用（1）（2）》，载日本《早稻田法学》1981 年第 56 卷第 1 号；第 56 卷第 2 号；［日］镰田薰：《不动产物权变动的理论与登记程序的实务》，载日本《民事研修》1987 年第 360 号。

程中由中介人、公证人、司法书士确保该意思的实际情况以及登记制度、后见人制度的利用情况。[①] 这与其说是物权法的问题，倒不如说是合同法的问题。亦即，司法判断的扩大将侵蚀物权行为概念的基础，进而将该问题转化为合同解释的问题。

第三节　合同法的基本原则与公平原则的功能

一、问题的提出

（一）有无价值位阶

围绕《合同法》第一章规定的合同法诸原则，也有学者采所谓的价值位阶论。就此，在日本，我妻荣教授指出："公序良俗是……私法关系中最高的理念。"[②] 而在中国，梁慧星教授则认为："权利滥用之禁止原则在现行法上的根据，是《宪法》第51条规定的，中华人民共和国公民在行使自由和权利的时候，不得损害国家的、社会的、集体的利益和其他公民的合法的自由和权利。因此，禁止权利滥用是中国宪法上的一项基本原则。禁止权利滥用也当然是中国民法的一项基本原则。"[③] 与此相对，王利明教授则认为："在民法中，诚信原则是一项重要的原则，常常被称为民法特别是债法中的最高指导原则。"[④] 如何评价上述诸原则之间所存在的价值的位阶？（提问①）

（二）公平原则的功能

关于《合同法》基本原则中的公平原则，有学者认为："为了保障公平原则的实现，合同法应当赋予法官一定的自由裁量权，允许其在合同的内容显失公平的情况下变更和撤销合同。"[⑤] 还有学者认为："所谓公平原则，指民事法律行为内容的确定，应

---

①　山野目章夫教授对于由国家家长式地介入物权变动这一问题，主张应当从确保物权变动的当事人自主地参与其中以及完善扶持此种形式之体系的角度来对其进行反思。参见［日］山野目章夫：《物权法（第5版）》，日本评论社2012年版，第25页。

②　［日］我妻荣：《民法大意·上卷（第2版）》，日本岩波书店1971年版，第182页。

③　梁慧星：《民法总论》（第二版），法律出版社2001年版，第47～48页。

④　王利明Ⅰ书，第179页。

⑤　王利明Ⅰ书，第199页。

当遵循公平的原则。”[①] 可以看出,公平原则一般是作为确定合同内容的判断标准来被理解的。事实上，在司法实践中，在未制定《合同法》阶段，是作为认可情势变更或不安抗辩之依据来被援引的。然而，我认为，在适用这一公平原则的案例中，也存在着中国独特的适用案例。以下的广东省高级人民法院的判决[②] 即是其中之一。在该案中，广东省高级人民法院尽管指出一审（珠海市中级人民法院）认定被告不构成违约和侵权是正确的，但还是作为让被告承担30万元补偿责任（《最高人民法院公报》的标题表述为“赔偿”）时的依据而援引了公平原则。而且，广东省高级人民法院（以下简称广东高院）的此一判决是作为《最高人民法院公报》登载的“案例”而被采用的，这表明最高人民法院认为该案例具有参考性价值。该如何评价上述广东高院判决？（提问②）

【案件的概要】

原告:李某（下称X1),女,39岁,广东省珠海市教育委员会职工,住珠海市某村。

原告：龚某（下称X2），男，38岁，系X1之夫，广东省珠海市水利局职工，住址同上。

被告：广东珠海经济特区五月花餐饮有限公司（下称Y)。住所地：广东省珠海市香洲碧涛花园。

法定代表人：唐楚源，该公司董事。

1999年10月24日傍晚6时左右，原告X1、X2夫妇二人带着8岁的儿子龚硕皓（下称A)，与朋友到被告五月花公司经营的五月花餐厅就餐，由餐厅礼仪小姐安排在二楼就座，座位旁是名为“福特”的餐厅包房。“福特”包房的东、南两墙是砖墙，西、北两墙是木板隔墙，A靠近该房木板隔墙的外侧就座。约6时30分左右，“福特”包房内突然发生爆炸，X1和A随即倒下不省人事，X2忍着伤痛拖开被炸倒下的包房木板隔墙，立即将A往医院抢救，X1也被送往医院。A因此次爆炸而死亡，X1受了重伤，伤愈后被评定为二级残疾。X2也受了轻伤。

五月花餐厅的这次爆炸，发生在餐厅服务员为顾客开启“五粮液酒”盒盖时。伪装成酒盒的爆炸物是当时在“福特”包房内就餐的一名医生收受的礼物，服务员开启时发生爆炸。现在，制造这个爆炸物并将它送给医生的犯罪嫌疑人已被公安机

① 梁慧星：《民法总论》（第二版），法律出版社2001年版，第44～45页。

② 《李萍、龚念诉五月花公司人身伤害赔偿纠纷案》，载《最高人民法院公报》2002年第2期。

关抓获，正在审理之中。

在该次爆炸中，受到严重损害的X1与X2向Y提起了请求损害赔偿的诉讼。

【二审判决】

《中华人民共和国合同法》第122条规定："因当事人一方的违约行为，侵害对方人身、财产权益的，受损害方有权选择依照本法要求其承担违约责任或者依照其他法律要求其承担侵权责任。"纵观上诉人X1、X2在一、二审提出的诉讼主张，既认为被上诉人Y违约，又认为Y侵权，并且还认为存在民事责任竞合的情形，但一直没有在违约和侵权两者中作出明确选择。依照该条法律规定，法院只能在全面审理后按照有利于权利人的原则酌情处理。

（中略）

关于被上诉人Y是否违约的问题。Y接受上诉人X1、X2一家在其餐厅就餐，双方之间形成了以消费与服务为主要内容的合同关系。《合同法》第60条第2款规定："当事人应当遵循诚实信用原则，根据合同的性质、目的和交易习惯履行通知、协助、保密等义务。"Y作为消费与服务合同中的经营者，除应该全面履行合同约定的义务外，还应当依照《合同法》第60条的规定，履行保护消费者人身、财产不受非法侵害的附随义务。为了履行这一附随义务，经营者必须根据本行业的性质、特点和条件，随时、谨慎地注意保护消费者的人身、财产安全。但由于刑事犯罪的突发性、隐蔽性以及犯罪手段的智能化、多样化，即使经营者给予应有的注意和防范，也不可能完全避免刑事犯罪对顾客人身、财产的侵害。这种侵害一旦发生，只能从经营者是否尽到合理的谨慎注意义务来判断其是否违约。Y接受顾客自带酒水到餐厅就餐，是行业习惯使然。对顾客带进餐厅的酒类产品，根据我国目前的社会环境，还没有必要、也没有条件要求经营者采取像乘坐飞机一样严格的安全检查措施。由于这个爆炸物的外包装酷似真酒，一般人凭肉眼难以识别。携带这个爆炸物的顾客曾经将其放置在自己家中一段时都未能发现危险，因此要求服务员在开启酒盒盖时必须作出存在危险的判断，是强人所难。Y通过履行合理的谨慎注意义务，不可能识别伪装成酒的爆炸物，因此不存在违约行为。

关于被上诉人Y是否侵权的问题。依照《中华人民共和国消费者权益保护法》的规定，经营者应当对自己提供的商品或者服务承担责任，这自然不包括对消费者自带的用品负责。上诉人X1、X2一家在Y处就餐时，被倒塌的木板隔墙撞压致死、致伤。木板隔墙倒塌是犯罪分子制造的爆炸所引起，其责任自应由犯罪分子承担。Y既与犯罪分子没有侵权的共同故意，更没有实施共同的侵权行为，不能依《中华人民共和国消费者权益保护法》的规定认定Y侵权。

综上所述，被上诉人Y在本案中既没有违约也没有侵权，不能以违约或者侵权的法律事由判令Y承担民事责任。Y与上诉人X1、X2同在本次爆炸事件中同遭不幸，现在加害人虽已被抓获，但由于其没有经济赔偿能力，双方当事人同时面临无法获得全额赔偿的局面。在此情况下应当看到，Y作为企业法人，是为实现营利目的才允许顾客自带酒水，并由此引出餐厅爆炸事件，餐厅的木板隔墙不能抵御此次爆炸，倒塌后使X1、X2一家无辜受害。Y在此爆炸事件中虽无法定应当承担民事责任的过错，但也不是与X1、X2一家受侵害事件毫无关系。还应当看到，双方当事人虽然同在此次事件中受害，但X1、X2一家是在实施有利于Y获利的就餐行为时使自己的生存权益受损，Y受损的则主要是自己的经营利益。二者相比，X1、X2受到的损害比Y更为深重，社会各界（包括Y本身）都对X1、X2一家的遭遇深表同情。在《最高人民法院关于贯彻执行〈中华人民共和国民法通则〉若干问题的意见（试行）》第157条中规定："当事人对造成损害均无过错，但一方是在为对方的利益或者共同的利益进行活动的过程中受到损害的，可以责令对方或者受益人给予一定的经济补偿。"根据这一规定和X1、X2一家的经济状况，为平衡双方当事人的受损结果，酌情由Y给X1、X2补偿一部分经济损失，是适当的。一审认定Y不构成违约和侵权，不能因此承担民事责任，是正确的，但不考虑双方当事人之间的利益失衡，仅以X1、X2应向加害人主张赔偿为由，驳回X1、X2的诉讼请求，不符合《中华人民共和国民法通则》第4条关于"民事活动应当遵循自愿、公平、等价有偿、诚实信用的原则"的规定，判处欠妥，应当纠正。据此，广东省高级人民法院依照《中华人民共和国民事诉讼法》第153条第1款第（2）项［"第二审人民法院对上诉案件，经过审理，按照下列情形，分别处理：（二）原判决、裁定认定事实错误或者适用法律错误的，以判决、裁定方式依法改判、撤销或者变更。"］的规定，于2001年11月26日判决：

一、撤销一审民事判决。

二、被上诉人Y给上诉人X1、X2补偿30万元。

三、二审案件受理费共60320元，由双方当事人各负担一半。

二、韩世远与王成的答复

（一）韩世远的答复

1. 关于提问①

《合同法》第3条规定平等原则，第4条规定自愿原则，第5条规定公平原则，第6条规定诚信原则，第7条规定公序良俗原则，第8条规定合同神圣及合同严守原则。从形式上看，立法者并没有突显某一原则，而是并列规定。有的学者强调诚信原则，另外的学者强调公序良俗原则，各有其道理，也都可以理解。但是，仔细分析，如果说上述诸原则分别体现了不同的法价值，诸此法价值之间是否存在一定的位阶关系呢？学说有体系化的偏好，依一定的标准，将上述价值梳理成有一定规律的体系，便于学习掌握，是其值得肯定的方面。但也应当意识到，所谓“价值”，是相对于某个“主体”而言的。而这个“主体”，在不同的时期、不同的场景中，会有不同的需求。就好比一个人，在少年阶段喜欢吃肉，到了中老年则可能喜欢吃蔬菜；一个人在上午可能喜欢运动（动），到中午可能喜欢午休（静）。因而，价值的体系，如果存在的话，肯定是变动着的，不存在一个永久不变的价值体系。

2. 关于提问②

这起案例可以算是一起“结果导向的法思考”的典型事例。一审法院按照当时有效的中国法律，认定五月花公司不构成违约和侵权，不能因此承担民事责任。对此，二审法院也认为是正确的。但是，两个法院认识上仍有差别，其差别首先在于个案裁判的“结果”，一审法院认为应当驳回原告的诉讼请求，二审法院则认为应当给予上诉人一定的经济补偿。就裁判结果而言，当然见仁见智，或许二审的处理方案更具妥当性。[①] 而由判决书中提到“社会各界（包括五月花公司本身）都对李萍、龚念一家的遭遇深表同情”，也不难理解为何二审法院要特别突显裁判结果的妥当性。围绕这样一个更具妥当性的结果，当然法官需要作进一步的论证说理作业。

案件的审判及法律的适用，当然有一个前提问题，即案件的定性：究竟是侵权案件还是合同案件。这一点在一审还算是清楚，总体上是从侵权角度裁判的。但是，到了二审，这个问题变得非常模糊了。尽管二审法官在说理时将这一问题推到当事人没有明确选择上，同时又依据《合同法》第122条，认为“法院只能在全面审理后按照

---

① 有学者认为，广东省高级人民法院对“五月花”的判决并不妥当。参见梁上上：《利益衡量论》，法律出版社2013年版，第256页。

有利于权利人的原则酌情处理"。这也恰好能够解释为何会让人感到定性的模糊了。二审法院在分析五月花公司是否违约、是否侵权上并没有体现出来超越一审法院的地方，得出的结论同样是否定的（而这一分析，也反过来让人质疑二审法院为何从《合同法》第122条着手展开论述）。二审法院在全面审理后，让五月花公司补偿上诉人一部分经济损失，"补偿"究竟是不是法律责任？是违约责任抑或是侵权责任？依然一头雾水。

从二审法院引用《民法通则意见》第157条来看，好像这种对一方当事人遭受的损失进行的"经济补偿"可归入侵权责任范畴（从这个条文所处的位置、前后条文所规范的内容分析），但是，从二审法院最后援引《民法通则》第4条"民事活动应当遵循自愿、公平、等价有偿、诚实信用的原则"来看，又像是从"合同"（如果可以将"民事活动"理解为"法律行为"的话）角度展开对于归"责"正当性的论证。二审没有说清楚的事,我们在讨论《合同法》基本原则（公平原则）时想到这起案件，或多或少，难免有些一厢情愿。

这起案件之所以刊登在《最高人民法院公报》上，二审法院运用了"利益衡量"解决疑难问题，应算是一项重要原因。加藤一郎先生在《法学教室》（1982.10，NO.25）上发表的《民法的解释与利益衡量》一文被梁慧星先生译介到中国，[①] 对于中国的学术界和实务界均产生了不小的影响。时至今日，应该理性地反思利益衡量问题，比如利益衡量在什么场合运用？利益衡量与法解释方法如何对接？利益衡量论的要点，依我个人粗浅的知识，恐怕是想摒弃单纯的"形式论证"，而引入"实质判断"。其作业的场域，一是在法概念、法规范的边缘地带使模糊的事物清晰化，一是在法律漏洞场合对创设的新规范作实质论证。就上述案例而言，显然，并不存在既有的法概念、法规范模糊不清的问题，法官所面临的问题是，就一审原告的不幸遭遇，法律应否介入？如何介入？是否存在法律漏洞？

自罗马法以来，"不幸由被击中者负担"成为共通的规则。由此以言，立法者根本没有考虑、也不应当考虑对这种不幸在民事立法中做出规定，换言之，这种不幸损害本来位于立法计划之外，因而，不应当认为存在法律漏洞。然而，在社会保障体制尚不健全的案件当时（乃至今日），不幸损害无法分散到不特定大多数乃至社会全体时，解决难题的出路便十分有限：要么由不幸受害人独自负担，要么由有所关联者共同分担。《民法通则意见》第157条便是个典型，这是解决现实难题的"不得不然"，或者说是民法被迫负担了本不应由其负担的功能。

---

① 梁慧星:《民法学说判例与立法研究(二)》,国家行政学院出版社1999年版,第269页。

适用《民法通则意见》第157条的典型案型是"好意帮忙"，其"关联者"的关联性或者负"责"的正当性在于：利之所归、害之所属。因而，时至今日，好像还没有见到对上述规则的正当性提出根本性质疑的。然而本案情形，与之不同。所谓"李萍、龚念一家是在实施有利于五月花公司获利的就餐行为时使自己的生存权益受损"，不可不谓牵强之至。二审法院关注舆论和民意，认定此时由五月花公司予以补偿不会引发舆论的批评，否则，就难免成为议论的焦点。如果说这是主导裁判走向的决定力量，这倒可以反映出背后隐含的文化特点，诸如"劫富济贫"；而二审法院以一方的"生存权益"与另外一方的"经营利益"作比较，认定"二者相比，李萍、龚念受到的损害比五月花公司更为深重"，似乎也在将"利益衡量"作了"转用"（如果称之为"误用"不妥的话）："你惨，我比你更惨！所以你应当补偿我。"这倒符合了中国文化的另一特点，"不患寡，而患不均"。但是，二审法院始终没有论证一点：为何损害必须在两个惨兮兮的当事人之间分摊？仅仅因为原告选择了公司而非实际制造惨案的责任人（一个无多少赔偿能力的穷人），显然并不是我们所要的答案。

当然，《民法通则意见》第157条和《民法通则》第4条被二审法院当作了"救命的稻草"，解决了一个疑难的个案，并且作为范例刊登在《最高人民法院公报》上。回头反思，我个人所感受到的不是欣赏，而是一丝隐忧。显然，这个范例给商业活动增添了不确定因素（风险），而饭店经营者难以掌控的风险因此而加大。我们有理由担心，法治所追求的"确定性"和"可预测性"受到了伤害，这样的"稻草"多了之后，难免不会成为压垮民法这只骆驼的那"最后一根稻草"。

（二）王成的答复

1. 关于提问①

关于《合同法》诸原则的学说很多。我个人理解，要理解不同学者的不同观点，不能仅仅从关于该原则的表述本身出发。每个人的观点，一定有其特定语义、语境及目的。就上述所引三位教授观点而言，恐怕也是如此。所以，讨论原则问题，包括讨论价值位阶问题，需要结合具体问题或者具体案例进行。正如下面要讨论到的"五月花"案件一样。

2. 关于提问②

关于广东高院对于五月花案的判决，学说存在分歧。我个人认为，这一判决可以从以下几方面来理解：第一，本案判决采结果导向。广东高院一方面认为，一审认定的不构成违约和侵权是正确的；另一方面，从结果上看，五月花餐厅损失的只是经济利益，而原告损失的人身利益，尤其是人的死亡，故而，由五月花给予适当的补偿，也是妥当的。需要注意的是，此处用的是“补偿”，而不是“赔偿”。第二，本案尽管引用了《民法通则》第 4 条（民事活动应当遵循自愿、公平、等价有偿、诚实信用的原则），但是究竟如何适用第 4 条，恐怕也有讨论余地。另外，判决提到的《民法通则意见》第 157 条（当事人对造成损害均无过错，但一方是在为对方的利益或者共同的利益进行活动的过程中受到损害的，可以责令对方或者受益人给予一定的经济补偿），恐怕没有适用的余地。第三，对本案判决的理解，还需要考虑本案判决的时间是 2001 年 11 月 26 日。在这十几年间，中国的法律规定、法院和裁判学说都有了很大的发展。第四，规则之外的解决方案，只能用于特例，不能具有普遍意义，否则规则就会被破坏。在这样的意义上，中国多数学者对于《民法通则》《合同法》等规定的基本原则直接适用于案件裁判，持谨慎的立场。

三、小口彦太的点评

1. 关于提问①

对于这个问题的考察，在窥见每个法学家的法思想这一点上是个饶有兴味的问题。比如，韩世远教授的观点——“价值的体系……肯定是变动着的，不存在一个永久不变的价值体系。”王成教授的价值相对主义性的认识论——“讨论原则问题，包括讨论价值位阶问题，需要结合具体问题或者具体案例进行。”将特定原则上升为民法上高位阶的“基本原则”的梁慧星教授，这三者之间存在着明显的不同。梁慧星教授是改革开放以后引领中国民法学的代表性学者之一。所谓改革开放的“改革”，首先指的是经济改革，其意味着从计划经济向市场经济的转化，而在调整市场经济的法律当中，《合同法》是其中流砥柱。而且，在中国制定统一合同法典时，梁慧星教授扮演了重要角色是毋庸置疑的。比如，在有关《合同法》第 107 条违约责任的归责事由的争论中，梁慧星教授通过主张严格责任论而驳回了过失责任论是一个有名的话题（参见本书“第十一章第二节二、韩世远的答复”部分）。此种严格责任论借鉴了 CISG 等国际性的合同立法与思想，而梁慧星教授对引进此种国际性的合同立法如此积极的背后存在着“接轨”论。“接轨”的“轨”指的是轨道，轨道相接，也就是说，他将中国《合同法》构想为连接中国国内市场与国际市场的轨道亦即规则。对于笔者来说值得玩味的是，对于中国的市场经济化如此积极的梁慧星教授，却在另一方面又非常重视《宪法》第 51 条。而关于如何评价《宪法》第 51 条这一问题，诸如笔者等认为，该规定就是阻碍中国《宪法》立宪主义化的最大的瓶颈，而梁慧星教授对第51条的评价明显是与此不同的。诚如在日本，我妻荣教授也认为《日本民法》第90条规定的公序良俗为民法的最高价值，而梁慧星教授也同样将国家、社会、集体的利益摆在民法各项原则的最高位阶上。梁慧星教授站在市场经济化前线的同时，另一方面又重视国家计划，由此显现出了他复杂的法学思想。

2. 关于提问②

二审认定一审判决被告不构成违约和侵权是“正确”的，但还是判决被告支付30万元。在推翻驳回原告请求的一审判决并改判支付30万元时，作为其判断标准而被援引的是《民法通则》第4条的规定（“民事活动应当遵循自愿、公平、等价有偿、诚实信用的原则。”）具体而言就是“公平”原则。这一点也可由在相关论述部分之前已提及《民法通则意见》第157条规定的公平责任原则来证明。

《民法通则》第4条规定的公平原则亦在《合同法》第5条中得到了明文规定，其在中国的审判实务中也发挥着重要作用。比如，在制定《合同法》之前，仅在《涉外经济合同法》中规定了不安抗辩权，而实际上法院通过灵活运用该原则来弥补了法律的漏洞。[①] 此外，关于情势变更原则，尽管在《合同法适用解释（二）》出台之前未以明文形式予以规定，但是实际上承认适用该原则的案例不在少数。而此时往往通过灵活运用公平原则来承认了情势变更原则。[②] 以上均属于公平原则在弥补法律漏洞层面上的功能。

然而，本案中的公平原则的适用与上述情形中的适用的性质是不同的。亦即，二审在认定一审判决被告不构成违约和侵权是正确的同时，而作为推翻一审结论的依据而援引了公平原则。

笔者对于该二审判决特别关注的是，王成教授关于“需要注意的是，此处用的是‘补偿’，而不是‘赔偿’”的主张。也就是说，被告被判支付的30万元不是违约责任以及侵权责任的法律后果亦即损害赔偿。如果按照法律来裁决的话，就不能追究民事责任，而二审法院的实质性判断在于“被告啊，让一步怎么样？”。亦即，本案实际上属于调解。但是，如果是（没有法律依据的）调解，就不能赋予该判断以

---

①　比如，可参见“盐城市第二生产资料总公司案”［江苏省南京市大厂区（现六合区）人民法院（1988）大经初字第288号民事判决书］。

②　比如，可参见《最高人民法院关于武汉市煤气公司诉重庆检测仪表厂煤气表装配线技术转让合同购销煤气表散件合同纠纷一案适用法律问题的函》（法函［1992］27号，1992年3月6日）；“毛秀英案”（湖南省张家界市武陵源区人民法院，1999年11月28日判决）等。

法律上的约束力。为了赋予其法律上的约束力，无论如何都需要采用判决的形式，而为了符合此种形式就有必要履行适用法律这一形式，这是不可或缺的。在此，成为其媒介的就是《民法通则》第4条以及《合同法》第5条所规定的公平原则。

不过，关于本判决，韩世远教授关于二审判决“可以反映出背后隐含的文化特点”以及“这倒符合了中国文化的另一特点，‘不患寡，而患不均’”的主张非常具有启发性。如果我们将目光转到传统中国、具体到明清时代有关民事纠纷的审判实践的话，就可以发现，诸如五月花餐厅案中的判决并非那么异常，而是属于一种常态。中国法制史学者滋贺秀三教授以“教谕性调解”的概念来阐释了明清时代民事审判的基本形态。① 所谓教谕性指的是命令性的说教（didactic）；而所谓调解，并非一律依据规则，而是向当事人要求让步与妥协，在传统中国要求该让步与妥协时，“情理”成了其判断标准。不过，依据情理的审判与本案的审判之间所存在的根本区别在于：在明清时代，成为其审判正当性的依据的正是不拘泥于实定法或约定而是诉诸情理；与此相对，在本案中存在着即便其实际上属于调解，但只要不采用以法律为依据的形式就不能将其判断予以正当化这一思维。在这一点上，现代中国的审判明显不同于明清时代的审判。

① ［日］滋贺秀三：《清代中国的法与裁判》，日本创文社1984年版，第253页。

第二章　合同的订立

第一节　中国《合同法》与相关法规及中日条文比较

一、中国《合同法》与相关法规

《合同法》第 9 条【订立合同的能力】 当事人订立合同，应当具有相应的民事权利能力和民事行为能力。

当事人依法可以委托代理人订立合同。

第 10 条【合同的形式】 当事人订立合同，有书面形式、口头形式和其他形式。

法律、行政法规规定采用书面形式的，应当采用书面形式。当事人约定采用书面形式的，应当采用书面形式。

第 11 条【书面形式的定义】 书面形式是指合同书、信件和数据电文（包括电报、电传、传真、电子数据交换和电子邮件）等可以有形地表现所载内容的形式。

第 12 条【合同的内容】 合同的内容由当事人约定，一般包括以下条款：

（一）当事人的名称或者姓名和住所；

（二）标的；

（三）数量；

（四）质量；

（五）价款或者报酬；

（六）履行期限、地点和方式；

（七）违约责任；

（八）解决争议的方法。

当事人可以参照各类合同的示范文本订立合同。

第 13 条【订立合同的方式】 当事人订立合同，采取要约、承诺方式。

第 14 条【要约的定义】 要约是希望和他人订立合同的意思表示，该意思表示应当符合下列规定：

（一）内容具体确定；

（二）表明经受要约人承诺，要约人即受该意思表示约束。

第 15 条【要约邀请】 要约邀请是希望他人向自己发出要约的意思表示。寄送的价目表、拍卖公告、招标公告、招股说明书、商业广告等为要约邀请。

商业广告的内容符合要约规定的，视为要约。

第 16 条【要约的生效】 要约到达受要约人时生效。

采用数据电文形式订立合同，收件人指定特定系统接收数据电文的，该数据电文进入该特定系统的时间，视为到达时间；未指定特定系统的，该数据电文进入收件人的任何系统的首次时间，视为到达时间。

第 17 条【要约的撤回】 要约可以撤回。撤回要约的通知应当在要约到达受要约人之前或者与要约同时到达受要约人。

第 18 条【要约的撤销】 要约可以撤销。撤销要约的通知应当在受要约人发出承诺通知之前到达受要约人。

第 19 条【要约不得撤销的情形】 有下列情形之一的，要约不得撤销：

（一）要约人确定了承诺期限或者以其他形式明示要约不可撤销；

（二）受要约人有理由认为要约是不可撤销的，并已经为履行合同作了准备工作。

第 20 条【要约的失效】 有下列情形之一的，要约失效：

（一）拒绝要约的通知到达要约人；

（二）要约人依法撤销要约；

（三）承诺期限届满，受要约人未作出承诺；

（四）受要约人对要约的内容作出实质性变更。

第 21 条【承诺的定义】 承诺是受要约人同意要约的意思表示。

第 22 条【承诺的方式】 承诺应当以通知的方式作出，但根据交易习惯或者要约表明可以通过行为作出承诺的除外。

第 23 条【承诺的期限】 承诺应当在要约确定的期限内到达要约人。

要约没有确定承诺期限的，承诺应当依照下列规定到达：

（一）要约以对话方式作出的，应当即时作出承诺，但当事人另有约定的除外；

（二）要约以非对话方式作出的，承诺应当在合理期限内到达。

第 24 条【承诺期限的起点】 要约以信件或者电报作出的，承诺期限自信件载明的日期或者电报交发之日开始计算。信件未载明日期的，自投寄该信件的邮戳日期开始计算。要约以电话、传真等快速通讯方式作出的，承诺期限自要约到达受要约人时开始计算。

第 25 条【承诺生效的效力】 承诺生效时合同成立。

第 26 条【承诺的生效】 承诺通知到达要约人时生效。承诺不需要通知的，根据交易习惯或者要约的要求作出承诺的行为时生效。

采用数据电文形式订立合同的,承诺到达的时间适用本法第十六条第二款的规定。

第 27 条【承诺的撤回】 承诺可以撤回。撤回承诺的通知应当在承诺通知到达要约人之前或者与承诺通知同时到达要约人。

第 28 条【新要约】 受要约人超过承诺期限发出承诺的，除要约人及时通知受要约人该承诺有效的以外，为新要约。

第 29 条【承诺迟延】 受要约人在承诺期限内发出承诺，按照通常情形能够及时到达要约人，但因其他原因承诺到达要约人时超过承诺期限的，除要约人及时通知受要约人因承诺超过期限不接受该承诺的以外，该承诺有效。

第 30 条【承诺的实质性变更】 承诺的内容应当与要约的内容一致。受要约人对要约的内容作出实质性变更的，为新要约。有关合同标的、数量、质量、价款或者报酬、履行期限、履行地点和方式、违约责任和解决争议方法等的变更，是对要约内容的实质性变更。

第 31 条【承诺的非实质性变更】 承诺对要约的内容作出非实质性变更的，除要约人及时表示反对或者要约表明承诺不得对要约的内容作出任何变更的以外，该承诺有效，合同的内容以承诺的内容为准。

第 32 条【采用合同书形式的合同成立时间】 当事人采用合同书形式订立合同的，自双方当事人签字或者盖章时合同成立。

第 33 条【签订确认书与合同成立】 当事人采用信件、数据电文等形式订立合同的，可以在合同成立之前要求签订确认书。签订确认书时合同成立。

第 34 条【合同成立的地点】 承诺生效的地点为合同成立的地点。

采用数据电文形式订立合同的，收件人的主营业地为合同成立的地点；没有主营业地的，其经常居住地为合同成立的地点。当事人另有约定的，按照其约定。

第 35 条【采用合同书形式的合同成立地点】 当事人采用合同书形式订立合同

的，双方当事人签字或者盖章的地点为合同成立的地点。

第 36 条【未采用书面形式的合同成立】 法律、行政法规规定或者当事人约定采用书面形式订立合同，当事人未采用书面形式但一方已经履行主要义务，对方接受的，该合同成立。

第 37 条【合同书与合同的成立】 采用合同书形式订立合同，在签字或者盖章之前，当事人一方已经履行主要义务，对方接受的，该合同成立。

第 38 条【依国家指令订立的合同】 国家根据需要下达指令性任务或者国家订货任务的，有关法人、其他组织之间应当依照有关法律、行政法规规定的权利和义务订立合同。

第 39 条【格式合同条款定义与提供格式合同条款一方的义务】 采用格式条款订立合同的，提供格式条款的一方应当遵循公平原则确定当事人之间的权利和义务，并采取合理的方式提请对方注意免除或者限制其责任的条款，按照对方的要求，对该条款予以说明。

格式条款是当事人为了重复使用而预先拟定，并在订立合同时未与对方协商的条款。

第 40 条【格式合同条款的无效】 格式条款具有本法第五十二条和第五十三条规定情形的，或者提供格式条款一方免除其责任、加重对方责任、排除对方主要权利的，该条款无效。

第 41 条【格式合同条款的解释】 对格式条款的理解发生争议的，应当按照通常理解予以解释。对格式条款有两种以上解释的，应当作出不利于提供格式条款一方的解释。格式条款和非格式条款不一致的，应当采用非格式条款。

第 42 条【缔约过失责任】 当事人在订立合同过程中有下列情形之一，给对方造成损失的，应当承担损害赔偿责任：

（一）假借订立合同，恶意进行磋商；

（二）故意隐瞒与订立合同有关的重要事实或者提供虚假情况；

（三）有其他违背诚实信用原则的行为。

第 43 条【保密义务】 当事人在订立合同过程中知悉的商业秘密，无论合同是否成立，不得泄露或者不正当地使用。泄露或者不正当地使用该商业秘密给对方造成损失的，应当承担损害赔偿责任。

二、《日本民法》

第 97 条【对隔地人的意思表示】 对隔地人的意思表示，自其通知到达相对人处之时起发生效力。

对隔地人的意思表示，即使在表意人发出通知后死亡或丧失行为能力时，也不因此而不发生效力。

第 521 条【定有承诺期间的要约】 定有承诺期间而为的合同要约，不得撤回。

对于前款规定的要约，要约人于前款期间内未接收承诺通知的，该要约丧失效力。

第 522 条【承诺通知的迟延】 就前条第一款要约的承诺通知虽在该款的期间届满后到达，但可得知按照通常情况（承诺通知）可以于该期间内到达时发出的，要约人应及时向相对人发出迟延到达通知。但是，于其到达之前发出迟延通知的，不在此限。

要约人怠发前款本文中的迟延到达通知的，视承诺通知已于前条第一款的期间内到达。

第 523 条【迟延的承诺的效力】 要约人可以将迟延的承诺视为新要约。

第 524 条【未定承诺期间的要约】 未定承诺期间而向隔地人发出的要约，要约人在接受承诺通知的相当期间内，不得撤回其要约。

第 525 条【要约人死亡或丧失行为能力】 第九十七条第二款的规定，不适用于要约人表示了相反意思、或其相对人知道要约人死亡或丧失行为能力之事实的情形。

第 526 条【隔地人之间合同的成立时期】 隔地人之间的合同，自发出承诺通知时起成立。

根据要约人的意思表示或交易习惯，无需承诺通知的，合同于已存在可认为承诺之意思表示的事实时起成立。

第 527 条【撤回要约通知的迟延】 撤回要约的通知虽于发出承诺通知后到达，但是按照通常情形，可得知撤回要约通知于承诺通知到达之前发出的，受要约人（承诺人）应及时向要约人发出迟延到达通知。

受要约人（承诺人）怠发前款迟延到达通知的，合同视为未成立。

第 528 条【对要约附加变更的承诺】 受要约人（承诺人）对要约附加条件或加以其他变更后予以承诺的，视为拒绝原要约并进行了新的要约。

三《日本民法修正案》（以下画线部分表示现行法的修改内容。箭头“→”表示“修改为”。本书同）

第 97 条第 1 款【意思表示的生效时间】 意思表示，自其通知到达相对人处之时起发生效力。

现行第 97 条第 2 款→第 97 条第 3 款 意思表示，即使在表意人发出通知后死亡、丧失意思能力或受到行为能力的限制，也不因此而不发生效力。

第 97 条第 2 款（新设） 相对人无正当理由而妨害意思表示的通知到达的，视为该通知在通常情况下应到达时已到达。

第 521 条（新设）（略）

现行第 522 条 删除

第 522 条（新设）【合同的成立与方式】 合同，于相对人对出具合同的内容而要求缔结合同的意思表示（下称“要约”。）作出承诺之时成立。

合同的成立，除法律另有特别规定的外，无需具备制作书面（合同）及其他方式。

现行第 521 条→第 523 条【定有承诺期间的要约】 定有承诺期间而为的合同要约，不得撤回。但要约人保留撤回之权利的，不在此限。

现行第 523 条→第 524 条

现行第 525 条 删除

现行第 524 条→第 525 条【未定承诺期间的要约】 第 1 款 未定承诺期间而发出的要约，要约人在接受承诺通知的相当期间内，不得撤回其要约。但要约人保留撤回之权利的，不在此限。

第 525 条第 2 款（新设）向对话人发出的前款之要约，不论该款规定，于该对话存续期间随时可以撤回。

第 525 条第 3 款（新设） 要约人在向对话人发出的第一款之要约的对话存续期间内未收到承诺通知的，该要约失效。但要约人表示即使对话结束后该要约亦不失其效力的，不在此限。

第 526 条【要约人的死亡等】 要约人在发出要约通知后死亡、成为处于不具有意思能力之常态的人或者受到行为能力限制，要约人已表示如发生前述事实，该要约就不发生效力的意思或者其相对人在发出承诺通知之前已知发生了前述事实的，该要约不发生效力。

第 527 条【无需承诺通知之情形中合同的成立时间】 根据要约人的意思表示或

者交易习惯而无需作出承诺通知的，合同于发生应认为承诺之意思表示的事实时起成立。

第 548 条之 2（新设）【格式条款［日语原文为“定型约款”，下同。］的合意】 达成进行定型交易（指的是某特定人以不特定多数人为相对人而进行的交易，且其内容的全部或部分的统一化对于双方而言具有合理性的交易。下同）的合意（于次条中称为“定型交易合意”。）之人，在下列情形中视为就格式条款（指的是在定型交易中，以作为合同之内容为目的而由特定之人准备的条款之整体。下同）的个别款项也达成了合意。一、达成以格式条款为合同内容之合意的；二、准备格式条款之人（以下简称格式条款准备人。）事先向相对人表示以该格式条款为合同内容的。

不论前款规定，于该款各项中，为限制相对人的权利或加重相对人之义务的款项，且按照其定型交易的形式以及其实际情况和交易上的社会一般观念被认为违反第 1 条第 2 款规定的基本原则而单方面地有损相对人利益的款项，视为未达成合意。

第 548 条之 3（新设）【格式条款内容的表示】 进行或意欲进行定型交易的格式条款准备人，在定型交易合意之前或定型交易合意后的相当期间内相对人提出请求时应当及时以相当的方式表示其格式条款的内容。但是，格式条款准备人已向相对人交付记载有格式条款的书面材料或提供记录该材料之电子记录的，不在此限。

格式条款准备人在定型交易合意之前拒绝前款之请求的，不适用前条规定。但是，存在发生一时性的通讯障碍及其他正当事由的，不在此限。

第 548 条之 4（新设）【格式条款的变更】 于下列情形，格式条款准备人可以以变更格式条款的方式视为对变更后的格式条款之款项达成了合意，并无需与相对人达成个别合意而变更合同内容。一、格式条款的变更符合相对人之一般利益的。二、格式条款的变更未违反订立合同的目的，且按照变更的必要性、变更后内容的相当性、依本条规定存在变更格式条款情形之规定的有无及其内容以及其他涉及变更的情况，被认为合理的。

格式条款准备人进行前款规定之格式条款的变更的，应当确定其生效期，并应当通过互联网等其他适当方式将变更格式条款的意旨、变更后的格式条款内容以及其生效期予以公布。

依第 1 款第（2）项规定而为的格式条款的变更，于前款的生效期届满之前不进行该款规定之通知（周知）的，不发生其效力。

第 548 条之 2 第 2 款规定，不适用于依第 1 款规定而为的格式条款的变更。

四、中日条文比较

现行《日本民法》上不存在相当于中国《合同法》第 9 条至第 12 条的规定，而《日本民法修正案》第 522 条第 2 款明文规定了除法律另有特别规定的外，合同的成立以采口头主义为原则。此外，日本法上亦不存在相当于《合同法》第 13 条的规定，而《日本民法修正案》第 522 条第 1 款将其予以明文化。《合同法》第 15 条是有关要约邀请的定义性规定，而日本法上也找不到此种规定。《合同法》第 39 条至第 41 条是有关格式条款的规定，现行《日本民法》并未设有此种规定，而《日本民法修正案》第 548 条之 2 至之 4 新设了相关规定。两者相比较，《合同法》在其第 40 条明文规定了格式合同条款的无效事由，而《日本民法修正案》第 548 条之 2 规定为当违反作为一般条款的现行《日本民法》第 1 条第 2 款之诚实信用原则时，"视为未达成合议"。此外，中国法上不存在相当于《日本民法修正案》第 548 条之 4 有关变更格式条款的规定。另外，中国法在其《合同法》中对缔约过失责任也作出了规定，而日本法不存在对此的明文规定。

与此相对，《日本民法》在其第 529 条至第 532 条中规定了悬赏广告，而中国法不存在对此的明文规定。关于合同的成立，日本法与中国法都采意思主义，合同通过要约与承诺的一致意思而得以成立。然就隔地人之间合同的成立时期而言，中国法采到达主义（参见中国《合同法》第 26 条），而现行《日本民法》第 526 条采发信主义，但其发信主义的规定被挪到了《日本民法修正案》新设的第 522 条第 1 款，且通过删除现行法第 526 条第 1 款与第 527 条而重新回到了到达主义（第 97 条。另参见本章第二节渡边达德教授的点评部分。）此外，就要约的撤回、撤销而言，日本法与中国法也存在着很大差异。也就是说，日本法规定，未定承诺期间而向隔地人发出的要约，要约人在接受承诺通知的相当期间内，不得撤回其要约（参见第 524 条。但于《日本民法修正案》中，如果要约人保留了撤回的权利的话，该要约可撤回）。与此相对，中国法规定，如果撤回要约的通知在要约到达受要约人之前或者与要约同时到达受要约人时，要约可以撤回（参见中国《合同法》第 17 条），此外，即使在要约已经到达受要约人的场合，只要撤销要约的通知在受要约人发出承诺通知之前到达受要约人，即可撤销要约（参见中国《合同法》第 18 条）。但存在符合《合同法》第 19 条之情形的，不得撤销。《合同法》第 19 条第 1 项前段类似于《日本民法》第 521 条第 1 款（《日本民法修正案》第 523 条），但日本法规定为不得撤回（撤销这一概念只能存在于合同成立后），而中国法规定为不得撤销。阐述有关订立合同中要约与承诺的中日两国规定的对应关系，是一件繁琐且非常困难的事情。究其原因，是因为中国《合同法》

上相关规定的大部分都借鉴了《联合国国际货物销售合同公约(CISG)》。亦即,中国《合同法》(下同)第14条(← CISG、下同。第14条)、第15条(←第14条)、第16条第1款(←第15条)、第17条(←第15条)、第18条(←第16条)、第19条(←第16条)、第20条第1款(←第17条)、第21条(←第18条)、第22条(←第18条)、第24条(←第20条)、第25条(←第23条)、第27条(←第22条)、第28条(←第21条)、第30条(←第19条)、第31条(←第19条)等规定都是源于CISG的。

第二节 隔地人之间意思表示的生效时期

一、问题的提出

关于隔地人之间意思表示的生效时期,中国法与日本法呈现出完全相反的情形。对此,四宫教授和能见教授指出,日本法承认要约的拘束力,对承诺采发信主义,"过于优待了承诺方(受要约人)"。[①] 而从比较法上来看,德国法承认要约的拘束力,对承诺采到达主义,其是重视确定性的立场。与此相对,英国法不承认要约的拘束力,对承诺采发出主义,认为要约人与受要约人是以平等的地位处于自由竞争的关系。在此基础上,上述两位教授指出:"未发现不承认要约的拘束力而对承诺采到达主义的立法例。……《联合国国际货物销售公约》与此相近。"[②] 此一"未发现"之立法例,其实就是中国《合同法》所设想的有关隔地人之间意思表示生效时期的相关规定(参见《合同法》第17条、第18条以及第26条)。中国《合同法》的此种立法例是仅源于借鉴了CISG,还是源于中国特有的商业习惯,是一个值得探讨的问题。

二、韩世远与王成的答复

(一)韩世远的答复

中国《合同法》第二章"合同的订立",在很大程度上受到了CISG第二部分"合同的订立"的影响。起初,学者建议稿分别由中国十二家高校和科研机构承担,负责"合

①② 参见[日]四宫和夫、能见善久:《民法总则(第6版)》,日本弘文堂2002年版,第259页。

同的订立”一章的是对外经济贸易大学法学院，负责人是冯大同教授（已故）。这样的安排与考虑该法学院及负责人对于国际贸易规范的研究具有优势不无关系。

当时的立法指导思想，强调与国际市场接轨，“总结中国合同立法、司法实践经验和理论研究成果，广泛参考借鉴市场经济发达国家和地区立法的成功经验和判例学说，尽量采用反映现代市场经济客观规律的共同规则，并与国际公约和国际惯例协调一致。”[①] 中国的立法改革，具有鲜明的“自上而下”的特点，“自下而上”并不明显。总之，合同订立章的规则，主要学习了 CISG，而不是由于中国的商业习惯。

关于要约的拘束力问题，中国法也学习了 CISG。这个问题，在 CISG 起草过程中便是一个重大的争点，因为当时既有英美普通法的代表，也有大陆法系的代表；既有法国法系的代表，也有德国法系的代表以及北欧的代表。所以 CISG 是折中的方案。[②] 中国法也是如此，一方面，允许要约的撤回和撤销；另一方面，又规定了不允许撤销要约的特殊情形。所以，在中国法解释论上，也应作这样的展开。

（二）王成的答复

首先，中国《合同法》的立法例，应当是借鉴了《联合国国际货物销售公约》。[③]

其次，我个人不甚清楚上述两位教授所谓“不承认要约的拘束力”是否有特定含义？如果按照一般的意思理解，就我个人的看法，是否可以将中国法的规定理解为不承认要约的拘束力，似乎也有斟酌余地。根据《合同法》第 17 条要约可以撤回、第 18 条要约可以撤销以及第 19 条要约在两种情况下不可撤销，尤其是第 16 条第 1 款明确规定要约到达受要约人时生效以及第 20 条在四种情形下要约失效的规定，应当得出中国法承认要约具有拘束力的结论。

最后，在学说上，中国主要学者也承认要约的拘束力，学说普遍是从要约的形式拘束力（对要约人）和实质拘束力（对受要约人）展开讨论。[④]

---

① 梁慧星:《民法学说判例与立法研究(二)》,国家行政学院出版社 1999 年版,第 121 页。

② Vgl. Schlechtriem/Schroeter, in : Schlechtriem/Schwenzer, Kommentar zum Einheitlichen UN-Kaufrecht – CISG – 5. Auflage, Verlag C.H. Beck 2008, S.313 ～ 315.

③ 参见王利明、崔建远:《合同法新论:总则》,中国政法大学出版社 1996 年版,第五章。

④ 参见王利明、崔建远:《合同法新论:总则》，中国政法大学出版社 1996 年版，第 159 ～ 162 页。

三、渡边达德的点评

在此部分，提出了有关合同成立时间的立法时的思想背景以及要约的撤回和撤销的饶有兴味的课题。

首先，关于立法的思想背景，韩世远教授与王成教授都认同中国《合同法》受到了 CISG 的巨大影响。韩世远教授在引用梁慧星教授文献的同时，将此说明为“与国际市场接轨”（此外，还请参见“第二编第一章第三节三、小口彦太的点评”中有关梁慧星教授“接轨”论的陈述部分）。

其次，关于要约的撤回与撤销，在“一、问题的提出”中介绍了中国《合同法》与不承认要约的拘束力而对承诺采到达主义的 CISG 相近的观点。而此种规范方式，一般由于“单方面地对承诺方不利”，因此，不被采用。[①] 不过，中国《合同法》同样以“要约可以撤回”为原则的同时（第 17 条前段），还规定“撤回要约的通知应当在要约到达受要约人之前或者与要约同时到达受要约人”（第 17 条后段）；其次，以“要约可以撤销”为原则的同时（第 18 条前段），还规定“撤销要约的通知应当在受要约人发出承诺通知之前到达受要约人”（第 18 条后段）；并且规定了要约不得撤销的情形（第 19 条）。对于此种结构，韩世远教授指出 :“在中国法解释论上，也应作这样的展开”，王成教授指出 :“应当得出中国法承认要约具有拘束力的结论”。也可以说，这个问题关涉到在原则与例外之间以哪一方为重心以及以何种程度来运用的问题。

此外，在现行《日本民法》中，有关意思表示的生效时期以到达主义为原则（第 97 条第 1 款），而有关合同承诺的意思表示则采发出主义（第 526 条第 1 款）。与此相对，《日本民法修正案》认为也应对有关合同承诺的意思表示改采到达主义，而删除了现行《日本民法》第 526 条第 1 款的规定。由此，有关合同承诺的意思表示也将适用第 97 条第 1 款的规定。因此，合同将在承诺之意思表示到达时成立。

---

① ［日］四宫和夫、能见善久:《民法总则（第 8 版）》，日本弘文堂 2010 年版，第 255 页。

第三节　电子合同的普及程度及其实务中存在的问题

一、问题的提出

（一）电子合同的普及程度

中国《合同法》在其第 11 条中规定电子合同为书面合同的一种。此种电子合同的普及程度如何？围绕此种电子合同，实务中都存在哪些问题？（提问①）

（二）数据电文形式合同的撤销

针对电子合同中承诺的撤销问题，王利明教授指出："严格地说，在一般的合同订立过程中，一方发出要约后，另一方作出承诺，则合同成立。当事人不可能再撤销承诺，任何撤销承诺的行为都将构成违约。然而在电子商务中，一方面，由于当事人采取点击成交的方式，因为点击时间短暂而可能未对合同条款进行仔细的思考，因此，点击成交时，承诺人的意思表示可能并不完全真实。另一方面，由于网上交易时未能见到实物，而只是一种远距离的交易，所以点击成交可能并不一定反映当事人的真实意志。据此，许多学者建议在点击成交以后，应当给消费者一段考虑是否最终决定成交的期限，如果在该期限内，消费者不愿意成交，也可以撤销承诺；如果愿意成交，则不必再作出任何表示。……在点击成交以后，如果合同已经成立，消费者即使可以以重大误解为由请求撤销合同，依程序也只能向法院提起诉讼，但这不仅手续烦琐，而且费用较多，如果允许消费者撤销承诺，的确更加有利于尊重其真实意思"，但会使网络经营者承担极大的风险。由此，王利明教授主张考虑到两者的情况，应允许消费者在短暂的期间内（如一天内）有权决定是否撤销承诺。[①] 在中国，是如何理解上述问题的？（提问②）

二、韩世远与王成的答复

（一）韩世远的答复

1. 关于提问①

电子合同的应用与电子商务的运用直接相关。在中国，电子商务蓬勃发展，"淘

① 参见王利明 I 书，第 323 ~ 324 页。

宝”“京东”等电子商务平台极大地改变着人们的生活方式,年轻人“宅”生活非常普遍,有人说“给我一台电脑和一根网线，我就可以生活”，虽然不免极端，但也形象地反映了目前很多年轻人的生存实态。中国电子商务的成交金额相当惊人，虽然没有去查找，但我印象当中是超过美国的。由此，我们可以说，电子合同今天在中国是大量应用的。

与电子合同相关的法律问题也很多，比如格式条款问题，网上标价展示商品是否构成要约（抑或只是要约邀请）？误标价格成交后可否取消交易的问题？未成年人参与电子商务引发的疑难问题，电子商务跨境或者跨区域场合法律适用、法院选择等等。

2. 关于提问②

这其实就是“cooling–off”问题。如今,《中华人民共和国消费者权益保护法》（2013 年修正）第 25 条[①] 已经作了修正,已经吸收了“cooling–off”规则。一方面，中国将来解释论上还有很多工作要做；另一方面，也很有其局限性，比如 time–sharing 交易问题。再有，制度本身是有很高的成本的。

（二）王成的答复

1. 关于提问①

第一，在《合同法》制定当时，第 11 条所谓数据电文形式的合同并不发达。应当说，立法者预见到了未来的趋势，但是并没有预见到趋势的具体表现形式。从关于数据电文的列举:电报、电传、传真、电子数据交换和电子邮件来看，立法者还是、也只能是从当时技术角度制定的条文。

第二，现在来看，仅仅过去十几年的时间，技术的发展已经远远超出了当时人

---

①　第二十五条 经营者采用网络、电视、电话、邮购等方式销售商品，消费者有权自收到商品之日起七日内退货，且无需说明理由，但下列商品除外：

（一）消费者定作的；

（二）鲜活易腐的；

（三）在线下载或者消费者拆封的音像制品、计算机软件等数字化商品；

（四）交付的报纸、期刊。

除前款所列商品外，其他根据商品性质并经消费者在购买时确认不宜退货的商品，不适用无理由退货。

消费者退货的商品应当完好。经营者应当自收到退回商品之日起七日内返还消费者支付的商品价款。退回商品的运费由消费者承担；经营者和消费者另有约定的，按照约定。

们的想象。电报这种形式，几乎已经销声匿迹。其他几种形式也不是电子合同的主要形式。有学者提出，只有采用电子数据交换和电子邮件才能订立电子合同，而采用电报、电传、传真订立的合同，仍属于一般的合同。[①] 在中国目前，最主要的电子合同是在购物网站上进行交易。

第三，在中国，通过购物网站进行货物和服务的交易已经非常普遍。淘宝网2013年“双11”一天的交易额就达到350.19亿元人民币。

第四，关于电子合同的具体问题，中国目前至少有两部法律进行了规范。

其一是2005年4月1日施行的《中华人民共和国电子签名法》。这部法律名为《中华人民共和国电子签名法》，但事实上较为全面地规范了电子合同各方面可能出现的问题。比如，第2条规定，“本法所称电子签名，是指数据电文中以电子形式所含、所附用于识别签名人身份并表明签名人认可其中内容的数据。本法所称数据电文，是指以电子、光学、磁或者类似手段生成、发送、接收或者储存的信息。”第4条规定，能够有形地表现所载内容，并可以随时调取查用的数据电文，视为符合法律、法规要求的书面形式。此外，第5条规定了如何认定数据电文的原件、第8条规定了如何认定数据电文的真实性、第9条规定了如何认定发件人的发送、第10条规定了如何认定收到、第11条规定了如何认定数据电文的发送时间和接受时间、第12条规定了数据电文的发送地点和接受地点，等等。

其二是2014年3月15日生效的修订后的《中华人民共和国消费者权益保护法》（以下简称《消费者权益保护法》）。这次修订对一方为消费者的电子合同的有关问题进行了规范。比如，第25条规定了通过网络、电视、电话、邮购等方式购物时7日内无条件退货、第28条规定了互联网金融、第29条规定消费者个人信息搜集和保护，等等。

2. 关于提问②

王利明教授此处所讨论的，就是所谓的电子交易中消费者的冷静期问题。对此还有很多学者也有讨论。

这一问题在中国立法上的反映，就是2014年修订的《消费者权益保护法》第25条的规定，即“经营者采用网络、电视、电话、邮购等方式销售商品，消费者有权自收到商品之日起七日内退货，且无需说明理由，但下列商品除外：（一）消费者定作的；（二）鲜活易腐的；（三）在线下载或者消费者拆封的音像制品、计算机软件等数字化商品；（四）交付的报纸、期刊。”“除前款所列商品外，其他根据商品性质

① 参见王利明：《民商法研究（第5辑）》，法律出版社2014年版，第283页。

并经消费者在购买时确认不宜退货的商品，不适用无理由退货。”“消费者退货的商品应当完好。经营者应当自收到退回商品之日起七日内返还消费者支付的商品价款。退回商品的运费由消费者承担；经营者和消费者另有约定的，按照约定。”本条规定了消费者可以 7 日内无条件退货。但是，如何从学理上解释本条规定，也有斟酌余地。比如，是否因重大误解而撤销合同，还是撤销承诺、抑或是合同的解除，需要考虑。还有，如何防止消费者恶意利用本条款，平衡双方利益，也是一个难题。

三、渡边达德的点评

网络交易（这里将主要考虑“B to C 交易”）的急速扩张，是在中国以及日本任何一个国家所出现的共同现象。伴随其发展，有必要从公法以及私法两方面来对其进行适当的应对。

韩世远教授以及王成教授所介绍的中国《消费者权益保护法》将通过网络、电视、电话、邮购等方式购买商品均作为其规制对象，导入了所谓“cooling-off”。在对日本与中国进行比较时，其中包含了两方面的问题。其一，“cooling-off”规制的应有之态；其二，是否在网络交易中适用“cooling-off”。

在日本法上，现在由种种法律承认了“cooling-off”，而与消费者交易最为密切相关的是《日本有关特定商事交易的法律》（1976 年 6 月 4 日制定、2016 年 6 月 3 日最后修订——译者注）。该法规定了访问销售（这里不仅包括消费者的住宅或工作单位，也包括所谓兜售（catch sales）以及电话预约销售（appointment sales））、邮购、电话劝诱销售、连锁销售交易、提供特定持续性的劳务、以提供业务为诱因的销售交易、访问购买等 7 种类型。其中，可适用“cooling-off”的是除邮购之外的其他 6 种类型。概言之：（1）购买人等可以在自收到要约文件与合同文件之日起 8 日内（连锁销售交易和以提供业务为诱因的销售交易的场合为 20 日），通过书面形式来无条件行使“cooling-off”（但是，不满 3000 日元的现金交易、乘用汽车、政令[①]指定为消耗用品的品种等除外）；（2）“cooling-off”在发送文书时生效；（3）事业者不能向相对方请求支付由于“cooling-off”所产生的损害赔偿以及违约金；（4）事业者负有返还已经受领的金钱的义务，同时在商品等已经交付的情况下，需以事业者的负担

① ［译者注］政令属于“命令”（包括“授权命令”和“执行命令”）之一，由日本内阁府制定，相当于中国的行政法规。

与费用来回收该商品；（5）在有关提供服务或买卖权利的合同中，消费者即使在行使“cooling-off”之前已经接受了所提供的服务或行使会员权而使用了相关设施的，事业者也不能要求其给付对价。

问题是，如上所述邮购不属于适用“cooling-off”的对象。这基于如下的考虑，亦即：以往在日本认为，由于邮购是由消费者看到商品目录或广告后自己发出要约的，因此不像诸如访问销售等那样存在被事业者突袭式地劝诱或被单方推动的情形，其不同于应基于“cooling-off”而设置熟虑期间的情形，且此种认识占据了优势地位（但是，在现行日本法上，仅对提供特定持续性的劳务承认消费者在前往事业者的店铺的情形中行使“cooing-off”）。取而代之，《日本有关特定商事交易的法律》对于邮购规定了有关广告规制、有关退货的规制、禁止利用电脑等的点击失误或误解而引诱（消费者）进行要约的行为等规定。其中，就退货制度而言，事业者需要在广告中标明有关退货特别约定的事项（需要标明能否退货、在可以退货的情形中需标明可退货期间与负担费用的人），并在广告中没有标明能否退货的情况下，其购买人原则上可在自受领商品的次日起 8 日内退货。这也可以说是与“cooling-off”相近的，但在此种法定退货制度中退货费用是由购买人负担的。

以上述情形为前提，在有关现行法的解释与适用中，网络交易被解释为包含在“邮购”之内。因此，对于网络交易将适用有关邮购的规则，其不属于适用“cooling-off”的对象（适用前述“退货制度”）。但是，对于此种规制方式，存在着强烈的批判。例如，在通过电子邮件或 SNS 上的信息等进行劝诱，其后再通过网络签订合同的情况下，其过程是类似于电话劝诱销售的。因此，可以说网络交易也存在适用“cooling-off”的基础。现在，《日本有关特定商事交易的法律》离上次修正法的施行已经过了五年，其迎来了重新审视的时期，因此，有必要关注相关研究的发展。

第四节　缔约过失责任

一、问题的提出

中国法将缔约过失责任规定在了《合同法》之中。围绕缔约过失责任，以合同法来处理还是以侵权法来处理，将在举证责任、履行辅助人责任等方面产生不同的效果。对此，梁慧星教授早在 1999 年的论文中阐述《合同法》引进缔约过失责任的立法宗旨时指出，如果在侵权法中寻求解决问题的办法，受害人须证明对方有过错，而这对受害人是不利的，正是从保护受害人的观点出发，《合同法》以“合同义务的扩张”这一形式规定了缔约过失责任。[①] 与此相对，李中原教授认为，缔约过失责任已在相关司法解释中以侵权责任的形式得到了承认，亦即：“比如，消费者在商店购物时滑倒受伤所产生的赔偿诉讼，作为传统上缔约过失责任的一种典型案件，依据我国 2004 年施行的《最高人民法院关于审理人身损害赔偿案件适用法律若干问题的解释》第 6 条的规定，则被归入了侵权责任的范畴。”[②] 此外，王利明教授主张缔约过失责任既不属于合同责任也不属于侵权责任，而是一种独立的请求权，亦即：“缔约过失责任是一种法律直接规定的债。”[③]“由于缔约过失责任在性质上不同于违约责任，因此，缔约过失不应在《合同法》而应在债法中作出规定。然而，由于我国目前尚未颁布民法典，因此缔约过失没有在债法中详细作出规定，暂时只能在《合同法》中规定。将来在民法典制定时应当将缔约过失责任纳入债法体系中，而不应当规定在《合同法》中。”[④]

在日本，关于缔约过失责任的定位问题，也存在着意见的分歧。该如何理解这一问题？

二、韩世远与王成的答复

（一）韩世远的答复

围绕“缔约过失责任”（c.i.c.）[⑤] 存在着“定性”与“定位”两方面问题。

就“定性”而言，缔约过失责任既不同于违约责任（因为许多场合当事人之间并不存在有效的合同关系），也有别于侵权责任（c.i.c. 以当事人之间存在缔约接触以及合理信赖为基础，对彼此所要求的注意程度高于侵权责任）。从类型论角度观察，应该说 c.i.c. 居于违约责任与侵权责任之间，是一法定的特别结合关系。

就“定位”而言，在民法体系中将 c.i.c. 摆放在何处，涉及“立法论”。观察《欧洲合同法原则》及《国际商事合同通则》，均将 c.i.c. 在合同法中规定，并没有见到有

---

① 参见梁慧星：《合同法的成功与不足（上）》，载《中外法学》1999 年第 6 期。

② 参见李中原：《缔约过失责任之独立性质疑》，载《法学》2008 年第 7 期。

③ 参见王利明Ⅰ书，第 343 页。

④ 参见王利明Ⅰ书，第 361 页。

⑤ For further information on this topic, see Shiyuan Han, Culpa in Contrahendo in Chinese Contract Law, Tsinghua China Law Review, Volume 6, Number 2,（2014）, pp.157 ~ 170.

何不妥。

（二）王成的答复

第一，缔约过失责任，无论规定在合同法还是规定在侵权法中，如果要构成的话，均需要受害人来证明加害人存在某种过失，这一点，恐怕不构成缔约过失责任规定在合同法还是规定在侵权法中的主要理由。

第二，《最高人民法院关于审理人身损害赔偿案件适用法律若干问题的解释》第6条、以及后来《中华人民共和国侵权责任法》（以下简称《侵权责任法》）第37条规定的安全保障义务，其规范范围应当大于缔约的情形，即双方之间是否存在缔约关系，不影响安全保障义务的构成。

第三，有些缔约过失也无法为安全保障义务所涵盖。比如《合同法》第42条规定，恶意磋商、故意隐瞒等等情形，与安全保障义务无关。

第四，中国的主要民法学者主张，缔约过失责任是一种独立于违约责任和侵权责任的责任形式。[①]

缔约过失规定在债法中是否合适，也与对债法规范范围的认定有关，比如，《侵权责任法》是否仍然属于债法的范围，中国学者存在着不同的看法。

三、渡边达德的点评

日本法上的“缔约过失”责任，传统上被认为属于因自始不能而合同无效情形中的损害赔偿问题，然而近年来被理解为“合同准备阶段中诚实信用原则上的注意义务违反”。其中，包括前述①自始不能的情形、②恶意终止磋商的情形、③因一方当事人违反说明义务、提供信息义务而签订对方非本意合同的情形等类型（在①②中合同无效或是不成立，在③中合同是成立的，因此，两者之间也存在差异）。对此，中国《合同法》第42条在具体列举了在订立合同过程中假借订立合同而恶意进行磋商的情形（第1款）以及故意隐瞒与订立合同有关的重要事实或者提供虚假情况的情形（第2款）之后，将“有其他违背诚实信用原则的行为”的情形（第3款）也作为了其规制对象。由于存在该第3款，缔约过程中所有违反诚实信用原则的行为

---

① 参见王利明：《民商法研究（第1辑）》，法律出版社2014年版，第435页；崔建远主编：《合同法（第4版）》，法律出版社2007年版，第118页。

都被纳入到考量范围，因此，可以理解为日本与中国关于缔约过失责任的适用范围是相同的。

而对于缔约过失责任应定性为“合同责任（债务不履行责任）”“侵权责任”“（折中的）信赖责任”中的哪一种这一问题，在日本也被作为讨论的对象。对此问题产生纠纷的实务上的理由在于：适用于损害赔偿请求权时效期间的法规范以及对过失（归责事由）的举证责任存在差异，对此，两国之间似乎也不存在什么区别。

最近在日本，日本最高法院在有关因缔约前当事人一方未尽说明义务而签订了如若对方受其说明就不会签订的合同，并因此受到损失的案例中，判决受损害方可基于侵权行为请求损害赔偿，但于此情形不成立债务不履行。[①] 在此类情形中，由于对对方决定是否缔约时的重要事项进行说明这一诚实信用原则上的义务在时间上以及理论上先于缔约而存在，因此，在此种说明义务成为问题的时候合同尚不存在，由此日本最高法院认定不存在承认合同责任的余地。因此，虽然在此将其定性为“侵权”责任，但此种定性并不适用于其他类情形。

在《民法（债权关系）》的修改过程中，曾有过如下的提案：在合同的磋商过程中，对于那些涉及影响对方判断是否缔结该合同的事项，应基于诚实信用原则向对方提供信息并予以说明，违反该义务的一方对对方负有损害赔偿责任（参见［日］《债权法修改的基本方针》【3.1.1.10】），但最终没能予以明文化。此外，即使在该提案中，也未明确违反说明义务的法律性质。

第五节　格式条款的效力

一、问题的提出

（一）格式条款的变更与撤销

有关格式条款规定的《合同法》第40条规定了格式条款具有《合同法》第52条和第53条规定情形时，该条款无效。但未规定格式条款在显失公平的情况下能否适用《合同法》第54条有关合同可变更、可撤销的规定。对此，王利明教授举出如下理由，主张应当承认适用《合同法》第54条。亦即：（1）《合同法》第40条的目

① 最判平成23年4月22日民集65卷3号1405页。

的在于充分保障相对人特别是消费者的利益，因此，消费者不愿意宣告该条款无效而愿意变更该条款的，应当允许消费者提出这一请求；(2) 由于格式条款大多是行政主管部门制定的，因此，法院直接宣告行政主管部门制定的格式条款无效实际上是困难的，“而格式条款一旦在个案中被宣告无效，该条款以后便永久失效，这也是行政机关所无法接受的。”① 该如何理解上述王利明教授的观点？（提问①）

（二）有关格式条款效力的案例

此外，该如何理解有关格式条款效力的如下案例？②（提问②）关于该案，有三种观点。第一种为法院的观点，认为银行有关“二人临柜，复核为准”的规定仅是该银行的内部规定而已。第二种观点认为，当银行发给储户铜牌以后，储户与银行之间并没有形成一种合同关系，只是在储户和银行之间形成了一种保管关系。③ 第三种观点为王利明教授的观点。王教授认为，本案中由银行制定的“二人临柜，复核为准”的规定属于格式条款，且“只要发生储蓄合同关系，就要接受该条款”，但原告是被迫接受该条款的，因此，“此种条款尽管随着合同的成立而成立，但并不意味着当然地符合民事法律行为的生效要件”，该条款违反了《合同法》所规定的公平原则，“《合同法适用解释（二）》第 10 条规定：‘提供格式条款的一方当事人违反合同法第三十九条第一款的规定，并具有合同法第四十条规定的情形之一的，人民法院应当认定该格式条款无效。’据此，储户有权请求法院认定该条款无效。”王利明教授并未明确指出此种无效说的根据，其是否指的是违反了《合同法》第 52 条第（5）项所规定的强制性规定？另外，王利明教授还列举了《商业银行法》第 5 条和《消费者权益保护法》第 24 条。

【案例】

（a）案情

原告：郭某某

被告：中国工商银行北京市分行海淀支行

---

① 参见王利明 I 书，第 426 页。

② 参见《11 格式条款的效力问题》，载王利明：《民法疑难案例研究（最新修订版）》，中国法制出版社 2010 年版，第 61 ～ 67 页。

③ 参见王利明：《民法疑难案例研究（最新修订版）》，中国法制出版社 2010 年版，第 63 页。转引自中国高级法官培训中心编：《中国审判案例要览（1995 年综合本）》，中国人民大学出版社 1996 年版，第 910 页。

3 月 15 日 11 时许，郭某某到海淀支行北京医学院储蓄所存款。郭某某填写好一张 4000 元活期存款凭条后，便将凭条和现金及存折交该储蓄所接柜员，该接柜员接过郭某某所交的现金等手续后，对现金清点了两遍（手点、机点各一遍），见与存款凭条所填数额一致，即发给郭某某一枚铜牌（十号），并将现金、凭条、存折交记账员。记账员记账后，将郭某某储蓄款、存款凭条及存折一同交复核出纳员复核。复核中，复核出纳员提出郭某某所交现金少 2000 元，与凭条所填金额不符，即退回接柜员，由接柜员告知郭某某少 2000 元。郭某某在现场查找和回家查找后仍坚持自己所交 4000 元现金无误，双方争执不下。嗣后，该储蓄所封存，并将郭某某所填存款凭条撕毁。此后，双方虽有接触，但纠纷未能得到解决，为此形成诉讼。原告要求返还其 4000 元存款，而被告则以银行早有“二人临柜、复核为准”的规定为由，拒绝承担储金短少的责任。

（b）关于本案的不同观点

第一种观点认为：银行与储户间债权债务关系是银行从接收储户现金，经过银行记账员记账，复核员复核无误后，由接柜员填写好储蓄存条交与储户后方为成立，在银行内部一系列工作程序未完成前，仅有发号牌，双方债权债务关系并没有成立，而且银行有“二人临柜、复核为准”的规定，因而，号牌不能作为银行已收受储户现金的依据，复核员复核发现存款凭条所载数额与交付款额不符，短款责任应由储户自负，与银行无关。

第二种观点（本案一、二审法院判决所采纳的观点）认为：储户将储蓄款交银行接柜员当面初点确认交存的储蓄款与存款凭条所填款额一致，发给储户号牌后，双方之间权利义务关系即已形成，银行对该款具有妥善保管之义务，此后所出差错应由银行承担，银行关于“二人临柜、复核为准”的规定，对本行业内部工作人员具有约束力，对储户不具有约束力，因而短款责任应由银行承担。

（c）作者（王利明教授）的观点

（前略）银行内部专门规定，“二人临柜、复核为准”，是否可以对储户产生拘束力？一、二审法院均认为，银行作出的此种规定，系银行对其内部工作人员相互监督与制约的规定，对储户不应具有拘束力。笔者认为这一观点，也值得讨论。（中略）实际上，这个问题涉及合同法领域的一个重大问题，即格式条款的成立和生效问题。（中略）合同的成立是指双方当事人就合同的主要条款达成了合意，但当事人的合意并不一定符合法律规定的生效要件，如果不符合生效要件，则已经成立的合同和合同条款是不能生效的。从本案来看，尽管不能否认该条款已经订入合同，但笔者认为该条款不符合民事法律行为的生效要件，其原因在于：

第一，该条款违反了《合同法》所规定的公平原则。按照公平原则，格式合同内容应对双方有利，如果格式条款对一方明显有利而同时对另一方明显不利，免除了条款制定人的基本合同义务，则是不公平的。（中略）

第二，该规定不符合有关法律规定的原则。我国《商业银行法》第5条规定："商业银行与客户的业务往来，应当遵循平等、自愿、公平和诚实信用的原则。"《合同法》第39条（第1款）亦规定，"采用格式条款订立合同的，提供格式条款的一方应当遵循公平原则确定当事人之间的权利和义务。"本案中由银行制定的"二人临柜、复核为准"的规定对于储户是明显不公平的，也不符合储户的意愿。

第三，该条排斥了消费者所应当享有的基本权利。《消费者权益保护法》规定格式合同的制订者不得以格式合同等方式排除或限制消费者的权利，该法第24条（指的是2009年第一次修正后的旧法——小口注）规定："经营者不得以格式合同、通知、声明、店堂告示等方式作出对消费者不公平、不合理的规定或者减轻、免除其损害消费者合法权益应当承担的民事责任。"本案中由银行制订的"二人临柜、复核为准"的规定，对规范其内部的操作是必要的，但用来限制消费者的权利则是不妥当的。（中略）

基于上述原因，笔者认为即使"二人临柜、复核为准"的规定已经为原告所被迫接受，也不能产生法律效力。《合同法适用解释（二）》第10条规定："提供格式条款的一方当事人违反合同法第三十九条第一款的规定，并具有合同法第四十条规定的情形之一的，人民法院应当认定该格式条款无效。"据此，储户有权请求法院认定该条款无效。银行不能以此为根据要求免除其短款的赔偿责任，而必须根据已经成立的储蓄合同的规定按照其已同意接受的存款数额向原告交付存单，如果原告不愿存款，可以解除合同，要求银行返还其4000元存款，而银行应负有返还义务。当然，我们说该条款不能生效，是指该条款作为合同条款不能生效，并不妨碍该条款作为银行内部的工作纪律和工作程序的规定，可在银行内部实际运行。

二、韩世远与王成的答复

（一）韩世远的答复

1. 关于提问①

这是一个有意思的话题。其一，提到了"部分撤销"问题。《合同法》承认"部分无效”（第56条），也承认“部分解除”（第165条），唯独没有提及“部分撤销”，是否意味着《合同法》不承认“部分撤销”呢？我个人以为不宜这样解释。换言之，“部分撤销”在《合同法》下也是可能的。其规范基础依然是《合同法》第54条，而不是第40条。

其二，涉及“部分无效”与“部分撤销”规范竞合场合的法律适用及其效果差异问题。比如约定“工伤概不负责”条款场合，依《合同法》第53条第（1）项，该免责条款无效。通常问题可循此路径解决，不生疑问。是否有可能以及是否有必要让当事人放着该规定不主张，转而依第54条第1款第（2）项“在订立合同时显失公平的”主张法院或者仲裁机构予以变更或者撤销呢？这涉及“双重效果”问题，在法学理论层面，是有此可能性的。其长处在于，在依“部分无效”处理场合，就此免责条款所处理事项会因“部分无效”而出现一处“合同漏洞”；而在请求变更场合，法院得依其裁量权直接变更该免责条款的内容，使之不再“显失公平”，且避免产生“合同漏洞”。但是，这种法学理论层面的分析是一回事，在实务中，恐怕难以发现现实的事例。另外，就算依“部分无效”处理会产生“合同漏洞”，该漏洞依法律的一般规定予以处理，与依合同规范处理相比，也不会产生什么实质的不便或者不公平。

其三，王利明教授是从“保护消费者利益”角度展开的论证，这也触发了另外一个问题点：《合同法》没有区分商事合同与消费者合同，这种统一的格式条款规则，在解释适用时要否考虑上述两类合同的差异性呢？这可算说是未来解释论展开时难以回避的问题。

2. 关于提问②

这个案子在今天看来有些怪异，现实生活中发生的机率非常之小。

（二）王成的答复

1. 关于提问①

从形式上看，《合同法》第40条规定的是格式条款无效的情形，故而关于可变更、可撤销的内容，自然不应当规定在第40条中。从逻辑上而言，格式条款也是合同条款。第52条、第53条已经规定无效的情形，在第40条中仅仅是重复而已。故而，第40条所谓“格式条款具有本法第52条和第53条规定情形的，条款无效”的规定，实际上是没有规范意义的。

另一方面，也正因为格式条款也是合同条款，而且是法律重点规范的条款，即在一般条款还可能有效的情形，如果是格式条款则可能会无效，比如《合同法》第

40 条后段规定的情形（提供格式条款一方免除其责任、加重对方责任、排除对方主要权利的）。在这样的意义上，如果合同条款存在显失公平情形，无论其是否是格式条款，当事人自然可以根据《合同法》第 54 条请求变更或者撤销。如果是格式条款，当事人更应当有变更或者撤销的权利。

从法律适用上来看，如果一个合同条款具有显失公平的情形，当事人无需主张该条款属于格式条款，而请求适用第 40 条。当事人完全可以直接主张适用第 54 条。故而，讨论显失公平情形是否属于第 40 条的规范范围，实际意义似乎有限。

2. 关于提问②

首先，就结论而言，本案一审、二审判决结果与王利明教授的观点是一致的，即都认为该条款不应当对储户具有拘束力，银行应当返还储户的欠款。

其次，就本案案情而言，有一个细节是储户总共交给银行 4000 元，经过银行初核无误，在复核时发现少了 2000 元。如果 4000 中少了 100 元，难以发现，4000 变成了 2000，初核怎么能够发现不了呢？在这样的意义上，我个人从结果上也是倾向于储户的。

最后，在理由方面，我个人倾向于法院的观点，即所谓“二人临柜、复核为准”的规定，根本就不能进入双方的合同，不构成合同条款，从而对储户产生不了拘束力。

三、渡边达德的点评

该问题被理解为当格式条款中所包含的不当条款被认定为无效的情况下，以当事人进行请求为前提，是否可以以合同变更的方式来填补漏洞的问题。韩世远教授在提醒中国《合同法》上未区分“B to B”和“B to C”的同时，关于是否应在所有情形中承认合同变更这一问题持谨慎的态度。与此相对，王成教授认为根据《合同法》第 54 条，当事人应当享有请求变更合同的权利。

在日本，如果考虑《日本消费者合同法》第 8 条～第 10 条所规定的不当条款无效情形的话，可以认为，在此当某项条款（亦即，特别约定）被认定为无效的情况下，原则上应回归到任意规定的适用，而当涉及该合同有效性之根本的条款被认定为无效的话，该合同自身应属无效。也就是说，在此未将法院根据当事人的请求而变更合同的问题考虑在内。

此外，关于“问题的提出”中所提及的“案例”，韩世远教授仅指出其为罕见的个案。而王成教授则认为虽然存款合同成立，但该条款仅为银行的内部规定，并赞同对储户不具有拘束力的观点。在该案例中，是否成立银行存款合同［消费寄托（参见《日本民法》第666条以及第587条）］将成为问题，而对于在柜台存入现金的情形一般认为，当柜台工作人员收取现金并予以确认时，该合同即可成立。[①] 此外，大判大正12年11月20日法律新闻2226号4页（柜台一寸事件）是一个因在柜台办理的存款合同是否成立而成讼的罕见的案例。如果以此案例为前提的话，我认为，在日本发生与前述中国“案例”相同的案例的情况下，与王成教授所主张的相同的解决方式是妥当的。

① ［日］中马义直:《存款契约》,载《契约法体系Ⅴ 特殊契约(1)》,日本有斐阁1963年版,第19页。

第三章 合同的效力

第一节 中国《合同法》与相关法规及中日条文比较

一、中国《合同法》与相关法规

《合同法》第44条【合同的生效】 依法成立的合同，自成立时生效。

法律、行政法规规定应当办理批准、登记等手续生效的，依照其规定。

《合同法适用解释（一）》第9条 依照合同法第四十四条第二款的规定，法律、行政法规规定合同应当办理批准手续，或者办理批准、登记等手续才生效，在一审法庭辩论终结前当事人仍未办理批准手续的，或者仍未办理批准、登记等手续的，人民法院应当认定该合同未生效；法律、行政法规规定合同应当办理登记手续，但未规定登记后生效的，当事人未办理登记手续不影响合同的效力，合同标的物所有权及其他物权不能转移。

合同法第七十七条第二款、第八十七条、第九十六条第二款所列合同变更、转让、解除等情形，依照前款规定处理。

《合同法》第45条【附条件合同的生效】 当事人对合同的效力可以约定附条件。附生效条件的合同，自条件成就时生效。附解除条件的合同，自条件成就时失效。

当事人为自己的利益不正当地阻止条件成就的，视为条件已成就；不正当地促成条件成就的，视为条件不成就。

《合同法》第46条【附期限合同的生效】 当事人对合同的效力可以约定附期限。附生效期限的合同，自期限届至时生效。附终止期限的合同，自期限届满时失效。

《合同法》第47条【限制行为能力人订立的合同】 限制民事行为能力人订立的

合同，经法定代理人追认后，该合同有效，但纯获利益的合同或者与其年龄、智力、精神健康状况相适应而订立的合同，不必经法定代理人追认。

相对人可以催告法定代理人在一个月内予以追认。法定代理人未作表示的，视为拒绝追认。合同被追认之前，善意相对人有撤销的权利。撤销应当以通知的方式作出。

《合同法》第 48 条【无权代理人订立的合同】 行为人没有代理权、超越代理权或者代理权终止后以被代理人名义订立的合同，未经被代理人追认，对被代理人不发生效力，由行为人承担责任。

相对人可以催告被代理人在一个月内予以追认。被代理人未作表示的，视为拒绝追认。合同被追认之前，善意相对人有撤销的权利。撤销应当以通知的方式作出。

《合同法》第 49 条【表见代理】 行为人没有代理权、超越代理权或者代理权终止后以被代理人名义订立合同，相对人有理由相信行为人有代理权的，该代理行为有效。

《合同法》第 50 条【法定代表人的越权行为】 法人或者其他组织的法定代表人、负责人超越权限订立的合同，除相对人知道或者应当知道其超越权限的以外，该代表行为有效。

《合同法》第 51 条【无权代理人订立的合同】 无处分权的人处分他人财产，经权利人追认或者无处分权的人订立合同后取得处分权的，该合同有效。

《买卖合同解释》第 3 条 当事人一方以出卖人在缔约时对标的物没有所有权或者处分权为由主张合同无效的，人民法院不予支持。

出卖人因未取得所有权或者处分权致使标的物所有权不能转移，买受人要求出卖人承担违约责任或者要求解除合同并主张损害赔偿的，人民法院应予支持。

《合同法》第 52 条【合同无效的法定事由】 有下列情形之一的，合同无效：（一）一方以欺诈、胁迫的手段订立合同，损害国家利益；（二）恶意串通，损害国家、集体或者第三人利益；（三）以合法形式掩盖非法目的；（四）损害社会公共利益；（五）违反法律、行政法规的强制性规定。

《合同法适用解释（二）》第 14 条 合同法第五十二条第（五）项规定的“强制性规定”，是指效力性强制性规定。

《民商事合同指导意见》第 15 条 正确理解、识别和适用合同法第五十二条第（五）项中的“违反法律、行政法规的强制性规定”，关系到民商事合同的效力维护以及市场交易的安全和稳定。人民法院应当注意根据《合同法解释（二）》第十四条之规定，注意区分效力性强制规定和管理性强制规定。违反效力性强制规定的，人民法院应当认定合同无效；违反管理性强制规定的，人民法院应当根据具体情形认定其效力。

《民商事合同指导意见》第 16 条 人民法院应当综合法律法规的意旨，权衡相互冲突的权益，诸如权益的种类、交易安全以及其所规制的对象等，综合认定强制性规定的类型。如果强制性规范规制的是合同行为本身即只要该合同行为发生即绝对地损害国家利益或者社会公共利益的，人民法院应当认定合同无效。如果强制性规定规制的是当事人的“市场准入”资格而非某种类型的合同行为，或者规制的是某种合同的履行行为而非某类合同行为，人民法院对于此类合同效力的认定，应当慎重把握，必要时应当征求相关立法部门的意见或者请示上级人民法院。

《合同法》第 53 条【合同免责条款的无效】 合同中的下列免责条款无效：（一）造成对方人身伤害的；（二）因故意或者重大过失造成对方财产损失的。

《合同法》第 54 条【可变更、可撤销合同】 下列合同，当事人一方有权请求人民法院或者仲裁机构变更或者撤销：（一）因重大误解订立的；（二）在订立合同时显失公平的。

一方以欺诈、胁迫的手段或者乘人之危，使对方在违背真实意思的情况下订立的合同，受损害方有权请求人民法院或者仲裁机构变更或者撤销。

当事人请求变更的，人民法院或者仲裁机构不得撤销。

《民法通则》第 59 条【可变更、可撤销的民事行为】 下列民事行为，一方有权请求人民法院或者仲裁机关予以变更或者撤销：（一）行为人对行为内容有重大误解的；（以下省略）。

《民法通则意见》第 71 条 行为人因对行为的性质、对方当事人、标的物的品种、质量、规格和数量等的错误认识，使行为的后果与自己的意思相悖，并造成较大损失的，可以认定为重大误解。

《民法通则意见》第 73 条第 1 款 对于重大误解或者显失公平的民事行为，当事人请求变更的，人民法院应当予以变更；当事人请求撤销的，人民法院可以酌情予以变更或者撤销。

《合同法》第 55 条【撤销权的消灭】 有下列情形之一的，撤销权消灭：（一）具有撤销权的当事人自知道或者应当知道撤销事由之日起一年内没有行使撤销权；（二）具有撤销权的当事人知道撤销事由后明确表示或者以自己的行为放弃撤销权。

《合同法》第 56 条【自始无效的合同与部分有效合同】 无效的合同或者被撤销的合同自始没有法律约束力。合同部分无效，不影响其他部分效力的，其他部分仍然有效。

《合同法》第 57 条【合同解决争议条款的效力】 合同无效、被撤销或者终止的，不影响合同中独立存在的有关解决争议方法的条款的效力。

《合同法》第 58 条【合同无效或被撤销的法律后果】 合同无效或者被撤销后，因该合同取得的财产，应当予以返还；不能返还或者没有必要返还的，应当折价补偿。有过错的一方应当赔偿对方因此所受到的损失，双方都有过错的，应当各自承担相应的责任。

《合同法》第 59 条【恶意串通获得财产的返还】 当事人恶意串通，损害国家、集体或者第三人利益的，因此取得的财产收归国家所有或者返还集体、第三人。

二、《日本民法》

第 5 条【未成年人实施的法律行为】 未成年人实施法律行为，须征得其法定代理人的同意。但是，仅取得权利或被免除义务的法律行为，不在此限。

违反前款规定的法律行为，可以撤销。

对于法定代理人确定目的而许可处分的财产，在该目的范围内，未成年人可以不受第一款的限制而自由处分。处分未确定目的而许可处分的财产时，亦同。

第 6 条【未成年人营业的许可】 被许可从事一种或数种营业的未成年人，就该营业享有与成年人相同的行为能力。

于前款情形，未成年人有尚不胜任其营业的事由时，其法定代理人可以依据第四编（亲属）的规定，撤销其许可或予以限制。

第 9 条【成年被后见人实施的法律行为】 成年被后见人的法律行为，可以撤销。但是，购买日用品或其他与日常生活相关的行为，不在此限。

第 21 条【限制行为能力人实施的欺诈】 限制行为能力人为了使人相信其为行为能力人而使用骗术时，不得撤销其行为。

第 113 条【无权代理】 不享有代理权的人作为他人代理人而签订的合同，非经本人追认，对本人不发生效力。

追认或拒绝追认，除非对相对人为之，不得以之对抗相对人。但相对人已知其事实时，不在此限。

第 114 条【相对人的催告权】 于前条情形，相对人可以定相当期限，催告本人在该期限内作出是否追认的确切答复。如本人在该期限内未作确切答复，则视为拒绝追认。

第 115 条【相对人的撤销权】 不享有代理权的人所签订的合同，于本人未追认期间，相对人可以撤销。但是，相对人在签订合同当时已知无权代理事实的，不在此限。

第 116 条【无权代理行为的追认】 如无特别的意思表示，追认追溯到签订合同时发生其效力。但是，不得损害第三人的权利。

第 109 条【表示授予他人代理权时的表见代理】 对第三人表示授予他人以代理权之意旨者，于代理权范围内，就该他人与第三人之间实施的行为，负其责任。但是，第三人知道该他人未被授予代理权或因过失而未能知道的，不在此限。

第 110 条【权限外行为的表见代理】 代理人实施其权限外的行为，如第三人有正当理由相信其有此权限时，准用前条本文的规定。

第 112 条【代理权消灭后的表见代理】 代理权消灭，不得以之对抗善意第三人。但是，第三人因过失不知其事实时，不在此限。

第 90 条【公序良俗】 以违反公共秩序或善良风俗的事项为标的的法律行为无效。

第 95 条【错误】 意思表示，于法律行为的要素存在错误时，无效。但是，表意人有重大过失时，不得自己主张该无效。

第 96 条【欺诈或胁迫】 因欺诈或胁迫而为的意思表示，可以撤销。

第三人在对相对人的意思表示中实施欺诈的，以相对人知其事实情形为限，可以撤销其意思表示。

因前二款规定的欺诈所作出的意思表示之撤销，不能对抗善意第三人。

第 119 条【无效行为的追认】 无效行为，不因追认而发生效力。但是，当事人知其无效而追认时，视为实施新行为。

第 121 条【撤销的效果】 撤销的行为，视为自始无效。但是，限制行为能力人只于因该行为而现受利益的限度内，负偿还义务。

第 126 条【撤销权的期间限制】 撤销权，自可追认时起五年不行使时，因时效而消灭。自行为之时起，经过二十年，亦同。

第 127 条【条件成就的效果】 附停止条件的法律行为，自条件成就时起，发生效力。

附解除条件的法律行为，自条件成就时起，丧失效力。

当事人表示了把条件成就的效果溯及于其成就之前的意思时，从其意思。

第 130 条【条件成就的妨害】 因条件成就而受不利益当事人，故意妨害条件成就时，相对人可以视为条件已成就。

第560条【他人权利之买卖中的出卖人义务】 以他人权利为买卖标的时，出卖人负取得该权利并移转于买受人的义务。

第561条【他人权利之买卖中的出卖人担保责任】 于前条情形，出卖人不能取得其出卖的权利并移转于买受人时，买受人可以解除合同。于此场合，如果买受人在签订合同当时已知该权利不属于出卖人的，则不得请求损害赔偿。

第562条【他人权利之买卖中的善意出卖人的解除权】 出卖人在签订合同当时不知其出卖的权利不属于自己，在不能取得该权利并移转于买受人时，出卖人可以赔偿损害而解除合同。

于前款情形，买受人在签订合同当时已知其买受的权利不属于出卖人时，出卖人可以只将不能移转其出卖的权利的意旨通知于买受人而解除合同。

第563条【部分权利属于他人之情形中的出卖人的担保责任】 因买卖标的的权利之一部分属于他人，出卖人不能将之转移于买受人时，买受人可以请求按不足部分的比例，减少价金。

于前款情形，买受人无意仅就部分买受时，善意受让人可以解除合同。

价金减额的请求或合同的解除，不妨碍善意买受人提出损害赔偿的请求。

三、《日本民法修正案》

第90条【公序良俗】 违反公共秩序或善良风俗的法律行为无效。

第95条【错误】 意思表示，于下列基于错误之情形中，依法律行为的目的以及交易上的社会一般观念该错误为重要的，可以撤销。一、欠缺与意思表示相对应意思的错误。二、表意人对作为法律行为基础的情况之认识与事实不符的错误。

前款第2项规定的意思表示之撤销，仅于已经表明该情事为法律行为基础之时，可以为之。

错误出于表意人重大过失的，除下列情形之外，不得撤销第1款规定的意思表示。一、相对人知道表意人存在错误或因重大过失不得而知的。二、相对人陷入与表意人相同的错误的。

第1款规定的意思表示之撤销，不能对抗善意且无过失的第三人。

第96条第2款→ “…相对人知道或可得而知其事实情形为限，…”

第96条第3款→ “…意思表示之撤销，不能对抗善意且无过失的第三人。”

第109条第2款（新设） “对第三人表示授予他人以代理权之意旨者，于代理权范围内，应当依据前款规定就该他人与第三人之间实施的行为负其责任的场合，该他人在与第三人之间实施其代理权范围外的行为时，限于第三人有正当理由相信该他人对其行为具有代理权时，对该行为负其责任。”

第 110 条【权限外行为的表见代理】“…准用前条第一款本文的规定。”

第 112 条【代理权消灭后的表见代理等】 第 1 款“对他人授予代理权之人在代理权消灭后，于其代理权范围内，就其他人与第三人之间实施的行为，对不知代理权消灭之事实的第三人负其责任。但是，第三人因过失不知其事实时，不在此限。”

第 112 条第 2 款（新设）“对他人授予代理权之人在代理权消灭后，如若其他人于其代理权范围内与第三人之间实施行为，应依前款规定对第三人负其责任之情形，其他人在与第三人之间实施代理权范围外的行为时，以如果第三人有正当理由相信其就该行为有此代理权为限，就其行为负责任。”

第 121 条【撤销的效果】 被撤销的行为，视为自始无效。

第 121 条之 2（新设）【恢复原状之义务】 作为基于无效行为的债务之履行而接受给付者，负有使相对人恢复原状之义务。

不论前款之规定，作为基于无效的无偿行为之债务履行而接受给付者，接受给付当时不知该行为无效（于接受给付后依据前条规定被视为自始无效的行为之情形，接受给付当时其行为应当可撤销）时，以因该行为现受利益为限，负有返还的义务。

不论第一款之规定，于行为当时不具有意思能力之人，以因该行为现受利益为限，负有返还的义务。于行为当时为限制行为能力者，亦同。

第 130 条【条件成就的妨害等】

第 130 条第 2 款（新设） 因条件成就而受利益的当事人，不当地成就该条件的，相对人可以视为该条件未成就。

第 560 条【涉及权利移转对抗要件的出卖人义务】 出卖人对买受人负有使作为登记、注册等买卖标的物的权利之移转具备要件的义务。

第 561 条【他人权利之买卖中的出卖人义务】 以他人权利（包括权利之一部属于他人情形中该权利之一部）为买卖标的时，出卖人负取得该权利并移转于买受人的义务。

第 562 条【买受人的补救［追完］请求权】 交付的标的物就种类、品质或数量不符合合同内容时，买受人可以向出卖人请求修补标的物、交付替代物或以交付不足部分而补救履行。但是，不科以买受人不适当的负担时，出卖人可以以与买受人请求方式不同的方式进行履行之补救。

前款之不适合属于可归责于买受人之事由时，买受人不得请求基于该款规定的履行之补救。

第563条【买受人的减价请求权】 于前条第一款本文之情形，买受人定相当期间而进行补救履行的催告，该期间内未于补救履行时，买受人可按不适合之程度请求减少价款。

不论前款之规定，符合下列情形的，买受人可以不经催告直接请求减少价款：一、不能补救履行的；二、出卖人明确表示拒绝补救履行之意思的；三、根据合同的性质或当事人的意思表示，于特定的日期或一定的期间内不履行就不能实现合同目的之情形，出卖人未补救履行而过该期间的；四、除前三项所列情形之外，即使经前款之催告，买受人也明显无法受补救履行的。

第一款之不适合属于可归责于买受人之事由时，买受人不得基于前二款规定请求减少价款。

四、中日条文比较

《日本民法》合同法章（指的是"第三编债权第二章合同第一节总则——译者注）第二款"合同的效力"所规定的是有效成立之合同的效力，比如，同时履行抗辩权就规定在该部分。与此相对，中国的同时履行抗辩权规定在《合同法》"第四章合同的履行"。中国《合同法》"第三章合同的效力"规定的是有关合同生效要件的内容，而《日本民法》将该内容的大部分都规定在了民法总则部分。

中国《合同法》第44条特别是其第2款是有关公法强制性规范的规定，而《日本民法》不存在相关规定。

就附条件合同而言，中国法不存在相当于《日本民法》第128条有关条件成就与否未定期间禁止侵害相对人利益的规定以及第129条有关条件成就与否未定期间的权利处分的规定。

就限制行为能力人签订的合同效力而言，中国法只有《合同法》第47条，而《日本民法》在其第5条、第6条、第9条、第21条设有详细规定，除未成年人之外，按照行为能力的程度还详设了后见、保佐、补助等不同的规定。

关于限制行为能力人的行为以及无权代理追认的催告期间，中国法定有1个月的特定期间，而日本法规定为"相当期间"。此外，中国法不存在相当于《日本民法》第116条有关追认之溯及力的规定。

中国法在《合同法》第一次规定了有关表见代理的规定，且其仅有一个条文。与此相对，日本法通过三个条文设置了更为详细的规定。

中国《合同法》第50条有关法定代表人超越权限行为的规定被称为中国法所独创。日本法虽不存在此种明文规定，但亦存在将《日本民法》第110条类推适用于法定代表人超越权限行为之情形的判例。

中国《合同法》第51条有关无权处分人订立的合同效力的规定与《日本民法》第560条以下有关他人权利买卖合同的规定，于买卖合同部分是相对应的。但是，正如后文所述，关于中国《合同法》规定的无权处分人订立的合同的效力问题，存在着分歧。

关于欺诈、胁迫，中国法在一方面规定其为撤销事由（参见《合同法》第54条第2款）的同时，又规定于损害国家利益之情形其为无效事由［参见《合同法》第52条第（1）项］。

中国《合同法》第52条规定的无效事由中的第4项被认为相当于《日本民法》第90条。[①] 与此相对，日本法不存在相当于中国《合同法》第52条第（1）项、第（2）项、第（3）项、第（5）项的规定。

日本法不存在相当于中国《合同法》第53条有关免责条款无效的规定。

《日本民法》上的错误为无效事由，但《日本民法修正案》将其变更为撤销事由。中国法上的重大误解为撤销事由。中国法明文规定该误解须以“重大”为其要件。此外，中国《合同法》第54条另外列举了“显失公平的合同”为撤销事由，而日本法不存在与此相关的明文规定。就中国《合同法》第54条而言，与日本法所不同的是，日本法就欺诈与胁迫只规定可撤销（参见《日本民法》第96条），而中国法除了承认欺诈、胁迫、显失公平的合同、重大误解可撤销外，还承认可变更。

关于撤销权的消灭时效，中国法规定为1年，而日本法规定为5年。中国法没有相当于日本法上20年除斥期间的规定（参见中国《合同法》第55条、《日本民法》第126条）。此外，日本法不存在相当于中国法有关撤销权人以明示、默示的方式放弃撤销权的规定。

中国《合同法》第56条至第59条有关无效和撤销的规定中，就撤销而言，其第56条对应于《日本民法》第121条。于《日本民法修正案》第121条之2中增设了与中国《合同法》第58条相对应的条文。日本法不存在与中国《合同法》第57条以及第59条相对应的规定。

---

① 参见胡康生主编:《中华人民共和国合同法释义》，法律出版社1999年版，第92页。

中国法上不存在相当于《日本民法》第93条规定的心里保留以及第94条规定的虚伪表示。

第二节　行政机关的干预与合同的效力

一、问题的提出

有观点认为《合同法》第44条第2款为使得公法规范摇身一变成为民事规范的“特洛伊木马”，[①] 其也是衡量在中国的市场经济中占据核心地位的合同自由程度的晴雨表。围绕《合同法》第44条第2款以及《合同法适用解释（一）》第9条，有如下论点：

（一）欠缺批准、登记手续之合同的效力问题

在将《合同法》第44条第2款以及《合同法适用解释（一）》中的“批准手续”“登记手续”条款理解为强制性规范的基础上，应如何限定欠缺此种手续的合同效力之当然无效的范围？

对此问题，上述李陈婷论文介绍了王利明教授和王轶教授的观点。王利明教授认为，强制性规范可以区分为管理性规范与效力性规范，违反管理性规范并不必然无效，可能有效，也可能未生效；而违反效力性规范，合同必然无效。与此相对，王轶教授认为，强行性规范可以划分为强制性规范和禁止性规范；禁止性规范可以再细分为管理性禁止性规范和效力性禁止性规范。只有违反效力性禁止性规范的合同才必然无效，而违反强制性规范和管理性禁止性规范的合同可能有效，也可能未生效。[②] 除了上述观点以外，还有哪些观点和判断标准？（提问①）

（二）“不生效说”与“未生效说”

王利明教授指出，《中外合资经营企业法》第3条规定：“合营各方签订的合营协议、

---

① 参见李陈婷：《法定未生效合同及其法律责任研究》，载梁慧星主编：《民商法论丛》（第54卷），法律出版社2014年版，第130页。

② 参见李陈婷：《法定未生效合同及其法律责任研究》，载梁慧星主编：《民商法论丛》（第54卷），法律出版社2014年版，第156～157页。

合同、章程，应报国家对外经济贸易主管部门（以下称审查批准机关）审查批准。审查批准机关应在三个月内决定批准或不批准。合营企业经批准后，向国家工商行政管理主管部门登记，领取营业执照，开始营业。”但是，在没有报批的情况下其效力如何，从该规定来看是不清楚的。此外，2010 年《最高人民法院关于审理外商投资企业纠纷案件若干问题的规定（一）》（以下简称《外商投资企业司法解释》）认为，既然审批是合同的法定生效条件，欠缺该条件的合同不生效力，所以在未获得批准的情况下，合同应采不生效说。[①] 而王利明教授则认为从解释学的角度来看，时至今日，该规定是一个比较典型的法律漏洞，对此应采未生效说更为合理。[②] 如何理解此种观点？（提问②）

（三）有关《中外合资经营企业法》第 3 条的案例

如何理解王利明教授介绍的如下案例[③]？（提问③）

【案例】股权转让协议的效力问题

1. 案情

原告：斯迈尔公司（下称 X）

被告：盛源公司（下称 Y）

香港的 X 与广东的 Y 合作生产一种清洁剂。双方准备成立中外合资经营企业，经过两个月的谈判，双方于 2005 年 5 月 10 日签订了一份为期 5 年的合资合同，该合同已经报批。合资公司于当年 5 月底正式登记成立，并且办理了所有经营手续和执照。2005 年 7 月 12 日，双方又签订一份补充协议，该补充协议中约定，原合同的一切条款不变，仅将合资合同的期限延长到十年。双方前往外经贸管理部门办理了补充协议的审批登记手续。由于双方还在其他领域开展了合作事宜，Y 决定将其对合资公司 8% 的股份出让给 X。双方于 2006 年 11 月签订了《股权转让补充协议》（以下简称《补充协议》）。《补充协议》约定股权转让价款为 1.2 亿元，X 应于 2007 年 1 月底付清所有购股款。X 于 2005 年 1 月 25 日前往银行办理转账支付手续，但是，由于银行转账系统

---

① 参见万鄂湘主编：《最高人民法院关于审理外商投资企业纠纷案件若干问题的规定（一）条文理解与适用》，中国法制出版社 2011 年版，第 96 页。不过，该司法解释第 1 款规定为“未经批准的，人民法院应当认定该合同未生效”，未规定为“不生效”。因此，该书可能对该司法解释存在误解。

② 参见王利明 I 书，第 521 ~ 522 页。

③ 参见《关于股权转让协议的效力问题》，载王利明：《民法疑难案例研究（最新修订版）》，中国法制出版社 2010 年版，第 189 ~ 193 页。

故障未能及时转账，因此，在约定的付款期限后三天购股款才转到 Y。《补充协议》中规定，该补充协议由 Y 报请有关部门批准。但由于 Y 认为《补充协议》没有必要报批，因此一直没有报批。2007 年 8 月，双方因合作经营管理的问题发生了争议，X 要求根据《补充协议》转让股权，但 Y 提出两点抗辩理由：一是由于《补充协议》没有报批，根据我国法律规定无效；二是 X 未能按照约定期限付款，按照《合同法》关于同时履行抗辩的规定，Y 有权拒绝转让股权，因此，《补充协议》也应当被解除。而 X 认为其已经支付了股款，但 Y 拒绝转让股权，构成违约，要求 Y 支付违约金并赔偿损失。

2. 关于本案的不同观点

本案在诉讼中存有两个争议焦点问题，其中之一为没有报批的《补充协议》是否有效？对此，第一种观点认为，《补充协议》是当事人双方的一致意思表示，对双方具有法律约束力，双方应当严格履行；第二种观点认为，根据《中华人民共和国中外合资经营企业法》（以下简称《中外合资经营企业法》）第 3 条的规定："合营各方签订的合营协议、合同、章程，应报国家对外经济贸易主管部门（以下称审查批准机关）审查批准。审查批准机关应在三个月内决定批准或不批准。合营企业经批准后，向国家工商行政管理主管部门登记，领取营业执照，开始营业。"因此，合资双方的补充协议必须经由对外经济贸易主管部门的批准，否则不发生法律效力。本案中的补充协议并未报批，因此不具有法律效力；第三种观点认为，《中外合资经营企业法》第 3 条的规定只是一个管理性强制性规定，不涉及合同的效力问题，《补充协议》不能因违反了该规定而无效。

3. 作者（王利明教授）的观点——关于未报批的《补充协议》的效力问题

《中外合资经营企业法》第 3 条规定："合营各方签订的合营协议、合同、章程，应报国家对外经济贸易主管部门（以下称审查批准机关）审查批准。审查批准机关应在三个月内决定批准或不批准。合营企业经批准后，向国家工商行政管理主管部门登记，领取营业执照，开始营业。"在本案中，《补充协议》是否需要报批，在没有报批的情况下，其效力如何？仅仅从文义解释来看，未经审批则合营协议、合同、章程都是无效的。且在很长一段时间的司法实践中，法院也采纳了此种做法。笔者认为，从解释学的角度来看，时至今日，该规定需要运用法律解释方法予以解释。一方面，从立法目的来考量，法律设立该项制度的目的主要为了维护公共安全与公共利益。如果当事人之间合同中的某些条款虽未经审批，但并不损害公共利益，不宜导致整个合同无效。就本案来看，《补充协议》约定，原合同的一切条款不变，仅将合资合同的期限延长到 10 年，因而没有实质性地改变原合同权利义务关系，也不会损害公共利益；另一方面，从该规定适用的社会效果来看，如果在司法机关或审批机关作出判断之前都认为合同无效，则对当事人十分不利，使其权利义务关系处于不确定状态。合同对当事人没有任何拘束力，一旦审批期限过长，当事人的预期将陷入不确定状态，影响交易的达成。过多地宣告合同无效不利于鼓励交易和促进外商投资的发展。此外，简单地宣告未报批的合同无效，也可能会鼓励非诚实守信的行为。例如本案中，依据《补充协议》的规定，应由Y负责报批，但Y认为《补充协议》没有必要报批，因此一直没有申请报批，但后来又以没有报批为由拒绝转让股权，这显然违反诚信原则。所以，应该对其进行必要的限缩。

《合同法适用解释(一)》第9条规定，法律、行政法规规定合同应当办理批准手续，或者办理批准、登记等手续才生效，在一审法庭辩论终结前当事人仍未办理批准手续的，或者仍未办理批准、登记等手续的，人民法院应当认定该合同未生效。因此，本案中，即便《补充协议》没有报批，但不能以此为由认定该协议无效，协议当事人可以继续申请报批该协议。即便是在诉讼中，当事人也可以继续报批，不能因没有报批就认定合同无效。如果通过补办手续的方法获得了批准，则应当认为合同继续有效。但是在补办手续之后仍然不能获得批准，可以认定合同无效。

4. 未获批准之合同的效力

崔建远教授指出，适用《合同法》第44条第2款和《合同法适用解释（一）》第9条的规定，在行政主管部门不予批准的情况下，就法律后果而言，有缔约过失责任说与违约责任说的分歧与争论。① 如何理解于此情形中合同的效力？（提问④）

二、韩世远与王成的答复

（一）韩世远的答复

关于提问①②③④。

这部分问题，似乎可以统一称为《合同法》第44条第2款的解释论问题。

《合同法》第44条第2款规定："法律、行政法规规定应当办理批准、登记等手续生效的，依照其规定。"仅从文字表述来看，批准、登记指向的对象是什么，并不明确。结合第1款，"依法成立的合同，自成立时生效"，可以理解为"合同"，但是，

---

① 参见崔建远:《不得盲目扩张〈合同法〉第44条第2款的适用范围》，载《中外法学》2013年第6期。

由于实务中存在多种情形，比如有的时候是抵押物登记（《担保法》第 41 条，而非抵押合同登记），所以，立法者在这里使用模糊的表达方式。但从规范目的而言，《合同法》第 44 条第 2 款可以说是指引注意对于合同效力的特别法定限制；[①] 梁慧星先生称之为，“讲的是合同怎么生效，它的原则，合同成立条件，有些特殊情况如需满足批准、登记等法律、法规上的要求。”“一般原则是合同成立生效，法律法规有特殊要求，办理批准登记手续的，要符合这些手续条件才能生效。”[②]

《合同法》之所以这样规定，是因为在当时乃至今天，仍有一些法律、行政法规规定某些合同是在办理特定的批准、登记手续之后生效。在此，应当注意：（1）批准与登记不同，二者可分别观察；（2）批准或者登记的对象（标的）不同，有可能是合同本身，有可能是合同以外的其他事物（比如抵押权），应当注意辨别。另外，经过批准、登记等手续生效的合同，在性质上属于“效力待定的合同”。审批行为的类别属于行政许可。[③] 依笔者所作不完全检索，至少就办理批准手续后生效的合同，可以见到如下规定：

《中外合作经营企业法》第 5 条规定：“申请设立合作企业，应当将中外合作者签订的协议、合同、章程等文件报国务院对外经济贸易主管部门或者国务院授权的部门和地方政府（以下简称审查批准机关）审查批准……”第 7 条规定：“中外合作者在合作期限内协商同意对合作企业合同作重大变更的，应当报审查批准机关批准……”第 10 条规定：“中外合作者的一方转让其在合作企业合同中的全部或者部分权利、义务的，必须经他方同意，并报审查批准机关批准。”上述法律规定，虽然没有明确未批准时合同的效力问题，但《中外合作经营企业法实施细则》第 11 条规定：“合作企业协议、合同、章程自审查批准机关颁发批准证书之日起生效。在合作期限内，合作企业协议、合同、章程有重大变更的，须经审查批准机关批准。”在实务中，法院通常认为，“审查批准

---

① 参见韩世远Ⅳ书，第 154 页。另外，有的学者称之为引致规范，“它与某部法律、行政法规关于某些合同应当 / 必须经过行政主管部门批准或登记的规定相结合，适用到该类合同，法律人才会得知该类合同是否已经生效或者仍然未生效。”崔建远：《不得盲目扩张〈合同法〉第 44 条第 2 款的适用范围》，载《中外法学》2013 年第 6 期。笔者认为，从《合同法》第 44 条第 2 款的文字来看，只是提示或者指引可能存在特别规定，本身并不具有规范功能（而是被指引的规范本身独立地发挥规范功能）。它与《合同法》第 52 条第（5）项并不同，因为第 52 条具有规范功能（规定法律后果为“无效”），是典型的“引致规范”，是法律、行政法规的（效力性）强制性规范与《合同法》第 52 条第（5）项一起发挥规范功能。

② 梁慧星：《梁慧星教授谈合同法》，川新出内（1998）字第 174 号，第 37 页。

③ 参见 2014 年 2 月 17 日《商务部关于公开现有行政审批事项目录的通知》附件 1《商务部行政审批事项公开目录》。

程序是合同、章程等生效的条件，合同当事人负有报批义务，未经审批的合作企业合同依法成立，但未生效。”[①] 如经审查未获批准，合同以无效处理。[②]

《外资企业法》第 6 条规定 ：“设立外资企业的申请，由国务院对外经济贸易主管部门或者国务院授权的机关审查批准……” 第 10 条规定 ：“外资企业分立、合并或者其他重要事项变更，应当报审查批准机关批准……”《外资企业法实施细则》（国务院令第 301 号）第 7 条规定 ：“设立外资企业的申请，由中华人民共和国对外贸易经济合作部（以下简称对外贸易经济合作部）审查批准后，发给批准证书。设立外资企业的申请属于下列情形的，国务院授权省、自治区、直辖市和计划单列市、经济特区人民政府审查批准后，发给批准证书……”

《中外合资经营企业法》（2001 年修正）第 3 条规定 ：“合营各方签订的合营协议、合同、章程，应报国家对外经济贸易主管部门（以下称审查批准机关）审查批准。审查批准机关应在三个月内决定批准或不批准。合营企业经批准后，向国家工商行政管理主管部门登记，领取营业执照，开始营业。” 第 13 条规定:“……约定合营期限的合营企业，合营各方同意延长合营期限的，应在距合营期满六个月前向审查批准机关提出申请……” 第 14 条规定 ：“……经合营各方协商同意，报请审查批准机关批准，并向国家工商行政管理主管部门登记，可终止合同……”《中外合资经营企业法实施条例》第 14 条规定 ：“合营企业协议、合同和章程经审批机构批准后生效，其修改时同。” 第 20 条第 1 款规定:“合营一方向第三者转让其全部或者部分股权的，须经合营他方同意，并报审批机构批准，向登记管理机构办理变更登记手续。” 同条第 4 款规定:“违反上述规定的，其转让无效。”

《对外合作开采海洋石油资源条例》（2011 年第二次修订）第 7 条第 2 款规定，中国海洋石油总公司就对外合作开采石油订立的合同，经中华人民共和国商务部批准，即为有效。同条第 3 款规定 ：“中国海洋石油总公司采取其他方式运用外国企业的技术和资金合作开采石油资源所签订的文件，也应当经中华人民共和国商务部批准。”

---

① 江苏省徐州市中级人民法院（2013）徐商终字第 0133 号民事判决书，徐州天基房地产开发有限公司与徐州纺织控股（集团）有限责任公司确认董事会决议无效纠纷上诉案，【法宝引证码】CLI.C.1791946。

② 比如中华人民共和国上海市第一中级人民法院（2002）沪一中民五（商）初字第 77 号民事判决书，方海金诉上海雍纪餐厅中外合作经营合同纠纷案，【法宝引证码】CLI.C.40648。该案法院认为 ：“根据《中华人民共和国中外合作经营企业法》第五条、《中华人民共和国合同法》第四十四条第二款之规定，中外合作经营合同经过批准才能生效，现双方未办理批准手续，因此，双方之间的中外合作经营合同为无效合同。”

除上述合同之外，还有一些合同，涉及行政主管部门的审批。比如《对外承包工程管理条例》（国务院令第527号，2008年9月1日起施行）第7条规定："对外承包工程的单位应当依照本条例的规定，取得对外承包工程资格。"第9条规定："申请对外承包工程资格，中央企业和中央管理的其他单位（以下简称中央单位）应当向国务院商务主管部门提出申请……国务院商务主管部门或者省、自治区、直辖市人民政府商务主管部门应当自收到申请书和证明材料之日起30日内，会同同级建设主管部门进行审查，作出批准或者不予批准的决定。"这里会涉及对外承包工程单位与境外工程项目发包人签订的合同，以及承包人与分包人签订的分包合同的效力问题。

又比如，《对外贸易法》第19条规定："国家对限制进口或者出口的货物，实行配额、许可证等方式管理；对限制进口或者出口的技术，实行许可证管理。实行配额、许可证管理的货物、技术，应当按照国务院规定经国务院对外贸易主管部门或者经其会同国务院其他有关部门许可，方可进口或者出口……"这里会涉及特定货物买卖合同、技术合同的效力问题。

（二）王成的答复

1. 关于提问①

清华大学法学院的耿林教授的《强制规范与合同效力——以合同法第52条第5项为中心》一书（中国民主法制出版社2009年版），是我个人接触到的对上述问题有深入讨论的专著。他对这一问题有不少具有启发性的见解，可资参考。

另外，我个人认为，《合同法》第52条第（5）项的规范范围，要大于《合同法》第44条第2款的规范范围。

2. 关于提问②

我个人赞同王利明教授的观点，不生效和无效是两种不同的状态。不生效，仅仅是效力没有发生，可能是一个暂时的状态，将来效力仍有可能发生，同时并不产生无效的其他后果。故而《合同法适用解释（二）》第1条第2款规定，前段所述合同因未经批准而被认定未生效的，不影响合同中当事人履行报批义务条款及因该报批义务而设定的相关条款的效力。根据这样的规定，负担报批义务而未报批，则可能产生违约责任。《最高人民法院关于审理外商投资企业纠纷案件若干问题的规定（一）》第6条规定，"外商投资企业股权转让合同成立后，转让方和外商投资企业不履行报批义务，受让方以转让方为被告、以外商投资企业为第三人提起诉讼，请求转让方与外商投资企业在一定期限内共同履行报批义务的，人民法院应予支持。受让方同时请求在转让方和外商投资企业于生效判决确定的期限内不履行报批义务时自行报批的，人民法院应予支持。”“转让方和外商投资企业拒不根据人民法院生效判决确定的期限履行报批义务，受让方另行起诉，请求解除合同并赔偿损失的，人民法院应予支持。赔偿损失的范围可以包括股权的差价损失、股权收益及其他合理损失。”

3. 关于提问③

首先,《中外合资经营企业法》第3条规定,合营各方签订的合营协议、合同、章程,应报国家对外经济贸易主管部门审查批准。又根据《合同法适用解释(一)》第9条规定,依照《合同法》第44条第2款的规定，法律、行政法规规定合同应当办理批准手续，或者办理批准、登记等手续才生效的，在一审法庭辩论终结前当事人仍未办理批准手续的，或者仍未办理批准、登记手续的，人民法院应当认定该合同未生效。法律、行政法规规定应当办理登记手续，但未规定登记后生效的，当事人未办理登记手续不影响合同的效力，合同标的物所有权及其他物权不能转移。

《中外合资经营企业法》第3条规定的情况，应当属于《合同法适用解释（一)》第9条规定的第一种情况即法律规定合同应当办理批准手续的情况，在未办理批准手续时，该合同效力为未生效。

其次，合同未生效，应当理解为合同的主要权利义务未生效。在本案中，指补充协议规定的双方合资期限延长到十年的条款未生效。

最后,根据《最高人民法院关于审理外商投资企业纠纷案件若干问题的规定(一)》第1条第2款的规定，前款所述合同因未经批准而被认定未生效的，不影响合同中当事人履行报批义务条款及因该报批义务而设定的相关条款的效力。

该补充协议约定的报批义务由盛源公司承担。这一条款的效力不受是否报批影响。该协议未报批，是由于盛源公司未履行报批义务所致。故而盛源公司应当承担相应的违约责任。

4. 关于提问④

在依照法律、行政法规的规定合同需要批准时，存在着未报批与报批但未批准两种情况。前面讨论的是未报批的情况。在报批但是未获批准时，合同效力如何，值得讨论。我个人倾向于缔约过失说。

《最高人民法院关于审理外商投资企业纠纷案件若干问题的规定（一)》第7条规定，转让方、外商投资企业或者受让方根据本规定第6条第1款的规定就外商投资企业股权转让合同报批，未获外商投资企业审批机关批准，受让方另行起诉，请求转让方返还其已支付的转让款的，人民法院应予支持。受让方请求转让方赔偿因此造成的损失的，人民法院应根据转让方是否存在过错以及过错大小认定其是否承担赔偿责任及具体赔偿数额。

三、松冈久和的点评

在日本法中，违反公法上的禁止性规定或管制性规定的行为被明确规定为无效的情形包括 2 种类型。一方面，比如《日本国土利用计划法》规定，属于规制区域内土地的买卖合同等需经都道府县知事的许可，未经许可所签订的买卖合同无效（第 14 条第 3 款）。于此情形，当事人不能追究违约责任，此时最多是是否成立缔约过失责任成为问题。另一方面，比如《日本农地法》规定：有关农地的买卖合同需经农业委员会的许可（第 3 条第 1 款），"未经许可的行为，不发生效力"（该条第 7 款），而该规定被解释为并非买卖合同本身无效，而是不发生所有权移转的效力。因此，即使在许可之前，如存在合同违反，亦可请求损害赔偿。从文字上不能判明某项规定属于何种情形时，应当考虑该规定的宗旨而进行判断。

判断未明确规定其效力的法律规定是属于强制性规定还是任意性规定并非易事，因此，在日本法上也存在意见的分歧。[①]

判例通说认为，应综合考虑该规定的目的、社会伦理对违反行为的非难程度、交易安全以及当事人之间的诚信与公平而作出判断。大体而言，在家族法等所常见的有关社会基本秩序的规定、民法总则关于能力的规定等有关构成私人自治前提的内容、诸如物权法的多数规定那样有关保护第三人的信赖或交易安全的规定、《日本利息限制法》《日本借地借家法》等关于保护弱者利益的规定即属于强制性规定。此外，公法上的禁止性或规制性规定，一般来说不能以其违反而直接否定私法上的效力。不过，如下合同被解释为无效：在需要批准或许可的情况下，将名义借给无资格的人使其营业的合同；如律师那样其资格具有强大的公益性，且在法律对其资格予以严格限制的情况下，由无资格的人所签订的合同；违反以保护法律上的弱者为目的的规定的合同等，即属此类。

对于上述判例通说，存在如下有力说：其一，虽不否定综合考虑的必要性，但按照违反行为是否履行完毕或者未履行来进行区分，认为在前者的情形中，需要认定合同无效而要求强制恢复原状的情形不多，而在后者的情形中认为，因为法院不应协助履行违

---

① 作为其概观，可参见［日］山本敬三：《民法讲义Ⅰ（第 3 版）》，日本有斐阁 2011 年版，第 258 ~ 263 页。

法合同，因此，此种情形均属无效（川井健教授、矶村保教授[①]）；其二，有观点（大村敦志教授）认为，应重视通过公私法的协同来实现法令的目的，对于那些违反以保护交易的利益或维持市场秩序为目的的规定的合同，可以更为灵活地承认其无效。

虽然围绕中国法上关于违反强制性规定的效力问题也存在着诸多见解，但我认为以成为问题之规定的目的为中心来进行综合考虑而推导出结论的模式，与日本法相比，并未存在太大差异。具体到所举案例，依据相关规定的目的来看，缺乏将未经审批的合同认定为无效而予以禁止的必要，且虽因银行转账系统故障而未能在约定的付款期限内转账，但鉴于买受人 X 已实际支付购股款以及出卖人 Y 认为《补充协议》没有必要报批。因此，即使站在日本法上的通说抑或少数说，亦应认为该合同并非无效，且应承认违约金和损害赔偿的请求。

不过，上述日本法的结论是立基于如下观点的，亦即：即使公法上有所规制也仍尊重私法上的合同效力，原则上应认定合同有效。与此相对，中国法则恰恰相反，可以说其对于公法规定介入到私法上的合同效力持有宽容的态度。这可能是源于社会主义市场经济体制这一思想的结果。将未经审批的合同效力理解为暂时性浮动状态的见解是一个将公法性的规制与私法上的效力予以相互妥协的巧妙的观点，日本法上不存在此种见解，因此饶有兴味。不过，正如王成教授所指出的那样，报批但未获批准的合同已确定其无效，因此将以缔约过失责任而非合同责任来处理。在日本法上，根据许可或规制的目的，与中国法相比，其承认合同责任的余地会更宽一些。

第三节　无权处分人所签订的合同的效力

一、问题的提出

（一）关于无处分权人所作合同的效力问题

关于《合同法》第 51 条出卖他人之物情形下无权处分人所订立合同的效力，历

---

① 参见［日］川井健：《违反物资管制法规的契约与民法上之无效》，载［日］川井健：《无效之研究》，日本一粒社 1979 年版，第 26 页〔最初刊载于［日］《判例时报（Times）》第 205 号，第 14 页；第 206 号，第 14 页（1967 年）〕；［日］矶村保：《违反取缔规定的私法上之契约的效力》，载《民商法杂志》第 93 卷临时增刊号（1）《民商法杂志创刊五十周年纪念文集 Ⅰ 判例中法理论的展开》，日本有斐阁 1986 年版。

来存在着完全无效说、效力未定（待定）说、完全有效说等学说，其中，特别是效力未定说与完全有效说针锋相对。梁慧星、崔建远、王利明等教授采效力未定说，[①]而韩世远教授则采完全有效说。此外，《买卖合同解释》第3条采用了完全有效说，但此后一直存在着来自采效力未定说论者的批判。

各学说的内容大致如下：[②]

首先，效力未定说认为，《合同法》第130条关于买卖合同的定义，对负担行为与处分行为一体把握，将处分行为纳入债权行为之中，视标的物所有权变动为买卖合同直接发生的效果。[③]根据《合同法》第51条的规定，无处分权的人处分他人财产，经权利人追认或者无处分权的人订立合同后取得处分权的，该合同有效。此外，为保障交易安全，在无权处分合同无效的情形下，判断权利人可否从相对人处取回标的物，应当依据善意取得制度。[④]

与此相对，完全有效说则认为，所谓法律上的处分包括负担行为和处分行为，《合同法》第51条中的"处分"的法律定位应当是处分行为，而不包括负担行为。出卖他人之物合同属于负担行为，该合同之效力，不以处分人对标的物享有所有权或处分权为要件，也不当然地受双方主观上是否善意之影响，该处分合同是确定有效的（负担行为有效，处分行为效力未定）。[⑤]

《买卖合同解释》第3条"主旨"为："本条旨在依据《物权法》第15条关于物权变动原因与结果区分原则之规定精神，理顺《合同法》第51条与第132条之间的关系。根据合同归《合同法》调整，物权变动归《物权法》规制的原则，在买卖合同法律关系中，

---

① 正如本节王成教授后述答复中所言，王利明教授并未采效力待定说，是笔者（小口教授）的误解。

② 参见最高人民法院民事审判第二庭编著：《最高人民法院关于买卖合同司法解释理解与适用》，人民法院出版社2012年版，第72～74页。

③ 参见梁慧星：《为中国民法典而奋斗》，法律出版社2002年版，第250～251页。转引自最高人民法院民事审判第二庭编著：《最高人民法院关于买卖合同司法解释理解与适用》，人民法院出版社2012年版，第73页注释①。

④ 参见梁慧星：《物权变动和无权处分》，载王利明主编：《判解研究》（第1辑），人民法院出版社2000年版，第49～50页；崔建远：《无权处分辩》，载《法学研究》2003年第1期。转引自最高人民法院民事审判第二庭编著：《最高人民法院关于买卖合同司法解释理解与适用》，人民法院出版社2012年版，第73页。

⑤ 参见韩世远：《无权处分与合同效力》，载《人民法院报》1999年11月23日。转引自最高人民法院民事审判第二庭编著：《最高人民法院关于买卖合同司法解释理解与适用》，人民法院出版社2012年版，第73页。

买卖合同是物权变动的原因行为，所有权移转是物权变动之结果。出卖人在缔约时对标的物没有所有权或者处分权，并不影响作为原因行为的买卖合同的效力。”①

然而，在《买卖合同解释》公布后，梁慧星教授继续坚持主张自己的见解。其内容大致如下:(1)“解释”(即《买卖合同解释》)第3条买卖合同特别效力规则并非对《合同法》第51条无权处分合同规则之修改。(2)回顾“解释”第3条的起草讨论修改过程，可以看出，“解释”第3条为《合同法》第132条的反面解释规则，且与新创将来财产买卖合同的效力规则合并而成。“解释”第3条的适用范围包括5种案型,亦即:(1)国家机关或者国家举办的事业单位处分“直接支配的不动产和动产”，不符合“法律和国务院的有关规定”(《物权法》第53条、第54条);(2)抵押人出卖抵押物未经抵押权人同意(《物权法》第191条第2款);(3)融资租赁承租人付清全部租金之前出卖租赁设备(《合同法》第242条);(4)保留所有权买卖合同的受让人在付清全款之前转卖标的物(《合同法》第134条);(5)将来财产的买卖。最高人民法院之所以创设《买卖合同解释》第3条是为了填补《合同法》的如下两种法律漏洞，亦即，其缺乏如下判断标准:(1)属于前述第1至第4种类型的买卖合同的效力为有效还是无效;(2)将来财产的买卖是有效还是无效。(3)制定《合同法》当时，起草人是将无处分权的人因恶意或误认出卖他人财产之情形与无处分权的人因恶意或误认而无偿转让他人财产之情形合二为一，进而创设了无权处分(他人财产)合同规则，将其规定在总则第三章第51条中的。(4)无处分权的人因恶意或误认出卖他人财产，权利人不追认、处分人事后也未取得处分权的，买卖合同当然无效。②

此外，崔建远教授对《买卖合同解释》第3条的规定进行了如下的评论:(1)该条显然已经修正了《合同法》第51条的规定,但最高人民法院无权修改法律。(2)《买卖合同解释》第3条的规定不合逻辑。其道理在于，在区分负担行为和处分行为的德国民法上，两种行为各负其责，负担行为无需处分权。在不区分这两种行为的中国现行法上，买卖等合同同时肩负着发生债权债务和引起物权变动的双重任务，自然也需要处分权。可是，该司法解释却将处分权置之度外，即便欠缺处分权，买卖等合同也有效,没有承认任何例外。这在逻辑上不尽完美。(3)使恶意的买受人、受让人受到了过多的优惠;在出卖人、转让人没有过错的情况下，仍然允许买受人、

① 最高人民法院民事审判第二庭编著:《最高人民法院关于买卖合同司法解释理解与适用》，人民法院出版社2012年版，第69页。

② 参见梁慧星:《买卖合同特别效力解释规则之创设》，载梁慧星主编:《民商法论丛(第52卷)》，法律出版社2013年版，第196～205页。

受让人追究其违约责任，也难谓体现了正义。[①]

该如何评价上述诸议论？（提问①）

（二）关于无权处分共有财产的效力问题

与上述问题相关的是，王利明教授在援引《民法通则意见》第113条（以自己不享有所有权或者经营管理权的财产作抵押物的，应当认定抵押无效）的规定后，对该条进行了如下的说明："值得注意的是，这一规定并没有完全考虑到善意相对人利益的维护问题。从实践来看，某人以其不享有所有权或处分权的财产为自己或他人的债务设定抵押的情况是时有发生的。例如，某一共有人以共有财产设定抵押，即属于无权处分行为，在抵押人实施此种行为时，相对人即债权人有可能是善意的，即不知道或不应当知道抵押人对其用来设定抵押的财产无完全的处分权。在此情况下如果简单地认定抵押合同无效，将不利于维护善意相对人的利益和交易安全。从保护善意相对人和维护交易安全考虑，应当在善意人为善意的情况下，确认抵押合同有效，抵押权人对抵押物变卖所得的价金全部享有优先受偿权，而不能仅就抵押人可分得的部分优先受偿。"如何理解此种观点？[②]（提问②）

二、韩世远与王成的答复

（一）韩世远的答复

1.关于提问①

在2012年7月，我曾访问美国芝加哥大学法学院并有幸与102岁高龄的科思教授面谈，他当时提到了"思想市场"的观念，对我留下了极为深刻的印象。围绕《合同法》第51条，有形形色色的解释论，我本人也算是其中较早发表个人意见的一员。作为法律学者，有自己独立的思想，是理所当然的。不同的学者发表不同的学术观点，本是非常正常的事情。这些不同的学术观点，不正像是自由市场上的不同种类的商品吗？所以，我非常欣赏科思教授"思想市场"的提法。作为一种解释论，无意间被最高人民法院所看中，并且在其编著的《最高人民法院关于买卖合同司法解释理

① 参见崔建远：《无权处分合同的效力、不安抗辩、解除及债务承担》，载《法学研究》2013年第6期。

② 王利明：《物权法论（修订第二版）》，中国政法大学出版社2008年版，第351～352页。

解与适用》一书中引用我早期的一篇小文，对我而言，深感荣幸。

最高人民法院作为法学“思想市场”的消费者，显然不是“弱”而“愚”的一族。我们应该相信最高人民法院的法官们有鉴别力。民事法律，属于“实践理性”，一定要能够很好地解决现实问题。最高人民法院在《买卖合同解释》第3条中的鲜明表态，绝非一时头脑发热，而是经过了深思熟虑的结果。“实践是检验真理的唯一标准”，[①] 最高人民法院的上述司法解释，当然并非问题的终结，而恰恰是一个新的开端，这样的规则能否行得通，还需要经受实践的检验。所以，法学“思想市场”上尚未被选中（或者已经被放弃）的“生产者”大可不必失望。其一，如果经过实践的检验效果不佳，最高人民法院今后就可能放弃《买卖合同解释》第3条，如此，希望还在；其二，如果经过实践的检验，效果很好，就更不必失望，因为学者的终极目标不是在于自己的观点被采纳，而是使社会制度变得更好。

2. 关于提问②

共有人之一处分共有财产，是否是无权处分。依小口教授的介绍，梁慧星教授的观点与王利明教授的观点不一样。我初步的观点是，应区分按份共有与共同共有。在夫妻共有财产场合，属于共同共有。《物权法》第97条规定：“处分共有的不动产或者动产以及对共有的不动产或者动产作重大修缮的，应当经占份额三分之二以上的按份共有人或者全体共同共有人同意，但共有人之间另有约定的除外。”共同共有场合，处分共有财产要经全体共同共有人同意，这是基本规则。换言之，单个共有人并没有处分的权限。

这涉及抵押权可否善意取得的问题。换言之，《物权法》第106条善意取得可否准用于抵押权。《物权法》第106条第3款规定：“当事人善意取得其他物权的，参照前两款规定。”如此，为其他物权的善意取得预留了空间。

从目前司法实务来看，已经普遍承认对于抵押权可以准用善意取得的规定。比如“应俊与王慧蓉等抵押权纠纷上诉案”，[②] 该案一审原告X（夫），被告Y1（妻）和Y2（银行）。一审法院查明，X与Y1曾系夫妻。起初，104室房屋权利人登记为X。2005年8月15日，Y1在格式文本《上海市房地产买卖合同》的买受人一栏签名，合同载明X将104室房屋产权以30万元的价格转让给Y1。2005年12月1日，Y1与Y2签订《个

① 1978年5月11日，《光明日报》发表本报特约评论员文章《实践是检验真理的唯一标准》，由此在中国引发了一场关于真理标准问题的大讨论。

② 上海市第一中级人民法院（2010）沪一中民六（商）终字第15号民事判决书。

人住房抵押借款合同》，约定由 Y1 向 Y2 借款 148，000 元用于购买 104 室房屋，借款期限自 2005 年 12 月 1 日起至 2025 年 11 月 30 日止，Y1 将 104 室房屋作为抵押物以担保债务的履行。此后，Y1 将签订日期为 2005 年 12 月 3 日的一份《上海市房地产买卖合同》(内容与前述《上海市房地产买卖合同》相同) 交上海市宝山区房地产交易中心备案。2005 年 12 月 10 日，上海市宝山区房地产登记处及上海市房地产登记处共同出具 104 室房屋的他项权利（抵押）凭证，该权利凭证载明房地产权利人为 Y1，他项权利人为 Y2。2006 年 1 月，104 室房屋产权人实际登记为 Y1。2006 年 1 月 13 日，Y2 将 148，000 元打入 X 在 Y2 支行设立的个人账户内。2008 年 11 月 26 日，X 以 Y1 采用冒名签字方式取得 104 室房屋所有权为由向仲裁委提起仲裁申请，要求确认上海市宝山区房地产交易中心备案的《上海市房地产买卖合同》无效及由 Y1 返还 104 室房屋产权。在仲裁过程中，X 表示愿意以代为归还银行贷款的方式消除 104 室房屋上的抵押登记。2009 年 7 月 10 日，仲裁委作出裁决，确认 Y1 提交给上海市宝山区房地产交易中心的关于 104 室房屋的《上海市房地产买卖合同》无效；Y1 应在裁决之日起十日内还清 Y2 的贷款，注销 104 室房屋上的抵押登记；若 Y1 未及时还清贷款，X 可代为还清贷款；Y1 应在抵押登记注销之日起十日内将 104 室房屋产权返还 X，并配合 X 办理房屋产权转移登记手续。仲裁裁决后，Y1 未返还银行贷款，抵押登记未被注销，故引发诉讼。原审另查明，2009 年 7 月，Y1 因涉嫌信用卡诈骗被羁押于上海市普陀区看守所。2009 年 4 月，X 起诉要求与 Y1 离婚，上海市普陀区人民法院于 2009 年 9 月 28 日判决准予 X 与 Y1 离婚，并将判决书以公告方式送达 Y1。

原审法院认为，依法成立的合同，对双方当事人均有约束力。Y1 与 Y2 签订的《个人住房抵押借款合同》，其中的借款内容部分系双方当事人真实意思的表示，且双方均已开始实际履行，依法应属有效。关于《个人住房抵押借款合同》中的抵押内容部分，应自 104 室房屋抵押权实际登记之日起生效。仲裁委裁决 Y1 提交给上海市宝山区房地产交易中心的《上海市房地产买卖合同》无效，Y1 应将 104 室房屋产权返还 X；故 Y1 以 104 室房屋作为抵押物担保债务履行属于无权处分行为。Y2 作为善意第三人对 X 与 Y1 之间的房地产买卖行为存在瑕疵并不知情，其依据《个人住房抵押借款合同》合理取得 104 室房屋抵押权并履行了登记手续；故 Y2 系善意取得 104 室房屋抵押权，《个人住房抵押借款合同》中的抵押内容部分依法应属有效。二审法院对此予以维持。

（二）王成的答复

1. 关于提问①

我们在前几次讨论中，对这一问题已经有所涉及。

首先需要说明的是：王利明教授并非持效力待定说，他的立场应当是区分受让人善意恶意而分别赋予有效或者无效的结果。具体内容在下一个问题再介绍。

这一问题在中国的争论非常多。韩世远教授对此有深入研究，又是当事一方，不妨多听听他的高见。

2. 关于提问②

王利明教授这一观点，与其关于无权处分的立场是一致的。

王利明教授认为：《合同法》第 51 条可以理解为，无处分权的人处分他人财产，如果未经权利人追认或者无处分权的人订立合同后没有取得处分权的，该行为无效，但权利人拒绝追认不得排除善意取得制度的适用、不得对抗善意第三人。如果经权利人追认或者无处分权的人订立合同后取得处分权的，该合同有效。如果符合善意取得制度的适用条件或者相对人在订约时处于善意且支付了合理的对价，则即使权利人拒绝追认，该因无权处分而订立的合同也是有效的。

在相对人为恶意的情况下，如果权利人拒绝追认，则应当认为无权处分行为是无效的，因为相对人在缔约时明知或者应当知道处分人无权做出处分，而仍然与之发生交易，在法律上没有保护的必要。[①]

我个人倾向于赞同王利明教授的观点。

这一观点也可以回应崔建远教授文中所谓“过于优惠了恶意的买受人、受让人；在出卖人、转让人没有过错的情况下，仍然允许买受人、受让人追究其违约责任，也难谓体现了正义”[②] 的担心。

崔建远教授坚持效力待定说，但是应当注意，其立场在于不将合同效力作为善意取得制度的构成要件，而是将合同效力作为受让人能否终局保有标的物的条件。如果合同无效，则适用不当得利规则，由受让人返还其得利。

崔建远教授认为：在中国现行法律上，应当形成以下规则：无偿交易中发生善意取得的，交易行为被确认无效、被撤销或者不被追认的，善意取得人返还标的物

---

① 参见王利明：《民商法研究（第五辑）》，法律出版社 2014 年版，第 305 ～ 328 页。

② 参见崔建远：《无权处分合同的效力、不安抗辩、解除及债务承担》，载《法学研究》2013 年第 6 期。

原物。在有偿交易中发生善意取得的，交易行为被确认无效、被撤销或不被追认时，善意取得人若付清了全部价款，则终局地取得标的物的所有权；支付了部分价款的，因合同项下的另外部分的付款义务不复存在，善意取得人应当返还不当得利，该不当得利的利益，不是原物，而是原物价值与部分价款的差额，故善意取得人返还的不当得利是为该差额。[①]

王利明教授的上述观点也可以与善意取得制度衔接，使善意取得人终局地保有标的物，而无需借助不当得利。

三、松冈久和的点评

（一）日本法规范的基本结构

在无权利人签订有关处分不动产合同的场合，在日本法上，该合同将作为他人物买卖合同而确定性地有效，出卖人负有向买受人移转权利的债务（第 560 条）。另一方面，在他人物买卖合同中，买受人不能取得所有权。也就是说，合同虽然有效但不发生所有权移转的物权效力。这种结构相当于中国学说中的完全有效说。

另外，日本法上不存在韩世远教授所指出的夫妻财产的“共同共有”概念，但在功能上其相当于对合伙财产等的合有（共有的一种形态——译者注），此种共有在无法处分持有份额这一点上不同于一般共有的“按份共有”，在这一点上两者是相同的。

以下，将对债权性的效力和物权性的效力作一些补充。

（二）债权性的效力

作为债权性的效力，《日本民法》规定，即使是恶意的买受人，在不能取得权利的移转时也可以解除合同并要求出卖人返还已经支付的价款，但可以请求损害赔偿的情形只限于买受人善意的场合（第 561 条。中国《合同法》第 151 条也属于相同主旨的规定）。对于基于他人物买卖合同的损害赔偿责任性质的理解历经了变迁。以前，将其理解为与瑕疵担保责任相同的法定无过失责任的见解为通说，而即使是此种见解也认为他人物买卖合同是完全有效地成立的。而现在，将其理解为一般债务不履行的见解为通说。总之，根据《日本民法》第 561 条的规定，出卖人对于恶意

---

① 参见崔建远：《物权法（第二版）》，中国人民大学出版社 2011 年版，第 70 ~ 78 页。

买受人不负有除返还价款之外的义务，因此，在日本法上未进行过是否会对恶意买受人产生过大的合同责任这一讨论。

不过，他人物买卖合同中有“作为出卖人所有物的他人物买卖”和“作为他人所有物的他人物买卖”两种类型。第560条以下是以前者为其前提的。于后者的情形，不需要以第560条来对其进行补充，经合意出卖人负有取得权利并移转于买受人的义务。即使买受人具有明知“买卖标的物不属于出卖人”的恶意，也可以以一般的债务不履行而非第561条为依据，追究损害赔偿责任。[①]

此外，在修改后的《日本民法》中，与现行《日本民法》第560条相同主旨的规定被纳入到了新的第561条中，并删除了按照买受人的善意与恶意而区分其效力的上述现行《日本民法》第561条。由于买卖他人权利情形中的出卖人责任被解释为合同责任而非法定担保责任，因此，将按照债务不履行的一般规定来进行处理。话虽如此，在“作为出卖人所有物的他人物买卖”中，恶意买受人即使遭受损害，由于其不属于与出卖人的债务不履行有因果关系的损害，因此不会承认其损害赔偿请求，以往因类型化处理而产生的分歧将会存续下去。

（三）物权性的效力

买受人能够取得所有权的情形，除了需具备合同有效成立这一要件之外（在日本，不存在采纳如崔建远说那样理解的见解），仅限于如下情形：（1）真实权利人追认该处分的；（2）出卖人从真实权利人处取得权利的；（3）成立善意取得的。可以说，此种理解与中国的通常理解是相同的。

不过，在日本法上虽对动产承认善意取得（《日本民法》第192条），但对不动产则不存在有关承认公信力的规定以及善意取得的规定。不过，通过20世纪60年代以后的判例法，有关《日本民法》第94条第2款（基于虚伪表示的意思表示之无效，不能对抗善意第三人）的类推适用法理逐渐得到了发展。按照该法理，当真实权利人通过以他人名义进行登记等来制作出虚假外观的情况下，其所有权虽不归属于登记名义人，但不能以登记无效来对抗善意第三人。当真实权利人的归责性较弱时，还需类推适用第110条（权限外行为的表见代理）来要求第三人为善意无过失。通过此种有关第94条第2款的类推适用法理，不动产交易中善意人的保护得到了补充，其在功能上发挥着与中国的不动产善意取得制度十分类似的作用。

---

① 参见最判昭和41年9月8日民集20卷7号1325页。

在韩教授所介绍的妻子无权处分丈夫不动产的案例中，虽然所有权并不移转于恶意行使无权处分的妻子 Y1，但如若丈夫 X 对于将所有权移转登记于 Y1 的名义具有可归责性的话，善意（按照案情，有时需为善意无过失）的银行 Y2 所具有的抵押权有效，将产生与 X 作为 Y1 债务的物上保证人所相同的结果。而在日本法上，如果 X 没有可归责性的话，Y2 即使善意无过失也不会受到保护。这一点与中国法上的不动产善意取得是不同的。

第四节　违反强制性法律法规之合同的效力

一、问题的提出

有关未经抵押权人同意之土地使用权转让合同效力的案例

我认为，围绕《合同法》第 52 条第（5）项有关合同效力的规定，理论和实务方面依然处于极其混乱的状态。就此，从近期的程啸论文[①]中亦可见一斑。该论文中所举的事实概要与判决要旨如下：

（一）事实概要

被上诉人 X（原审原告、反诉被告。“索特公司”）在重庆市某地拥有商服用地使用权，并将上述土地抵押给相关银行用于贷款担保，抵押期限自 2005 年至 2011 年。2005 年 12 月 1 日，上诉人 Y（原审被告、反诉原告。“新万基公司”）与 X 签订了《金三峡花园联合开发协议》（以下简称《联合开发协议》），在上述土地上联合开发金三峡花园。该协议约定：（1）X 现已将上述土地抵押给某银行融资贷款，同意在约定时间内将该土地的抵押权解除，并保证不存在其他权利瑕疵；（2）以 Y 出资、X 出土地使用权，共同投资、共享利润的方式，共同进行房地产开发。2005 年 12 月 1 日，Y 与 X 又签订了《联合开发协议之补充协议（一）》（以下简称《补充协议》）。2007 年 12 月 20 日 X 以 Y 并未按照合同约定履行相应义务为由，向法院起诉，要求解除

① 参见程啸：《论抵押财产的转让：“重庆索特盐化股份有限公司与重庆新万基房地产开发有限公司土地使用权转让合同纠纷案”评释》，载《中外法学》2014 年第 5 期。最高人民法院（2010）民抗字第 67 号民事判决书（2014 年 12 月 24 日民事判决）为该案例的再审判决。

双方签订的《联合开发协议》及《补充协议》。同时，请求判令Y支付违约金1000万元。Y提起反诉，请求法院判令X承担违约责任，支付违约金6000万元。

（二）一审判决要旨

重庆市高级人民法院经审理认为：首先，双方当事人之间法律关系实质上是土地使用权转让，即X是土地使用权转让人，Y是受让人。其次，当事人之间的土地使用权转让行为违反了《担保法》第49条第1款——X在转让抵押财产时未通知抵押权人——而归于无效。此外，由于Y受让的标的物上存在抵押权，根据最高人民法院《关于适用〈中华人民共和国担保法〉若干问题的解释》（以下简称《担保法解释》）第67条第1款（抵押权存续期间，抵押人转让抵押物未通知抵押权人或者未告知受让人的，如果抵押物已经登记的，抵押权人仍可以行使抵押权；取得抵押物所有权的受让人，可以代替债务人清偿其全部债务，使抵押权消灭。受让人清偿债务后可以向抵押人追偿），Y可以通过行使涤除权消灭该抵押权，从而对转让行为的效力予以补正。但Y并未行使涤除权，该转让行为的效力未能得到补正。故此，《联合开发协议》及《补充协议》属于无效合同。违约金属于违约责任范畴，而违约责任是因违反有效合同导致的法律责任，以存在合法有效的合同关系为基础。本案中，《联合开发协议》及《补充协议》无效，因此X与Y要求对方支付违约金的请求均不能成立。最后，本案合同无效是因为抵押人未将土地转让的情况通知抵押权人，系X单方的过错导致了合同无效，对Y因此遭受的损失应由X承担赔偿责任。虽然根据《担保法解释》第67条第1款，也可由受让人行使涤除权消灭抵押权，从而使转让行为生效，但对受让人而言，该规定系赋予权利，权利人不行使权利并不构成法律上的过错。

（三）二审判决要旨

最高人民法院经审理认为：《联合开发协议》与《补充协议》合法有效。

首先，依据《担保法》第49条，抵押期间抵押人转让抵押物应当通知抵押权人，否则转让行为无效；《物权法》第191条亦规定抵押期间转让抵押物须经抵押权人同意。其立法目的是为了确保抵押权人的利益不受侵害。但《担保法解释》第67条和《物权法》第191条也规定，未经通知或者未经抵押权人同意转让抵押物的，如受让方代为清偿债务消灭抵押权的，转让有效。即受让人通过行使涤除权涤除转让标的物上的抵押权负担的，转让行为有效。本案双方当事人在《联合开发协议》

中约定由 X 在不影响开发进度的前提下办理解除抵押的相关手续，即以约定的方式将先行解除本案所涉土地上的抵押权负担的义务赋予了 X。该约定既保障了抵押权人的利益，也不妨害抵押人和受让土地的第三人的利益，与《担保法》《物权法》以及《担保法司法解释》保障各方当事人利益平衡的立法精神并不相悖，不违反法律规定。因此，应当确认该《联合开发协议》及《补充协议》有效，双方应按照合同诚信履行，X 有义务根据双方商定的开发进度清偿银行债务，从而解除该转让土地上的抵押权负担。

其次，《物权法》第 15 条确定了不动产物权变动的原因与结果相区分的原则。物权转让行为不能成就，并不必然导致物权转让的原因即债权合同无效。双方签订的《联合开发协议》及《补充协议》作为讼争土地使用权转让的原因行为是债权形成行为，并非该块土地使用权转让的物权变动行为。相关法律关于未经通知抵押权人而导致物权转让行为无效的规定，其效力不应及于属于物权变动行为的原因行为。因为当事人可以在合同约定中完善物权转让的条件，使其转让行为符合法律规定。本案即属此种情形。

综上所述，双方当事人签订的《联合开发协议》与《补充协议》系当事人的真实意思表示，不违反法律和行政法规的禁止性规定，合法有效。X 未履行合同义务的行为构成违约，且 X 提起诉讼请求解除《联合开发合同》及《补充协议》的主张符合《合同法》第 108 条规定的拒绝履行，该拒绝履行致使 Y 的合同目的不能实现，X 构成根本违约，应按照 Y 总投资额的 30%（4038 万元）支付违约金。

本案的争点涉及许多方面，在此仅限定于如何理解《物权法》第 191 条第 2 款中“抵押期间，抵押人未经抵押权人同意，不得转让抵押财产”这一问题。对此，存有诸多观点。

1. 无效说

抵押人未经抵押权人同意转让抵押财产的，该转让合同无效。《物权法》第 191 条第 2 款属于效力强制性规范。[①]

2. 有效说

如果该抵押财产转让合同中不存在《合同法》第 52 条所规定的无效事由，只是违反《物权法》第 191 条规定的话，合同非为无效，抵押财产转让合同本身是合法

① 参见高圣平:《担保法论》,法律出版社 2009 年版,第 352 页;王利明:《物权法研究（第三版下卷）》，中国人民大学出版社 2013 年版，第 1225 页。

有效的。[①] 如果出卖人在合同约定的期限届满后，仍不履行消灭抵押权的义务，而买受人无法进行所有权移转登记的话，出卖人将构成违约，买受人有权要求解除合同。《物权法》第 191 条第 2 款属于管理性的强制性规范，而非效力性的强制性规范。

3. 效力待定说

抵押人在抵押期间未经抵押权人同意擅自处分抵押财产的，该处分行为属于无权处分行为。[②] 既为无权处分，该转让合同即为效力待定的合同，应以《合同法》第 51 条来进行处理，取得抵押物的第三人应通知抵押权人并要求抵押权人作是否同意处分的意思表示，如果抵押权人不同意，该处分行为自始不发生效力，第三人不能取得抵押物的所有权或使用权。

4. 区分说

当抵押人未经抵押权人同意而转让抵押财产时，应区分处分行为与负担行为而确定其效力。抵押人转让抵押物的合同属于负担行为，而抵押物所有权的变动则属于处分行为。《物权法》第 191 条不得转让抵押物的规定指的是处分行为、不得处分某物所有权，并不表示不能签订产生该物所有权移转效果之买卖合同。[③]

在本案中，二审法院采区分说，认为作为负担行为的《联合开发协议》与《补充协议》有效，而土地使用权转让属于处分行为，属无效行为。但该无效不影响负担行为的效力。

如何评价本案一、二审判决以及上述各种学说？

二、韩世远与王成的答复

（一）韩世远的答复

抵押物转让牵涉抵押人（出让人）、受让人以及抵押权人的利益，该转让行为表现为出让人与受让人之间的合同，该合同的效力会成为争点。

抵押权是限制物权，构成了对抵押物的权利限制。在抵押物场合，“物的交换价

---

① 参见崔建远：《物权法（第二版）》，中国人民大学出版社 2011 年版，第 464 页。

② 前引程啸文认为梁慧星教授系采效力待定说，然就《物权法》第 191 条而言，梁教授系采有效说。参见梁慧星：《买卖合同特别效力解释规则之创设》，载梁慧星主编：《民商法论丛（第 52 卷）》，法律出版社 2013 年版，第 196 ~ 205 页。

③ 参见吴光荣：《论抵押物转让的效力：物权法第 191 条的理解与适用》，载王利明主编：《判解研究（总第 59 辑）》，人民法院出版社 2012 年版，第 43 ~ 47 页。

值已经转让给担保物权人，抵押人已经不再享有物的交换价值。”[①] 换言之，抵押人处分抵押物的权限受到了限制，在未经抵押权人事先同意或者事后追认的前提下，抵押人处分抵押物，依旧构成无权处分。由此分析，上述“效力待定说”有一定的道理。但其问题在于，对于转让抵押物的合同，就其所涉及的两类性质不同的内容，即发生债权债务的内容和发生权利变动的内容，是一体把握还是区分对待。“效力待定说”正是基于一体把握所作的判断，在其理论体系中，是能够自圆其说的。

同样是基于一体把握的出发点，“无效说”同是基于《物权法》第191条第2款中的“不得”，将该款规定解释为效力性强制性规定，违反其规定，结合《合同法》第52条第(5)项,认定抵押物转让合同无效。该理论貌似说得通,但经不起仔细推敲。基本的问题在于，该说并没有实质论证为何《物权法》第191条第2款中的“不得”规定属于效力性强制性规定；同样的规定，在“有效说”那里则被解读成为管理性强制性规定，足见其间分歧。在法政策层面分析，抵押物的转让，只是涉及让与人、受让人和抵押权人三方的私益，一般并不涉及公益、私益问题，让私人解决，将决定权放给利益相关主体，更属妥当；而法律上硬性作无效处理，似欠实质理由。

就“有效说”而言，需要分别说明。一类“有效说”，比如崔建远教授，作为反对物权行为理论的代表，当然不会从“区分对待”入手，而是走“一体把握”的路子。而走这样的路子，理应像梁慧星教授那样，将抵押人擅自转让抵押物的行为理解成为无权处分才对,但是他没有这样解读,跳过对于抵押人是否具有处分权的讨论，直接基于《物权法》第191条第2款“不得”之规定属于管理性强制性规定，认定转让合同有效。在我看来，其理论在自己的体系上，与其关于无权处分的理论[②] 是分裂的和自相矛盾的。再有，对于抵押物转让合同作“一体把握”，承认该合同中兼有发生债权的效果意思和引发物权变动的效果意思，并认为该“集合体”合同有效，也面临问题:其所指的只是前者有效(即依合意的内容赋予法律效果,发生债权债务)，后者物权变动的法律效果并没有发生，因而，才有违约救济问题。可是，其在无权处分场合，基于“集合体”观念，将一条绳上拴着的两个蚂蚱一同置于死地，而此处则另行一套，一个蚂蚱是死掉的，另外一个被绑在一起的却活着，形式上二者是一体的，实质上却走上了“区分说”的道路，也显示出其理论的不统一。

① 王胜明：《物权法制定过程中的几个重要问题》，载《法学杂志》2006年第1期。

② 崔建远：《无权处分辨》，载《法学研究》2003年第1期。

另外一类“有效说”，比如程啸副教授，是明确提倡物权行为理论的，① 至今未见其明确表示放弃，如今却否定《物权法》第15条承认了负担行为与处分行为的区分，② 难免让人不易理解其立场。③

仅就案件裁判而言，如果不讨论新法旧法适用问题，而只是着眼于《物权法》第191条第2款理解和适用，我个人以为最高人民法院二审裁判还是值得赞同的。中国法院实务立场已经接纳对于负担行为与处分行为的区分，这也是我个人目前所持的基本立场，不承认物权行为无因性，但可以采纳物权行为独立性。

（二）王成的答复

就案件而言，从结论上说，我个人同意二审法院的判决。尽管，正如程啸教授在其论文中提出的，该案二审判决是否可以适用《物权法》第15条的确存在争议。但是，即使根据《担保法解释》第67条，已经登记的抵押权存续期间，抵押物被转让的，抵押权人仍可以行使抵押权。既然抵押权人仍可以行使抵押权，就没有任何必要让转让行为无效，无论是所谓的负担行为及处分行为，如果承认存在这种区分的话。另外，《民法通则意见》第115条使转让抵押物的行为或者重复设置担保的行为无效的目的，也是为了保护抵押权人。此外，本案中一审原告的违约情形是非常明显的。在自己明显违约的情形下，自己又主张解除合同，不符合民法基本的公平原则。在一审原告明显违约的情形下，让其承担违约责任要比承担缔约过失责任更加公平。

就上述各学说，在结果上，我个人倾向于有效说及区分说。

在理由上，尤其是有效说关于《物权法》第191条第2款立法目的的解释更值得赞同。其观点主要如下：第191条第2款的立法目的不是要否定未经抵押权人同

---

① 参见谢怀栻、程啸：《物权行为理论辨析》，载《法学研究》2002年第4期。

② 程啸：《论抵押财产的转让：“重庆索特盐化股份有限公司与重庆新万基房地产开发有限公司土地使用权转让合同纠纷案”评释》，载《中外法学》2014年第5期。

③ ［小口注］此部分的讨论有些不好理解。总而言之，韩世远教授所说的意思可能在于：程啸教授在2002年的阶段是承认物权行为概念的；而在2014年的上述论文中则采用了如下的观点，亦即：“在这些学者（指的是王利明、崔建远、梁慧星等教授——译者注）看来，无论是基于文义解释，还是历史解释，都无法得出《物权法》第15条承认了物权行为与债权行为区分的结论。《物权法》这一条只是对不动产物权变动合同的效力与不动产登记效力的区分，它纠正了以往我国民事立法和实践中的一个错误，明确了不动产登记并非不动产物权变动合同的生效要件……笔者认为，上述第二种观点是正确的。”如此，其缺乏逻辑自洽性。

意转让抵押物的合同的效力，而是赋予抵押权人就为实现已经登记的抵押权而额外增加的成本而向抵押人请求损害赔偿的权利，赋予抵押权人就抵押人未经其同意而向善意第三人转让未经登记的动产抵押物后的损害赔偿请求权，或者赋予抵押权人就抵押人未经其同意而向恶意第三人转让已经生效但未登记的动产抵押物的追及权以及其为实现抵押权而额外增加的成本向抵押人请求损害赔偿的权利。简言之，《物权法》第191条第2款是为了保护抵押权人的利益而专门针对抵押人设定的义务。[①]

至于区分说，则涉及《物权法》第15条的理解，也涉及中国民法对物权行为理论的基本态度问题。此处不进行展开。

三、松冈久和的点评

我认为，该问题属于对欠缺公示登记的动产承认抵押的中国法所特有的问题。在日本法上，原则上只有不动产可以设立抵押，但包括对于船舶、航空器、农业用动产等动产承认设立抵押的特别法在内，如果抵押权未经登记，则不能对抗第三人（参见《日本民法》第177条）。由于抵押标的物的受让人属于对能否取得未附有抵押权负担之所有权有正当利害关系的第177条所指的第三人，因此，如果抵押权未经登记，则不能对抗标的物的受让人。反言之，已经登记的抵押标的物只能作为附有抵押权负担的所有权来进行转让，因此，也没有必要保护通过登记即可知晓此种情况的受让人。转让抵押标的物的合同不仅在债权性效力方面而且在物权性效力方面也是有效的，即使认为通过此种合同附有抵押权负担的所有权移转于受让人，抵押权人也可以如转让抵押标的物之前那样行使抵押权（抵押权的追及效力），因此，丝毫不会因转让而蒙受损失。如上所述，由于没有必要为了保护抵押权人的利益而禁止抵押标的物的转让，因此，如中国那般有关禁止转让之规范的性质的争论，在日本法上是不存在的。

此外，有鉴于日本法上的判例通说不承认物权行为的独立性与无因性，因此可以说，如何理解物权行为的问题与转让抵押标的物的效力问题是无关的。

---

① 参见蔡文军：《论抵押财产转让的法律规定及其适用——基于一起公报案例展开的思考》，载《判解研究》2009年第5期。

第五节　重大误解

一、问题的提出

（一）错误与误解的区别

梁慧星教授认为："传统民法理论严格区别错误与误解两个概念。错误指表意人非故意的表示与意思不一致。误解指相对人对（表意人的——小口注）意思表示内容了解之错误。如受要约人误将出租房屋之要约理解为出卖而为承诺。"① 对此，在日本，一般将错误理解为："所谓错误，是指从表示中推断出的意思（表示上的效果意思）与真实意思（内心之效果意思）不相一致的意思表示，且表意人本人不知此种不一致的情形。"② 日本法的错误与中国法的误解，都有哪些具体不同之处？（提问①）

（二）关于误解的"重大性"

中国法的误解应为"重大"，且根据《民法通则意见》第 71 条之规定，此种"重大误解"以"造成较大损失"为要件。对于此种"重大"之要件，是如何进行具体的标准化的？（提问②）

（三）"法律行为的重要部分"与"重大误解"的异同

以往的日本民法传统理论将动机之错误与表示行为之错误予以区分，且认为只有表示行为之错误才符合《日本民法》第 95 条所规定的错误。然而，近年来，也有学者不再将二者予以区别，认为："不管表示上的错误还是动机之错误……只有此种错误对该法律行为（契约）而言，构成其重要部分之情形，才得主张无效。"③ 是否可将此处所指的"对该法律行为而言，构成其重要部分"这一判断标准与中国法上的"重大"误解作相同理解呢？（提问③）

（四）关于表示错误的理解

在日本的民法修正议论中，内田贵教授提出有意将日本最高法院关于错误的相

① 梁慧星：《民法总论》（第 2 版），法律出版社 2001 年版，第 176 页。

② ［日］我妻荣：《新订民法总则》，日本岩波书店 1965 年版，第 295 页。

③ ［日］四宫和夫、能见善久：《民法总则（第 8 版）》，日本弘文堂 2010 年版，第 222 页。

关判例理论予以明文化的构想。其判例理论为 :“为了使意思表示的动机错误作为法律行为要素之错误而产生无效的效果，应以存在其动机表示于相对方而成为法律行为之内容，且如无该错误则表意人将不会作此意思表示之情形为必要。”（日本最高法院平成元年 =1989 年 9 月 14 日）。[①] 在日本，“错误理论”是在动机错误与表示错误这一框架中进行讨论的。与此相对，读王利明教授的相关著作可以看出，王教授在“重大误解的构成要件”项下指出重大误解包括五种类型。亦即，第一，对合同的性质发生“误解”；第二，对对方当事人发生“误解”；第三，对标的物质量的“误解”；第四，对标的物品种的“误解”；第五，关于表示的“错误”。其中，关于第五种关于表示的错误，指出“狭义上的重大误解并不包括表示错误”。[②] 依据王教授的上述主张，似可认为中国的“重大误解论”与日本的“错误理论”存在认识论框架上的差异。想就此请教两位的观点。（提问④）

（五）关于以重大误解为由的合同之变更

作为重大误解的效力，中国法上除了规定撤销以外，还规定了变更[参见《合同法》第 54 条第 1 款，下列合同，当事人一方有权请求人民法院或者仲裁机构变更或者撤销:（一）因重大误解订立的]。张传奇的近期论文（以下简称张文）[③] 是聚焦于这一“变更”的定性问题的论文。在该论文中，他提出 :（1）中国法上“重大误解”一词译自 1922 年《苏俄民法典》第 32 条（“因受欺诈、威吓、胁迫，或因其代理人与对方恶意通谋，或因有重大意义之误解而为法律行为者，得声请法院确认其法律行为之全部或一部无效”），从“重大误解”一词的渊源，我们不妨推论中国仿苏俄民法典拒斥动机错误、内容错误和表达错误的区分。[④]（2）关于以重大误解为由的“变更”，学界的态度是冷漠的，而最高人民法院的法官们在对《合同法》第 54 条进行解释时也尽量避免述及可变更效力。但是，在司法实践中当事人以重大误解为由主张变更合同的情形却并不鲜见 [如马翠翠等诉唐山中冶万城房地产开发有限公司商品房买卖合同纠纷案，（2014）丰民初字第 1758 号判决书]。[⑤]（3）虽然大多数学说将《合同法》第 54 条第 3 款规定的可变更效力理解为合同之债的变更，但不能赞同此种观点。“不应将重大误解的可变更效力解释为单方变更合同的形成权。”“此外，重大误解的

---

① 参见 [日] 内田贵 :《民法修改的现在》，日本商事法务 2013 年版，第 88 页。

② 参见王利明 I 书，第 691 页。

③④⑤ 参见张传奇 :《论重大误解的可变更效力》，载《中外法学》2014 年第 6 期。

可变更效力也和部分撤销、补正、确认、转换等制度有别。唯有将重大误解的可变更效力理解为真意解释才合乎规范的目的、评价的角度。”[①] 如何评价此种观点？（提问⑤）

二、韩世远与王成的答复

（一）韩世远的答复

1. 关于提问①

《日本民法》第 95 条规定“错误”，“意思表示，于法律行为的要素存在错误时，无效。但是，表意人有重大过失时，不得自己主张该无效。”中国《民法通则》第 59 条：“下列民事行为，一方有权请求人民法院或者仲裁机关予以变更或者撤销：(一）行为人对行为内容有重大误解的；(二）显失公平的。被撤销的民事行为从行为开始起无效。”《合同法》第 54 条规定，“因重大误解订立的”合同，当事人一方有权请求人民法院或者仲裁机构变更或者撤销。“当事人请求变更的，人民法院或者仲裁机构不得撤销。”《民法通则意见》第 71 条规定：“行为人因对行为的性质、对方当事人、标的物的品种、质量、规格和数量等的错误认识，使行为的后果与自己的意思相悖，并造成较大损失的，可以认定为重大误解。”

仅从条文上比较中日民事法上述规定，二者的差异至少可以表现为：其一，基本用语，《日本民法》称“错误”，中国法称“重大误解”（如果注意《民法通则意见》第 71 条的界定，是在讲对于行为的性质、当事人、标的物等的“错误认识”，是“行为的后果与自己的意思相悖”，这实质就是日本法上的“错误”）；其二，《日本民法》着眼于“意思表示”，中国法则着眼于“民事行为”或者“合同”；其三，《日本民法》着眼于“法律行为的要素”，中国法着眼于“行为内容”；其四，就法律效果而言，《日本民法》规定意思表示“无效”；中国法则规定民事行为或者合同为“一方有权请求人民法院或者仲裁机构予以变更或者撤销”。

当然，比较法不能仅限于法条文字之比较，而应当着眼于功能比较。从功能比较观察分析，应该说二者在实践运作中发挥着相似的规范功能。

2. 关于提问②

无论是《民法通则》还是《合同法》，都只是使用“重大误解”概念，而没有具

① 参见张传奇：《论重大误解的可变更效力》，载《中外法学》2014 年第 6 期。

体界定何谓“重大误解”。因而，“重大误解”也可以说是一个不确定概念，需要具体化，才好在实务中操作。当然，立法者在“误解”前面加上“重大”二字，也显示出立法者的慎重，已经意识到这一制度有可能给交易安全、民事活动秩序的稳定带来的潜在威胁，显示出对该制度的使用要施加限制的意图。《民法通则意见》第71条本身就是在努力使“重大误解”具体化，在操作性上已经大大增强。“行为人因对行为的性质、对方当事人、标的物的品种、质量、规格和数量等的错误认识，使行为的后果与自己的意思相悖，并造成较大损失的，可以认定为重大误解。”动机错误，并没有在上述解释中出现。实务中，动机错误原则上并不影响民事法律行为的效力。司法解释的上述表述，相较于《日本民法》的“于法律行为的要素存在错误”，显然更富有可操作性。当然，对于法官来说，上述司法解释依然显得不够具体，法官所希望的是“1+1 ＝ 2”式的明确具体，但在法律的世界，依然是“理想很丰满，现实很骨感”，进一步的具体化，只能够在裁判实践中慢慢积累（目前法院裁判案例已有不少的积累），学说理论适时地加以整理和体系化。

3. 关于提问③

我个人以为，四宫教授和能见教授的上述判断标准，与中国最高人民法院司法解释就“重大误解”所作解释有相似之处，但又不能完全等同。特别是，中国司法解释强调了“重大误解”的认定，还要符合“造成较大损失”要件，这一点在四宫、能见教授的理论中是没有的。《日本民法》对于“错误”已经限定于“法律行为的要素”，四宫、能见教授的“解释论”是在此框架下展开的。中国司法解释对于“重大误解”的认定，不仅限于法律行为的要素，还要求是行为的后果，这是二者之间的一点差异。

4. 关于提问④

关于“错误”，中国法的用语为“重大误解”。《经济合同法》（1981年通过，已失效）尚未规定该问题（尽管该法第7条规定了采取欺诈、胁迫等手段所签订的合同无效），是《民法通则》（1986年）第59条第1款规定，“行为人对行为内容有重大误解的”，一方有权请求人民法院或者仲裁机构予以变更或者撤销。《民法通则意见》第71条规定：“行为人因对行为的性质、对方当事人、标的物的品种、质量、规格和数量等的错误认识，使行为的后果与自己的意思相悖，并造成较大损失的，可以认定为重大误解。”《合同法》第54条第1款规定，“因重大误解订立的”合同，当事人一方有权请求人民法院或者仲裁机构变更或者撤销。

学者指出，错误，指表意人非故意的表示与意思不一致；误解，指相对人对意思表示内容了解的错误，如受要约人误将出租房屋之要约理解为出卖而为承诺。[①] 就其用语，虽然可以指出上述差异，不过，在缔结合同这种双方法律行为场合，一如上例，受要约人虽然对于要约的内容了解有误而为承诺，可以说是基于误解而为承诺（单方行为），但就合意的达成及合同的成立（双方法律行为）来说，仍然是非故意的表示与意思的不一致，是一种错误。

在罗马法中，类似问题，不乏其例。比如 D. 12，1，18pr 乌尔比安《争论》第 7 编中表述："如果我为赠予目的而给了你一笔钱，而你却把它当作一项消费借贷而接受，尤里安认为不存在赠与。但必须弄清楚是否存在消费借贷。笔者认为，金钱的接受人接受金钱时有不同的看法，则并不存在消费借贷，而且更为重要的是，金钱并不转归接受人所有。"[②]

又如，D. 12，1，18，1 乌尔比安《争论》第 7 编的内容提到："如果我为寄托而交给你一笔款项，而你却以为是作为消费借贷给你的，那么，既不产生寄托的效力，也不产生消费借贷的效力。同样，如果你是作为消费借贷交给我一笔钱，而我以为是使用借贷，同样不产生任何效力。但要是让在上述任何一种情况下使用了金钱，那么，出借人就享有不包括欺诈之抗辩在内的返还之诉的保护。"[③]

理解中国法的规定，不能只看法条使用的概念。中国法虽然使用"重大误解"而没有使用"错误"，但在规范功能上，与《日本民法》相比，是相似的。

《民法通则》第 59 条第 1 款强调了行为人对"行为内容"有重大误解，据此，由于动机通常并非意思表示的构成要素，因而，行为人动机错误，便不成其为重大误解，不会因此而影响合同效力。比如，X 到 Y 的玉石店铺看玉，X 听取了 Y 介绍，并看了 Y 推荐的两块玉石，认为是和田玉籽料，便支付了 17 万元购买。后经鉴定，是石英岩和染色石英岩原料。X 起诉请求法院撤销合同。[④] 该案的关键点在于，"和田玉籽料"是否构成了当事人法律行为的"行为内容"？如果 Y 在介绍中根本没有提及"和田玉籽料"，而只是宽泛地称"玉石"，是 X 自己判断为"和田玉籽料"而

---

① 参见梁慧星：《民法总论》（第 3 版），法律出版社 2007 年版，第 178 页。

② ［意］桑德罗·斯奇巴尼选编：《契约之债与准契约之债》，丁玫译，中国政法大学出版社 1998 年版，第 3 页。

③ ［意］桑德罗·斯奇巴尼选编：《契约之债》，丁玫译，中国政法大学出版社 1998 年版，第 47 ~ 48 页。

④ 参见《误将石英岩当成和田玉，合同显失公平被判撤销》，载《人民法院报》2011 年 12 月 28 日第 3 版。

进行购买，那么，“和田玉籽料”只是其购买行为动机的组成部分，不是法律行为的内容，便不成其为重大误解。反之，如果当事人确实是将标的物当作“和田玉籽料”进行买卖，那么，“和田玉籽料”便成为了法律行为的内容，事后经鉴定有误时，便符合前述《民法通则意见》第71条规定的对“标的物的品种、质量……等的错误认识”，构成重大误解，可以主张撤销合同。

在清楚行为动机与行为内容的差异之后，我们再来看什么样的行为内容可以构成重大误解。对此，《民法通则意见》第71条所提供的分析框架是：“行为的性质、对方当事人、标的物的品种、质量、规格和数量”等，王利明教授的上述分析基本上也是循此框架展开的。

5. 关于提问⑤

由于没有找到这篇论文，所以只能依所提示的有限信息发表意见，难免有理解不全面、不到位的地方。以下分别说明：

就第一点，该文作者所作历史考察，具有新意，引人注目，值得称赞。当然，是否准确，尚有待进一步的史料验证。对于该文作者的推论：“中国仿苏俄民法典拒斥动机错误、内容错误和表达错误的区分”，似应持谨慎态度。中国法及其解释论并不拒斥萨维尼以来所作的“动机错误”与“法律行为错误”的区分，即便《苏俄民法典》，亦具有大陆法系的鲜明特征，德国法理对之亦有重大影响，“法律行为”“意思表示”之类概念的使用，即可作为例证。在未对《苏俄民法典》作详细历史考察的前提下，自不应速断。

就第二点，《民法通则》第59条及《合同法》第54条均规定了“重大误解”的法律效果是当事人一方有权请求人民法院或者仲裁机构“变更或者撤销”，由此，出现了合同“变更”的问题。首先，变更抑或撤销，是当事人选择的问题。《合同法》第54条第3款进一步规定：“当事人请求变更的，人民法院或者仲裁机构不得撤销。”如果当事人不主张变更，法院或者仲裁机构自然不会主动变更，这是前提问题。其次，依笔者个人经验，对于可撤销合同主张变更的事例确实并不多见，该文作者所举的，也是2014年新发生的案例，没有看到此前的案例。由此，法院及学说对该问题关注不足，并非无因。当然，作者批评“学界态度冷漠”，确属值得注意的问题。

就第三点，对于可变更、可撤销的合同，当事人请求变更合同场合，合同变更如何展开是个问题。中国法的规定，是由当事人请求法院或者仲裁机构变更。由此可见，当事人所拥有的“变更权”是一项形成诉权。该权利的具体运用，一方面，权利人要提出具体的主张、具体的方案；另一方面，法院在审查上也有一定的自由裁量权。从论文所提及的案例来看，也是被告在反诉中提出了具体的方案（变更合同履行的具体日期），法院在审查事实的基础上，予以了支持。

（二）王成的答复

1. 关于提问①

就中国学者的表述来看，除梁慧星教授上述观点外，还有观点认为，中国《民法通则》与《合同法》上的误解，相当于《德国民法典》《日本民法》和中国台湾地区“民法”所规定的错误。[①]

2. 关于提问②

在中国法上，重大误解之重大的判断，后果上造成损失是一个重要的衡量标准。崔建远教授在其《合同法》中，提出重大误解有以下几种：

（1）对合同性质的误解，如误以借贷为赠与。

（2）对相对人的误解，如把甲公司误认为乙公司而与之缔约。在以信用、感情或者特殊关系、以人的特殊技能为基础的合同中，相对人的误解构成重大误解。

（3）对标的物品种的误解。

（4）对标的物质量的误解。这种误解仅在给误解人造成重大损失时以重大误解论。

（5）对标的物规格的误解。这种误解仅在给误解人造成重大损失时以重大误解论。

（6）对标的物的数量、包装、履行方式、履行地点、履行期限等内容的误解，如果给误解人造成重大损失，以重大误解论。[②]

上述标准，可资参考。

3. 关于提问③

中国台湾地区“民法”也区分动机错误与表示行为的错误，认为动机错误以表意人自己承担风险为原则。即使相对人明知表意人的动机错误，原则上仍应当坚持由表意人自己承担风险的原则。只是，如果相对人是以违反诚实信用的方法，利用表意人的动机错误而缔约时，例如，药剂师明知病人已经去世，仍出售昂贵药物给不知情的亲友，该药剂师主张表意人应当自己承担风险时，应认为其构成权利滥用，

① 参见崔建远Ⅲ书，第112页。

② 参见崔建远Ⅲ书，第112～113页。

不予保护。

在以下情况，动机错误可以给表意人加以救济。

第一，表意人为避免承担意思形成上错误的风险，可以与相对人约定，使一定的缘由成为法律行为的内容，尤其是作为法律行为的条件。

第二，某些动机错误可以视为意思表示的内容错误。比如，中国台湾地区“民法”第 88 条第 2 款规定，当事人之资格，或物之性质，若交易上认为重要者，其错误，视为意思表示内容之错误。

第三，双方动机错误。指其错误同时发生于法律行为双方当事人。此种情况下，双方当事人系以一定事实的发生或者存在作为法律行为的基础，此项法律行为基础不存在的风险，应由双方共同承担，从而不能径自认为是动机错误，不影响法律行为的效力，让一方当事人受合同约束。纵使赋予受有不利影响的一方撤销权，亦非合理，因其须对相对人负信赖利益的赔偿责任。较能兼顾双方利益的方法，是依照诚实信用原则调整当事人之间的法律关系。①

中国大陆地区民法学说也区分动机错误与内容错误，也认为动机的错误原则上不能视为内容的错误。当事人如果将动机作为合同条件，或者动机成为双方行为的基础，则可能会影响行为的效力。②

由此可知，在中国民法上，动机错误原则上不能影响行为效力。至于四宫和夫和能见善久两位所谓“对该法律行为而言，构成其重要部分”如何判断，还需要听听日本教授的解释。

4. 关于提问④

按照中国台湾地区“民法”规定及学说，意思表示的错误包括动机错误、内容错误、表示行为错误、关于当事人资格或物之性质的错误以及传达错误。关于动机错误，学说主要有以下几点：第一，表意人自己承担风险为原则；第二，即使相对人明知表意人动机错误，原则上仍不应当影响意思表示的效力。除非相对人以背于诚信的方法，利用表意人的错误而缔约时。如果其主张表意人应当受其意思表示约束，应认为构成权利滥用，不予保护；第三，某些动机错误可以视为意思表示内容错误，则表意人可以主张撤销。中国台湾地区“民法”第 88 条第 2 项规定，当事人之资格，

---

① 参见王泽鉴：《民法总则》，北京大学出版社 2009 年版，第 294 ~ 296 页。

② 参见崔建远Ⅲ书，第 113 页。

或物之性质，若交易上认为重要者，其错误，视为意思表示内容之错误。[①]

在中国大陆地区，一般认为《民法通则》与《合同法》所称的误解，相当于《德国民法典》《日本民法》和中国台湾地区“民法”所称的错误。但无论《民法通则》还是《合同法》均强调，误解只有在重大时，才构成可撤销的原因。通说认为，动机错误原则上不视为内容的误解。但是，如果动机作为合同条件提出来的话，则应把它的误解作为内容误解，给误解人造成重大损失时，构成重大误解。[②]

在这样的意义上，我个人理解，无论中国台湾地区还是大陆地区，对于动机错误的态度，也都是要与动机的表示相联系的。故而，我个人以为，在此点上，中国与日本学说的态度应当没有差异。

而内田贵教授所谓“为了使意思表示的动机错误作为法律行为要素之错误而产生无效的效果，应以存在其动机表示于相对方而成为法律行为之内容，且如无该错误则表意人将不会作此意思表示之情形为必要”。我个人理解，此处的“表示”，与王利明教授所谓的“狭义上的重大误解并不包括表示错误”之“表示”不是一个意思。王利明教授所谓的表示错误，是指意思表示错误的一种类型。

关于表示错误，中国台湾地区“民法”第 88 条第 1 项规定，意思表示之内容有错误，或表意人若知其事情即不为意思表示者，表意人得将其意思表示撤销之。但以其错误或不知实情，非由表意人自己之过失者为限。此规定中，表意人若知其实情即不为意思表示者，通说认为即是表示错误，即表意人误为表示其所意欲者，如误言（欲赠 A 书，误说 B 书），误写（某书售价 320 元，误书 230 元），或误取（欲赠乞妇 100 元，误给 1000 元；误 A 笔为 B 笔而抛弃之）。在表示行为错误，表意人使用了其所不欲使用的表示方法。在内容错误，表意人使用了其所欲使用的表示方法，但误认其意义。对于表示错误，表意人若要撤销，需要该错误非由表意人自己之过失所致。[③]

在中国大陆地区，关于表示错误，除王利明教授上述观点外，崔建远教授在其主编《合同法》教材关于重大误解类型的列举中也没有表示错误的列举。[④]

值得注意的是，在司法实务中，最近北京市第三中级人民法院一则判决中，未承认表示错误构成重大误解。值得参考。[⑤] 该判决的详细情况，参见下文的讨论。

---

① 参见王泽鉴：《民法总则》，北京大学出版社 2009 年版，第 293 ~ 303 页。

② 参见崔建远Ⅲ书，第 112 ~ 113 页。

③ 参见王泽鉴：《民法总则》，北京大学出版社 2009 年版，第 302 页。

④ 参见崔建远Ⅲ书，第 112 ~ 113 页。

⑤ 参见北京市第三中级人民法院（2014）三中民终字第 09383 号民事判决书。

5. 关于提问⑤

第一，关于中国法上与可撤销并列的变更，的确是一个需要深入研究的问题。

（1）《民法通则》第 59 条第 1 款规定了民事行为的变更或者撤销，但是后续并未有关于变更的进一步规定。《民法通则意见》第 73 条规定，对于重大误解或者显失公平的民事行为，当事人请求变更的，人民法院应当予以变更；当事人请求撤销的，人民法院可以酌情予以变更或者撤销。《合同法》第 54 条第 1 款、第 2 款规定了合同的变更或撤销，第 3 款规定当事人主张变更的，法院不得撤销。这说明，至少从文意上理解，撤销和变更是两个不同的制度，变更不能被撤销所涵盖。但是，《合同法》第 55 条只规定了撤销权，而没有规定所谓的变更权。《合同法》其他地方也并无如何变更的后续规定。

（2）一般教科书在谈到法律行为或者合同的撤销时，仅仅谈撤销，而不谈变更。这样，究竟如何解读变更，的确是个问题。在这样的意义上，张文的确是一篇有意义的文章。

第二，关于中国法上“重大误解”的制度的源流考察，张文的结论值得赞同。但《民法通则》第 59 条和《合同法》第 54 条规定重大误解，是否就可以“推论中国仿苏俄民法典拒斥动机错误、内容错误和表达错误的区分（该文第 1569 ~ 1570 页）”的结论，似乎有斟酌的余地。首先，这里拒斥的主体是谁？是中国的立法者、法官还是学者？据参与《民法通则》起草的学者回忆，《民法通则》中许多制度之所以那样规定，主要是囿于当时中国民法学的研究状况，而并非是立法者在充分考察各国法治后理性选择的结果。此点毋庸讳言。这种状况应当同样适用于重大误解。至于学者，就笔者了解，就目前的材料来看，大多数学者认为，中国法上的误解，等同于传统民法中的错误。因而在介绍重大误解时，都会介绍到错误。既然如此，似乎无法得出“推论中国仿苏俄民法典拒斥动机错误、内容错误和表达错误的区分（该文第 1569 ~ 1570 页）”的结论。

第三，张文认为，与学界和最高人民法院法官的态度形成对照的是，“在司法实践中当事人以重大误解为由主张变更合同的情形却并不鲜见”（第 1557 页）。这同样是一个事实判断。首先，姑且不说最高人民法院法官的态度为何不算司法实践的态度，单单只用一个判决就证明某种情况并不鲜见，似乎说服力不足。如果仅仅只有一个判决，反倒可能证明该种情况很鲜见。况且，该判决只是河北省唐山市丰润区法院的一个初审判决。以这样一个判决来证明整个中国司法实践对某个法律问题的态度，严谨性与可信度均值得提出一定的合理怀疑。

第四，张文以《德国民法典》为例，以四项制度为背景讨论了传统民法中单方变更合同之法定形成权。这四项制度是违约金的酌减、减价、行为基础改变时的合同调适以及暴力行为下变更或减轻给付。经过考察，张文发现，上述四种单方变更合同的类型均背离了合同应当信守的原则，但是由于给付内容存在失衡，单方变更合乎比例原则，因而具有了正当性。但是，作者认为，虽然如此，将重大误解的可变更效力中的“变更”一词作单方变更合同解却存在障碍，于理不合（第1561 ~ 1564 页）。

作者的理由在于，无论如何理解重大误解，“两种观点皆应承认的是：重大误解着眼于当事人（或为表意人或为意思表示受领人）的主观所想和客观现实之间的关系，原则上并不关心给付内容失衡的问题”（第 1564 页）。作者进一步认为，虽然《民法通则意见》第 71 条对重大误解的解释性条文中出现有“造成较大损失的”的表述，然而因这一规定对于撤销和变更一体适用，且该语句仅仅是从重大误解人的角度而言，很难从中解读出侧重于给付内容失衡的问题。如前所述，恰因给付内容存在重大失衡，变更给付内容尚显合乎情理。而在重大误解的情形，观察的角度（或评价的内容）既然不关心给付内容失衡的问题，此时如果赋予重大误解人以单方变更给付内容的权利显然没有道理（第 1564 页）。

作者此处的逻辑似乎不太好理解。《民法通则意见》第 71 条明确规定：“行为人因对行为的性质、对方当事人、标的物的品种、质量、规格和数量等的错误认识，使行为的后果与自己的意思相悖，并造成较大损失的，可以认定为重大误解。”此处造成较大损失用的是“并”，说明构成重大误解必须有较大损失的后果。多数学者讨论重大误解时，均以《民法通则意见》第 71 条作为依据。比如，崔建远教授《合同法》一书关于重大误解的界定是：误解人作出意思表示时，对涉及合同法律效果的重要事项存在着认识上的显著缺陷，其后果是使误解人受到较大损失，以至于根本达不到缔约目的。[①] 其他学者可能未强调造成重大损失，但未尝不可理解为造成重大损失为应有之义而无需强调。在这样的情形下，作者依然得出“观察的角度（或评价的内容）既然不关心给付内容失衡的问题，此时如果赋予重大误解人以单方变更给付内容的权利显然没有道理（第 1564 页）”的结论，显得无法理解。

作者前面讨论的四种情况，均因利益失衡不符合比例原则而获得了变更的正当性，在重大误解场合，明明法律规定与主流观点均强调造成重大损失的利益失衡是

① 参见崔建远Ⅲ书，第 112 页。

重大误解得以变更的条件，作者却硬生生说，重大误解因为原则上并不关心给付内容失衡的问题，因而无法获得同样的正当性。此种论述和判断似乎不足取。

第五，我个人理解，无论变更、还是撤销，均是对合同应当遵守原则的例外。例外的正当性理由，具体事由可能会存在不同，但是结果上，都是因为双方利益后果严重失衡，其中一方遭受了原本不应当承受的损失，他才会要求撤销或者变更。如果一方出现重大误解，但是结果却更好，一般来说是不会要求撤销或者变更的。如果如张文认为的，重大误解构成中不含有结果的利益失衡，要想构成合同应当遵守原则的例外，当然就不存在正当性理由。但是，很明显，重大误解的构成中应当包括双方利益后果的严重失衡。故而，对双方原先的协议安排作出调整，同样具有正当性。

第六，张文认为，不应当将变更视为形成权，值得赞同。根据《合同法》第58条，重大误解人撤销合同后，要赔偿对方的损失。这意味着，撤销合同是有代价的。但是，在明知需要付出如此代价的情况下，重大误解人依然愿意选择撤销合同，说明这种安排对重大误解人是合算的。即对于重大误解人来说，宁愿选择付出赔偿，也不愿意发生合同原本可能发生的后果。这也就是说，对于重大误解人来说，以小的代价挽回了大的损失。对于合同相对人来说，如果按照原本的合同安排，他可能得到一个大的利益，但是，这种大的利益是以对方的重大误解为代价的。这种利益安排客观上是不具有正当性的，故而，法律是可以进行干预的；是需要作出调整的。

这种利益安排调整的后果，一是完全撤销合同，这就是撤销的后果。二是不撤销合同，让重大误解人重新作出没有误解的意思表示，使得合同偏向对方的利益安排回到双方的意思表示都没有瑕疵的状态。换言之，双方的利益安排，从因误解而失衡的状态，回到不存在误解因而双方利益平衡的状态。这就是变更的后果。问题是，合同变更后，双方利益平衡了，误解人的利益得到了关照，合同相对人的利益如何保护，也是变更制度需要考虑的。此时，合同相对人可能有两种选择。一种愿意接受变更后的合同安排；另一种不愿意接受变更后的合同安排。前者，既然误解人愿意变更，对方也愿意接受，自然是一种皆大欢喜的安排，法律没有必要加以干涉。后者，尽管误解人愿意变更，但是对方不愿意接受，能否强迫对方接受？如果可以强迫对方接受，变更权就可以设计为一种形成权。否则，就不能是一种形成权。

我个人理解，在因重大误解赋予误解人作为形成权的撤销权的场合，一来消除了利益失衡的安排，二来误解人要为其撤销行为而给予对方相当的赔偿，故而，这种安排兼顾了双方的利益，从而具有正当性。在变更场合，尽管变更也会消除利益失衡的安排，但是，如果不考虑对方意思及利益，将变更权理解为形成权，强迫对方接受，也没有给对方赔偿的安排，不考虑对方的利益，则这种安排就不具有正当性。

需要指出的是，因重大误解变更形成的合同利益的安排，一般情况下是双方利益从失衡回到了平衡状态。但是，很多情况下，何为失衡、何为平衡，本身就是一种主观判断。从某人的角度是失衡的，从他人的角度则可能就是平衡的；此时是失衡的，彼时可能就是平衡的。也正因为利益的主观性，尊重意思自治才成为合同法最基础最重要的原则，除非其他重大理由，不能否定意思自治下形成的利益安排。或者说，双方利益是否平衡，是通过是否保证双方意思自治来判断的。因双方意思自治形成的利益安排就是一种平衡的利益安排；违反意思自治形成的利益安排就不是一种平衡的利益安排。

撤销与变更存在不同的地方还有：在撤销的场合，合同对双方来说不存在了，双方需要处理的是合同不存在之后的利益补偿问题。而在变更的场合，合同变换了内容，仍然存在，而且还要继续对双方产生约束。而且由于变更，很可能是以一方的意思强加于另一方意思的形式约束着双方。这与合同的基本理念是相悖的。

故而，我理解，因重大误解，误解人提出要变更的场合，法院需要征询对方当事人的意思，如果对方愿意变更，则可以变更；如果对方不愿意，则只能撤销。同时给予对方相当的赔偿。

第七，张文主张将重大误解下合同的变更理解为真意解释。同时张文认为，“如果是意思表示相对人请求变更，自然不成问题。如果是意思表示作出人请求变更，则可能出现无从适用真意解释的情况。此时，我们仅可以认为，如果额外符合显失公平的要件，则法院可以变更给付的内容。”（第 1572 页）

从上述内容看，张文似乎也认为，在意思表示相对人没有请求变更，或者意思表示作出人不同意变更的，只能借助于显失公平制度，而不能直接变更。如果在这样的意义上，将重大误解的变更理解为真意解释也未尝不可。但是，如果是将意思表示作出人的意思真意探求出来后，强加给相对人，则明显不妥。

第八，《合同法》第 54 条第 3 款规定，当事人请求变更的，法院不得撤销。本条规定体现了对当事人意思的尊重。但从中似乎无法得出，当事人请求变更，法院就一定得按照一方的意思对合同加以变更。至于《民法通则意见》第 73 条规定，对于重大误解或者显失公平的民事行为，当事人请求变更的，人民法院应当予以变更；当事人请求撤销的，人民法院可以酌情予以变更或者撤销。本条规定中两层意思，要么只顾一方当事人的意思（前一句），要么甚至连一方当事人的意思都不顾（后一句）。《合同法》对此未加以延续。在解释《合同法》第 54 条第 3 款时，则不得解释为第 73 条的意思。

第九，依照以上述结论分析马翠翠等诉唐山中冶万城房地产开发有限公司商品房买卖合同纠纷案。

本案的特殊性在于，根据法院的认定，双方之间存在着口头协议，而且协议中双方之间房屋交付的行为已经结束。仅仅是为了办理房屋登记的需要，又签订一份书面协议。故而，该协议的目的并非要约束双方房屋交付的行为。从协议的整体上，而不仅仅是交房时间的具体条款来看，其目的并非是要对双方产生履行上的约束。基于此，不能以该协议的具体条款而主张违约责任。因为双方目的，并不是要让合同对双方产生约束。故而，如果上述协议的目的能够被认定的话，合同根本就没有被撤销或者变更的需要，当然也不应当产生违约的效力。

抛开本案的具体情况，仍以本案其他情节重新假设。如果本案中卖方客观上 6 月 1 日根本无法交付房屋，比如，6 月 1 日房屋尚在建设过程中，而卖方在协议签订前对此也是明知，假设双方是在 5 月 1 日签约，却在协议中约定了要在 6 月 1 日交房。再假设卖方最终于 9 月 1 日交房，因为迟延交付，买方要求对方承担违约责任。此种情况下，如果卖方主张本案中存在着重大误解，按照传统民法错误体系来理解，如果构成的话，应当属于表达错误，即“表意人若知其事情即不为意思表示者”（中国台湾地区“民法”第 88 条第 1 款）。此种情况，根据中国台湾地区“民法”第 88 条，仅在该“不知事情，非由表意人自己之过失者为限”方可撤销。此处过失，有解释为重大过失（显然欠缺一般人之注意），但此与法律文义不符，因民法对重大过失均特别指明，也有碍交易安全。多数学者认为系抽象轻过失，较能兼顾意思自治与交易安全。实务上采具体轻过失。[①]

但是，本案中卖方将原本不可能的交房日期写入合同，未尝不存在希望对方签约，或者以某种条件契约的可能？这种可能往往无法证实。假设存在这种可能，而又无法证实，但是对方在签约后，又因为无法按期交房，主张通过变更不承担违约责任，同时又让对方接受了一个原本不愿意接受的交房日期。此种后果，于情于理，似乎均有不合。

回过头来，假设卖方不存在该种故意，根据中国大陆的《合同法》第 54 条，此种情况是否构成重大误解？是否可以撤销？尤其是是否可以变更？

首先，是否可以撤销。一方面，按照王利明教授的理解，表示行为错误一般不

① 参见王泽鉴：《民法总则》，北京大学出版社 2009 年版，第 302 页。

包括在重大误解的范围之内，即单单表示行为错误，一般不可以撤销。从双方利益衡量来看，卖方因为重大过失将交房日期写为自己原本不可能履行的日期，自己应当为此付出代价。不应当通过撤销制度予以救济，从而将部分不利益转嫁给买房人。

其次，是否可以变更。退一步说，即使本案构成重大误解，如果卖方请求法院变更，此时的变更意味着什么？如果将变更理解为类似撤销权一样的形成权，则会强迫买房人接受一个他原本可能不愿意接受的协议。这样的结果是不公平的，而且也是违背买房人的意愿的。因为，交房日期对买房人而言，包含着重大的利益。这种重大利益可能就决定买房人是否缔约、以及以何种条件尤其是价格缔约。

一个真实的案例是北京市第三中级人民法院 2014 年 9 月 2 日判决的陈炜与北京世纪卓越信息技术有限公司（以下简称世纪卓越公司）买卖合同纠纷案。

法院查明，世纪卓越公司系亚马逊网站的所有者。2013 年 11 月 26 日，陈炜的 375flash@163.com 电子邮箱收到亚马逊网站发来的电子邮件 1 封，确认其订购了"CHANGHONG 长虹 LED32538 32 英寸 LED 电视"，送货地址为陈玮的地址，并注明此邮件仅确认收到了订单，但不代表接受订单，只有亚马逊网站发出发货确认的电子邮件，订购合同才成立。当日，亚马逊网站再次给上述电子邮箱发送了邮件，确认邮箱用户已就涉案订单支付货款 161.99 元。

亚马逊网站中公布的"使用条件"载明：如果您通过本网站订购商品，本网站上展示的商品和价格等信息仅仅是要约邀请，您的订单将成为购买商品的申请或要约。收到您的订单后，我们将向您发送一电子邮件或短信确认我们已经收到您的订单，其中载明订单的细节，但该确认不代表我们接受您的订单。只有当我们向您发出送货确认的电子邮件或短信，通知您我们将您订购的商品发出时，才构成我们对您的订单的接受，我们和您之间的订购合同才成立。

被告认为，根据上述使用条件。双方之间的合同并未成立。

但被告主张并未被法院采纳。法院认为，从亚马逊网站注册环节看，世纪卓越公司并未要求注册用户必须阅读并同意其"使用条件"；并且从页面展示看，"使用条件"的相关链接位于网站最下端，且需点击链接始能查看，不易被消费者辨识；从检查订单环节看，世纪卓越公司以加粗的字体显示产品型号、订购数量、送货地址、付款方式等，却仅以普通字体提示"使用条件"，页面下方以色度较暗的字体显示，不易被消费者注意。因此，世纪卓越公司未尽到对格式条款的提示和说明的义务，该格式条款对陈玮无约束力。

法院判决：一、世纪卓越公司于判决生效之日起 10 日内向陈玮交付长虹

LED32538、32 英寸 LED 电视机 1 台；陈玮同时向世纪卓越公司给付价款 161.99 元；二、世纪卓越公司于判决生效之日起 10 日内给付陈玮证据保全费用 1000 元、律师费 4000 元。[①]

本案中的情形属于表示错误，因而可能属于重大误解。但是被告并未基于重大误解而提出变更或者撤销合同。被告作为规模庞大的专业性商事公司，不可能不知道重大误解制度。但是却没有主张重大误解，其中缘由值得思考。

关于本案是否构成重大误解，承办法官认为：第一，电商从网上销售商品，本身可以采取低价促销等手段，以 10% 的价格销售电视机，存在一定的可能性和合理性；第二，电商在网上发布信息系面对众多消费者，其应当尽到严格审慎的核查义务；第三，电商在告知消费者无法发货时，其理由系"缺货"，而非系统错误，现其仅是在诉讼中才主张系统错误。因此，可以认定世纪卓越公司并不构成重大误解，合同是有效的。

就本案情形而言，与马翠翠一案情形相似。本案中，原告之所以在被告网站上购买该品牌电视，完全可能是因为极低的 10% 的折扣价。如果该价格因为重大误解而可以变更，变更为市场价，再假设变更为形成权，原告必须接受的话，则会形成极不公平的后果。

三、渡边达德的点评

（一）关于日本法上的"错误"与中国法上"误解"的异同（提问①）

在中国《合同法》所规定的"误解"实质上对应于日本法上的"错误"这一点上，韩世远教授与王成教授的观点是相一致的。而两个法律明显不同的是，中国《合同法》作为重大误解的效果规定了合同的变更，关于这一点，将结合提问⑤在相关部分进行点评。

（二）关于中国《合同法》上的误解应为"重大"且《民法通则意见》以"造成较大损失"为要件，对于此种"重大"之要件应如何进行具体的标准化这一问题（提问②）

如韩世远教授所指出的那样，中国的实务是通过《民法通则意见》第 71 条规定

---

① 参见北京市第三中级人民法院（2014）三中民终字第 09383 号民事判决书。

的“行为人因对行为的性质、对方当事人、标的物的品种、质量、规格和数量等的错误认识，使行为的后果与自己的意思相悖，并造成较大损失的，可以认定为重大误解”这一标准的具体化来运行的。可以说，王成教授所引用的崔建远教授的类型化标准也是依照了该司法解释的。日本的通说在探讨“要素之错误”的样态时，在考虑如下类型的基础上尝试了其具体化：[①]

1. 关于人的错误。关于此种类型，是区分为关于人的同一性的错误以及关于人的身份与资产的错误来进行探讨的；

2. 关于物的错误。此种类型则细分为关于标的物的同一性的错误、关于物的性状与来历的错误、关于物的数量与价格的错误以及关于法律或法律状态的错误来进行探讨的。

（三）关于《日本民法》上的“法律行为的重要部分”与中国《合同法》上“重大误解”的异同（提问③）

如《民法通则意见》第 71 条所示且如韩世远教授所指出的那样，中国《合同法》上所指“重大”这一概念包含了“造成较大损失”这一结果要素。与此相对，就《日本民法》上“要素”的意义而言，其被定型化为：表意人如无此错误则不会作此意思表示（因果关系），并且不仅该表意人一般人也不会作此意思表示（重要性），与此属相同主旨的判例也确立了下来。[②] 具体阐释此种模式的是在与前述提问②的关系中所示的我妻荣教授的类型化。因此，问题将在于：在这些具体化与类型化当中，给表意人造成“较大损失”的要素有没有被考虑这一点上。对此，学说指出：在有偿合同中，严重欠缺等价性将成为判断要素之错误的一个标准。[③] 反观判例，其也在作为代物清偿而受领的土地的价额微小的情形[④] 以及信以为真品而购入的油画为赝品的情形[⑤] 等情形中承认了基于错误的无效之主张。这些案例都可以理解为给表意人造成“较大损失”的情形。但是，在《日本民法》上，并未将此“较大损失”以要件的形式明确纳入进来。

---

① 参见［日］我妻荣：《新订民法总则》，日本岩波书店 1965 年版，第 300 页以下。

② 参见大判大正 7 年 10 月 3 日民录 24 辑 1852 页等。

③ ［日］川井建：《民法概论 I 民法总则（第 4 版）》，日本有斐阁 2008 年版，第 175 页。

④ 参见最判昭和 40 年 6 月 25 日裁判集民事 79 号 519 页。

⑤ 参见最判昭和 45 年 3 月 26 日民集 24 卷 3 号 151 页。

（四）关于中国《合同法》上的重大误解与日本的错误论框架之异同（提问④）

（韩世远教授以及王成教授的见解是按照如何处理动机错误来展开的。以下将在此种意义上对其进行点评。）韩世远教授在对提问②的答复中引用了《民法通则意见》第 71 条，并指出："动机错误，并没有在上述解释中出现。"考虑到立法者对于错误的成立附加了"重大"性要件来以期慎重，由此得出了"实务中，动机错误原则上并不影响民事法律行为的效力"的结论（参见韩世远教授对提问②的答复部分）。但是,上述司法解释第 71 条在对"重大误解"进行具体化时,明示了"对方当事人"、"标的物的品种、质量、规格和数量"这一因素。对于人或物的性状错误属于动机错误，因此在关于中国《合同法》的解释中，也并非全面排斥了动机错误。对此，王成教授在引用中国台湾地区"民法"的同时，并将动机作为合同条件而提出来的情形考虑在内后，主张应当适用有关错误的规定。

《日本民法修正案》规定意思表示存在错误，且依法律行为的目的以及交易上的社会一般观念该错误为重要的,可以撤销（将其效果从以往的"无效"改为"可撤销"。修正案第 95 条第 1 款柱书[①]）。作为其情形之一，列举了"表意人对作为法律行为基础的情况之认识与事实不符的错误"[该条第 1 款第（2）项]，并规定于此情形中的撤销"仅于已经表明该情事为法律行为基础之时，可以为之"（该条第 2 款）。此修正案第 95 条第 1 款第 2 项指的是动机错误，由于在第 2 款中以表示为要件来承认其撤销，因此可以说其基本框架沿袭了以往的判例理论。

（五）关于中国《合同法》作为重大误解的效力而规定"变更"的问题（提问⑤）

就此而言，关于相关规定的比较法上的谱系、相关文献的评价、实务中具体适用的现状等似乎并不存在统一的认识。在日本，不存在承认合同的"变更"作为错误的效力的见解。如果允许简述我个人所关心的一个问题的话,其就是中国《合同法》以及可认为其母法的法系，是否意识到了错误与情势变更的法理或行为基础理论之间的关系这一问题。也就是说，在动机错误中，也存在可以通过情势变更的法理予以解决的类型，[②] 因此，中国《合同法》的立法者是否考虑到了这一点以及其妥当性如何的问题是一个值得探讨的课题。

---

① ［译者注］指的是在法律条文中存在"项"的场合，除"项"之外的陈述部分。

② ［日］四宫和夫、能见善久:《民法总则（第 8 版）》，日本弘文堂 2010 年版，第 229 页。

第四章 履行抗辩

第一节 中国《合同法》与相关法规及中日条文比较

一、中国《合同法》与相关法规

《合同法》第 66 条【同时履行抗辩权】 当事人互负债务，没有先后履行顺序的，应当同时履行。一方在对方履行之前有权拒绝其履行要求。一方在对方履行债务不符合约定时，有权拒绝其相应的履行要求。

第 67 条【先履行抗辩权】 当事人互负债务，有先后履行顺序，先履行一方未履行的，后履行一方有权拒绝其履行要求。先履行一方履行债务不符合约定的，后履行一方有权拒绝其相应的履行要求。

第 68 条【不安抗辩权】 应当先履行债务的当事人，有确切证据证明对方有下列情形之一的，可以中止履行：（一）经营状况严重恶化；（二）转移财产、抽逃资金，以逃避债务；（三）丧失商业信誉；（四）有丧失或者可能丧失履行债务能力的其他情形。

当事人没有确切证据中止履行的，应当承担违约责任。

第 69 条【不安抗辩权的行使】 当事人依照本法第六十八条的规定中止履行的，应当及时通知对方。对方提供适当担保时，应当恢复履行。中止履行后，对方在合理期限内未恢复履行能力并且未提供适当担保的，中止履行的一方可以解除合同。

二、《日本民法》

第 533 条【同时履行抗辩】 双务契约当事人的一方，于相对人不履行其债务前，可以拒绝履行自己的债务。但是，相对人的债务不在清偿期的，不在此限。

三、《日本民法修正案》

第 533 条【同时履行抗辩】“双务契约当事人的一方，于相对人提供债务之履行（包括代替债务履行的以损害赔偿而为的债务履行）前,可以拒绝履行自己的债务。但是，相对人的债务不在清偿期的，不在此限。”

四、中日条文比较

1. 关于同时履行抗辩权，中国《合同法》第 66 条以“没有先后履行顺序”作为行使同时履行抗辩权的要件，而日本法不以有无先后履行顺序为要件。此外，日本法没有中国《合同法》第 66 条后段中“一方在对方履行债务不符合约定时，有权拒绝其相应的履行要求”这一表述，该部分被理解为是立基于与《欧洲合同法原则（PECL）》共通立场的。①

2. 日本法不存在有关先履行抗辩权以及不安抗辩权的明文规定。中国法有关先履行抗辩权的规定被认为是借鉴《国际商事通则（PICC）》而成的。此外，中国法有关不安抗辩权的规定被理解为是综合了德国、法国等大陆法系国家的法律以及美国的履行前的合同违反（中国法称为预期违约）概念而成的。

第二节　先履行抗辩权

一、问题的提出

《日本民法》只规定了同时履行抗辩权，而中国《合同法》除了同时履行抗辩权之外，还规定了先履行抗辩权以及不安抗辩权。从立法论的角度来讲，需要探讨的是《合同法》第 67 条所规定的先履行抗辩权。该条借鉴了《国际商事合同通则（PICC）》第 7.1.3 条，将其中没有区分同时履行抗辩权和先履行抗辩权的相关规定

---

①　参见韩世远Ⅳ书，第 289 页。

作了修改，把先履行抗辩权独立分离出来进行了规定，对于此点，中国的学者认为是“我国的独创”。①

但是，围绕《合同法》第67条的评价，中国民法学者之间存在着意见的分歧。韩世远教授采第67条条文不全说。即，“若依据《合同法》第67条（先履行抗辩权），所给出的答案是：‘先履行一方未履行的，后履行一方有权拒绝其履行要求’。从中看不出后履行一方请求先履行一方履行时，先履行一方能否以后履行一方未履行其到期债务为由拒绝履行”。对于画线部分，韩教授认为于此场合属于第66条同时履行抗辩权的适用范围内。② 也就是说，可以认为韩教授没有将履行的先后关系看得太重要。事实上，在韩教授的《合同法总论（第三版）》一书中也没有特别将先履行抗辩权作为独立的标题而列出来（在同时履行抗辩权的地方进行了说明）。

上述韩教授的理解与日本民法学者不太看重履行顺序的先后的理解有共通之处。比如，日本庆应义塾大学的片山直也教授认为：“根据我国以往的理解……如要在两个履行期已届满的债务中承认先履行抗辩，就需要有关履行先后顺序的双方当事人的特别的意思表示（所谓的‘担保性意思’）。该担保性意思不能仅从个别规定的履行期有先后关系这一事实来推定。”③ “在我国，当规定了不同履行期的场合，很难想象存在着原则上一贯承认确保先履行的担保合意的法意识或法传统……我想确认：中国《合同法》的起草者起草第67条时，除了国际上的法统一趋势以外，是怎样把握中国国内的交易实践的现状以及其中存在着的法意识的？”④

与此相对，关于《合同法》第67条，与韩教授不同，还存在着对其进行积极评价的见解。积极说的理由为：第一，先履行抗辩权为有关违约的抗辩，亦即，不应赋予违约人抗辩的权利。该说为注重合同的伦理性的主张。⑤ 第二，如果没有先履行抗辩权，中国《合同法》第107条所规定的违约责任将形同虚设。即，先履行一方即使处于债务不履行状态，也可以行使同时履行抗辩权为由拒绝后履行一方原来的

---

① 王利明Ⅱ书，第82页。

② 韩世远Ⅳ书，第287～288页。下线为小口教授所加。

③ ［日］早稻田大学孔子学院编：《中日民法论坛》，日本早稻田大学出版部2010年版，第158～159页。

④ ［日］早稻田大学孔子学院编：《中日民法论坛》，早稻田大学出版部2010年版，第159页。

⑤ 参见隋彭生：《先履行抗辩权刍议》，载《政法论坛》1997年第3期；唐清利、沈冬军：《新型合同纠纷的预防、解决与审判实务》，法律出版社2008年版，第231～232页。

履行请求，由此，中国《合同法》第 107 条所规定的违约责任之效果变得形同虚设。[①]

如上所述，如何评价《合同法》第 67 条规定的先履行抗辩权以及在审判实践中第 67 条的适用情况如何是一个值得探讨的问题。

二、韩世远与王成的答复

（一）韩世远的答复

在《合同法》出台之前，中国的民法或者合同法学说上通常只承认两种双务合同履行中的抗辩权，即同时履行抗辩权和不安抗辩权。[②] 自从有了《合同法》第 67 条，相应的学理解释出现了“先履行抗辩权”概念。

小口教授引用的我的那段文字，是我在讨论《合同法》第 66 条时写作的。我认为，《合同法》第 66 条只规定了履行期自始相同（没有履行先后顺序）的情形，而忽略了可能存在债务履行期自始不同的情形。异时履行场合，并非不存在同时履行抗辩权问题，因而可以认定《合同法》就上述设问（一种异时履行）情形存在法律漏洞。[③]

对于我的上述看法，中国学者有不同意见，批评者认为对于我所举“法律漏洞”之例，用履行期尚未届满的抗辩（权）完全可以解决，何谈法律漏洞？[④]

对上述批评，略作如下回应：其一，履行期尚未届满的抗辩（权）作为一种“抗辩权”，应该有其基础，在当下中国的《合同法》或者其他法律中是否有此基础呢？我没有看到。其二，当人们讲“法律漏洞”（Gesetzesl ü cken）时，指的是“法律”（Gesetz）的漏洞，而不是“法”（Recht）的漏洞。[⑤] 就算在中国可以接纳“履行期尚未届满的抗辩（权）”，由于它并非由《合同法》或者其他法律规定，而是属于法律之外的其

---

① 参见崔建远：《履行抗辩权小论》，载早稻田大学孔子学院编：《中日民法论坛》，早稻田大学出版部 2010 年版，第 99 ~ 100 页。

② 参见王家福主编：《中国民法学 • 民法债权》，法律出版社 1991 年版，第 400 页；崔建远：《合同法》，法律出版社 1998 年版，第 106 页。

③ 参见韩世远：《构造与出路：中国法上的同时履行抗辩权》，载《中国社会科学》2005 年第 3 期。

④ 参见崔建远：《同时履行抗辩权：重构抑或自毁（上）》，载最高人民法院民事审判第一庭编：《民事审判指导与参考》，人民法院出版社 2012 年版，第 75 页。

⑤ 关于“法”和“法律”的区分，可参见［日］星野英一：《有关“法”和“法律”这两个词的用法——区别的提议》，载［日］星野英一：《现代民法基本问题》，段匡、杨永庄译，上海三联书店 2012 年版，第 1 ~ 21 页。

他法秩序的组成部分，以此为据，否定《合同法》第 66 条存在漏洞，似不足为训。

对于《合同法》第 67 条的规定，我个人并不持否定意见。作为一条实定规则，该条规定在实践中也发挥了积极的作用。在构造中国《合同法》的解释论时，学者可以自由地构造其学说体系，有一定的能动性。学说的体系无非是要帮助法律人掌握相应法律体系的构成，理解其规范意旨。很难说只能有一种正确的法学理论。正是基于这样的基本认识，我在自己的论文和书中将《合同法》第 67 条解读为“同时履行抗辩权的分立”。[①] 所谓“分立”，即分离而独立，本身并没有否定“先履行抗辩权”已独立于“同时履行抗辩权”，至少《合同法》第 66 条和第 67 条是两个不同的法律条文。只是在作解释论构成时，对于是否设置一套独立于同时履行抗辩权的理论，持保守和观望的立场而已。采取这样的立场，一个重要的考虑是，自比较法观察，很难见到独立的规定先履行抗辩权的立法例。但自功能比较的视角观察，尚不能说外国的立法例就“先履行抗辩权”存在法律漏洞，因为这类问题在人家那里是通过对同时履行抗辩权的反面解释（系扩大解释之一？——小口）而解决了。因而，中国《合同法》第 67 条虽有独立的规定，相比其他外国立法例，形式上有进步而已，实质上很难说真的有什么了不得的差别。

（二）王成的答复

我个人认为，《合同法》第 67 条规定的先履行抗辩权具有独立于第 66 条规定的同时履行抗辩权的制度价值。理由主要有以下几点：

第一，当事人之所以在合同中约定履行义务的先后顺序，一定有其目的。这种目的可能包括：（1）一方义务的履行是另一方义务履行的前提。在这种情况下，一方不履行，另一方无法履行。（2）一方义务的履行是另一方义务履行的担保。法律应当尊重当事人的此种意思安排。

第二，在一方义务的履行是另一方义务履行的担保的情况下，合同双方往往缺乏履行合同必要的信任，同时也缺乏其他担保方式，此时，合同义务的先后履行顺序对于后履行一方就非常重要了。当事人约定先后履行顺序，有互相制约的作用。先履行抗辩权、不安抗辩权，分别为双方提供保证。因此，履行顺序有一定的担保作用。另外，履行抗辩权与违约责任是有联系的。在交易双方没有信任关系、社会

---

① 参见韩世远：《构造与出路：中国法上的同时履行抗辩权》，载《中国社会科学》2005 年第 3 期；韩世远Ⅳ书，第 307 ~ 308 页。

信用程度不高或者社会经济发生较大波动的情况下，这种担保作用很重要。先履行一方不履行，后履行一方就可能不敢和你继续交易下去了。就马上想到要解除合同了，以免人财两空。比如，在买卖合同中，双方约定先付款，等货款到账后再发货。此时，如果一方不先付款，另一方当然可以不发货。否则，发货一方就可能财物两空。当依约应当先付款的一方不付款时，依约后发货一方则可以根据《合同法》第 107 条的规定，追究对方的违约责任。甚至可以根据《合同法》第 94 条的规定解除合同，并可以根据第 97 条的规定，主张包括赔偿损失在内的其他救济措施。

第三，中国最高人民法院前副院长李国光法官在 1999 年 11 月 26 日的“在全国法院技术合同审判工作座谈会上的讲话”中提到，《合同法》第 66 条、第 67 条和第 68 条分别是对同时履行抗辩权、后履行抗辩权和不安抗辩权制度的规定。这也是《合同法》设立的一项新的合同制度。过去，我们在审理技术合同纠纷案件时，往往是按照合同双方是否履行了各自的义务来确定违约责任的，即使合同约定了先后履行顺序而先履行一方不履行债务或者后履行债务的一方有确切的证据证明先履行债务的一方不能履行债务的，合同的另一方也要履行自己的债务，否则，照样承担合同的违约责任。现在，《合同法》规定了同时履行抗辩权、后履行抗辩权和不安抗辩权制度，那么再遇到这样的情况，就要根据《合同法》第 66 条、第 67 条或者第 68 条的规定进行处理，不能再认定依法行使抗辩权的一方当事人违约。

第四，中国最高人民法院的判决也采此种观点。比如，在陕西西岳山庄有限公司与中建三局建发工程有限公司、中建三局第三建设工程有限责任公司建设工程施工合同纠纷案［最高人民法院（2007）民一终字第 10 号民事判决书］中，最高人民法院认为，西岳山庄与三公司在履行《施工合同》过程中均有违约行为，对工程延期完工均有责任。但由于西岳山庄违约在先，并长期拖欠工程款，也不存在额外支出，故对西岳山庄的反诉请求，一审法院不予支持是正确的。鉴于《施工合同》确已无法履行，三公司依约有权解除合同。合同解除后，未履行的部分不再履行。

三、濑川信久的点评

（一）有关履行抗辩权规定方式的不同

正如问题的提出者（指小口教授——译者注）所指出的那样，中国《合同法》上存在先履行抗辩权的规定，而《日本民法》并没有相关规定。这是由于两国法关于债务人的履行拒绝权规定方式不尽相同。

中国《合同法》采用了重视合同中互负债务的履行先后顺序的规定方式。即，首先，《合同法》第 66 条规定，当事人在合同中未规定先后履行顺序的，则解释为约定了同时履行，被请求履行的各方当事人享有同时履行抗辩权；其次，《合同法》第 67 条规定，当事人在合同中规定先后履行顺序的，后履行的债务人直到先履行的债务被履行为止，可以拒绝履行其债务（“先履行抗辩权”）。与此相对，《日本民法》采用了重视债务的履行期是否届至而非合同中是否约定先后履行顺序的规定方式。首先，该法第 135 条第 1 款规定，债务附有履行期的，债权人不得于期限届至前请求履行。反过来说，债务人可以拒绝履行（在此，称其为“期限未届至的抗辩”）。中国《合同法》未见有相同规定，但可以认为此种抗辩通常是被认可的。其次，该法第 533 条规定，双务合同的各方当事人在其债权已届履行期时，可以对其债务行使同时履行抗辩权。

着眼于上述不同，可以将中国《合同法》与《日本民法》中关于被请求履行的债务人是否享有抗辩权以及享有何种抗辩权这一问题整理为下表：

合同中的履行期			对方的履行期在先		相同时间【中】		对方的履行期在后	
已届履行期	对方的债务	自己的债务	中	日	中	日	中	日
	未届至	未届至	(先)或(未)	(未)	(未)	(未)	(未)	(未)
	未届至	已届至	/	/	/	/	(不)	(不)〔判例〕
	已届至	未届至	(不)或(未)	(未)	/	/	/	/
	已届至【日】	已届至	(不)	(同)	(同)	(同)	(不)	(同)

注 1：本表中，“对方”指的是行使债权的一方当事人；“自己”指的是向“对方”行使抗辩权的债务人。此外，由于此处涉及的是同时履行抗辩权与先履行抗辩权成为问题的情形，因此此处所考虑的是对方的债务以及自己的债务都尚未履行的情形。

注 2：斜线是指不存在此种情形。

注 3：中国《合同法》在合同中的履行期没有先后顺序时承认同时履行抗辩权（表中的【中】竖栏），在对方的履行期在先时承认先履行抗辩权。而《日本民法》在对方的债务已届履行期时（表中的【日】横栏）承认同时履行抗辩权。

注 4：“中”指的是中国《合同法》的观点，“日”指的是《日本民法》的观点。

注 5：(先)指的是“先履行抗辩权”，(未)指的是“期限未届至的抗辩”，(同)指的是“同时履行抗辩权”，(不)指的是“不安抗辩权”。此外，在日本法上，“不安抗辩权”被认为是：“期限未届至的抗辩”与“同时履行抗辩权”这一原有意义上的抗辩权未能得到承认时，在一定条件下有限制地得到承认的一种权利。

依据上述整理，可以看出，中日两国的差异在于两种债务的履行期同时届至的情形（参见表中的最后一栏）。[①]《日本民法》并未将同时履行抗辩权限定于合同中的履行期完全相同的情形，因此，倾向于在此情形中均承认同时履行抗辩权。[②] 与此相对，中国《合同法》将同时履行抗辩权限定于合同中的履行期完全相同的情形，因此，将倾向于在对方的履行期在先时承认先履行抗辩权、在对方的履行期在后时否定抗辩权。我认为，韩、王两位教授也是以此情形为其讨论范围的。

（二）价值判断的不同

上述拒绝履行抗辩权规定方式的不同也许是源于与《日本民法》仅以大陆法系的同时履行抗辩权为其基础不同，中国《合同法》除此之外还借鉴了英美法的履行期前拒绝履行的观点。但是，该差异的背后所存在的价值观的差异也是比较重要的。在日本，合同中处于后履行的一方在履行期届满后也可行使同时履行抗辩权，这被认为是公平的。与此相对，在中国，似乎更强调即使两个债务均届履行期时也应当维持合同中所约定的先后履行顺序。不过，即使在日本的通说中，如王成教授所举的那样，在先履行债务的履行为后履行债务之履行的前提的情形或后履行的债务人需要提供担保的情形以及其他特定情形中，即使两个债务均届履行期时也应当维持合同中所约定的先后履行顺序的观点占据着重要的地位。[③] 问题是合同中的先后履行顺序不具有此种特定意思的场合。我个人认为，在后履行债务的履行期届至不导致合同中的先后履行顺序丧失其意义时，后履行的债务人仍可享有先履行抗辩权，但若非如此则仅享有同时履行抗辩权。

此外，即使是基于日本的通说，直到后履行债务的履行期届满为止，先履行的债务人始终处于履行迟延的状态。后履行一方可请求赔偿其间所受迟延损害。并且，

---

① 除此之外，也存在如下不同：在对方的履行期在先、被请求履行的债务人的债务的履行期未届至时（参见表中的左方第一栏的第 1 段和第 3 段），在《日本民法》中其属于“期限未届至的抗辩”，而在中国《合同法》中其属于“期限未届至的抗辩”或“先履行抗辩权”。不过，“期限未届至的抗辩”与“先履行抗辩权”的效果是相同的。因此，讨论此种不同是没有意义的。

② 此属日本的通说。参见［日］谷口知平、五十岚清编:《新版注释民法（13）（补订版）》，有斐阁 2006 版，第 593 页（泽井裕、清水元撰写部分）。关于上表中的最后一行最左方一栏的情形，虽然没有大审院以及日本最高法院的判例，但下级审中存在承认同时履行抗辩权的案例。参见［日］清水元:《同时履行抗辩权判例的综合解说》，日本信山社 2004 年版，第 88 页以下。

③ 我妻荣教授等即持此种观点。参见［日］谷口知平、五十岚清编:《新版注释民法（13）（补订版）》，日本有斐阁 2006 版，第 593 ~ 594 页。

只要在该期间内进行催告（也可以与解除的意思表示一同进行），合同的解除就是有效的。因此，对于先履行义务人而言，债务不履行责任的效果是继续存在的。

第三节 同时履行抗辩权中的存在效果说与行使效果说

一、问题的提出

与《日本民法》不同的是中国法明文规定了“履行没有先后顺序”，但是作为同时履行抗辩权的构成要件要求如下要件与日本法是相同的：(1) 于双务合同中存在着合同履行上的牵连性；(2) 双方债务的履行期都已届满；(3) 另一方尚未履行。中国法明文规定了需另一方的债务履行不符合约定这一要件。履行迟延、受领迟延、瑕疵履行、部分履行属于此种情况。一般认为此种规定的方式与《欧洲合同法原则(PECL)》有共通之处。此外，王利明教授认为在如下场合都可以行使抗辩权：受领迟延“在效果上也没有使当事人丧失抗辩权”；[①] 对于履行迟延，“如果履行期限直接影响当事人的订约目的，则在一方迟延履行以后，另一方可以行使同时履行抗辩权”[②]；对于瑕疵履行，“买受人认为该瑕疵履行致使其不能实现合同目的的，则其有权行使同时履行抗辩权”；[③] 至于部分履行，如果该部分履行将阻碍实现合同目的或者对合同标的的价值造成明显损失时可以行使抗辩权。[④]

关于同时履行抗辩权的效力问题，在日本法中亦存在着所谓的存在效果说和行使效果说。存在效果说认为只要能够在任何诉讼当事人一方的举证中认定其作为成立要件的事实即可。与此相对，行使效果说认为需要意欲接受同时履行抗辩效果的诉讼当事人一方的主张。[⑤] 对此，在中国，行使效果说被认为是通说。比如认为，“要使发生履行抗辩权的效果，就需要权利人主张抗辩权。此所谓行使效果说。它构成

① 参见王利明Ⅱ书，第74页。

② 参见王利明Ⅱ书，第73～74页。

③ 参见王利明Ⅱ书，第75页。

④ 参见王利明Ⅱ书，第76页。

⑤ 参见[日]平井宜雄:《债权各论Ⅰ上 契约总论》，日本弘文堂2008年版，第198～199页。

我国的通说。”[①] 在此作为通说而被援引的是王利明教授的主张。王利明教授指出，“抗辩权必须要由权利人主张后才能发生效力，法院不能主动援引抗辩权。因为，抗辩权本质上是一种私权”。[②] 确实从其表述来看，会得到行使效果说更为妥当的结论。但是，王利明教授没有提到是否可以将被认为由同时履行抗辩权的存在本身所产生的、附着于同时履行抗辩权的债权作为自动债权而抵销等问题。因此，是否可以笼统地认为中国的通说为行使效果说是存有疑问的。

二、韩世远与王成的答复

（一）韩世远的答复

不应笼统地说，而应该具体分析。我以为，同时履行抗辩权在实体法上的效力，包括本体效力与其他效力，本体效力体现为拒绝履行权，其他效力体现在对抵销的影响,对履行迟延构成及合同解除的影响等方面。就同时履行抗辩权实体的效力而言，其中有的效力的发生要求抗辩权人主张其抗辩权，有的则否，对此不可不辨，不能一概而论,否则,难免有失偏颇。前者可称抗辩权“行使的效力”,后者可称抗辩权“存在的效力”。[③]

（二）王成的答复

关于行使效果说是否是中国通说的问题。首先，王利明教授的观点应当看作是坚持行使效果说的立场。似乎不能因为“王利明教授没有提到是否可以将被认为由同时履行抗辩权的存在本身所产生的、附着于同时履行抗辩权的债权作为自动债权而抵销等问题”，就做出相反的解释。

其次，债权抵销也需要当事人的主张。《合同法》第 99 条规定 ：“当事人互负到

---

① 参见［日］崔建远 :《履行抗辩权小论》，载日本早稻田大学孔子学院编 :《中日民法论坛》，早稻田大学出版部 2010 年版。

② 王利明Ⅱ书，第 57 页。

③ 就同时履行抗辩权区分两类效力的思想，在我妻荣先生的著述中已有鲜明的展示，参见［日］我妻荣 :《债权各论（上卷）》，日本岩波书店 1954 年版，第 96 ~ 97 页。另外，郑玉波先生的著述中亦有所体现，略谓 :“同时履行抗辩权，固非经当事人之援用，不能发生其本来之效力，但只要其存在，亦可发生下列效力，……”。参见郑玉波 :《民法债编总论》，中国台湾地区三民书局股份有限公司 1996 年版，第 380 页。

期债务，该债务的标的物种类、品质相同的，任何一方可以将自己的债务与对方的债务抵销，但依照法律规定或者按照合同性质不得抵销的除外。当事人主张抵销的，应当通知对方。通知自到达对方时生效。抵销不得附条件或者附期限。”

最后，根据个人理解，应当采行使效果说。理由是：第一，同时履行抗辩权定位为抗辩权而不是抗辩，因此，抗辩权针对请求权而来，需要当事人主张，当然，当事人也可以放弃行使。因为有些时候，放弃同时履行抗辩权对当事人来说可能更有利。比如，在房价上涨的情况下，买方当然想履行付款义务；卖方则可能不愿意履行交付房屋及办理过户的义务。此时，如果约定双方同时履行，卖方不交付房屋，买方很可能就不主张同时履行抗辩权。买方可能会积极支付价款，同时要求对方尽快履行。

第二，中国法院立场从纠问制转向抗辩制的趋势明显。比如，在诉讼时效场合，2008 年 9 月 1 日起施行的《最高人民法院关于审理民事案件适用诉讼时效制度若干问题的规定》（法释〔2008〕11 号）第 3 条规定，当事人未提出诉讼时效抗辩，人民法院不应对诉讼时效问题进行释明及主动适用诉讼时效的规定进行裁判。

第三，从中国法院审判实践的情况来看，如果希望产生同时履行抗辩的效果，当事人一般都会提出主张，当然，不一定都会指名道姓地说主张的是同时履行抗辩权。这取决于当事人对法律的熟悉程度。

三、濑川信久的点评

在日本也对此有所议论。而且，如问题的提出者所介绍的那样，一般认为通说判例采用了存在效果说。但是，具体分析需要分几种类型来展开。分类方法和韩世远教授的分类方法相同，分为诉讼法上的效力与实体法上的效力，实体法上的效力又分为“本体的效力”和“其他效力”。

首先，王成教授指出中国法院正在从纠问制转向当事人主义［参见本节（二）王成的答复部分］，这属于诉讼法上效力的问题。在日本，由于已确立了辩论主义，因此，须由当事人的一方来主张同时履行抗辩权的要件事实。日本法上的问题在于，受益于同时履行抗辩权的债务人是否必须主张该要件事实。对此，是分为“本体的效力”［后文所述的（a）］和“其他效力”［后文所述的（b）（c）］来进行讨论的。而

且，通过始于战前的判例和学说的积累而大体形成了如下的标准：[①]

（a）对于债权人的履行请求，若不承认同时履行抗辩权，即为单纯的给付判决；若承认则为交换给付判决，为了获得交换给付判决，应由债务人本人主张同时履行抗辩权。对此是不存在争议的。问题在于：为了（b）排除债权人对迟延履行责任的追究（迟延赔偿请求、解除）以及（c）否定债权人所主张的消灭债务人对待债权的抵销，债务人本人是否应行使同时履行抗辩权（行使效果说）？对此，判例在债务人本人没有主张同时履行抗辩权的情形中，否定了（b）（c）的效力（存在效果说）。不过，将此理解为实际上债务人本人在诉讼中已主张的可能性还是有的。如果是这样，如王成教授在"答复"中所指出的那样，其仅属于诉讼当事人对法律的熟悉程度的问题。

反观学说，关于（b）债务人的迟延履行责任以及（c）通过抵销来消灭债务人的相对债权，通说采用了存在效果说，但行使效果说也很有影响力。虽然是否将同时履行抗辩权理解为应基于债务人的意思而行使的权利（参见王成教授在"答复"中所举的采行使效果说的第一个理由）也是判断的分界点之一，但更为重要的是：在债务人不行使同时履行抗辩权时，债权人为了追究债务人的迟延履行责任或通过抵销来消灭债务人的对待债权应清偿自己债务，这对于债权人来说是否不当（行使效果说认为不当，存在效果说认为适当）。[②]

第四节　行使同时履行抗辩权的判决方式

一、问题的提出

当被告行使了同时履行抗辩权的场合，中国的法院是怎么裁判的？此点也将成

① 参见［日］谷口知平、五十岚清编：《新版注释民法（13）（补订版）》，日本有斐阁2006年版，第615页、第618～624页（泽井裕、清水元撰写部分）；［日］清水元：《同时履行抗辩权判例的综合解说》，日本信山社2004年版，第109页以下；［日］山本敬三：《民法讲义Ⅳ-1 契约》，日本有斐阁2005年版，第89～92页等。

② 参见［日］平井宜雄：《债权各论Ⅰ上 契约总论》，日本弘文堂2008年版，第199页。关于为了追究债务人的迟延履行责任或通过抵销来消灭债务人的对待债权，要求债权人对其债务提供清偿是否不当这一问题，在日本，即使在两个债权不处于双务合同中对价关系的场合，也存在将基于公平与诚实信用原则的履行拒绝权作为广义上的"同时履行抗辩权"而予以承认的观点（比如，平井同上书第193～194页）。这就是其作为存在效果说对行使效果说的反驳而被列举出来的理由（平井同上书第199～200页）。

为一个问题。在日本，行使了同时履行抗辩权的场合，对于原来的履行请求会作出交换给付判决（以原告的给付为交换，令被告给付的判决），对于履行迟延的责任会作出驳回原告请求的判决。据韩教授的理解，由于中国法欠缺有关同时履行判决的明确规定，因此导致审判实务中出现了两种不同的方法。第一种，一旦被告所主张的同时履行抗辩权成立的话，法院就驳回原告的诉讼请求，由败诉的原告来承担诉讼费用；第二种，在判决中命原告在指定期限内履行其义务，其后再由被告来履行自己的义务。① 此外，梁慧星教授认为应该作出同时履行的判决。亦即，“原告不能证明自己已履行或提出履行其债务，或不能证明被告有先履行之义务，法庭或仲裁庭应宣告被告之同时履行抗辩成立，并作出使原告和被告同时履行其各自所负债务的裁判”。② 在审判实践中，上述诸种方法哪个是一般的？其与日本的交换给付判决有何不同？

二、韩世远与王成的答复

（一）韩世远的答复

尽管中国在 2012 年对《民事诉讼法》作了较大的修改，但是，到目前为止，在中国的《民事诉讼法》上，依然没有明确规定“同时履行的判决”。因而，在实践中，不同的法院做法并不统一。就总体而言，依据我个人的观察和了解，恐怕还应该说上述第一种做法算是较为一般的。

尽管中国《合同法》作为实体法规定了同时履行抗辩权，由于中国的《民事诉讼法》中没有“同时履行的判决”，即使裁判上作出附条件的判决（同时履行的判决算是一种附条件的判决），负责判决或者仲裁裁决执行的法官通常并不愿意接纳这样的判决，因为这样的判决是否条件成就，需要判断相关事实，执行官并不愿意作这样的判断。因而，中国的没有“同时履行的判决”配合的同时履行抗辩权，是一个典型的实体法与程序法欠缺协调的事例。

与日本的交换给付判决相比，中国法院的做法的不同之处，同时也是其缺点所在，具体表现在：其一，就一般形态而言，被告主张同时履行抗辩权经审查成立，法院驳回原告的诉讼请求，须待原告真正消灭了对方的同时履行抗辩权（比如通过提交

① 参见韩世远Ⅳ书，第 297 ~ 298 页。

② 王家福主编：《中国民法学·民法债权》，法律出版社 1991 年版，第 404 页。

履行）后，才可再次起诉。由于就一起纠纷，经过两次起诉，交纳两次诉讼费（不论最终由哪一方负担诉讼费），都是不经济的，不符合“诉讼经济”的理念；其二，就前述的第二种做法，其问题在于，在被告未提出反诉而仅仅以抗辩的形式主张同时履行抗辩权场合，法院直接判决原告履行义务，有悖于处分原则。

（二）王成的答复

中国司法审判的一个现实是：中国的法院很多，法官也很多。因此，在很多问题上，包括对同时履行抗辩权案件的判决方式上，都可能会存在不同的情况。这一点，在后面一些问题的讨论中，也同样存在。但，就我个人所了解的情况，法院应当会采双方同时履行的判决方式。笔者此处仅举一例加以说明。

在李玲与杨斐房屋买卖合同纠纷上诉案［新疆维吾尔自治区乌鲁木齐市中级人民法院（2011）乌中民四终字第485号民事判决书］中，新疆维吾尔自治区乌鲁木齐市中级人民法院认为：（1）李玲与杨斐签订的房产转让合同合法有效，双方应依约履行义务。双方合同中约定李玲对杨斐的房产情况已充分了解，李玲对该房产的土地使用权证的状况应当予以了解，现涉案房产已过户至李玲名下，房产所属楼宇的土地使用权证尚在办理中，目前杨斐虽尚未取得土地使用权证，但其在二审中表示同意在其取得土地使用权证后可以协助李玲办理土地使用权证过户手续，本院对此予以认可，故在房产符合办理土地使用权证过户条件时由杨斐协助李玲办理过户手续；（2）李玲现已付房款133000元，其于2010年10月28日向杨斐出具尚欠款100000元的欠条一张。另李玲与杨斐签订的房屋转让合同中约定2010年11月30日在交接房屋时交清李玲欠杨斐房屋余款，依此约定，双方应当同时履行交付房屋和给付房款的合同义务。原审判决双方履行合同义务时间不同欠妥，本院予以更正，李玲向杨斐给付房屋余款时，杨斐应同时向李玲交付涉案房屋；（3）依据双方合同约定，李玲与杨斐对交付房屋和给付房屋余款约定应系同时履行义务。《合同法》第66条之规定：“当事人互负债务，没有先后履行顺序的，应当同时履行。一方在对方履行之前有权拒绝其履行要求。一方在对方履行债务不符合约定时，有权拒绝其相应的履行要求。”故本案中李玲与杨斐于合同约定之日应当同时履行义务，双方未能办理交接手续，对此李玲与杨斐均享有同时履行抗辩权。另杨斐于合同约定交付之日前后多次与李玲电话联系，并于2010年11月30日前将房屋腾空，房屋至今闲置，李玲尚未给付房屋余款，以上事实可认定杨斐具有履行合同意愿，双方虽未交接房屋，但因杨斐享有同时履行抗辩权而并不构成违约，故李玲反诉主张违约金、公证送达费、交通费、租金等损失的请求不能成立，原审对此处理正确。

三、濑川信久的点评

在日本，对于债权人的履行请求，如果承认债务人的同时履行抗辩权的，将作出交换给付判决。获得交换给付判决的债权人，可以通过向执行官或执行法院证明其已提供对待给付的清偿的事实来启动执行程序（参见《日本民事执行法》第31条）。执行官执行动产交付债权时，债权人与其同行并在执行官面前提供对待给付，执行官确认之后开始执行，在该执行完毕后债权人可以受领对方的对待给付。

但是，在1978年制定现行《日本民事执行法》之前的旧《日本民事诉讼法》当中并不存在该规定。旧《日本民事诉讼法》中的强制执行部分虽制定于1890年，但19世纪90年代不存在关于交换给付判决以及为此而设置的执行程序的规定。旧《日本民事诉讼法》仿照当时的《德国民事诉讼法》第664条，对于附条件判决的强制执行设置了有关条件成就执行文的规定（第518条第2款），这是考虑了以保证作为执行条件的判决等而设置的条文。如果在同时履行抗辩权的场合适用此条的话，由于提交履行对待给付的证明书是给予执行文的条件，因此，在执行开始时需要先履行对待给付。为此，双务合同的当事人在行使自己债权时未要求附条件判决，而是要求了单纯的给付判决。在此场合，其解决方式是多种多样的。

以下具体介绍两个判例，一个是现行《日本民法》施行前的判例——大判1895年（明治28年）2月5日民录2辑2卷8页——案情如下：在约定交换收受器械与价款的买卖合同中，买受人依据前诉生效判决对器械实行了强制执行，但因该器械属于破损、虫蛀、约定外的物品，因此未能达到执行目的。而此时，未交付适当物品的出卖人却想基于前诉生效判决来获取价款并对买受人的财产进行了查封。对此，买受人起诉要求撤销该强制执行，大审院以出卖人的强制执行不当为由撤销了该强制执行。在该案中，采用了如下解决方式：基于附有同时履行抗辩权的债权请求给付时，对各方作出了认可给付判决，并支持了在执行阶段无法受领对待给付之债务人的撤销强制执行请求。这不同于韩、王两位所介绍的中国的任何一种解决方式。另外一个是现行《日本民法》施行后的判例［大阪控判年月日不详（应该是1905年前期的判决）法律新闻283号（1905年6月5日发行）5页］，在该案中，法院以出卖人在没有交付标的物的情况下要求买受人支付价款的请求是不当的为由，驳回了其支付价款的请求。依该判决，应在获得给付判决的阶段提供自己债务的清偿。顺便提及的是，1895 年民法起草委员会在讨论现行《日本民法》第 533 条（同时履行抗辩权）的起草案时，未见有其对给付判决问题进行过讨论。[①]

不过，同一时期的德国，在制定《德国民法典》（1900 年）与修改《德国民事诉讼法典》（1898 年）的工作中，将部分法院中已实行的交换给付判决（Zug um Zug Verurteilung）及其施行实务进行了制度化。[②] 交换给付判决不同于附条件判决，债权人无需履行其债务即可获得执行文，只要执行机关（执行官或执行法院）确认已提供了对待给付的履行或提供履行但对方拒绝受领，或者其通过有官方认证的文书获得证明，就可以要求强制执行［参见《德国民事诉讼法》第 756 条（执行官）、第 765 条（执行法院）］。我认为应该是看到了德国的此种动向，日本的判例实务也在 1909 年左右开始承认了交换给付判决。亦即，大判 1909 年（明治 42 年）6 月 17 日民录 14 辑 733 页在酒精买卖合同纠纷案中承认了买受人"请求应交付标的物以换取价款"的主张；大判 1909 年（明治 42 年）11 月 21 日民录 14 辑 1214 页在有关玄米买卖合同纠纷案中指出："不能为了执行时达到同时履行的目的而以没有预先提供金钱为由驳回其请求"，并以在执行阶段进行交换给付为由，承认了"要求交付买受标的物以换取价款"的请求。不过，在该案中最终以出卖人请求的不是交换给付判决而是单纯给付判决为由驳回了其请求。但是，此后大判 1912 年（明治 45 年）12 月 11 日民录 17 辑 772 页在只请求债务履行的相同情形中未驳回该请求而是认定应作出交换给付判决，扩大了承认交换给付判决的情形，由此确立了实务中的立场并直至今日。一般认为，以上述判例动向为背景，逐渐将交换给付判决中的履行或提供对待给付理解为执行开始的要件而非条件（给予执行文的要件）。本文开头所述的《日本民事执行法》第 31 条即属于将如此形成的实务在六十几年之后的《日本民事执行法》立法中予以明文化的条文。

我认为，以上的发展是伴随着使得交换给付判决的执行成为可能的执达吏（现在的执行官——译者注）制度的完善而出现的，但未能明确其详情。[③]

最后，关于现在中国的实务，从在日本法会怎样这方面来说的话，韩世远教授

---

① ［日］法务大臣官房司法法制调查部监修：《法典调查会民法议事速记录 三》，日本商事法务研究会 1983 年版，第 761 ~ 764 页。

② 以下的陈述有幸得到北海道大学名誉教授高见进指教，特记以示感谢。

③ 有观点认为，1890 年（明治 23 年）的《日本法院组成法》与《日本执达吏规则》奠定了沿用至战后的执行吏制度的基础。（参见［日］末川博编辑代表：《民事法学辞典（上卷）》，日本有斐阁 1964 年版，第 782 页的"执行吏"部分［寺田治郎撰写部分］）。

所举："(a)责令原告在指定期间内履行其义务，(b)责令被告在其后履行其义务。"的判决中，在日本法上，(a)的单纯认可判决仅限于被告提出反诉的情况。况且，不论是本诉(b)还是反诉(a)，被告如若主张同时履行抗辩权则会作出交换给付判决，若不主张则会作出单纯认可判决(如前所述，在此依据的是行使效果说)。我认为，即使在王家福教授与梁慧星教授所举的"同时履行的判决"的场合，各个请求的被告主张同时履行抗辩权的话，对双方当事人的各个请求分别作出交换给付判决，在先开始执行的执行程序中，让对方履行债权并予以确认。在中国法上，法官如若能够参与到执行开始要件的判断以及使对方履行债务的措施，则有可能也是采用同样的解决方法。

第五节　关于履行的"提出"

一、问题的提出

关于履行的"提出"，这是一个比较细的问题。王家福主编的《中国民法学·民法债权》(梁慧星撰写部分)写道："如果原告已履行债务或已提出履行债务，被告即不发生同时履行抗辩权问题。"[①] 此处所说的"提出"可以认为是《日本民法》上之"提供"，[②] 上述王家福主编书中写道：只要有"提出"，就不发生履行抗辩权的问题。与此相对，王利明教授认为，"仅仅提出履行，并不意味着原告已作出实际履行……应该承认被告有权援用同时履行抗辩"。[③] 对于上述问题是怎么看的?

二、韩世远与王成的答复

(一)韩世远的答复

就此问题，表面上看似乎梁慧星先生与王利明先生在观点上有分歧，其实结合程序问题分析，就可以发现他们二人各有其思考的重点。在被告主张同时履行抗辩

---

① 王家福主编：《中国民法学·民法债权》，法律出版社1991年版，第403页。

② "对于债务人不能单独完成的给付，做好实现该给付所需的准备继而要求债权人协助称之为提供清偿。"[日]我妻荣：《新订债权总论》，日本岩波书店1964年版，第218页。

③ 王利明Ⅱ书，第72～73页。

权场合，如果原告提出证据表明其已履行债务或者已经提出履行，即可构成对于被告抗辩的再抗辩；对此，当然被告还可以进行再再抗辩，比如举证证明原告虽然提交了履行，但是存在不完全履行的问题，就履行不完全的部分，继续依《合同法》第66条后段主张同时履行抗辩权，也是可能的。这种思考方法，可能大致相当于日本法学界提倡的“要件事实论”的思考方法。

（二）王成的答复

个人认为,第一,此处所引梁慧星、王利明二教授所谓的“提出”,与日本法上的“提供”似乎还不完全等同。日本法的提供,限于一方不能单独完成的给付。中国法上的“提出”一词，不是一个严谨的法律概念。因此，对于梁、王二教授所谓的“提出”，只能按照一般语法来理解。个人认为,这里的“提出”,不限于一方不能单独完成的给付，而应当包括各种给付。此外，这里的“提出”，应当是指向对方作出要履行的意思表示，其中应当包括已经做好了履行准备的意思。因此，“提出”，应当是指这样一种状态：一方做好履行准备，向对方提出要履行义务。比如，约定好同时履行的买卖合同，买受人准备好价款，同时向出卖人表示，要求履行合同。

第二，如果是这种情况的话，对方能否主张同时履行抗辩权。个人认为，此时，对方应当可以主张同时履行抗辩权。以买卖合同为例，买卖合同中约定的同时履行，就是所谓的一手交钱、一手交货。买受人准备好价款，提出要求给付，但毕竟价款仍然控制在买受人手中。出卖人如果不能主张同时履行抗辩权，则应当向买受人交付标的物。这样，事实上就形成了出卖人先履行的局面。出卖人先交了货，但买受人并未将钱交到出卖人手中。这与一手交钱、一手交货的约定是冲突的。当事人希望的通过同时履行来互相制约的目的就会落空。

第三，当然，现实中会存在这样的情况，仍以约定同时履行的买卖合同为例，买受人已经作出履行准备，提出要履行付款义务，出卖人找各种借口不履行合同，并且以同时履行抗辩权作为借口。此时，合同就面临无限期拖延的可能性。此时，买受人可以起诉，要求出卖人履行合同。法院则可以作出同时履行的判决。此时，因为有了法院判决作为依据，买受人的价款可以先交付到法院，法院可以要求出卖人交付标的物到法院。最后由法院将价款和标的物分别交到双方手中。

三、濑川信久的点评

在日本，也认为债权人提供自身债务清偿的程度、样态会影响到债务人可否行使同时履行抗辩权。(1) 在债权人清偿自身债务后请求给付自身债权的情况下，债务人不享有同时履行抗辩权。(2) 在债权人继续清偿其债务的情况下，债务人不能对债权人的请求行使同时履行抗辩权。(3) 与此相对，在债权人不提供自身债务的清偿而请求给付自身债权的情况下，债务人可以行使同时履行抗辩权。(4) 成为问题的是：债权人提供了其债务的清偿，而在中止清偿后再请求给付自身债权的场合。

关于第 (4) 种情形，判例和多数说①认为，债务人对于债权人的履行请求可以行使同时履行抗辩权（因此其为交换给付判决）。其理由是：①虽然未接受债权人的提供清偿且未履行自身债务的债务人负有受领迟延责任和关于自身债务的债务不履行责任，但这不影响同时履行抗辩权的行使。②于此场合，如果认为债务人丧失同时履行抗辩权，那么，在债权人提供清偿后无资力的情况下，债务人的利益将受到损害。因此，此种结果是不公平的。但是，也有部分学说认为，不受领债权人提供的清偿而要求继续提供清偿是有违公平的，债务人的同时履行抗辩权因债权人的提供清偿而归于消灭（单纯给付判决）。

如上所述，多数说在第 (4) 种情形中认为债务人不丧失同时履行抗辩权，但负有债务不履行责任与受领迟延的责任。多数说在这个问题上，如上述存在效果说与行使效果说的问题那样，是按照同时履行抗辩权效力的不同而分别进行考察的。

第六节　同时履行抗辩权与双方违约

一、问题的提出

关于双方违约，《民法通则》第 113 条（“当事人双方都违反合同的，应当分别承担各自应负的民事责任。”）和中国《合同法》第 120 条（“当事人双方都违反合同的，应当各自承担相应的责任。”）都作出了规定。上述双方违约的规定是日本法

---

① 以下的论述出自［日］谷口知平、五十岚清编：《新版注释民法（13）（补订版）》，日本有斐阁 2006 版，第 600 页（泽井裕、清水元撰写部分）。

所没有的规定。对此，梁慧星教授认为，“在实践中，法官往往利用这一规定任意指责‘双方违约’，迫使受害方让步，接受调解或判决，致受害方利益得不到充分保护”。[①] 此外，王利明教授亦指出，“在实践中，某些法官为片面要求双方接受调解，不适当地将许多本不属于双方违约的情况，如正当行使同时履行抗辩权、不安抗辩权、实行自助等，也视为违约行为，人为地造成所谓双方违约现象，以至于不适当地扩大了双方违约的范围，使双方违约制度不仅不能起到正确区分双方责任的作用，反而使本不应负责的一方承担了责任。[②] 可以想象，作为出现双方违约现象的背景，是由于还未制定统一《合同法》的《民法通则》时期没有同时履行抗辩权等抗辩权的规定，因此，作出了双方违约的判决。但是，现在是否还存在着法官为了人为地将案件带入到调解当中而滥用双方违约的规定？在诉讼法上，法官是否未能熟练掌握上述存在效果说或行使效果说等有关履行抗辩效果的理论，由此导致了双方违约判决？这些问题是需要探讨的。

二、韩世远与王成的答复

（一）韩世远的答复

早在 1991 年，梁慧星先生在一篇论文中分析了“双方违约”，指出：“所谓‘双方违约’在理论上是错误的，在实践上是有害的。因为合同法上有同时履行原则及同时履行抗辩权和不安抗辩权。当事人在对方未履行义务时，有同时履行抗辩权，拒绝履行义务为正当行使权利，不构成违约。合同通常约定一方先履行义务，在应先履行一方未履行时，另一方的义务不发生履行效力这种情形，只是应先履行一方违约，而另一方并不违约。如果应先履行一方有另一方不能履行的确切证据（如陷于支付不能），可以行使不安抗辩权，中止履行义务，也不构成违约。应先履行一方没有对方不能履行的确切证据而中止履行，或在对方已提出充分担保后仍中止履行，方构成违约。但无论什么情形，均只一方违约。在实践中，法官往往利用这一规定任意指责‘双方违约’，迫使受害方让步，接受调解或判决，致受害方利益得不到充分保护，因此，建议删去关于‘双方违约’的规定。”[③]

---

① 梁慧星：《民法学说判例与立法研究》，法律出版社 1993 年版，第 82 ~ 83 页。

② 参见王利明Ⅱ书，第 78 页。

③ 梁慧星：《论经济合同法的修订》，载《中南政法学院学报》1991 年第 3 期；梁慧星：《民法学说判例与立法研究》，中国政法大学出版社 1993 年版，第 82 ~ 83 页。

我以为，尽管在实践中存有滥用“双方违约”的情形，双方违约所指射的案型则是无法完全以行使同时履行抗辩权、不安抗辩权等的案型所涵盖或取代的，也就是说，存在着独立的双方违约案型。[①] 这主要是因为，同时履行抗辩权、不安抗辩权的成立各有其要件，比如同时履行抗辩权要求双方的义务立于给付与对待给付关系，如果一方是附随义务违反，另外一方则以此为由拒绝履行自己的主给付义务。由于后者这时并不享有同时履行抗辩权，因而可能出现前者不完全履行，后者迟延履行，构成双方违约。

当然,在实践中警惕滥用“双方违约”是非常必要的,这应该建立在正确认识“双方违约”的基础之上。如果因此完全否定“双方违约”，则可能矫枉过正了。

（二）王成的答复

一方面，在《合同法》出台前，中国司法判决中的确存在太多双方违约的情况，对经济活动造成了负面的影响。很多人对此提出了批评,此种情况也引起了立法机关、司法机关的高度重视。《合同法》中规定了各种抗辩权，与此种情况有很大的关系。

另一方面，规定了抗辩权，尤其是规定了同时履行抗辩权，并不意味着就不存在双方违约的情况了。因为，同时履行抗辩权仅仅是双务合同中双方履行期限确定为同时的情况。双务合同中，各自不履行义务，或者瑕疵履行的情况，并不限于期限的因素，还可以有其他因素。比如，期限不同，履行内容也不同，但双方的履行皆有瑕疵。此时，也可能构成双方违约。《合同法》第120条应当是指这些情况。

比如，在鲁晓威等与云南民族电影制片厂著作权合同纠纷上诉案［北京市高级人民法院（2008）高民终字第1321号民事判决书］中，北京市高级人民法院认为，根据1号、6号、7号合同的约定：鲁晓威为《朱》剧总导演、执行制片人、剧本总策划人之一和编剧，有权决定参与剧本编写的人员，负责对该剧剧本进行组织创作及编写，并接受了《朱》剧组优先聘请其为该剧导演的定金；负有在2007年6月30日前完成该剧剧本创作并交由相关部门审查通过以及独自承担参与剧本编写人员费用的义务。《朱》剧组负有给付鲁晓威剧本写作资金40万元及导演定金32000元的义务；负有为鲁晓威购买一份人身意外伤害险的义务。根据本案查明的事实，鲁晓威向《朱》剧组交付了该剧剧本共计10集，《朱》剧组向鲁晓威支付了全部20集剧本写作资金40万元及优先聘请导演定金32000元。

---

① 参见韩世远Ⅳ书，第642页。

在本案二审中，中瑞昊天中心向法院提交了新华人寿保险股份有限公司于2008年9月24日出具的证明，用于证明《朱》剧组为鲁晓威等5人购买了2006年9月26日至2007年9月26日“多保通人身意外伤害保险”。但上述购买保险的时间早于7号合同的签订时间，且系《朱》剧组为多人购买，并非为履行7号合同而专为鲁晓威购买，不能证明中瑞昊天中心履行了7号合同约定的为鲁晓威购买人身意外伤害保险的合同义务，故一审判决认定云南民族电影厂、中瑞昊天中心构成违约并无不妥。

鲁晓威应在2007年7月1日前向《朱》剧组交付创作完成并交由相关部门审查通过的该剧剧本，但除《朱》剧组自认在合同履行期届满前收到了鲁晓威交付的10集剧本外，鲁晓威没有证据证明在7号合同约定的期限前向《朱》剧组交付了《朱》剧全部20集剧本，一审判决认定鲁晓威未交付全部剧本的行为构成违约正确。

《合同法》第120条规定，当事人双方都违反合同的，应当各自承担相应的责任。本案中,因合同双方当事人均存在违约行为,双方均应依约向对方支付30万元违约金。一审判决基于违约金的给付种类及数额完全相同，认定双方违约金互相抵销正确。[①]

三、濑川信久的点评

我认为,就这个问题而言,首先有必要明确中国《合同法》第120条与“双方违约”

---

① 除了上述答复之外,王成教授也对如下的提问进行了答复。如下的提问是笔者(小口)在2012年9月清华大学研讨会上以口头方式所作的提问。

【提问】在作出第二种判决［指的是韩世远教授在“答复”中所举的“责令原告在指定期限内履行其义务，其后由被告来履行其义务”的判决或同时履行判决（指的是梁慧星教授在本文部分中所举的“同时履行的判决”）］的场合，诉讼费用由哪一方来承担?

王成的答复在同时履行抗辩权的案件中，原告往往是主张和希望履行合同的一方，而对方是不希望履行合同的一方。在此种情况下，法院一般会作出由不希望履行合同的被告承担诉讼费用的全部或一部的判决（案件有可能涉及其他问题，因此诉讼费用仅限于与同时履行抗辩权相关的部分）。

在前述“李玲与杨斐房屋买卖合同纠纷上诉案”［新疆维吾尔自治区乌鲁木齐市中级人民法院（2011）乌中民四终字第485号民事判决书］的第二审法院认为:“另杨斐于合同约定交付之日前后多次与李玲电话联系，并于2010年11月30日前将房屋腾空，房屋至今闲置，李玲尚未给付房屋余款，以上事实可认定杨斐具有履行合同意愿。故本案一审原诉案件受理费2325.50元（杨斐已预交）由杨斐负担18.08元，由李玲负担2307.42元。减半收取反诉案件受理费2594.44元，由杨斐负担35元，由李玲负担1262.22元。本案二审案件受理费4919.94元（李玲已预交）由李玲负担。”

的含义。

《合同法》第120条（当事人双方都违反合同的，应当各自承担相应的责任）所规定的是，倘若不强调“相应的”这一表述的话，“不论对方是否承担债务不履行责任，只要各方当事人不履行自身的合同债务就应承担债务不履行责任”这一包括日本法在内的普遍且当然的准则。不过，在日本法上，也存在自身的债务不履行是基于对方的债务不履行时，关于自身债务不履行的“可归责事由”或“违法性”被否定的情形。此外，对于自身的债务成立同时履行抗辩权或不安抗辩权的，也会否定其债务不履行责任。如此这般，当一方的不履行影响到另一方不履行责任的内容时，通常设有特别规定。话虽如此，当不存在如上所述的否定债务不履行责任的法规或一方的不履行影响到对方不履行责任的特别规定时出现新的纠纷时，有必要形成应对新纠纷的准则。韩世远教授所提出的、在对方违反附随义务情形中的同时履行抗辩权的问题即属于此种问题。对此，日本的判例和学说在一定范围内对于那些不处于对价关系的债务也扩大适用了同时履行抗辩权。[①] 此外，也有观点认为《合同法》第120条已包含了将一方不履行的样态反映到对方的损害赔偿责任有无以及多少的过失相抵。[②] 此种观点也可以理解为：由于中国《合同法》不存在过失相抵的规定，所以在其第120条中形成了新的准则。

因此，对于如下的三点是可以理解的：（1）有必要具体形成应对双方当事人不履行的新的纠纷类型的准则；（2）将那些应当重新形成的诸准则统称为“双方违约”；（3）《合同法》第120条属于概括性地承认应对上述双方当事人不履行情形的新准则的条文。但是，很难说那些“双方违约”的诸准则以《合同法》第120条为依据而具有了特定的实质性内容。对此，韩世远教授指出：“在实践中警惕滥用‘双方违约’是非常必要的，这应该建立在正确认识‘双方违约’的基础之上。”王成教授指出：“规定了抗辩权，尤其是规定了同时履行抗辩权，并不意味着就不存在双方违约的情况了。”我认为，上述主张也是出于此种考虑的。

以上就是基于现在的日本法所作的点评。但笔者未能明确如下的问题，亦即：

---

① ［日］谷口知平、五十岚清编：《新版注释民法（13）（补订版）》，日本有斐阁2006版，第581～591页（泽井裕、清水元撰写部分）。

② ［日］冢本宏明监修、村上隆幸编：《逐条解说 中国合同法的实务》，日本中央经济社2004年版，第168页。其属于符合“各自、相应”这一文字的解释。

过去在日本,双方当事人不履行的情形中所适用的“大冈裁决”[①] 或“三方一两损”[②] 式的判决是怎样的形式？那些又是在何时消逝的？

第七节　不安抗辩权与合同解除权

一、问题的提出

在日本法中，下级法院的判决承认不安抗辩权，但是没有明文规定。与此相对，中国《合同法》第 68 条明文规定了不安抗辩权的行使，且列举了其适用事由。对于其适用范围，德国法、法国法以另一方财产的明显减少为其要件，而中国法将债务人的经营状况恶化以及丧失商业信誉等也作为可行使不安抗辩权的事由，显然其适用范围更广。之所以会出现此种情况，是因为中国的不安抗辩权制度将英美法上之履行期前的违约概念也吸收进来的缘故。有关不安抗辩权的规定早在 1985 年的《涉外经济合同法》第 17 条中已进行了规定，只有履行抗辩权的行使也即中止履行，没有如《合同法》第 69 条那样的解除合同的规定。

据法律出版社出版的《公民常用法律手册》(以下简称《手册》), 中国《合同法》第 68 条的标题为“不安抗辩权”、《合同法》第 69 条的标题为“不安抗辩权的行使”。也就是说，该《手册》是将《合同法》第 68 条和《合同法》第 69 条以有关不安抗辩权的规定来一体把握的。但是,《合同法》第 69 条还规定了可以解除合同。之所以这样规定，是因为一并规定了大陆法系的不安抗辩权和英美法系的预期违约（履行期前的合同违反）的缘故。本人（小口）认为：此种立法方式虽可以说是中国法之特色，但围绕二者的关系也由此出现了许多复杂的问题。积极评价将合同的解除权亦包含在内的《合同法》第 69 条的观点认为，“我国法律上对不安抗辩权的第二层效力的规定（指的是“中止履行后，对方在合理期限内未恢复履行能力并且未提供适当担保的，中止履行的一方可以解除合同。”这一部分——小口注）继受了《瑞

---

① ［译者注］大冈是指江户时代西大平藩大名大冈忠相，大冈裁决意为：公平且有人情味的巧妙的判决。

② ［译者注］《大冈政谈》(后人所编的故事，非为史记）所载：泥瓦匠金太郎捡到了 3 两钱，送到失主木匠吉五郎那里，吉五郎说一旦丢了就不是自己的东西了，坚决不肯接受。于是大冈忠相决定自己出 1 两钱，然后交给每人 2 两钱，以三方损失 1 两的方式结了案。

士债务法》以及《美国商法典》的结果。由于赋予了先履行方解除合同的权利，从而使得不安抗辩权的性质发生了重大变化，这非纯粹的延缓抗辩权这一性质所能概括，并非仅为抗辩权，而且为形成权。我国《合同法》明确赋予了先履行方以解约权，这是对大陆法系各国不安抗辩权制度的重大发展，从而使得该制度能够为先履行方提供更为充分的法律保护”。[①] 但是从立法论来讲，存在着如下学说：（1）与大陆法系同样只规定不安抗辩权即可；（2）有预期违约的规定，就不需要不安抗辩权。围绕从立法论上该怎样理解如《合同法》第69条那样规定的方式这一问题，中国学者之间也存在着意见分歧。

二、韩世远与王成的答复

（一）韩世远的答复

中国传统的民法理论承认双务合同的履行抗辩权包括同时履行抗辩权和不安抗辩权。在20世纪90年代上半期，中国的学者开始关注英美普通法上的先期违约（anticipatory breach）制度，呼吁借鉴其积极因素。[②] 在1995～1996年期间，日本民法学者北川善太郎教授访问中国社会科学院法学研究所期间，也曾表达过意见，认为对于大陆法系的不安抗辩权应予以改造，引入积极因素（而不仅仅停留在“抗辩”层面），与担保以及解除制度衔接起来。我想这些因素可能在一定程度上影响了中国《合同法》起草人，最终不安抗辩权与先期违约两个制度均被《合同法》规定下来了。从立法论而言，我个人赞同以大陆法为“体”、以普通法为“用”，兼容并包。这也是目前中国合同法所实际呈现的特点。[③] 当然，从解释论而言，“混合继受”带来解释适用方面的问题，更是难题，对此在后文再说。

（二）王成的答复

讨论《合同法》第69条的规定方式，实际是在讨论不安抗辩权的存在价值；而

---

① 李永军、易军：《合同法》，中国法制出版社2009年版，第273页。

② 参见南振兴、郭登科：《预期违约理论比较研究》，载《法学研究》1993年第1期；韩世远、崔建远：《先期违约与中国合同法》，载《法学研究》1993年第3期。

③ See Shiyuan Han, A Snapshot of Chinese Contract Law from an Historical and Comparative Perspective, in: L. Chen & C.H.(Remco) van Rhee ed., Towards a Chinese Civil Code: Comparative and Historical Perspectives, Martinus Nijhoff Publishers, Leiden/Boston 2012, pp.245 ～ 257.

讨论不安抗辩权在中国《合同法》的存在价值，势必需要注意到不安抗辩权与预期违约同时存在的大背景。

的确，在一部法律中同时规定不安抗辩权与预期违约制度，产生了争议。除了学说争议外，司法裁判中也出现了不同的理解。比如，在2003年6月20日最高人民法院作出的额沛时投资公司（以下简称投资公司）诉天津市金属工具公司（以下简称工具公司）中外合资合同纠纷上诉案［最高人民法院（2002）民四终字第3号民事判决书］中，最高人民法院认为：本案可以适用我国合同法中有关不安抗辩和预期违约的规定。根据《合同法》第68条、第69条有关不安抗辩的规定，应当先履行债务的当事人行使不安抗辩权首先要有确切证据证明对方存在法定的几种有丧失或者可能丧失履行债务能力的情形，其次要尽及时通知对方的义务。而本案中投资公司与工具公司并不存在谁先履行债务的问题，投资公司也没有通知工具公司要中止履行合资合同，因此，不符合合同法有关不安抗辩的规定。同时，工具公司已将作为出资的设备和房产交合资公司实际使用，只有少部分房产未办理过户手续，其履行了主要债务而不是不履行主要债务。因此，也不符合《合同法》第94条对预期违约的规定。故投资公司上诉提出其不按约投入第四期、第五期资金是一种预期违约，属行使不安抗辩，因而可以免责的理由不能成立，本院不予支持。

在此判决中，最高人民法院将不安抗辩权与预期违约相提并论，对二者没有加以明确区分。如何看待此种处理方式，可以由读者自己判断。

另外，2009年7月7日最高人民法院《民商事合同指导意见》之六“合理适用不安抗辩权规则，维护权利人合法权益”第17条规定，在当前情势下，为敦促诚信的合同一方当事人及时保全证据、有效保护权利人的正当合法权益，对于一方当事人已经履行全部交付义务，虽然约定的价款期限尚未到期，但其诉请付款方支付未到期价款的，如果有确切证据证明付款方明确表示不履行给付价款义务，或者付款方被吊销营业执照、被注销、被有关部门撤销、处于歇业状态，或者付款方转移财产、抽逃资金以逃避债务，或者付款方丧失商业信誉，以及付款方以自己的行为表明不履行给付价款义务的其他情形的，除非付款方已经提供适当的担保，人民法院可以根据《合同法》第68条第1款、第69条、第94条第（2）项、第108条、第167条等规定精神，判令付款期限已到期或者加速到期。

最高人民法院民二庭负责人就《民商事合同指导意见》（以下简称《指导意见》）答记者问时提到，在市场经济条件下，大多数双务合同的订立和履行均非同时进行。尤其是在动产的交易实务中，标的物先行交付、价款于日后另行交付的交易安排占据压倒性的多数。在当前形势下，由于信用的不安等诸多因素引发了深刻的法律问题，直接危及权利人合法权益的保护。为此，《指导意见》结合当前形势，根据《合同法》第68条等规定，对不安抗辩权的适用提出具体指导意见，以敦促诚信的合同一方当事人及时保全证据，进而有效保护权利人的正当合法权益。具体而言，对于一方当事人已经履行全部交付义务，虽然约定的价款期限尚未到期，但其诉请付款方支付未到期价款的，如果有确切证据证明付款方明确表示不履行给付价款义务，或者付款方被吊销营业执照、被注销、被有关部门撤销、处于歇业状态，或者付款方转移财产、抽逃资金以逃避债务，或者付款方丧失商业信誉，或者付款方以自己的行为表明不履行给付价款义务的其他情形的，除非付款方已经提供适当的担保，否则人民法院可以根据《合同法》第68条第1款、第69条、第94条第（2）项、第108条、第167条等规定精神，判令付款期限已到期或者加速到期。

在上述《指导意见》及对《指导意见》的解释中，最高人民法院将《合同法》第68条第1款、第69条、第94条第（2）项、第108条等条文未加区分地相提并论。而且，《合同法》第68条规定的不安抗辩权的前提是"应当先履行债务的当事人，有确切证据证明对方有下列情形之一的，可以中止履行"；而上述《指导意见》的适用前提是"一方当事人已经履行全部交付义务"后，由于对方存在各种情形，足以可能影响未到期付款义务的履行的，则可以判令付款期限已经到期或者加速到期。

这样的指导意见在特定情况下对于保护守约的债权人的确具有意义，但是，如何与合同法有关条文加以衔接，不无讨论余地。这当然也可以引发人们对于不安抗辩权与预期违约制度关系的讨论。

不过，在立法论上，我个人赞成二者同时规定。当然，现行规定也有完善的余地。

个人认为，目前规定的主要问题在于《合同法》第68条第1款第（2）项的情形，与第68条第1款中的其他情形属于不同性质的情况。《合同法》第68条第1款第（1）（3）（4）项的情况属于客观上财产状况恶化，丧失履行能力，第（2）项的情况属于主观逃避债务的履行，后者更类似于《合同法》第94条第（2）项以及第108条规定的情况。因此，应当将《合同法》第68条第（2）项的情况纳入第108条或者第94条第（2）项规定的情形中。将《合同法》第68条重点放在客观财产状况恶化的事实状态上，将《合同法》第108条及第94条第（2）项重点放在主观拒绝履行上，然后设计相应的法律后果。

客观财产状况恶化与主观拒绝履行属于不同的影响债权实现的情况，因此，都有规定的必要。只不过，法律后果应当有所差异。前者按照《合同法》第69条的规定处理；后者按照《合同法》第94条或者第108条处理，我认为是妥当的。

中国的立法机关也注意到了这一问题。全国人民代表大会法律委员会关于第十一届全国人民代表大会第四次会议主席团交付审议的代表提出的议案审议结果的报告(2011年12月31日第十一届全国人民代表大会常务委员会第二十四次会议通过）中有以下内容：

关于修改《合同法》议案2件。安徽团左延安等30位代表、广西团刘庆宁等31位代表提出第188号、第343号议案，建议修改《合同法》，明确不安抗辩权适用的具体条件和程序，以及合同单方解除的条件。

三、濑川信久的点评

与第八节的点评一同后述。

第八节　不安抗辩权与合同解除权再论

一、问题的提出

由于《合同法》第69条规定了有关解除合同的规定，因此其与以履行期前的违约为事由的第94条第（2）项之间的关系以及、以拒绝履行为其内容的第108条违约责任之间的关系成为了一个需要探讨的问题。对于前者之间的关系，韩世远教授认为于有无催告的必要这一点上两者存在着矛盾，应该通过解释论进行统一。也就是说,《合同法》第69条所列出的“对方在合理期限内未恢复履行能力并且未提供适当担保的”情形与《合同法》第94条第（2）项中“以自己的行为表明不履行主要债务”的情形，会存在重合的现象。而按照《合同法》第69条的规定，实质上对解除权的发生要求了“催告”，而在《合同法》第94条第（2）项的字面上，却没有这种要求，二者出现了分歧。就此问题，宜采体系解释方法，对于《合同法》第94条第（2）项中“以自己的行为表明不履行主要债务”的情形，在解释上应参照《合同法》第69条，进一步要求解除权的发生以“催告”为前提。[①] 此外，由于《合同

① 参见韩世远Ⅳ书，第519页。

法》第69条引进了预期违约的概念，所以，其与有关拒绝履行规定的《合同法》第108条之间的关系亦成为一个问题。关于违约责任，《合同法》第108条（拒绝履行）规定："当事人一方明确表示或者以自己的行为表明不履行合同义务的，对方可以在履行期届满之前要求其承担违约责任。"对此，前引李永军、易军之书写道："《合同法》第108条仅概括性地规定'当事人一方以自己的行为表明不履行合同'，这就给援引该规定带来了一定的难题，是否符合此规定的行为就是默示毁约，此外再不需要其他要件？根据英美法系默示毁约的立法与理论并结合我国《合同法》，我认为在合同的双方当事人中，后履行方是否构成默示毁约，应以《合同法》第68、69条关于不安抗辩权的规定为判断标准。"① 也就是说，应当以后履行方于合同成立后丧失或可能丧失履行能力以及未提供担保且未恢复履行能力为判断标准。此外，该书还认为在判断先履行、同时履行是否构成默示毁约时，应当借鉴《合同法》第69条的规定。

应如何理解上述《合同法》第69条与第94条第（2）项以及、第69条与第108条的关系？（亦请参见本书第十一章第六节）

二、韩世远与王成的答复

（一）韩世远的答复

上述条文体现出了《合同法》的"混合继受"特点，对此，应当作"整合解释"。换言之，从体系的视角，将上述法条理解成为彼此补充信息的有机整体。上述解释方法，均体现了这种从体系解释的特点。

（二）王成的答复

关于这一问题，除上面已经提到的以外，个人还认为，《合同法》第69条规定情形［除第（2）项以外］即财产状况恶化属于客观情况，与债务人主观状态无关。因此，需要催告。催告后，债务人履行能力仍无法恢复或者无法提供担保，则应当允许债权人解除合同。而对于《合同法》第94条第（2）项［包括第69条第（2）项］以及第108条规定情况，属于拒绝履行，完全是债务人的主观决定。此时，没有必要通过催告，再给债务人机会。债权人应当可以直接追究包括解除合同在内的违约责任。

---

① 李永军、易军：《合同法》，中国法制出版社2009年版，第276页。

此外,《合同法》第 69 条的规定限于有先后履行顺序的情况；而《合同法》第 94 条第（2）项与第 108 条则没有这样的限制。

三、濑川信久的点评（包括对第七节提问的点评）

（一）两种制度在中国法上的案件类型

“不安抗辩权”，在大陆法系原本是当双务合同的后履行债务具有不被履行的风险时，负有先履行义务的另一方当事人即使不履行自身债务，也不必承担不履行的赔偿责任且合同不被解除的制度。与此相对，“预期违约”（本书亦称“履行期前的违约”或“先期违约”——译者注），在英美法系原本是对方在履行期前明确表示拒绝履行的意思时，另一方当事人可以解除合同的制度。正如小口教授所指出的那样，中国《合同法》同时规定了两种制度。不仅如此，还将各自的适用要件予以扩张，并且作为不安抗辩权的效果，除了免除债务不履行责任之外还承认了解除权。甚至，在王成教授所介绍的 2009 年 7 月 7 日《指导意见》中，作为不安抗辩权的效果，还附加了提前价款支付期限的规定。

如上所述，由于在中国《合同法》上扩大了两种制度的适用范围，因此两种制度之间的关系将成为问题。对此问题，韩世远教授与王成教授都认为两种制度都是必要的。在此基础上，韩世远教授认为应当以不安抗辩权为“体”，预期违约为“用”；王成教授则主张需分具体情形，亦即：当债务不履行的风险基于客观的财产状况恶化时，应以催告后债务人履行能力仍无法恢复或者无法提供担保为要件来承认不安抗辩权的行使；当债务人的不履行属于隐匿财产等主观上的拒绝履行时，即使未经催告也应承认预期违约。

虽然可以理解如上所述的有关不安抗辩权与预期违约关系的讨论情况，但我认为有必要在与现实纠纷的关系中意识到合同以及纠纷的类型。因为，有学者指出在中国有很多关于不安抗辩权的案例,[①] 且其中包含了各种各样的合同类型与纠纷类型。正如后述，在日本,（1）不安抗辩权的纠纷集中在持续性供给合同。买受人不支付已交付部分的价款或在买受人支付已交付部分的价款后资产状况恶化时，供给方拒绝此后的交付并欲解除合同即属此种情形。与此相对,（2）王成教授所举的中外合

---

① ［日］稻田和也：《关于不安抗辩权条文化的若干探讨：以中国合同法上的不安抗辩权规定为参考》，载《法律时报》2009 年第 81 卷第 8 号。

资合同纠纷上诉案属于合资合同而非持续性商品供给合同。此外,（3）如下的案例也是作为不安抗辩权的问题来进行讨论的：在一次性的钢材买卖合同或制作肖像画的承揽合同中，由于在买受人或定作人支付定金前出卖人的经营状况等恶化或承揽人病重而担心能否履行其债务，因此，买受人或定作人停止交付定金并解除合同，此时是否承担债务不履行责任？[①] 再者,（4）最高人民法院民二庭负责人关于不安抗辩权的说明（参见本章第七节王成的答复部分）所考虑的是如下的问题：在价款后付的买卖中，出卖人虽交付了标的物，但买受人在价款的清偿期前明确表示不履行给付价款义务，或者被吊销营业执照而处于歇业状态，或者实施隐匿财产的行为，或者丧失商业信誉的，如何确保出卖人的价金债权？[②]

在上述各项情形中，由于被告的债务已履行完毕，因此（4）不属于不安抗辩权的问题。此外，由于其并非请求解除合同关系，因此也不属于英美法上预期违约的问题。而在日本法上，其属于期限利益的丧失问题。丧失期限利益的情形，一般由合同规定，但合同没有规定时即成为在法律上应在什么样的情况下予以承认的问题。（3）属于定金解释的问题。而且，我认为，如果此种情形发生在日本的话，既然尚未收受定金，那么合同就不能成立，买受人或定作人也不承担债务不履行责任。如果可以认为即使未收受定金该合同也成立的话，该定金究属解约定金还是违约定金，在日本法上也将成为问题。如果被认定为解约定金,且符合“双倍返还定金”法理的话，买受人或定作人仅以定金金额为限负有支付义务。总而言之，有关③的问题不属于以有效合同的成立为前提的不安抗辩权或预期违约的问题，对此应尊重当事人进行交易的目的，应作为定金问题来处理。

关于（2），如果重视合资合同的合同行为（Gesamtakt）这一性质的话，就不应该适用原本将其适用范围限定于双务合同（gegenseitiger Vertrag）的不安抗辩权或预期违约。特别是，在合资合同的当事人人数众多的情况下即应如此处理。但是，当合资合同的当事人为两人时，也可以考虑适用不安抗辩权或预期违约。日本法关于（1）的处理方式，将在后文详述。总而言之，我认为，在考虑不安抗辩权与预期违约的关系时，有必要意识到其所考虑的是何种合同类型与纠纷类型。

---

① 王斌：《中国统一合同法的新尝试：不安抗辩权规定与预期违约规定的分离》，载日本《横滨国际社会科学研究》2000年第5卷第3号。

② 周剑龙：《学于重要判例中国商务最前沿（7）围绕合同纠纷的案例》，载《NBL》2008年第874号。把借款合同中借款人的收入经营状况恶化时基于期限利益的丧失条款来请求解除合同与返还本息（河北省秦皇岛市中级人民法院）的问题也作为了不安抗辩权的问题。

（二）日本的判例、学说以及修改过程中的议论

《日本民法》对其中任何一个制度都没有规定，且案例与学说的讨论也是有限的。但是，在此次修改债权法的过程中认识到了有必要将其予以立法化，由此相关讨论进展很大。以下，将分别阐述不安抗辩权与履行期前的解除。

1. 首先，关于不安抗辩权，在 20 世纪 60 年代以后，有包括 1 个日本最高法院判决在内的 13 个公开发布的判例。[①] 其中，11 个案例属于与持续性商品供给合同相关的案件。[②] 这些案例指出：当买受人存在信用不安时，出卖人只要办理一些手续，即使拒绝和中止履行先履行义务，也不承担债务不履行责任（损害赔偿责任）。在其结论上虽存在肯定出卖人的损害赔偿责任的案例，但否定（承认不安抗辩权的案例）的案例也不少。

在学说上，很早就存在提倡不安抗辩权的观点，[③] 而自判例增多的 20 世纪 60 年代起，相关讨论很是兴盛。但是，其效力仅限于可以拒绝和中止履行先履行义务（也就是说，即使拒绝和中止履行也不承担损害赔偿责任），而不能解除合同。

此次的债权法修正立足于上述判例与学说，首先提出了以“发生了与债权人的信用不安相伴而生的资力不足等导致不能获得对待债务的履行的具体风险”为要件来承认停止履行权的建议。[④] 检讨委员会的该建议虽然限于存在不能获得对待债务的“具体风险”的情形，且其效力也仅限于对于履行请求的抗辩权和不履行责任的否定，但是在其适用范围不限于负有先履行义务的债务人、导致不能获得对待债务的事由不限于对方资力不足的情形，以及不履行的风险不限于由合同订立后的事由所产生

---

① ［日］松井和彦：《“契约危殆”状态中的确保履行（一）：从不安抗辩权向中止履行请求权的展开》，载《修道法学》1998 年第 20 卷第 1 号，第 63 ~ 64 页、第 68 ~ 69 页；［日］清水元：《同时履行抗辩权判例的综合解说》，日本信山社 2004 年版，第 92 ~ 104 页。

② ［日］平井宜雄：《债权各论Ⅰ上 契约总论》，日本弘文堂 2008 年版，第 202 页也指出：“处理不安抗辩权的下级审判决几乎都与持续性交易有关”。

③ ［日］胜本正晃：《民法上的情势变更原则》，日本有斐阁 1926 年版，第 254 页（但是，仅作为适用情势变更原则的一种具体情形）；［日］柚木馨：《所谓的“不安抗辩权”》，载《民商法杂志》第 5 卷第 3 号（1937 年），第 445 页（但是，其属于立法论）；［日］我妻荣：《债权各论 上》，日本岩波书店 1954 年版，第 84 页；［日］来栖三郎：《契约法》，日本有斐阁 1974 年版，第 158 页。我妻荣教授主张不应承认解除权。

④ ［日］民法（债权法）修改检讨委员会编：《详解 债权法修改的方针Ⅱ》，商事法务 2009 年版，第 189 页。此外，［日］民法修改研究会编：《民法修改 国民・法律界人士・学界有志者案》，日本评论社 2009 年版，第 193 页也作出了同样的建议。

的情形等来看，与以往的学说相比，其扩大了承认不安抗辩权的适用范围。

但是，在有关“阶段性的论点整理”的征求公众意见中，对于上述明文化的建议，赞成意见占了25，谨慎意见占了19。其中，即使予以明文化也应限定其要件的意见占据了多数。持谨慎意见的以事业者与业界团体居多，其理由在于：存在大企业借此压迫中小企业与零售商的风险；不安抗辩权的行使导致传闻受害的风险；对于负债经营将产生致命性的打击；有被滥用的风险等。① 其后，日本法制审议会提出了限定其要件的方案，② 在2013年3月的“中间试案”中提出了如下三要件：(1) 仅限于负有先履行义务的债务人；(2) 以“因存在启动破产清算程序、再生程序③或企业破产重整程序的申请等其他事由，有不能获得对待给付债权的履行风险”为要件；(3) 不履行的风险发生在合同订立后且合同订立时不能预见该风险，并且合同订立时已经发生该风险的，以有正当理由无法得知的情形为限。④ 顺便提及的是，以上各种提案所考虑的效力仅限于停止履行权和债务不履行责任的免除，并未考虑合同解除。⑤ 但是，即便是此种方案，慎重与反对意见也不在少数。⑥ 其后，对此又提出了种种意见：比如，更加具体性和限制性地规定要件是困难的，若是抽象性规定，则在行使抗辩权的情形中，对于行使抗辩权的人来说承担不履行责任的风险是不可避免的，而对于被行使抗辩权的人来说又有被滥用的风险；如果成讼，即使没有规定也可以期待通过判例予以适当解决等。⑦ 因此，最终未能纳入修正纲要案中。

---

① ［日］金融财政状况研究会编：《对“关于修改民法（债权关系）的阶段性论点整理”所提意见的概要》，金融财政状况研究会2012年版，第3000～3011页。

② 参见［日］《法制审议会民法（债权关系）部会第60次会议（平成24年10月23日召开）议事录》。

③ ［译者注］再生程序是指依据《日本民事再生法》，不问个人、公司，均可适用的重整制度的程序。

④ 参见［日］中间试案：《第33不安抗辩权》，载日本商事法务编：《关于民法（债权关系）中间试案的补充说明》，日本商事法务2013年版，第388页。

⑤ 在有关“阶段性的论点整理”的征求公众意见中，主张应承认解除的意见仅限于爱知县律师协会与1名律师，绝大多数意见则反对承认解除。参见［日］金融财政状况研究会编：《对“关于修改民法（债权关系）的阶段性论点整理”所提意见的概要》，日本金融财政状况研究会2012年版，第3021页、第3026页。

⑥ ［日］《民法（债权关系）部会资料71-5：对“关于修改民法（债权关系）的中间试案”所提意见的概要（各论4）》，第70页。

⑦ ［日］《法制审议会民法（债权关系）部会第81次会议（平成25年12月10日召开）议事录》，第23～29页；［日］《法制审议会民法（债权关系）部会第87次会议（平成26年4月22日召开）议事录》，第34～37页。

2. 关于履行期前的解除，公开发布的案例仅有 1 件，[①] 学说上的讨论也局限于对英美法的研究，而法解释论层面的探讨则始于 20 世纪 80 年代以后。[②] 在此次的债权修正法中，检讨委员会案承认了在债务人拒绝履行之后履行期届满之前仍可请求填补赔偿，但没有承认解除。[③]

可是，在债权法修正的过程中，针对"阶段性的论点整理"中以履行期前的拒绝履行作为解除权发生原因的问题征求意见时，2/3 的意见表示赞成（赞成 19、谨慎 4、反对 5。均为律师协会、企业法务等方面的意见，未见有因提议人不同而其意见不同的倾向）。[④] 在此基础上，"中间试案"尝试在因对方拒绝履行的意思表示等而没有达成合同目的的可能性时，在合同的解除部分设置即使在履行期前也可以不经催告而解除合同的规定。[⑤] 其后，在"纲要案的原案"中对此进行了如下提案：将其适用范围不限于履行期前且删除"没有达成合同目的的可能性"这一附加性的要件，而规定以拒绝履行的意思表示为要件的无催告解除。[⑥] 有鉴于此，《日本民法修正案》规定了如下情形中的无催告解除：（1）不限于履行期前且有拒绝履行的意思表示时的无催告解除［第 542 条第 1 款第（2）项］；（2）债务人明确表示拒绝履行其债务之部分，而不能仅以剩余部分实现合同目的的，可以不经催告解除合同之全部［第

---

① 东京地判昭和 34 年 6 月 5 日下民集 10 卷 6 号 1182 页。在买卖标的物（黄铜屑）交付日的前天和当天，买受人以黄铜屑价格下跌为由，主张不减少价款则拒不支付，为此出卖人请求解除合同以及赔偿价格下跌部分的损害。对此，法院承认了出卖人解除合同的请求，并承认了要求赔偿约定价格与解除时价格的差价的赔偿请求。

② 关于学说，请参见［日］吉川吉树：《履行请求权与损害减轻义务》，东京大学出版会 2010 年版，第 333 ~ 348 页的整体性的整理。

③ ［日］民法（债权法）修改检讨委员会编：《详解 债权法修改的方针Ⅱ》，商事法务 2009 年版，第 258 页。

④ ［日］金融财政状况研究会编：《对"关于修改民法（债权关系）的阶段性论点整理"所提意见的概要》，日本金融财政状况研究会 2012 年版，第 284 ~ 289 页。此外，即使在赞成的意见中，对于是否需要催告也存在意见的分歧，具体分为：不需要催告的意见为 2，有必要催告的意见为 4，应予以探讨的意见为 4。

⑤ 日本中间试案的"第 11 合同的解除 1 基于债务不履行的合同解除的要件(《日本民法》第 541 条及其相关条文）" 规定:"将《日本民法》第 541 条至第 543 条的规定变更为如下规定"，并在其中的（3）部分指出："（3）因当事人一方在履行期前表示无意履行其债务或其他事由，致使当事人一方在履行期届满后进行足以达成合同目的的履行的可能性明显不存在时，适用上述（2）的规定（'对方无需催告债务人履行其债务，即可解除合同'）。"

⑥ 参见［日］《民法（债权关系）部会资料 68A：关于修改民法（债权关系）纲要案的原案（3）》，第 24 页的表以及第 27 ~ 29 页。

542 条第 1 款第（3）项]；（3）可以无催告解除合同的部分[第 542 条第 2 款第（2）项]。此外，在即便不存在拒绝履行的意思表示也可以基于履行不能——不限于履行期前——而为的无催告解除[第 542 条第 1 款第（1）项、第（3）项，第 542 条第 2 款第（1）项]中，并没有排除承认履行期前的解除的可能性。

3. 如上所述，《日本民法修正案》将不安抗辩权交由判例来处理，而对于履行期前的解除则以对方拒绝履行的意思表示为核心要件来予以规定。实际上，适用这两种制度的情形会经常发生重叠。不过我认为，由于在日本将不安抗辩权的效果仅限于抗辩权，因此，可以分别就抗辩权与解除考虑其适合的要件，不存在两种制度之间发生混乱的情形。

（三）日本的替代性制度

至今为止，在日本，由于将不安抗辩权的效果限定在停止履行权的层面上，且法律与判例都没有考虑过基于预期违约的合同解除问题，因此，不安抗辩权与预期违约的关系并没有成为问题。于是，应对日本法进行讨论的问题正好与中国相反，其在于：为何对扩大不安抗辩权的效果以及预期违约不够积极呢？理由之一是，关于"阶段性的论点整理"的意见所提出的两种制度的弊端。但是，另一个理由是，判例与学说中已经形成了取代这些制度的各种各样的法理。以下分为持续性供给合同所特有的情况与符合给付为一次的一次性合同的一般情况来进行说明。

1. 对于不安抗辩权与预期违约而言，持续性供给合同之所以重要是因为，此种合同属于供给者（出卖人等）的给付与被供给者（买受人等）的价款支付之间常常伴有先后顺序的合同。以约定由供给者先履行、由被供给者后支付价款的情形为例，说明如下：（1）供给者已履行上一期的给付而被供给者不支付其价款时，供给者可否拒绝下一期的履行呢？与下一期的给付债务处于对价关系的是下一期的价款债务，而该价款债务尚未届清偿期，因此，供给者不能基于同时履行抗辩权拒绝履行下一期的部分。① 此外，也会存在如下两种情形：（2）被供给者虽支付了上一期的价款，但其后信用状况恶化，因此供给者想拒绝履行下一期的部分；（3）于前述情形，不限于拒绝履行下一期的一次给付，供给者还想通过解除合同关系来消灭将来所有的给付义务。在由一次性的行为来完成履行的合同中，原则上可以以在订立合同时怠

① 此外，下一期的价款债务一般约定为因履行下一期的给付而发生的债务，所以仅仅时间流逝并不会导致到期，因此，供给者不会因两个债务均届清偿期而取得同时履行抗辩权。

于调查对方的信用状态为由，否定先履行义务人的拒绝履行与解除合同关系的主张，而在长期的持续性供给合同中，对于以仅怠于履行最初一次的信用状态调查义务为由来否定拒绝履行与解除合同关系这一问题，将会持谨慎的态度。于是，为了在（1）（2）的情形中拒绝履行以及在（3）的情形中解除合同关系，就分别需要作为一种制度的不安抗辩权与以预期违约为由的解除。

但是，在日本，为了应对此种拒绝履行与解除合同关系的问题，开发出了其他的法理。首先，在（1）的情形中，判例通说承认了上一期未履行的价款债务与下一期的给付义务之间成立《日本民法》第533条规定的同时履行的关系。[①] 也就是说，判例通说认为，各方当事人的债务处于贯穿于全部合同阶段的作为一个整体的对价关系，上一期未支付的价款债务与下一期的给付部分属于同时履行的关系。关于（2）的基于拒绝履行的不履行责任，有否定其“违法性”要件而予以免责的案例。[②] 另一方面，为了在（3）的情形中取消合同关系，以下级审案例为中心，逐渐形成了存在不得已的事由时可以由一方当事人取消合同（解除、解约申请、告知）的法理。该合同取消是否需要预告期间以及是否负有赔偿对方所受损失的义务取决于不得已的事由的内容与程度。[③] 而且，在判断有无“不得已的事由”时，按照案情的不同，将对方的信用不安考虑为重要的或轻微的因数。虽然有将“诚实信用原则”“情势变更原则”以及“公平原则”作为该法理的依据予以列举的观点，但未列举此等依据的也不在少数。综上所述，可以认为在日本，即使在持续性给付合同中，不安抗辩权是被限定在（2）的拒绝履行案件的一部分且不适用预期违约的。

2. 关于给付为一次的一次性合同，存在前述判例法理（参见“第2节 先履行抗辩权”的点评部分以及该部分所示表格的最后一行最右栏）：即使是先履行义务人，如果在其不履行到期债务的过程中对方的债务也到期的，其可以行使同时履行抗辩

① 参见［日］谷口知平、五十岚清编：《新版注释民法（13）（补订版）》，日本有斐阁2006版，第584页的注（2）。

② 东京地判昭和58年3月3日判例时报1087号101页指出：持续性买卖合同成立后，存在买受人的价款支付能力明显下降等不能实现回收价款的事由，且后履行的买受人拒绝履行要求提供担保等请求的，出卖人即使怠于履行先履行义务也不具有违法性。

③ 参见［日］中田裕康：《持续性买卖的解除》，有斐阁1994年版，第54页。此外，［日］中田裕康、吉田和彦、手岛麻美、马场纯夫、加藤新太郎：《〈座谈会〉持续性合同及其解除》，载《判例时报（Times）》2001年第1058号。手岛麻美法官指出：关于对方的债务不履行以及买受人的信用不安，是在判断“不得已的事由”以及“难以维系合同的重大事由”时予以考虑的。

权。为此，对于即使先履行债务没有被履行而后履行债务已到期的情形，中国法是以不安抗辩权来处理的，而日本法则是以同时履行抗辩权来处理的。归根结底，需要适用不安抗辩权的情形仅为存在只有履行先履行债务才负有后履行债务这一约定的情形。有关此种情形的公开发布的案例仅有 1 例。[①] 究其原因，我认为，即使在先履行债务没有被履行的情形中，如果可以从他处筹措标的物的话，债权人可以解除合同并从他处筹措，因此不会形成纠纷。正如前述案例（神户地判昭和 60 年 8 月 8 日判例时报 1168 号 127 页），形成纠纷的仅限于不能从他处筹措先履行标的物的情形（即所谓“特殊关系性的合同”）。

以上所述的是，在给付为一次的合同中，同时履行抗辩权发挥了代替不安抗辩权功能的情况。而在履行期前的合同解除中，基于履行不能的解除发挥了此种替代性的功能。也就是说，只能在履行期到来后才能行使基于履行迟延的解除，而基于履行不能的解除在履行期前也可以行使。于是，在履行期前想解除合同的债权人将主张基于履行不能的解除，对此，判例在债务人不想履行债务的案例中，即使其在履行期前也认定“履行不能”而承认了解除。[②]

3. 此外，法律在持续性合同与提供劳务合同的对方破产的情形中，其属于信用不安最为显著的情形，承认了另一方当事人的解除请求。[③] 再者，在提供劳务合同中承认了定作人、委托人以及受托人享有任意解除权（参见《日本民法》第 641 条、

---

① 神户地判昭和 60 年 8 月 8 日判例时报 1168 号 127 页。在该案中，发动机公司 Y 接受了来自造船公司 X 的发动机订单，后以 X 的信用不安为由未交货，为此 X 没能建成已接受的造船订单而破产。X 向 Y 请求损害赔偿。该判决认定不存在 X 的信用不安而承认了 X 的诉请。在 X 如果存在信用不安则会否定 Y 的赔偿责任这一点上来说，该判决承认了不安抗辩权。

② 大判大正 15 年 11 月 25 日民集 5 卷 763 页在建设桥梁的承揽人 Y 由于积极性不高而被认为在竣工期限内难以完成，因此定作人 X 解除合同改由自费建设，并对 Y 提起请求损害赔偿的案件中，以履行不能为由承认了履行期前的解除。近来，名古屋地判平成 19 年 3 月 30 日升田纯 Lexis 判例 2007 年 9 月 2365 页以在房屋建筑承揽工程中混凝土浇筑存在重大缺陷等为由，承认了承揽人基于履行不能的债务不履行责任。这些都是承揽合同，而在买卖合同中因为履行行为只有交付，所以在履行期前难以判断履行不能，与此相对，在承揽合同中可以在交付工作成果之前的工作懈怠的时点判断为履行不能。

③ 参见《日本民法》第 631 条（雇用人破产时，受雇人或破产管理人可以解除雇用合同）、第 642 条（定作人破产时，承揽人或者破产管理人可以解除承揽合同）、第 652 条（委托人或受托人破产时终止委托合同）。此外，2004 年修正前的《日本民法》第 621 条曾规定：承租人破产时，出租人或破产管理人均可以提出解约申请。顺便提及的是，在中国《合同法》上没有此种规定，是否在中国《企业破产法》中有规定呢？

第 651 条)。这些解除权或许也发挥着替代基于预期违约的解除权的功能。

如上所述，我认为，由于在日本形成了种种替代不安抗辩权或预期违约的法理，同时履行抗辩权的扩张适用即为其中之一。[①] 因此，不安抗辩权以及预期违约制度未能得到发展。与此相比，中国法对于各种纠纷灵活运用了不安抗辩权与预期违约。2009 年 7 月 7 日《指导意见》作为不安抗辩权的效果，之所以规定提前价款支付期限是因为，想以不安抗辩权来处理诸如前述那样的有关丧失期限利益的纠纷。总而言之，我认为无论采用哪种方向，在意识到合同与纠纷的类型及其结构的同时探索适当的法理，才是最重要的。

第九节　不安抗辩事由的发生时期

一、问题的提出

《合同法》第 68 条规定了可适用不安抗辩权的法定事由，而对于不安抗辩事由的发生时期存在着两种学说 :(一)以订立合同后发生为其要件。(二)将订立合同前存在的不安抗辩事由在合同订立后显现出来的情形，也作为《合同法》第 68 条的适用范围。按照前一种学说来理解的话，于画线情形应该以有关由欺诈或者重大误解而发生的民事行为的规定(参见《合同法》第 54 条)来处理;而如果站在后一种学说的场合，就成了有关重大误解的规定和第 68 条中选择哪种方式的问题。王利明教授等多数说采前一种学说,韩教授采后一种学说。那么,应如何理解该问题? 审判实践又是怎样的情况?

二、韩世远与王成的答复

(一)韩世远的答复

从传统民法来看，通常是要求“在合同订立后另一方的财产发生明显减少”(原《德国民法典》第 321 条)或者他方之财产“于订约后显形减少”(我国台湾地区“民

---

① 虽不属于信用不安本身，但判例在对出卖人和承揽人是否能够履行产生不安的场合，也承认了买受人和定作人的拒绝支付价款权或合同解除权。关于买受人的拒绝支付价款权，请参见［日］来栖三郎:《契约法》,日本有斐阁 1974 年版,第 157 页;关于承揽人怠于制作的场合，请参见大判大正 15 年 11 月 25 日民集 5 卷 763 页。

法”第265条），这是因为不安抗辩权被作为一种广义上的情势变更原则的具体适用情形。如果在合同订立之时既已存在诸此不安情事，得有基于错误或诈欺的撤销权，以兹救济。[①] 另外，如果先履行方明知诸此情事仍然进行缔约，则属于自甘冒险的投机行为，没有特别保护的必要，先履行方仍须履行其债务。

但是，上述做法存在不足之处。在订立合同时对待给付业已存在不安之情形，而先履行方当事人却对此一无所知，此种情形，自属有之。而依据上述逻辑构成，却不得援引不安抗辩权之规定，在利益衡量上有所失察，故有另外的立法例。比如，《奥地利民法典》第1052条后段。[②] CISG第71条第1款亦未限定不安之事由须于缔约后发生，只要于缔约后显现即足。[③]《德国民法典》第321条明确改弦易辙，修正原《德国民法典》第321条的立场，其第（1）项前段规定："双务合同中负有先履行义务的当事人，如在合同订立后认识到，其要求获得对待给付的请求权将受到对方当事人欠缺履行能力的危害，则可以拒绝履行其给付。"

《合同法》第68条规定了可以适用不安抗辩权的法定事由，但关于此类不安事由是“缔约后始生”抑或“缔约后始现”，法条中并未明确限定。在学理解释上，有解释为须缔约后始生者，[④] 依笔者所信，依取法乎上的精神，在存在两种解释可能的前提下，宜采符合最新立场潮流者为宜（比较法解释），故依后者，不安的事由只要是于缔约时始现，且不知者非属故意或者有重大过失，仍得有不安抗辩权的发生。另外，这样解释也是符合立法目的的（法意解释），因为立法者规定不安抗辩权的目

① 参见梅仲协：《民法要义》，中国政法大学出版社1998年版，第258页；史尚宽：《债法总论》，中国台湾地区台北自版1954年版，第564条；苏俊雄：《契约原理及其实用》，台湾中华书局1978年版，第145页；郑玉波：《论不安抗辩权》，载郑玉波：《民商法问题研究》（第4册），中国台湾地区台北自版1991年再版，第63页、第68页；[日]潮见佳男：《债权总论》，日本信山社1994年版，第102页。

② 《奥地利民法》第1052条后段规定："必须先为给付之当事人，如因他方财产状况恶化，致有不能给付之虞，而此项情况于订约时，非因过失而不知时，得于他方对其相对给付提出保证前，暂缓给付。"

③ CISG art. 71："(1) A party may suspend the performance of his obligation if, after the conclusion of the contract, it becomes apparent that the other party will not perform a substantial part of his obligations as a result of: (a) a serious deficiency in his ability of perform or in his creditworthiness; or (b) his conduct in preparing to perform or in performing the contract."

④ 参见王利明、崔建远：《合同法新论：总则》，中国政法大学出版社2000年修订版，第350页；曹更生、侯卫国：《不安抗辩权的适用条件及效力》，载《人民法院报》2001年7月13日第3版；崔建远主编：《合同法》，法律出版社2007年第4版，第140页。

的之一便是“防止借合同进行欺诈”,[①] 不安抗辩权被作为合同法增加的有关防范合同欺诈、保护债权人合法权益的规定之一。[②] 这样，传统民法上将不安抗辩权理解为广义的情势变更原则之运用的观点，[③] 就应当有所修正。另外，肯定缔结时既已存在的不安事由亦得发生不安抗辩权，也不应否定仍有构成重大误解或者欺诈的可能，这样，先履行义务人可选择，如主张合同撤销，自不生主张不安抗辩权的问题；如先履行义务人主张不安抗辩权，原则上宜认为其对于撤销权的放弃。

（二）王成的答复

总体来说，我个人倾向于第一种观点，即以合同缔结后发生为其要件。对于之前发生的事由，如何处理，我个人认为需要具体问题具体分析。对于《合同法》第68条第1款所列4项情形，应当分别加以处理。

《合同法》第68条第1款第（1）项“经营状况严重恶化”的情形，是一种事实状态。如果在订立合同当时，对方当事人已经知道此种事实状态的存在，仍然愿意订立合同，则合同当然应当有效，在合同履行过程中似乎也不能因此而提出不安抗辩。如果对方当事人订立合同当时，经营状况严重恶化一方故意隐瞒或者欺骗，使得对方因此而订立合同，则合同应当可以撤销。如果订立合同当时，经营状况严重恶化一方并未有故意隐瞒或者欺骗的情形，对方当事人疏于考察，对已经存在的状况视而不见，因此订立的合同也应当有效，同时，对方当事人似乎也不能提出不安抗辩。

《合同法》第68条第1款第（3）项“丧失商业信誉”本身的情况也很复杂，有些应当与第1项“经营状况严重恶化”相同，有些则可能与经营者自身行为有关。但是，无论如何，丧失商业信誉是一种结果，在这一点上，与第（1）项的情形相同。

《合同法》第68条第1款第（2）项“转移财产、抽逃资金，以逃避债务”，如果发生在合同之前，似乎与本合同无关，因为它也不构成对本合同相对人的欺诈。假如合同成立后，对方当事人听说曾有过此类行为，则可能归入丧失商业信誉的范畴。

---

① 参见顾昂然：《合同的履行》，载《中华人民共和国合同法立法资料选》，法律出版社1999年版，第52～53页。

② 《合同法草案的焦点问题以及不同意见——全国人大常委会法制工作委员会副主任胡康生访谈录》，载《人大工作通讯》1998年第3期。

③ 我妻荣:《债权各论 上》，日本岩波书店1954年版，第84页;[日]清水元:《不安抗辩权》，载[日]远藤浩、林良平、水本浩监修:《现代契约法体系 第2卷》，日本有斐阁1983年版，第81页。

而且这种情况应当属于影响发生在合同成立的情形，可以有不安抗辩权的适用。

三、濑川信久的点评

韩世远教授的见解属于减轻缔约时注意对方财产状况的义务的观点。这可以理解为遵循了“买受人，请你注意”到“出卖人，请你注意”这一变迁的见解。但是，其也依存于将基于欺诈或错误的撤销或无效的要件放宽到何种程度。我认为，于欺诈与错误的情形虽有行使期限的限制，但从缔约后经过很长时间之后才出现问题时，不安抗辩权的行使也应受到限制，因此，两者之间的差距应不大。

关于这一问题，日本过去的学说将其仅限于缔约后的事由，但其后也有观点主张扩大至缔约后才显现出来的事由。[①] 关于债权法修正过程中的讨论情况已在本章第 8 节“点评”部分的（二）中阐述。我认为，如王成教授所指出的那样，有必要根据导致不履行风险的具体事由来进行探讨，但关于此点日本至今未有充分的讨论。

① ［日］谷口知平、五十岚清编：《新版注释民法（13）（补订版）》，日本有斐阁 2006 年版，注（2）第 598 ~ 599 页。

第五章　债权的保全（1）——债权人代位权

第一节　中国《合同法》与相关法规及中日条文比较

一、中国《合同法》与相关法规

《合同法》第 73 条【债权人代位权】 因债务人怠于行使其到期债权，对债权人造成损害的，债权人可以向人民法院请求以自己的名义代位行使债务人的债权，但该债权专属于债务人自身的除外。

代位权的行使范围以债权人的债权为限。债权人行使代位权的必要费用，由债务人负担。

《合同法适用解释（一）》第 11 条　债权人依照合同法第七十三条的规定提起代位权诉讼，应当符合下列条件：（一）债权人对债务人的债权合法；（二）债务人怠于行使其到期债权，对债权人造成损害；（三）债务人的债权已到期；（四）债务人的债权不是专属于债务人自身的债权。

《合同法适用解释（一）》第 12 条　合同法第七十三条第一款规定的专属于债务人自身的债权，是指基于扶养关系、抚养关系、赡养关系、继承关系产生的给付请求权和劳动报酬、退休金、养老金、抚恤金、安置费、人寿保险、人身伤害赔偿请求权等权利。

《合同法适用解释（一）》第 13 条　合同法第七十三条规定的“债务人怠于行使其到期债权，对债权人造成损害的”，是指债务人不履行其对债权人的到期债务，又不以诉讼方式或者仲裁方式向其债务人主张其享有的具有金钱给付内容的到期债权，致使债权人的到期债权未能实现。

次债务人（即债务人的债务人）不认为债务人有怠于行使其到期债权情况的，应当承担举证责任。

《合同法适用解释（一）》第 14 条 债权人依照合同法第七十三条的规定提起代位权诉讼的，由被告住所地人民法院管辖。

《合同法适用解释（一）》第 15 条 债权人向人民法院起诉债务人以后，又向同一人民法院对次债务人提起代位权诉讼，符合本解释第十四条的规定和《中华人民共和国民事诉讼法》第一百零八条规定的起诉条件的，应当立案受理；不符合本解释第十四条规定的，告知债权人向次债务人住所地人民法院另行起诉。

受理代位权诉讼的人民法院在债权人起诉债务人的诉讼裁决发生法律效力以前，应当依照《中华人民共和国民事诉讼法》第一百三十六条第（五）项的规定中止代位权诉讼。

《合同法适用解释（一）》第 16 条 债权人以次债务人为被告向人民法院提起代位权诉讼，未将债务人列为第三人的，人民法院可以追加债务人为第三人。

两个或者两个以上债权人以同一次债务人为被告提起代位权诉讼的，人民法院可以合并审理。

《合同法适用解释（一）》第 17 条 在代位权诉讼中，债权人请求人民法院对次债务人的财产采取保全措施的，应当提供相应的财产担保。

《合同法适用解释（一）》第 18 条 在代位权诉讼中，次债务人对债务人的抗辩，可以向债权人主张。

债务人在代位权诉讼中对债权人的债权提出异议，经审查异议成立的，人民法院应当裁定驳回债权人的起诉。

《合同法适用解释（一）》第 19 条 在代位权诉讼中，债权人胜诉的，诉讼费由次债务人负担，从实现的债权中优先支付。

《合同法适用解释（一）》第 20 条 债权人向次债务人提起的代位权诉讼经人民法院审理后认定代位权成立的，由次债务人向债权人履行清偿义务，债权人与债务人、债务人与次债务人之间相应的债权债务关系即予消灭。

《合同法适用解释（一）》第 21 条 在代位权诉讼中，债权人行使代位权的请求数额超过债务人所负债务额或者超过次债务人对债务人所负债务额的，对超出部分人民法院不予支持。

《合同法适用解释（一）》第 22 条　债务人在代位权诉讼中，对超过债权人代位请求数额的债权部分起诉次债务人的，人民法院应当告知其向有管辖权的人民法院另行起诉。

债务人的起诉符合法定条件的，人民法院应当受理；受理债务人起诉的人民法院在代位权诉讼裁决发生法律效力以前，应当依法中止。

《合同法适用解释（二）》第 17 条　债权人以境外当事人为被告提起的代位权诉讼，人民法院根据《中华人民共和国民事诉讼法》第二百四十一条的规定确定管辖。

《最高人民法院关于依法制裁规避执行行为的若干意见》（法〔2011〕95 号，2011 年 5 月 27 日公布施行）“四、完善对被执行人享有债权的保全和执行措施，运用代位权、撤销权诉讼制裁规避执行行为”（以下第 12 条至第 14 条）

第 12 条　依法执行已经生效法律文书确认的被执行人的债权。对于被执行人已经生效法律文书确认的债权，执行法院可以书面通知被执行人在限期内向有管辖权的人民法院申请执行该生效法律文书。限期届满被执行人仍怠于申请执行的，执行法院可以依法强制执行该到期债权。

被执行人已经申请执行的，执行法院可以请求执行该债权的人民法院协助扣留相应的执行款物。

第 13 条　依法保全被执行人的未到期债权。对被执行人的未到期债权，执行法院可以依法冻结，待债权到期后参照到期债权予以执行。第三人仅以该债务未到期为由提出异议的，不影响对该债权的保全。

第 14 条　引导申请执行人依法诉讼。被执行人怠于行使债权对申请执行人造成损害的，执行法院可以告知申请执行人依照《中华人民共和国合同法》第七十三条的规定，向有管辖权的人民法院提起代位权诉讼。

《最高人民法院关于适用〈中华人民共和国民事诉讼法〉若干问题的意见》［法发〔1992〕22 号，1992 年 7 月 4 日公布施行，根据 2015 年 1 月 30 日发布的最高人民法院关于适用《中华人民共和国民事诉讼法》的解释（实施时间:2015 年 2 月 4 日），此文件被宣布废止。］（以下第 300 条）

第 300 条　被执行人不能清偿债务，但对第三人享有到期债权的，人民法院可依申请执行人的申请，通知该第三人向申请执行人履行债务。该第三人对债务没有异议但又在通知指定的期限内不履行的，人民法院可以强制执行。

二、《日本民法》

第 423 条【债权人代位权】 债权人为保全自己的债权，可以行使属于债务人的权利。但是，专属于债务人本身的权利，不在此限。

债权人于其债权期限未届至期间，除非依裁判上的代位，不得行使前款权利。但保存行为，不在此限。

三、《日本民法修正案》

第 423 条【债权人代位权的要件】 债权人为保全自己的债权而所需时，可以行使属于债务人的权利（下称“被代位权利”）。但是，专属于债务人本身的权利以及禁止扣押的权利，不在此限。

……不得行使被代位权利。……

第 423 条第 3 款（新设） 其债权不能通过强制执行实现时，债权人不能行使被代位权利。

第 423 条之 2（新设）【代位行使的范围】 债权人行使被代位权利之场合，如被代位权利的标的可分时，以自己的债权额为限，可行使被代位权利。

第 423 条之 3（新设）【向债权人所作的支付或交付】 债权人行使被代位权利之场合，如被代位权利以金钱之支付或动产之交付为标的时，可要求相对人向自己为其支付或交付。于此场合，相对人向债权人为其支付或交付的，被代位权利因此消灭。

第 423 条之 4（新设）【相对人的抗辩】 债权人行使被代位权利时，相对人可以能向债务人主张的抗辩对抗债权人。

第 423 条之 5（新设）【债务人的催缴及其他处分权限等】 即使于债权人行使了被代位权利之情形，亦不妨碍债务人就被代位权利实施自行催缴及其他处分。于此情形，亦不妨碍相对人向债务人履行被代位权利。

第 423 条之 6（新设）【提起有关行使被代位权利诉讼中的诉讼公告】 债权人提起有关行使被代位权利诉讼的，应当及时向债务人发出诉讼公告。

第 423 条之 7（新设）【为保全登记或注册请求权的债权人代位权】 受让了不经登记或注册就不能向第三人对抗权利的得失以及变更之财产者，该转让人不行使对第三人所享有的请求其应为登记或注册手续的权利时，可以行使该权利。于此情形，准用前三条规定。

四、中日条文比较

比较中国《合同法》第73条和《日本民法》第423条，二者有如下不同：（1）中国法只承认通过裁判行使债权人代位权。（2）中国法没有有关保存行为的表述。（3）关于债务人对次债务人所拥有的权利，中国法规定限于“债权”，且《合同法适用解释（一）》第13条更是限定为“具有金钱给付内容的到期债权”，而日本法规定为“权利”。（4）中国法规定了行使代位权的范围，而现行日本法没有对此的规定。但《日本民法修正案》第423条之2明文规定了其范围。（5）中国法在《合同法适用解释（一）》第13条中规定债务人未向次债务人提起诉讼或仲裁的，其债权人可以行使债权人代位权，而日本法不存在此种表述。（6）《合同法适用解释（一）》第17条规定债权人可以提供财产担保的方式请求人民法院对次债务人的财产采取保全措施。与此相对，作为实体法的日本债权人代位权没有此种规定。（7）《合同法适用解释（一）》第20条规定债权人取得胜诉判决后，债权人与债务人、债务人与次债务人之间相应的债权债务关系“即予”消灭。该表述，好似表明连抵销也无需进行。（8）《最高人民法院关于依法制裁规避执行行为的若干意见》第14条是有关在强制执行中运用债权人代位权的规定。可以看出，不是先行使债权人代位权而取得胜诉判决后，在败诉人未履行时才进入强制执行程序的。此种一体把握债权人代位权（实体法）与强制执行（程序法）的结构是与日本法不同的。顺便提及的是，《合同法适用解释（一）》共30个条文中有12个条文是与债权人代位权有关的。这表明，该司法解释是被赋予了为解决中国当时严重的所谓的“三角债”问题这一政策性目的而出台的。

第二节　债权人的被保全债权与已届清偿期要件

一、问题的提出

《日本民法》承认对未到期债权行使代位权（参见第423条第2款），而中国《合同法》第73条对此没有提及。是否可以理解为中国法只限于到期债权？1996年《合同法草案》第3稿、1997年《合同法（意见征求稿）》中均有“债务人怠于履行对第三人的债权，给债权人的到期债权造成重大损失的……”这一表述，而《合同法》

第73条删除了此种表述。对于此种表述上的变化，是否存在其他特别的理由？

二、韩世远与王成的答复

（一）韩世远的答复

单纯从《合同法》第73条的确看不出是否要求债权人的债权到期，不过，从《合同法适用解释（一）》第13条第1款可以看到“债务人不履行其对债权人的到期债务”以及“致使债权人的到期债权未能实现”字样。由此可以看出，作为一般要件，应当要求债权人的债权为“到期债权”；不仅如此，在中国的通说上认为要以债务人构成履行迟延为要件。① 对于上述一般要件，应否承认存在例外，特别是对于保存行为，是值得探讨的。目前，中国立法机关的释义对此态度积极，而司法机关则态度消极。我个人对此持积极态度，认为在保存行为场合，债权人在债权履行期限届至之前，就可以借位行使债务人的权利。②

（二）王成的答复

《合同法适用解释（一）》第13条第1款规定，《合同法》第73条规定的“债务人怠于行使其到期债权，对债权人造成损害的”，是指债务人不履行其对债权人的到期债务，又不以诉讼方式或者仲裁方式向其债务人主张其享有的具有金钱给付内容的到期债权，致使债权人的到期债权未能实现。由此可以看出，中国《合同法》要求两个债权都是到期债权。此外，《最高人民法院关于依法制裁规避执行行为的若干意见》（法〔2011〕195号）第13条规定，依法保全被执行人的未到期债权。对被执行人的未到期债权，执行法院可以依法冻结，待债权到期后参照到期债权予以执行。第三人仅以该债务未到期为由提出异议的，不影响对该债权的保全。对于到期债权，《最高人民法院关于依法制裁规避执行行为的若干意见》（法〔2011〕195号）区分已经生效法律文书确认的债权与未经生效法律文书确认的债权两种情况。对于前者，第12条规定，依法执行已经生效法律文书确认的被执行人的债权。对于被执行人已经生效法律文书确认的债权，执行法院可以书面通知被执行人在限期内向有管辖权的人民法院申请执行该生效法律文书。限期届满被执行人仍怠于申请执行的，执行

---

① 参见王利明Ⅰ书，第120页；崔建远Ⅲ书，第152页；韩世远Ⅳ书，第332页。

② 韩世远Ⅳ书，第333页。

法院可以依法强制执行该到期债权。对于后者，第 14 条规定，引导申请执行人依法诉讼。被执行人怠于行使债权对申请执行人造成损害的，执行法院可以告知申请执行人依照《合同法》第 73 条的规定，向有管辖权的人民法院提起代位权诉讼。

三、松冈久和的点评

这一问题与作为代位对象的权利的问题有所重叠，但其涉及债权人代位权的功能问题。我认为，如果代位债权人的被保全债权以已届清偿期为必要，且被代位权利（此也需届期）仅限于债权以及以裁判上的权利行使为必要的话，可以说中国法上的债权人代位权与债权执行是极其相似的。在中国，“尽管债权人代位权制度在理论上定位为实体法上的责任财产保全制度，但实际上其设计结构已变为债权执行制度的替代品，并被赋予了强大的债权回收功能，现实中已化为债权执行手段。”[①] 其不同仅在于行使代位权无需债务名义这一点上。如小口教授所指出[②] 的那样，可以推测在中国的案例中债权人代位权与申请代位执行的问题以交错的形式出现也正是由于此种原因吧。

在日本法上，债权人即使在取得债务名义之前，也可以通过假查封债务人对次债务人所享有的债权来防止债务人的讨债或通过债权让与的处分。如果中国没有此种假查封制度的话，债权人代位权就是其功能的替代，要求被保全债权已届清偿期、不强调保全的必要性（金钱债权的场合，一般需要债务人无资力）要件、基本限定于金钱债权以及承认代位债权人的优先受偿权等是具有首尾一贯性的。

此外，在日本，也可以以未到期的债权为被代位权利来行使对不属于保存行为的代位权，但这需要提起代位诉讼或依照《日本非讼事件程序法》第 85 条 ~ 第 91 条（特别是第 85 条）来取得法院的认可（参见［日］曲仁民：《中国的债权人代位权制度与日本法的比较》）。将此称为裁判上的代位。不过，由于几乎没有适用裁判上的代位的情形，且通过代位诉讼来解决更为妥当，因此，在此次的民法修正中提出了废止该制度的建议。

---

① 曲仁民：《中国债权人代位权制度和日本法的比较》，日本冈山大学博士学位论文。

② ［日］小口彦太：《中国合同法上债权人代位权的基础性研究》，载日本《早稻田法学》2013 年第 89 卷第 1 号。顺便提及的是，该文发表于韩、王两位教授的答复之后。

第三节　行使债权人代位权的效果归属问题

一、问题的提出

王利明教授在2001年出版的著作中对债权人代位写道："行使代位权后，在代位诉讼中获得胜诉判决，次债务人就必须向债务人清偿债务，并且次债务人交付的财产成为债务人的整体财产，须向全体债权人清偿。行使代位权的债权人并不能由此获得优先受偿。合同法建议草案第72条第3款以及合同法草案第三次审议稿第53条第2款都明确规定行使代位权的效力归于债务人（可惜在正式的条文中被删除了）"。① 而在王利明Ⅱ书中却有如下的表述："（关于代位权的效力存在着入库规则说，债权人平均分配说，代位权人优先受偿说）上述三种学说中，最高人民法院制定的司法解释最合理。其理由有：……向法院主张权利的债权人受到相应的保护……倘若代位债权人行使代位权后获得的财产完全在债务人的全体债权人之间平均分配的话，对于代位债权人来说是不公平的。因为，当某个债权人行使代位权后，如果承认全体债权人的'免费搭车'……对于债权人是不公平的。" ② 由此可以看出，王利明教授改变了自己原来的主张。我认为，上述问题是关系如何定位中国法上之债权人代位权的基础性问题。

二、韩世远与王成的答复

（一）韩世远的答复

这涉及代位权行使的效果的归属问题。在中国最高人民法院司法解释上，是由次债务人向债权人履行清偿义务，债权人与债务人、债务人与次债务人之间相应的债权债务关系即予消灭［参照《合同法适用解释（二）》第20条］。对于该规则的解释并不完全一样。

我个人的看法是，这实质上是在金钱债务场合，借助于抵销制度，使代位权制度发挥了简易的债权回收手段的功能。需予注意的是，虽然债权人事实上具有优先受偿的效果，但法律上并不当然具有优先受偿权，代位权行使的效果并非直接地归属于债权人，而是借助于抵销制度间接地归属于债权人。

---

① 王利明：《合同法要义与案例析解（总则）》，中国人民大学出版社2001年版，第271页。

② 参见王利明Ⅱ书，第132～133页。

有见解认为，行使代位权的结果不归属于债务人，直接地归属于债权人；或者认为债权人具有直接（优先）受偿的权利。此类观点，难谓妥当。如果认为代位权行使的结果不归属于债务人，直接地归属于债权人，将无异于使债权人代位权转化为债务人债权的法定移转，结果债权人并非以自己的名义行使他人的权利，而是在以自己的名义行使自己的权利，显然有悖于代位权制度的基本含义。在非金钱债务场合，如果构成抵销适状的（参照《合同法》第99条第1款），可发生抵销权，也可由债权人主张抵销。在没有抵销场合，应该由代位债权人与其他债权人平等受偿。这种场合，债权平等固然是一项原则，但同时也还存在着一个实际履行顺序的问题，如依债务人的任意履行而向代位债权人清偿，或其他债权人没有及时主张债权，通常代位债权人就会获得满足、实现债权，对此，其他债权人自不得提出异议。如债务人未为任意履行，债权人如欲实现其债权，则须借助强制执行程序。

（二）王成的答复

的确，关于代位权的效力问题，在中国学者之间存在着意见的分歧。我个人赞同最高人民法院司法解释的意见。理由同王利明教授《合同法研究（第二卷）（修订版）》中的观点。除这些理由外，我个人认为，这种处理方法，也与操作成本有关。比如，无论是入库规则还是债权人之间平均分配，都意味着将所有债权人召集到一起,确定分配方案。这有些类似于破产财产的分配。从审理破产案件的实际情况来看，这种处理方法既费时又费力。

中国司法解释的规定，的确也意味着中国法上代位权的性质不再是保存行为。

三、松冈久和的点评

日本的执行制度被批判性地称为“过分正直的平等主义”。的确，并不存在承认查封债权人享有法定担保权等优先权的制度。然而，于执行债权的场合，其他债权人需要在查封后参与分配申请期满前，对该债权重复申请查封或要求参与分配（《日本民事执行法》第165条）。可以进行查封或要求参与分配的债权人仅限于取得债务名义的人或能够通过相关文书来证明享有质权与先取特权的人（同法第154条第1款）。只要参与分配申请期满，其他债权人也就无法参与到对被查封债权的分配中，查封债权人可以独占被查封债权（获得转付命令的场合）或收债所得（未获得转付命令而只进行催缴的场合）。

在日本现在的司法实务中还是通过抵销来达到事实上优先受偿的目的的，其论据也与韩、王两位所指出的相同。在其功能上与执行债权的处理方式也无太大差异。

在日本民法修正的讨论中，有观点认为赋予代位债权人以事实上的优先受偿是不当的，并提出了否定以抵销达到事实上优先受偿的修正案。但是，如若否定事实上的优先受偿，债权人代位权的使用方式将大受限制、将产生不再使用债权人代位权制度的结果的反对意见也很强烈，因此，未被最终的修正案采纳。

第四节 “入库规则”

一、问题的提出

韩世远教授在与崔建远教授联名发表的论文中指出，“‘入库规则’及‘共同担保的保全’之制度趣旨，实为逻辑推演的结果，然而，生活并非因为逻辑，逻辑却是因为生活；在权利保护问题上，应该受到保护的向来是积极行使权利的人，而不是懒惰者，代位债权人最先‘火中取栗’，纵没有与他人分享，亦不悖于公道。”[①] 我认为上述画线部分中所表达出来的见解在法律思想上来看是十分有趣的，并且上述见解也与王利明教授最近的见解是相近的。但是，个人认为韩教授是站在所谓的“入库规则说”的立场上的。那么，应如何全面理解该问题？

二、韩世远的答复

我和崔建远教授在上述论文中提出了“入库规则”概念，用来指代债权人行使代位权后所获得的财产在法律上先归属于债务人这一规则。没有想到，这个概念在今天中国的民法学界被广泛地使用了，这是件令人高兴的事。

很多学者都意识到一点，即应该尽可能地鼓励债权人行使代位权，减轻其他债权人“免费搭车”的负面影响，这是大家的共同点。但是，在采取什么方法鼓励债权人行使代位权这点上，学者的想法不完全一样。

我就债权人代位权的看法是，有一些基本底线是不能轻易突破的：（1）债权人

① 崔建远、韩世远：《合同法中的债权人代位权制度》，载《中国法学》1999 年第 3 期。

代位权是债权人代债务人之“位”而行使其权利，而不是法定的债权移转，不是债权人行使从债务人处移转过来的对于次债务人的权利。（2）债权人代位权是债权的对外效力的体现，是保全债务人责任财产的法律制度，并没有法律或理论基础使此权利成为“优先受偿权”。

在坚持上述基本底线的前提下，在对中国法关于债权人代位权作解释论构成时，努力地想增加一些激励债权人积极主张代位权的因素。在这方面，我从日本判例学说的立场上受到了启发，将抵销制度引进来，在若干场合使代位债权人获得事实上“优先受偿”的效果，尽管该债权人并不享有优先受偿权。中国学者在解读我妻荣先生的著作时，将其在金钱债权场合借助抵销制度实现的“优先受偿”结果，[①] 解读成了“优先受偿权”，[②] 一字之差，却“差之毫厘，谬以千里”。真的希望这种误读不至于给中国读者造成更大的误解。

三、松冈久和的点评

已经在前一节点评的最后部分有所涉及，对于是否鼓励行使债权人代位权这一问题本身就存在意见的分歧。最初的日本民法修正案认为，未获得债务名义的债权人可以给次债务人增加负担，并且可以突破责任财产的保全这一限制而达到优先受偿的目的，这已破坏了其与民事执行制度的平衡。与此处于相反极端立场的平井宜雄教授的观点，将债权人代位权制度理解为对债务人一般财产的一种概括性的担保权，并想从正面来肯定优先受偿权。[③] 以往的判例通说所承认的事实上的优先受偿是介于两者之间的。如韩世远教授所指出的那样，将此解释为法律上的优先受偿权是不正确的，但从理论上来说，向平井说的方向发展也是有可能的。通过讨论，《日本民法修正案》最终维持了虽承认事实上的优先受偿但并不积极地定义为优先受偿权这一现在的判例与多数说。

---

① 参见［日］我妻荣：《新订债权总论》，日本岩波书店 1979 年版，第 169 页。该书的中译本译作“在交付金钱后，代位债权人可优先受偿”，已然丢失了一些重要信息，参见我妻荣：《新订债权总论》，王燚译，中国法制出版社 2008 年版，第 151 页。相应日文直译成中文，应为“在支付金钱场合，形成了代位债权人获得优先受偿的结果”。此处重点在于结果，原作者并在注释中指明了达到该结果的手段是抵销。如果仅看“代位债权人可优先受偿”，“结果”之意已失，“可”字让人联想到其“手段”应该是某种权利。

② 参见王利明Ⅱ书，第 132 页。

③ ［日］平井宜雄：《债权总论（第 2 版）》，日本弘文堂 1994 年版，第 271 ~ 272 页。

第五节 关于债权人代位权的法定转移说

一、问题的提出

在理解中国债权人代位权的性质时，一个重要的规定为《合同法适用解释（一）》第 20 条。对于该条的理解，徐澜波的论文对于中国合同法上的债权人代位权展开了一种法定转移说或者是一种债权转让说。他认为，"《合同法适用解释（一）》第 20 条……是在债权债务的法定转移效力下被认定为代位权成立的。因为债权（即债务人对次债务人的债权——小口）已经被转移（到债权人一方——小口），因此从法律关系的性质上来说次债务人向代位债权人履行了清偿义务，代位权行使的效果直接归属于债权人。""《合同法适用解释（一）》第 20 条……的性质属于债务人的法定转移。因此，一旦被认定为代位债权成立，就表示判决产生了债务人已经将自己的债权转让给了债权人这一行为效力。"[①] 如何评价上述法定转让说、债权转让说，是一个需要探讨的问题。

二、韩世远与王成的答复

（一）韩世远的答复

目前中国处在一个提倡"创新"的时代，因而，有些"创新"的观点，不足为奇。对于上述学术观点，我个人难以接受，因为它突破了我在前文提到的两条基本底线中的第一条。由于没有阅读其全文，不便作更多评论，只想提示一点，这种"新说"可能带来一些疑问：债权是何时法定地移转给债权人的？是如何移转的？如果有多个债权人，该如何移转？代位债权人先起诉主张代位权，后撤诉，已经法定移转的债权该如何收场？

（二）王成的答复

我个人理解，法定转让说、债权转让说也是在为次债务人向债权人直接清偿债权寻找理论根据。由于中国法上代位权不再是保存行为，不采入库规则。故而，法定转让说不失为一家之言。

---

① 徐澜波：《合同债权人代位权行使的效力及相关规则辨析》，载《法学》2011 年第 7 期。

三、松冈久和的点评

可以以代位这个概念来表述的情形是多种多样的，在日本法上，判例通说也采将清偿人代位（代位清偿）解释为原债权及其担保权的法定移转的观点。如果在债权人代位中也肯定赋予代位债权人以独占性优先性的满足这一结果的话，可以说，法定移转构成或债权让与构成是符合此种安排的。但是，正如韩世远教授所指出的那样，在代位权行使的撤回或多数代位债权人竞合的情况下（虽然恐怕并不是不可能解决的），将产生新的法律难题。在清偿人代位中，由于存在已进行有效的清偿而有必要确保其求偿权的目的，因此很难出现撤诉的问题，如果撤诉则意味着放弃代位权，此时只能按照原则来确认被代位权利因清偿而已消灭。此外，关于多数代位权人之间的关系，《日本民法》自身已在第 501 条（代位清偿的效果）准备了有关相互调整的规定。

如上所述，即便同样称为代位，但如清偿人代位那样将债权人代位解构为法定权利移转在法技术上是存在难点的。不仅如此，更为本质性的问题在于：因先着手而从正面来承认赋予并不享有担保权的一般债权人以优先受偿权这一价值判断本身是否妥当？在日本法上，从法政策性的考量出发对于特定债权赋予了针对全部责任财产的先取特权，而肯定赋予债权人代位权以优先清偿权将削弱该先取特权的效力，这也不符合民法基本的价值判断。但是，在被保全债权与被代位债权之间存在特殊关系的情况下，解释论上肯定优先受偿也是可能的。例如，在无资产能力的 A 利用从 X 处骗取来的金钱有效清偿了第三人 Y 对 B 承担的债务的场合，如果解释为 X 以对 A 所享有的债权作为被代位债权来代位行使 A 对 Y 所享有的求偿债权并获得独占性满足的话，其在功能上与承认 X 对 Y 的直接不当得利返还请求权是相近的，这在结果上等于承认了 X 优先于 A 的其他债权人。

第六节　关于特定债权的处理问题

一、问题的提出

中国《合同法》第 73 条将债务人对次债务人拥有的权利限于债权，司法解释更将其限于金钱债权。对于限于金钱债权的理由，有观点认为：对不具有金钱给付内容的权利行使代位权，对债权保障来说没有多大意义，而且程序也复杂。[①] 如果限于金钱债权的话，是否对于如下事例就不能行使债权人代位权了呢？

当甲从乙处购买了 A 物，在还未受领的情况下甲将 A 物转让给了丙。此时，如果甲怠于行使对乙的交付请求权的话，丙的债权就不能实现。

该例是由崔建远教授制作的，[②] 崔教授认为为了处理上述案件就必须对特定债权也承认代位权的行使。与此提问相关，在审判实践中如何处理也将成为问题。

二、王成的答复

从解释论的角度，既然司法解释将代位权限于金钱债权，法院在适用代位权时，必须遵守这样的规定。同时，司法解释之所以这样加以限定，很重要的理由在于，实践中主要是金钱债权需要代位，被代位的债权也主要是金钱债权。从立法论上，上述例子应当可以适用代位权。

就我个人接触的资料来看，在审判实践中，应当不承认对特定债权行使代位权。有以下两个资料供参考。

第一，《最高人民法院关于深圳发展银行与赛格（香港）有限公司、深圳赛格集团财务公司代位权纠纷一案的请示的复函》（〔2005〕民四他字第 31 号）中针对广东省高级人民法院的请示，最高人民法院提到："对于你院请示报告中阐述少数意见时提出的问题即代位权的范畴可否从仅限于债权扩张到所有权？本院认为，根据目前的法律规定和司法解释，债权人仅可以向人民法院请求以自己名义代位行使债务人具有金钱给付内容的到期债权，且该债权不能是专属于债务人自身的，代位权的范畴不能从债权扩张到所有权。"

第二，在"成都市国土资源局武侯分局与招商（蛇口）成都房地产开发有限责任公司、成都港招实业开发有限责任公司、海南民丰科技实业开发总公司债权人代位权纠纷案"［最高人民法院（2011）民提字第 210 号民事判决书］中，最高人民法院认为，根据《合同法》第 73 条的规定，因债务人怠于行使其到期债权，对债权人造成损害的，债权人可以向人民法院请求以自己的名义代位行使债务人的债权，但该

① 武兴伟、李晓斌：《合同法司法解释理解与运用：典型案例裁判理由》，中国法制出版社 2010 年版，第 34 页。

② 崔建远：《债权人代位权的新解说》，载《法学》2011 年第 7 期。

债权专属于债务人自身的除外。债务人与次债务人约定以代物清偿方式清偿债务的，因代物清偿协议系实践性合同，故若次债务人未实际履行代物清偿协议，则次债务人与债务人之间的原金钱债务并未消灭，债权人仍有权代位行使债务人的债权。

三、松冈久和的点评

王成教授虽然以实践性的代位之必要性与被代位债权也主要是金钱债权为由来介绍中国法的现状，但果真如此，那么，只要假查封被代位权利、取得被保全权利的债务名义后申请执行债权，不就可以解决问题了吗？在债权执行制度很充实的日本法上，债权人代位权现在所具有的意义在于如下情形：对于不能进行债权执行的权利等（解除权、撤销权）的代位；为使中断被代位债权的时效（参见现行《日本民法》第153条；修正后变更为时效的中止，《日本民法修正案》第150条）而实施的催告等保存行为；以及为了保全特定债权而进行的所谓的转用。

《日本民法修正案》提出了新设旨在保全登记或注册请求权的债权人代位权这一有关保全特定债权规定的建议（参见《日本民法修正案》第423条之7）。该条的宗旨虽不在否定除此之外的类型，但明确了其要件后反而很难适用于其他类推适用的情形。因此，如果在除此之外的类型中适用旨在保全特定债权的债权人代位权的话，将类推适用《日本民法修正案》第423条第1款。

第七节　债权人代位权与民事强制执行之间的关系

一、问题的提出

在日本，围绕如下问题展开着议论：在拥有完善的民事执行与民事保全制度的情况下，有没有必要继续保留作为原始形态的债权人代位权制度（也就是说，债权人代位权被理解为作为享有金钱债权的代位债权人保全债务人的责任财产、为强制执行而作准备的制度）。

在中国，代位权诉讼与民事诉讼法、特别是与民事强制执行制度之间是何种关系？与此相关，在中国，民事执行与保全制度是否完备也会成为问题。中国的债权人代位权制度仅仅将金钱债权作为其调整范围，没有将应用形态（非金钱债权 = 作为为了实现特定债权的内容之手段的代位权）作为其调整范围（至少 1999 年的《合同法适用解释（一）》第 20 条是如此规定的）。这是否可以理解为：在中国，债权人代位权是为了弥补中国的民事强制执行法的不足而规定的呢？

二、韩世远与王成的答复

（一）韩世远的答复

在中国，目前没有专门的“强制执行法”，但是，《民事诉讼法》第三编专门规定“执行程序”，包括一般规定（第十九章）、执行的申请和移送（第二十章）、执行措施（第二十一章）和执行中止和终结（第二十二章），应该说基本的法律规范是有的。至于债权人代位权制度是否像日本那样被理解为“为强制执行而作准备的制度”，这样的观念对于中国的法律人是相对陌生的。《合同法》之所以规定债权人代位权，主要是针对当时的“三角债”问题，是想在实体法的层面增加一些手段，让债权人保障其债权。这与强制执行法规则是否完备，没有必然的联系。

（二）王成的答复

首先，《日本民法》上的代位权制度与中国法上的代位权制度具有不同的性质。在中国法上，债权人通过行使代位权，完全可以使自己的金钱债权得到满足。《最高人民法院关于依法制裁规避执行行为的若干意见》（法〔2011〕195 号）第 14 条规定，引导申请执行人依法诉讼。被执行人怠于行使债权对申请执行人造成损害的，执行法院可以告知申请执行人依照《合同法》第 73 条的规定，向有管辖权的人民法院提起代位权诉讼。同时，根据《最高人民法院关于依法制裁规避执行行为的若干意见》（法〔2011〕195 号）第 12 条及第 13 条的规定，对于已经生效法律文书确认的到期债权，法院可以直接予以执行。对于未到期债权，则可以保全。待到期后参照到期债权的处理方式处理。故而，尽管代位权制度与执行制度存在着密切的联系，但是，中国法上的代位权制度与执行制度的关系，与日本法上代位权制度的关系可能是不一样的。因此，在中国法上，代位权制度的存在与民事执行及保全制度是否完备不具有必然的联系。

其次，中国的民事执行制度有它自己的问题。但是从代位权制度角度或者保全财产的角度来看中国的民事执行制度，应当是比较完备的。换言之，中国的民事执行制度中的保全制度，应当没有什么问题。只要当事人提供了被执行人可供执行的财产线索，法院完全可以采取保全措施或者采取直接的执行措施，确保债权人的债权得到满足。由于中国法律要求代位权中的两个债权都应当是到期债权，对于未到期债权，《最高人民法院关于依法制裁规避执行行为的若干意见》（法〔2011〕195号）第13条规定，对被执行人的未到期债权，执行法院可以依法冻结，待债权到期后参照到期债权予以执行。第三人仅以该债务未到期为由提出异议的，不影响对该债权的保全。①

三、松冈久和的点评

虽然韩世远教授与王成教授都阐述了债权人代位权与执行制度不具有直接关联性的否定性意见，但我个人认为两者之间还是有密切的关联。对此，王成教授答复称："中国的民事执行制度中的保全制度，应当没什么问题。"那么，在债权人取得债务名义之前，能否防止债务人向次债务人追讨债权或让与其债权呢？（在日本，可以通过假查封来解决该问题）

此外，如日本的转用事例（比如，转得人代位行使买受人对出卖人享有的登记请求权的情形；承租人代位行使不动产出租人的排除妨害请求权的情形；在买卖合同的出卖人的继承人之间不能协调一致的情况下，为了排除买受人的同时履行抗辩权并要求立即履行金钱债权，继承人之一代位行使买受人对全体继承人所享有的移转登记请求权的情形）。② 那样，在其他的制度不能充分应对的情况下，将有必要运用债权人代位权，此种情况也会在中国发生。我个人猜测，之所以未关注特定债权的保全问题是因为，将视线聚焦到了三角债这一更为重大的社会问题之上。

---

① 对于以上六个问题收到韩、王两位的答复后，小口教授还追加提出了如下提问。对此，收到了王成教授的答复，兹将其列出。

〔追加提问〕关于所谓的无清偿能力要件。比如债务人手中虽没有现金，但债务人持有几辆汽车，且可以以此来清偿向债权人所欠债务之场合，债权人如果想对该汽车申请执行，还需要拍卖或变卖等繁杂的程序。为了避免此种繁杂的程序，债权人能否代位行使债务人对次债务人所享有的金钱债权？在笔者（小口）所查阅到的案例范围内，没有看到所谓的无清偿能力要件成为争议焦点的案例。

〔王成的观点〕学说中确有不特定债权以及金钱债权需以无清偿能力为要件的见解。但无论是《合同法》还是司法解释，都未要求此要件。因此，在司法实务中不要求债务人无清偿能力的要件。

② 大判明治43年7月6日民录16辑537页、大判昭和4年12月16日民集8卷944页、最判昭和50年3月6日民集29卷3号203页。甚至，有判例还承认了抵押权人为了保全对抵押人享有的侵害更正请求权而代位行使抵押人对不法占有人享有的排除妨害请求权（最大判平成11年11月24日民集53卷8号1899页）。此代位是为了保全非债权的权利的代位，判例虽称为"按照《民法》第423条的法意"，但其已超出了类推适用的范围。

第六章 债权的保全（2）——债权人撤销权

第一节 中国《合同法》与相关法规及中日条文比较

一、中国《合同法》与相关法规

《合同法》第 74 条【债权人的撤销权】 因债务人放弃其到期债权或者无偿转让财产，对债权人造成损害的，债权人可以请求人民法院撤销债务人的行为。债务人以明显不合理的低价转让财产，对债权人造成损害，并且受让人知道该情形的，债权人也可以请求人民法院撤销债务人的行为。

撤销权的行使范围以债权人的债权为限。债权人行使撤销权的必要费用，由债务人负担。

《合同法》第 75 条【撤销权的期间】 撤销权自债权人知道或者应当知道撤销事由之日起一年内行使。自债务人的行为发生之日起五年内没有行使撤销权的，该撤销权消灭。

《合同法适用解释（一）》第 23 条 债权人依照合同法第七十四条的规定提起撤销权诉讼的，由被告住所地人民法院管辖。

《合同法适用解释（一）》第 24 条 债权人依照合同法第七十四条的规定提起撤销权诉讼时只以债务人为被告，未将受益人或者受让人列为第三人的，人民法院可以追加该受益人或者受让人为第三人。

《合同法适用解释（一）》第 25 条 债权人依照合同法第七十四条的规定提起撤

销权诉讼，请求人民法院撤销债务人放弃债权或转让财产的行为，人民法院应当就债权人主张的部分进行审理，依法撤销的，该行为自始无效。

两个或者两个以上债权人以同一债务人为被告，就同一标的提起撤销权诉讼的，人民法院可以合并审理。

《合同法适用解释（二）》第18条　债务人放弃其未到期的债权或者放弃债权担保，或者恶意延长到期债权的履行期，对债权人造成损害，债权人依照合同法第七十四条的规定提起撤销权诉讼的，人民法院应当支持。

《合同法适用解释（二）》第19条　对于合同法第七十四条规定的“明显不合理的低价”，人民法院应当以交易当地一般经营者的判断，并参考交易当时交易地的物价部门指导价或者市场交易价，结合其他相关因素综合考虑予以确认。

转让价格达不到交易时交易地的指导价或者市场交易价百分之七十的，一般可以视为明显不合理的低价；对转让价格高于当地指导价或者市场交易价百分之三十的，一般可以视为明显不合理的高价。

债务人以明显不合理的高价收购他人财产，人民法院可以根据债权人的申请，参照合同法第七十四条的规定予以撤销。

《最高人民法院关于依法制裁规避执行行为的若干意见》（法〔2011〕95号，2011年5月27日公布施行）

第14条第2款　被执行人放弃债权、无偿转让财产或者以明显不合理的低价转让财产，对申请执行人造成损害的，执行法院可以告知申请执行人依照《中华人民共和国合同法》第七十四条的规定向有管辖权的人民法院提起撤销权诉讼。

二、《日本民法》

第424条【诈害行为撤销权】　债权人可以请求法院撤销债务人知有害于其债权人而实施的法律行为。但是，因该行为而受有利益者或转得人，于行为或转得当时不知侵害债权人的事实者，不在此限。

前款规定，不适用于不以财产权为标的的法律行为。

第425条【诈害行为撤销的效果】　前条规定的撤销，为全体债权人的利益而发生效力。

第426条【诈害行为撤销权的期间限制】　第424条规定的撤销权，自债权人知有撤销原因时起两年不行使时，因时效而消灭。自行为时起经过二十年，亦同。

三、《日本民法修正案》

第424条【诈害行为撤销请求】 债权人可以请求法院撤销债务人知有害于其债权人而实施的行为。但是，因该行为而受有利益者（以下、在本款中称“受益人”。），于行为当时不知侵害债权人的事实者，不在此限。

前款规定，不适用于不以财产权为标的的行为。

第424条第3款（新设） 债权人以其债权为基于第一款规定的行为之前的原因所生的为限，可以实施基于该款规定的请求（下称“诈害行为撤销请求”）。

第424条第4款（新设） 其债权不能通过强制执行实现时，债权人不能实施诈害行为撤销请求。

第424条之2（新设）【取得相当之价款而为的财产处分行为的特别规定】 债务人实施处分其财产的行为，从受益人处取得相当之对价的，以全部符合下列任何要件的为限，债权人可对该行为主张诈害行为撤销请求。一、该行为通过将不动产以金钱予以变现及其他基于该处分之财产种类的变更，对债务人实施隐匿、无偿提供及其他有害债权人的处分（以下、在本条中称“隐匿等处分”。）产生现实威胁的。二、债务人在该行为当时对作为对价而取得的金钱等其他财产具有实施隐匿等处分的意思的；三、受益人在该行为当时知道债务人具有实施隐匿等处分之意思的。

第424条之3（新设）【关于对特定债权人提供担保等的特别规定】 就债务人实施的对既存债务提供担保或有关消灭债务的行为，以全部符合下列任何要件的为限，债权人可以主张诈害行为撤销请求。一、该行为实施于债务人支付不能（指的是，债务人由于欠缺支付能力，对其债务中以届清偿期的债务处于一般性且持续性地不能清偿之状态。于第2款第1项，亦同。）时的；二、该行为是由债务人与受让人通谋以有害其他债权人之意图来实施的。

于前款规定的行为不属债务人的义务或其时期不属债务人的义务之情形，均符合下列任何要件时，不论前款的规定，债权人可以对该行为主张诈害行为撤销请求。一、在债务人陷入支付不能之前30日以内实施该行为的；二、该行为是由债务人与受让人通谋以有害其他债权人之意图来实施的。

第424条之4（新设）【过大的代物清偿等的特别规定】 债务人实施有关消灭债务的行为，受益人所受给付的价款比起因该行为而消灭的债务额为过大的，在符合第424条规定要件时，债权人不受前条第1款规定的限制，可就相当于该债务额消灭部分以外的部分主张诈害行为撤销请求。

第 424 条之 5（新设）【对转得人的诈害行为撤销请求】 债权人在可以向受益人主张诈害行为撤销请求的场合，存在转得移转于受益人的财产之人时，按照下列各项的区分，以符合各该项规定的为限，也可以对该转得人主张诈害行为撤销请求。一、该转得人为从受益人处转得之人的场合：该转得人在转得当时知道债务人实施的行为有害债权人的。二、该转得人为从其他转得人处转得之人的场合：该转得人及其此前转得的所有转得人在各转得当时知道债务人实施的行为有害债权人的。

第 424 条之 6（新设）【返还财产或偿还价款之请求】 债权人在对受益人的诈害行为撤销请求中可以请求撤销债务人实施的行为，并可以请求返还由该行为而移转于受益人的财产。受益人难以返还该财产的，债权人可以请求偿还其价款。

债权人在对转得人的诈害行为撤销请求中可以请求撤销债务人实施的行为，并可以请求返还转得人所转得的财产。转得人难以返还该财产的，债权人可以请求偿还其价款。

第 424 条之 7（新设）【被告及其诉讼通知】 有关诈害行为撤销请求的诉讼，按照下列各项的区分，以符合各该项规定之人为被告。一、有关向受益人提起的诈害行为撤销请求之诉：受益人。二、有关向转得人提起的诈害行为撤销请求之诉：该诈害行为撤销请求之相对人的转得人。

债权人提起有关诈害行为撤销请求之诉的，应当及时向债务人发出诉讼通知。

第 424 条之 8（新设）【撤销诈害行为的范围】 ①债权人行使诈害行为撤销请求，债务人实施行为的标的可分时，以自己的债权额为限，可以请求撤销该行为。

债权人依据第 424 条之 6 第 1 款后段或第 2 款后段请求偿还价款的，与前款亦同。

第 424 条之 9（新设）【对债权人的支付或交付】 债权人依据第 424 条之 6 第 1 款前段或者第 2 款前段的规定向受益人或转得人请求返还财产，其返还请求属于支付金钱或交付动产的，可要求受益人向自己为其支付或交付，或可要求转得人向自己为其交付。于此情形，受益人或转得人向债权人为其支付或交付的，无须向债务人为其支付或交付。

债权人依据第 424 条之 6 第 1 款后段或第 2 款后段向受益人或转得人请求偿还价款的，与前款亦同。

第 425 条【认可判决的效力所及之人的范围】 认可诈害行为撤销请求的确定判

决，对债务人以及其全体债权人亦生效力。

第 425 条之 2（新设）【有关债务人所受对待给付的受益人权利】 债务人实施的有关财产处分的行为（不包括有关消灭债务的行为。）被撤销的，受益人可以向债务人请求返还为取得该财产而为的对待给付。债务人难以返还该对待给付的，受益人可请求偿还其价款。

第 425 条之 3（新设）【受益人实施的债权之恢复】 于债务人实施的有关消灭债务的行为被撤销之情形（不包括依据第 424 条之 4 规定而被撤销之情形。），受益人返还从债务人处所受的给付或偿还其价款的，受益人对债务人的债权由此恢复原状。

第 425 条之 4（新设）【受诈害行为撤销请求之转得人的权利】 债务人实施的行为因对转得人的诈害行为撤销请求而被撤销的，该转得人可按下列各项的区分，分别行使各该项规定的权利。但是，以该转得人为了从其前者处取得财产而为的对待给付或因由其前者处取得财产而消灭之债权的数额为限。一、第 425 条之 2 规定的行为被撤销之情形：假设该行为由对受益人的诈害行为撤销请求而被撤销，依据该条规定而应当产生的受益人对债务人享有的返还对待给付的请求权或其价款的偿还请求权。二、前条规定的行为被撤销之情形（不包括依据第 424 条之 4 而被撤销之情形）：假设该行为由对受益人的诈害行为撤销请求而被撤销，依据前条规定应予恢复的受益人对债务人所享有的债权。

第 426 条【诈害行为撤销权的期间限制】 有关诈害行为撤销请求之诉，自债权人知道债务人实施了其知有害于债权人而为的行为时起经过两年的，不得提起。自行为时起经过十年的，亦同。

四、中日条文比较

日本法与中国法的债权人撤销权规定存在如下不同：

（1）中国法区分债务人的有偿行为和无偿行为，对于债务人的无偿行为不以恶意为要件（与德国、瑞士、台湾法相同）。（2）关于行使撤销权的期限，两国法有很大不同。特别就除斥期间而言，中国法规定为 5 年，而日本法则规定为 20 年。但《日本民法修正案》将其 20 年缩短为 10 年。（3）中国法对债务人以不合理的价格有偿转让规定了诸如 30% 以上、70% 以下等具体标准 [参见《合同法适用解释（二）》第 19 条]。（4）中国法通过《合同法适用解释（一）》第 24

条仅将债务人规定为被告。而现行《日本民法》虽不存在此种表述，但《日本民法修正案》第424条之7明文规定了可成为被告的范围。（5）中国法上不存在与日本法上转得人相对应的表述。在中国法上，将从债务人处有偿受让之人称为“受让人”，将无偿受让之人称为“受益人”，并不存在相当于与债务人直接发生法律行为的所谓的转得人之语句。顺便提及的是，根据浙江省温岭市人民法院（2010）台温商初字第1000号民事判决书“王运筹案”与浙江省平湖市人民法院（2010）嘉平商初字第100号民事判决书“海宁市华通实业有限公司案”，在前述判决中，相当于日本法上所称的转得人被称为“案外人”。（6）在中国法上，根据《最高人民法院关于依法制裁规避执行行为的若干意见》第14条第2款规定，可以在强制执行程序中行使债权人撤销权。而日本法不存在将债权人代位权的行使与强制执行予以一体把握的规定。

第二节　关于债权人撤销权的被告与债权人撤销权的性质问题

一、问题的提出

关于债权人撤销权的效力，正如“第一节 四、中日条文比较”（4）中所述，中国法将撤销权的被告限于债务人。于此情形，如果依据判决的相对性这一观点，其判决的效力将不可能及于受益者也就是中国法所说的受益人以及受让人。在中国只将债务人作为被告而其效力亦及于受益人和受让人，是不是因为上述最高人民法院的司法解释采用了物权绝对效果说的缘故？

二、韩世远与王成的答复

（一）韩世远的答复

依请求权说和折中说（以日本判例理论为例），诈害行为仅在共同担保保全的限度内，并在作为撤销权诉讼当事人的债权人与受益人或者转得人相对的关系上归于无效。撤销判决的既判力不仅不及于没有参加撤销权诉讼的债务人，对于债务人与受益人、受益人与转得人之间的法律关系，亦不产生任何之影响；恢复原状作为撤销的效果，仅在债权人与被告之间相对的关系上发生，债务人并不因此而取得直接的权利。[①] 这便是日本判例通说上所谓的“撤销的相对效力”。可见，所谓撤销的相对效力体现在两个方面：一是“人的方面”（仅限于撤销权诉讼当事人，并不及于债务人）；二是“财的方面”，即仅在保全债权的限度内。依《合同法适用解释（一）》，债务人被作为撤销权诉讼的被告，受益人或者受让人可作为诉讼第三人［《合同法适用解释（一）》第 24 条］，显然没有“人的方面”相对效力之概念。相反，撤销权诉讼判决的既判力（债权人撤销权行使的效力，依判决的确定而产生），及于债权人、债务人、第三人（受益人或转得人），因而属于绝对的效力。唯《合同法》要求撤销权行使的范围以债权人的债权为限（《合同法》第 74 条第 2 款），法释（1999）19 号亦要求各级法院仅就债权人主张的部分进行审理［《合同法适用解释（一）》第 25 条第 1 款］，此处所谓“债权人的债权”，实即行使撤销权的债权人的债权，而非全体债权人的债权，这样来看，对于“财的方面”，实行相对的效力。

在债权人撤销权诉讼中，从中国最高人民法院的判决中可以反映出来，该诉讼的法律效果不仅及于债务人与受益人或者受让人之间的法律行为的效力，使之归于无效（形成的效果），而且兼具有给付的效果，命令无效行为的双方当事人想到返还财产（股权），如不能返还，尚得发生损害赔偿责任。[②]

（二）王成的答复

《合同法适用解释（一）》第 24 条的规定是：“债权人依照合同法第七十四条的规定提起撤销权诉讼时只以债务人为被告，未将受益人或者受让人列为第三人的，人民法院可以追加该受益人或者受让人为第三人。”从文意来看，仅仅以债务人作为被告是债权人的选择。法院是希望受益人或者受让人都参加诉讼。将受益人或者受让人作为第三人，既有利于查清楚事实，又不妨碍让其承担责任，具有灵活性。比如，《合同法适用解释（一）》第 26 条规定，债权人行使撤销权所支付的律师代理费、差旅费等必要费用，由债务人负担；第三人有过错的，应当适当分担。

此外，也存在以债务人和受益人、受让人同时列为被告的情况。比如，在“上诉人

---

① 大判大正 8 年 4 月 11 日民录 25 辑 808 页；［日］奥田昌道：《债权总论（增补版）》，日本悠悠社 1992 年版，第 326 页。

② 参见最高人民法院（2008）民二终字第 23 号民事判决书，“国家开发银行与沈阳高压开关有限责任公司、新东北电气（沈阳）高压开关有限公司、新东北电气（沈阳）高压隔离开关有限公司、沈阳北富机械制造有限公司等借款合同、撤销权纠纷案”，资料来源：北大法宝数据库。

国家开发银行（以下简称国开行）为与被上诉人沈阳高压开关有限责任公司（以下简称沈阳高开）、新东北电气（沈阳）高压开关有限公司（以下简称新东北电）、新东北电气（沈阳）高压隔离开关有限公司（以下简称新泰高压）、沈阳北富机械制造有限公司（以下简称诚泰能源）、沈阳东利物流有限公司（以下简称新泰仓储）、东北电气发展股份有限公司（以下简称东北电气）、原审被告沈阳变压器有限责任公司（以下简称沈阳变压）、东北建筑安装工程总公司（以下简称东北建安）借款合同、撤销权纠纷一案”［最高人民法院（2008）民二终字第23号民事判决书］中，债务人与受益人或者受让人都是被告。最高人民法院最后的相关判决内容是：“四、撤销东北电气以其持有的对东北输变电人民币7666万元的债权及利息与沈阳高开持有的在诚泰能源95%的股权和在新泰仓储95%的股权进行股权置换的合同；五、东北电气于该判决生效后十日内将其在诚泰能源95%的股权和在新泰仓储95%的股权返还给沈阳高开，如果东北电气不能返还，东北电气应在人民币24 711. 65万元的范围内赔偿沈阳高开的损失；沈阳高开于该判决生效后十日内将其持有的东北输变电人民币7666万元的债权及利息返还给东北电气，如果沈阳高开不能返还，沈阳高开应在人民币7666万元的范围内赔偿东北电气的损失。”

债务人与受益人或者受让人的法律行为被撤销后，“该行为自始无效”，回到了放弃行为、转让行为发生前的状态。此时，债权人可以根据情况再采取措施，包括但不限于对债务人的债权采取代位权，这取决于案件的具体情况。比如，最高人民法院公布的逃避执行典型案例“上海金地石化有限公司与上海立宇贸易有限公司侵权损害赔偿纠纷执行案”中，该案的案情摘要如下：

上海金地石化有限公司（以下简称金地公司）与上海立宇贸易有限公司（以下简称立宇公司）侵权损害赔偿纠纷一案，上海市高级人民法院作出民事调解书，确认立宇公司支付金地公司880万元；杨丽萍在740万元范围内对立宇公司的支付义务承担连带责任。

立宇公司与杨丽萍未履行调解书约定的付款义务，金地公司向该案一审法院上海市第一中级人民法院申请强制执行。执行法院查明，立宇公司因涉嫌刑事案件，经相关机构鉴定，已无偿债能力；杨丽萍名下原有四套房产，但在原告金地公司提起诉讼前两天，杨丽萍与龚某（杨丽萍之子）签订了3份《上海市房地产买卖合同》，将其名下四套房产中的三套“售与”龚某，随后办理了房产过户手续。

执行立案后，金地公司向上海市闵行区人民法院提起撤销杨丽萍与龚某之间的房地产买卖合同的诉讼，上海市第一中级人民法院遂依法裁定该案中止执行。上海市闵行区人民法院在审理中查明，杨丽萍系立宇公司股东，其在接受公安机关讯问时，明确回答龚某实际未支付房款；龚某在受让房产时年仅 20 岁，且一直在国外读书，生活来源需父母供给，并不具备支付房款的能力。法院认为，杨丽萍预见到可能承担责任后，将其房屋产权无偿过户至龚某名下，主观上具有逃避债务的恶意，且事实上致使其清偿债务能力减弱，损害了债权人的利益。因此，判决撤销了杨丽萍、龚某签订的 3 份《上海市房地产买卖合同》。随后，金地公司申请恢复执行，要求处理已恢复至杨丽萍名下的房产。执行法院恢复执行后，金地公司与杨丽萍达成和解协议，杨丽萍将其名下的一套房产过户至金地公司名下，并补偿金地公司 16 万元，金地公司放弃其他债权主张。案件执行终结。

最高人民法院认为，本案的典型意义在于：被执行人无偿转让财产，对申请执行人造成损害，申请执行人依照《合同法》相关规定向有管辖权的人民法院提起撤销权诉讼，有效地反制规避执行行为。

三、濑川信久的点评

（一）中国法的特色

正如"问题的提出"中所指出的那样，中国的债权人撤销诉讼与现行日本法有两点不同。

其一为被告（a）。在日本的诈害行为撤销诉讼中以受益人或转得人作为被告，债务人不能成为被告。即使在撤销的诈害行为是被理解为单独行为的债务免除的情况下，被告仍然是受益人（次债务人），不是债务人。[①] 与此相对，在中国的债权人撤销诉讼中债务人必须为被告，受益人与受让人（相当于日本法上的"受益者"与"转得者"）并非总是作为被告的。关于这一点，韩世远教授作如此说明："在我国内地作为通说的折中说上，当债务人的行为属单独行为时，应当以该债务人为被告；债务人与第三人通过合同已经移转财产时，原则上应以债务人与第三人为被告；若财产尚未移转时，应当以债务人为被告；在给付之诉涉及受益人时，受益人也是被告。"[②] 此外，王成教授认为，也存在除了债务人以外将受益人列为被告的案例，但债务人

① ［日］奥田昌道编：《新版注释民法（10）Ⅱ》，日本有斐阁 2011 年版，第 798 页（下森定撰写部分）；［日］饭原一乘：《诈害行为撤销诉讼》，日本悠悠社 2006 年版，第 405 页。关于相关判例，请参见大判大正 9 年 6 月 3 日民录 26 辑 808 页、东京高判昭和 61 年 11 月 27 日判例时报（Times）641 号 128 页。

② 以上引用部分出自韩世远Ⅳ书，第 361 ～ 362 页（日文翻译为文元春）。

总成为被告。最高人民法院的《合同法适用解释（一）》第 24 条虽然没有明言必须以债务人作为被告，但可以理解为是以债务人为被告作为其前提的。对此，小口教授指出：总而言之，在实际的案例中债务人总是被作为被告的，而就受益人而言，将其作为被告的与未作为被告的案例各占一半，仅仅以受益人为被告的案例是不存在的。[①] 在上述方面，中国法与日本法形成了鲜明的对照。

不过，与适格被告的差异相关的是，日本与中国的债权人撤销诉讼还存在于撤销效果上的差异（b）。即，上述《合同法适用解释（一）》第 25 条第 1 款明确规定："依法撤销的，该行为自始无效。"对此，韩世远教授指出，在中国的债权人撤销诉讼中虽以债务人为被告，但由于撤销判决具有绝对的效力，因此，若债务人的处分行为被撤销，则受益人或转得人也不能主张该处分行为的有效性。在一这点上也与日本法形成了鲜明的对照。在日本，以受益人或转得人为被告，虽然撤销判决的后果导致债务人的处分行为在实体法上也归于无效，但由于债权人与受益人或受让人之间仅仅是相对性的无效，因此债务人可以主张该无效。[②]

在此将视野拓展到法国法和德国法上的话，可以确认中国法的独特性。但与此同时，也可以看到日本法（折中说）与中国法存在部分相似之处［关于以下的（a）与（b），请各参见表 1 的 A–1 栏、A–2 与 D 栏］。[③]

首先，从（a）撤销之诉的被告来看，法国和德国都仅以受益人（转得人）为被告。在这一点上，法国、德国与日本相同，就此而言，原则上仅以债务人为被告的中国法就显得特殊。不过，就日本的修正债权法而言，其在以向债务人诉讼告知这一点上，已接近于中国法。

其次，从（b）撤销后的诉讼法上的效力来看，在法国、德国以及日本法（判例通说）

---

① ［日］小口彦太：《中国债权人撤销权的基础性研究》，载日本《比较法学》2014 年第 47 卷第 3 号。

② ［日］奥田昌道编：《新版注释民法（10）Ⅱ》，日本有斐阁 2011 年版，第 798 页（下森定撰写部分）。

③ 关于下述内容，请参见［日］松坂佐一：《债权人撤销权的研究》，日本有斐阁 1962 年版；［日］下森定：《债权人撤销权判例的综合解说》，日本信山社 2010 年版；［日］下森定：《诈害行为撤销权的研究》，日本信山社 2014 年版；［日］饭原一乘：《诈害行为撤销诉讼》，日本悠悠社 2006 年版；［日］佐藤岩昭：《诈害行为撤销权的理论》，日本有斐阁 2001 年版；［日］片山直也：《诈害行为的基础理论》，日本庆应义塾大学出版会 2011 年版；［日］濑川信久：《诈害行为撤销权：日本法的比较法上的定位与修正案的现实性意义》，载濑川信久编：《债权法修正的论点与今后的课题》，日本商事法务 2014 年版，第 91 页。

中，撤销判决的效力不及于非诉讼当事人的债务人。另一方面，从实体法上的效力来看，被撤销的诈害行为在德国的判例通说中是仍然有效的，而在德国的责任说中则成为债务人的责任财产（责任性无效），在法国的判例通说中，诈害行为的效力不能对抗撤销债权人（对抗不能）。无论德国法抑或法国法，均属于对溢出财产的忍受执行这一仅针对撤销债权人的相对且部分的无效。与此相对，在日本的判例通说中，诈害行为因撤销而在实体法上成为仅在撤销债权人与受益人之间的相对但全面的无效。而对于上述内容，日本的修正债权法以向债务人诉讼告知为由，规定在债务人与受益人之间也归于无效。如前所述，日本法至今为止仍介于法国法、德国法与中国法之间，但通过此次修改已接近于中国法。

（二）中国法特色的背景

如上所述，（a）债务人必须为被告以及（b）处分行为因撤销即归于绝对无效是中国法的特色，而这些特色从何而来呢？以下将从日本的讨论来出发，分别就（a）与（b）进行考察。

首先，关于（a）在撤销之诉中以谁为被告、是受益人还是债务人这一问题，日本虽在民法典起草时就有过讨论，但从1910年代初以来，判例（大判明治44年3月24日民录17辑117页）与多数说是以受益人与转得人为被告，否定债务人为适格被告的。虽然往往举出债权人撤销乃是相对性撤销作为其理由，但如若考虑其实质的话恰好相反，债务人不是被告这一点才是撤销判决的效力仅止于债权人与受益人的理由。那么，不以债务人为被告的实质性理由又是什么呢？关于这一点，可以将自民法典起草时以来的讨论整理如下：[①]（1）由于债务人无资力，因此作为被告也没有意义；（2）由于也存在实施诈害行为的债务人下落不明的情况，即使找到债务人，其也可能在开庭当天不出庭，即使出庭也无法期待其可信赖的言行，因此，即使将其列为被告也只是加重进行诉讼的负担而已；（3）由于很少有债务人在撤销之诉之后又否定处分行为的诈害

---

① 以下所述的（1）为在法典调查会中提出的意见，参见［日］法务大臣官房司法法制调查部监修：《法典调查会民法议事速记录三》，商事法务研究会1983年版，第120页［高木丰三］。（2）为关于阶段性论点整理的公众征求意见中对以债务人为被告这一问题的反对意见，参见［日］商事法务编：《民法（债权关系）部会资料集第2集〈第3卷（上）〉》，日本商事法务2013年版，第624页以下。此外，律师协会、日本最高法院等实务法曹关于这一问题的意见中，赞成与反对意见各占了17和12。（3）（4）是笔者（濑川）在2012年至2013年这段时间内向具有企业法务经验的1位大学教师、1位法官以及1位律师确认的内容。

性而争讼的情况，因此，将撤销判决的效力及于债务人没有太大必要，对于那些事后有可能争讼的债务人，撤销债权人另行合并提起金钱给付之诉即可；[①]（4）涉诉债务人可以辅助受益人一方而参加诉讼，也可以另行起诉债权人，[②] 因此，其在诉讼程序上的权利是受到保障的。此外，在法国也自古以来对诈害行为撤销诉讼的被告进行着相关讨论，其中判例与多数说仅以受益人为被告，其主要理由在于前述的（1）。[③]

与上述日本的讨论相比，在中国的债权人撤销诉讼中存在众多债务人向近亲属处分责任财产的案例，在这些案例中，债务人本身对于处分行为的诈害性存有争议。[④] 由此可以推断，在向近亲属处分财产的案例中债务人与受益人共同对抗债权人，这是中国的债权人撤销诉讼将债务人作为被告的理由。但是对于此种说明，韩、王两位虽不否定但也未积极地加以肯定。而且，王成教授强调，在中国，债权人是在对债务人的执行程序开始之后提起撤销之诉的。据此推断，还可能存在以债务人为被告的如下所述的其他理由。

（5）债权人即使没有债务名义（执行依据），但只要提供担保，就可依据人民法院的裁定采取保全措施并开始执行程序。此外，在执行不动产的场合，即使不动产非以债务人的名义登记，甚而言之根本就未登记的，也可以开始执行程序。因此，债权人首先以债务人为执行对象来申请执行，并在此程序中请求撤销债务人与受益人之间的行为。在审判庭审理债权人撤销诉讼期间，执行程序暂时中止，在作出撤销判决后，再据此实施执行程序。[⑤]

---

① ［日］饭原一乘：《诈害行为撤销诉讼》，日本悠悠社 2006 年版，第 348 页、第 349 页；［日］下森定：《债权人撤销权判例的综合解说》，日本信山社 2010 年版，第 124 页。

② ［日］饭原一乘：《诈害行为撤销诉讼》，日本悠悠社 2006 年版，第 348 页；［日］下森定：《债权人撤销权判例的综合解说》，日本信山社 2010 年版，第 123 页。此外，债务人也可作为原告起诉债权人。

③ ［日］松坂佐一：《债权人撤销权的研究》，日本有斐阁 1962 年版，第 52 页；［日］佐藤岩昭：《诈害行为撤销权的理论》，日本有斐阁 2001 年版，第 96 页。

④ ［日］小口彦太：《中国债权人撤销权的基础性研究》，载日本《比较法学》2014 年第 47 卷第 3 号。

⑤ 此外，中国《合同法》上的债权人代位权在实务中限定于金钱债权，因此逸出财产的恢复无法由债权人代位权来进行（［日］小口彦太：《中国债权人代位权的基础性研究》，载《早稻田法学》2013 年第 89 卷第 1 号）。但据小口教授的指教，债权人可以在进行强制执行程序的过程中，通过代替债务人行使代位执行申请权来直接（不经过复归于债务人名义这一程序）收回该债权份额，且在此行使过程中鼓励行使债权人代位权或债权人撤销权（参见《最高人民法院关于依法制裁规避执行行为的若干意见》），当超出撤销债权人的债权额时，将在该债权范围内优先收回。

如果将此中国的撤销之诉与撤销判决的执行与日本、法国以及德国相比较的话，可以看出中国法特色的背景（以下内容请参见表1的B栏）。第一，从撤销判决的执行债务人来看，在法国法与德国法中债权人撤销仅针对受益人等行使权利，其并未与对债务人的执行结合在一起。与此相对，在日本法与中国法上，债权人撤销是旨在针对债务人强制执行的制度，不是限于对受益人等行使权利的制度。但是，第二，从对债务人的执行方式来看，日本与中国又不尽相同。在日本，为了开始执行程序，必须针对特定属于债务人的执行对象来进行查封。[①] 为此，有必要在查封前通过撤销诈害行为来将由诈害行为逸出的财产复归到债务人名下。由此，撤销之诉成为发生在对债务人的执行程序之前的另外的程序。与此相对，在中国，对债务人的执行是对其总财产的执行，而不是对具体财产的执行。[②][③]

如上所述，在法国、德国以及日本，之所以不将债务人作为撤销之诉的被告，其理由在于：在前两者，债权人撤销是作为对受益人等的权利行使，并至此完结；在后者，撤销之诉被作为发生在对债务人的执行程序之前的、对受益人等实施的另外的程序。与此相对，在中国，由于将撤销之诉纳入到了对债务人总财产的执行程序之中，因此将债务人作为了撤销之诉的被告。

其次，我认为，（b）的绝对无效这一特色与（a）同样源于债权人撤销属于对债

---

① ［日］中野贞一郎：《民事执行法（增补新订6版）》，日本青林书院2010年版，第259页。此外，在执行不动产的场合，申请拍卖时还需要执行债务人的登记名义或证明其所有权的文书（固定资产税的缴付证明书等）（参见该书第410页）。

② 参见张悦：《中国民事执行制度的意义与课题（1）》，载日本《立命馆法学》2012年1号，第488～489页（执行程序与执行措施相区别，执行措施指的是对具体财产实施的查封、变现、分配等，而执行程序指的是在执行当事人之间进行的执行的开始、停止、终止以及救济。），第496～498页（由于是对总财产的执行，因此广泛地配置了财产调查程序）；张悦：《中国民事执行制度的意义与课题（2·完）》，载日本《立命馆法学》2012年3号，第334页（财产公示程序），第337页（由区分执行程序与执行措施而形成“二庭一室”）。

③ 此外，不论是中国还是日本，也存在作为一种权宜之计来采用与上述一般执行方式所不同的执行方式的情况。即，在日本，以撤销诈害行为来请求返还价额时，例外性地承认向撤销债权人直接返还的请求——不要求存在对债务人的债务名义。可以说在以返还价额的范围内，日本的债权人撤销与法国法和德国法同样属于旨在对受益人等实施强制执行的制度（日本的债权人撤销的二元性）。但是，向撤销债权人的直接返还是以不能期待债务人的受领这一执行上的权宜为其理由的，因此应认为其是对本来应复归到债务人的金钱的执行。另一方面，在中国，撤销债权人基于撤销判决，直接执行受益人占有、以其名义登记的逸出财产。此种撤销判决的执行方式与法国法、德国法相近。但是，似乎在观念上仍认为所有权由撤销判决复归到债务人处。

务人总财产的民事执行程序的一个环节，除此之外，其还源于在中国民事执行具有个人破产功能这一点上。以下，稍作详细说明。

日本法之所以将撤销的效力理解为相对性撤销，其理由可能在于：只要将在每个利害关系人之间解决纠纷这种方式积累起来便足已；只要使得撤销判决中败诉的受益人（或转得人）能够向债务人（或受益人）追究某项责任或义务即可。话虽如此，在该诉讼中有可能债务人与受益人之间的行为不被认定为诈害行为。但是，对于此种结果，日本法则认为：那是因为受益人（或转得人）的讼争方式不妥；或者，在撤销之诉中被诉时，原本应考虑要追究债务人的责任而需向债务人进行诉讼通知却没有通知，因此，应甘受其不利后果。

可是，与债权人撤销不同，关于破产否认，在日本法上也是在破产程序中处理破产人（债务人）与否认的相对方（受益人）之间的权利义务关系的。即，执行相对方所主张的恢复原状（《破产法》第167条、第260条等）。此外，相对方可以请求返还其实施的对待给付，恢复并行使已消灭的债权（《破产法》第168条、第169条）。如前所述，诈害行为撤销诉讼的效力仅限于否定撤销债权人与被告之间的效力，而在破产中，破产管理人与否认的相对方以及债务人之间的关系将在同一个程序中得到概括性的解决（甚至在破产程序中，也将概括性地决定债务人的各个债权人的权利）。这是因为，在破产程序中存在着有关债务人总财产的利害关系人之间的公平这一制度上的要求，因此不委以另诉来解决，而是耗费劳力和费用并进行基于公平的终局性的解决。

中国的债权人撤销制度在这一点上之所以具有破产否认的性质，可能是因为：除了其属于对债务人总财产的民事执行程序的一个环节之外，就破产能力而言，在1988年的《企业破产法（试行）》中仅限于国有企业，在2006年的《企业破产法》中仅限于企业法人，而对于非法人企业、个体工商户、合伙企业以及自然人则不承认破产（商人破产主义）。① 由于当事人为一般个人的情形由债权人撤销诉讼来解决，因此，如破产那样，包括债务人与受益人的权利义务关系在内有必要进行概括性判断的案件由债权人撤销诉讼来解决，且赋予撤销判决以绝对效力。

---

① 张继文：《〈中华人民共和国企业破产法〉的制定及其实施》，载日本《国际商事法务》2006年第34卷。此外，张悦：《中国民事执行制度的意义与课题（1）》，载《立命馆法学》2012年1号，第482页指出中国的民事执行兼具破产功能。虽然没有对其具体含义的说明，但是在与民事执行并行的债权人撤销中，决定诈害行为受益人的权利义务这一点与破产是相同的。其是以民事执行为对债务人总财产的执行为前提的。

如上所述，中国的债权人撤销权的特征［（a）债务人为适格被告以及（b）绝对无效］，是源于中国的民事执行为对债务人总财产的执行这一点的。[①] 我认为，在理解债权人撤销权甚至于中国的债权法以及担保法时，总是要注意债权的执行属于一种人的概括性的执行这一点。此外，还有必要注意：即使是相同的“债权人撤销权”，按照作为其前提的执行制度的不同会大有不同。

表 1

<table>
<tr><th>外国法、学说等</th><th>A-1
撤销之诉的被告</th><th>A-2
撤销判决的效力</th><th>B
撤销判决的执行</th><th>C
债务人的其他债权人的权利</th><th>D
被撤销的诈害行为在实体法上的效力</th></tr>
<tr><td>德国的判例通说（债权说）、日本的请求权说</td><td rowspan="4">仅为受益人或转得人</td><td rowspan="4">不及于债务人</td><td rowspan="3">基于被保全债权对受益人控制下的逸出财产强制执行</td><td rowspan="3">其他债权人，各自取得撤销判决后，对逸出财产强制执行</td><td>撤销的效力仅及于诉讼层面。行为在实体法上仍然有效</td></tr>
<tr><td>德国的责任说</td><td>仍然归属于受益人的同时，成为债务人的责任财产</td></tr>
<tr><td>法国的判例通说（对抗不能说）</td><td>不能向撤销债权人对抗行为的结果</td></tr>
<tr><td>日本的判例通说（折中说）</td><td rowspan="2">在将逸出财产复归到债务人的基础上，基于被保全债权强制执行/在返还价额的场合，向受益人请求</td><td rowspan="2">其他债权人，即使没有取得撤销判决，也可以强制执行取回的财产/在返还价额的场合，撤销债权人优先</td><td>与撤销债权人的关系中为无效（相对性撤销）</td></tr>
<tr><td>日本修正债权法</td><td>需要通知债务人</td><td>及于债务人</td><td>债务人与受益人之间亦属无效</td></tr>
<tr><td>日本的形成权说</td><td>受益人或转得人以及债务人</td><td>及于受益人与债务人</td><td>同上。但不存在价额返还的例外</td><td>同上。但不存在价额返还的例外</td><td rowspan="2">债务人与受益人之间亦属无效（绝对无效）</td></tr>
<tr><td>中国法</td><td>债务人必须为被告。受益人也可</td><td>及于债务人与非为被告的受益人</td><td>强制执行受益人控制下的逸出财产</td><td>在返还价额的场合，由撤销债权人优先执行?</td></tr>
</table>

在将［日］濑川信久:《诈害行为撤销权：日本法的比较法上的定位与修正案的现实性意义》，载［日］濑川信久编：《债权法修正的论点与今后的课题》，日本商事法务 2014 年版。对其中第 116 ~ 117 页中的表予以简化的同时，附加了与中国法的关系。关于各个事项，差异显著的部分用粗黑线标记，但在 D 栏“被撤销的诈害行为在实体法上的效力”中，其差异为阶段性且渐进性的，因此未以粗黑线标记。

① 如正文中所述，在日本法上自古以来也存在绝对无效的主张，此次的债权法修正在一方面将向债务人发出诉讼通知予以义务化的同时，还规定被撤销的诈害行为归于绝对无效。但是，日本的绝对无效是源于对执行对象要求存在债务人的登记名义或占有等的，其并非源于如中国那样对总财产的民事执行。因此，在返还金钱的场合，承认即使没有对债务人的债务名义也可以向撤销债权人直接返还，并采用了与绝对无效的思路所不同的解决方式。

第三节　关于债权人撤销权的行使范围

一、问题的提出

中国《合同法》第74条第2款规定的“以债权人的债权为限”指的是以全体债权人的全部债权为限，还是以行使撤销权的债权人的债权为限？《合同法适用解释（一）》第25条规定“人民法院应当就债权人主张的部分进行审理”，该规定应该是以后者为立场。对于该司法解释，韩世远教授在其Ⅳ书中指出：“此处所谓‘债权人的债权’，实即行使撤销权的债权人的债权，而非全体债权人的债权。这样看来，对于‘财的方面’实行相对的效力。”① 如果债权人的债权为可分债权的话，不会产生问题，但是诸如房屋此类，债权人需通过行使撤销权才能予以恢复的利益为不可分时，则会产生问题。于此情形，债权人行使撤销权的效力是否及于所有的撤销？

二、韩世远的答复

的确如此。

三、濑川信久的点评

关于债权人撤销的范围有两个问题。其一，被保全债权的范围问题，亦即：可撤销的范围是限于撤销债权人的债权价额，还是以包括债务人的其他债权人的债权价额在内的全部债权为限？其二，撤销对象的范围问题，亦即：当被保全债权的价额小于诈害行为标的物的价额时，是可以撤销全部诈害行为，还是仅在被保全债权的价额范围内予以撤销？②

前者的被保全债权的范围问题与债权人撤销权的制度目的为何——是保全和实现全体债权人的债权（Ⅰ），还是保全和实现撤销债权人的债权（Ⅱ）——这一问

---

① 韩世远Ⅳ书，第363页。

② 此外，对于取回的逸出财产是承认撤销债权人的优先受偿权还是应谋求与其他债权人之间的平等这一问题属于，在认为可以超出撤销债权人的债权范围予以撤销的情况下所产生的问题，应与撤销的范围问题予以区别对待。

题相关的。日本的传统学说是以如下理由来采用Ⅰ的观点的：(1)《日本民法》第425条的规定："前条规定的撤销，为全体债权人的利益而发生效力。"(2)于撤销不动产等的处分的场合，原则上整体实物将返还于债务人且债务人的其他债权人也可以执行该实物。① 但是,(1)近来,从对《日本民法》第425条起草过程的研究中，关于该条的内涵被指出有多种解释的可能性：比如，将撤销的结果作为全体债权人的共同担保的解释，仅限于片面扩张判决效力的解释等。②(2)在实际的案例中，撤销债权人仅以自身的债权范围为限来主张撤销。(3)如判例那样，其通过扩大适用价额返还来广泛承认撤销债权人的独占（详见后述）是有违Ⅰ的观点的。如Ⅱ那样，现在的学说逐渐开始将债权人撤销权的制度目的理解为保全和实现撤销债权人的债权。最近的价额赔偿原则论在关于撤销对象范围的后者的问题中明确了此种观点。

也就是说，关于撤销对象的范围，以往的判例通说在一方面将其限定于撤销债权人的债权额的同时，另一方面又在特定的场合承认了其例外。首先，通过撤销诈害行为而取回的财产可分时,撤销的范围仅限于撤销债权人的债权额。此种情形包括:(1)撤销的诈害行为可分的场合（比如，金钱赠与）;(2)诈害行为虽不可分但经撤销被返还的物为可分物的场合（比如，于撤销不动产处分的情形，因不动产标的物的灭失或转卖给善意第三人导致不能返还原物而以价额返还的场合）;(3)与此相对，在诈害行为不可分但可以返还原物时，以往的判例认为：即使超出撤销债权人的债权额仍可撤销对该物的整体处分，③ 撤销债权人与其他债权人均可执行返还于债务人的物。学说也支持上述判例的立场。但是，近年来开始逐渐增多了如下下级审案例，亦即：即使在(3)的情形中，当处分标的物的价额远远高于撤销债权人的债权额时以价额返还来处理，并将撤销范围限于撤销债权人的债权额。而且，在学说上也有

---

① 在日本,直至20世纪70年代为止申请破产的案件数量极少(参见[日]青山善充等著:《破产法概论:破产处理法的基础（新版增补2版）》，日本有斐阁2001年版，第15页;[日]濑川信久:《诈害行为撤销权：日本法的比较法上的定位与修正案的现实性意义》，载日本濑川信久编：《债权法修正的论点与今后的课题》，日本商事法务2014年版，第114页)。在这一时期，应考虑与受益人或其他债权人(受益人也多为债务人的债权人之一)的公平的案件成为了诈害行为撤销请求案件，这或许也促成了将诈害行为撤销制度的目的把握为保全和实现总债权人债权的结果。

② [日]佐藤岩昭:《诈害行为撤销权的理论》，日本有斐阁2001年版，第318页、第422页。

③ 话虽如此，当债权人撤销对象的财产价额超过被保全债权额时，即使全体债权人的债权额超过撤销对象的财产价额的，只能在被保全债权的范围内撤销该处分行为。参见大判明治36年12月7日民录9辑1339页；大判大正7年5月18日民录24辑993页；[日]下森定：《债权人撤销权判例的综合解说》，日本信山社2010年版，第136页。

学者主张应将判例的原物返还原则变更为价额赔偿原则。①

对于这一点，我个人认为，既然无人申请破产且只有债权人中的一人以债权人撤销诉讼来追求权利的实现，那么，就应当作为限定于该撤销债权人与受益人之间的单独的债务处理程序来谋求保全和实现撤销债权人的债权。从这种理解出发，应广泛承认金钱返还与价额偿还，并将此种情形中的撤销限定为被保全债权的价额内。在因难以进行金钱返还与价额偿还而需恢复不动产的场合，虽不限于被保全债权的价额，但超过该价额时则不能撤销其他行为。

在中国法上，撤销的范围也限于撤销债权人的债权额。不过，虽然韩世远教授将此结果称为“财的方面的相对效力”，但在日本法上，撤销权的相对效力仅与本章第2节所述的人的方面相关。如前所述，债权人撤销的范围问题是被作为与撤销的相对效力所不同的问题来对待的。②

第四节　关于债权人撤销权的要件

一、问题的提出

关于债权人撤销权的要件，韩教授受到日本的判例以及学说的影响，认为“在具体判断是否构成诈害行为时，通常理论所说的客观要件（即诈害行为）与主观要件（即恶意）仅应作为一般论，不应机械地套用……应当对行为的主观状态、客观状态以及行为的效果等因素全面把握，进行有机的、综合的判断”。③ 可以看出，韩教授的观点近似于所谓的相对说。在中国的审判实践中，是否将如诈害的程度与恶意程度的关系、诈害行为的相对一方为债权人和不是债权人的场合等作相关性地处理呢？

---

① 关于这些案例与学说的动向，请参见前引［日］濑川文，第101页。

② 话虽如此，在日本也存在以“若为绝对性撤销→因撤销的效力大→应限制撤销的范围”“若为相对性撤销→因撤销的效力小→也可以不限制撤销的范围”这种形式来将相对性撤销与撤销的范围问题结合起来的学说。参见［日］下森定：《债权人撤销权判例的综合解说》，日本信山社2010年版，第132页。但这是与韩世远正好相反的结合方式。

③ 韩世远Ⅳ书，第350～351页。

二、韩世远的答复

这是一个非常好的问题，就中国审判实践尚需要继续观察。到目前为止，我个人的印象是，尚没有见到采纳“相关说”而进行综合判断的案例。

三、濑川信久的点评

在日本，作为行使债权人撤销权所需的无资力（无清偿能力）要件所考虑的是：（1）使债务人的一般财产减少；（2）无法满足全体债权人。而且，从债务人的客观状态与主观状态两个方面综合判断的“相关说”属于放宽承认（1）时的标准。也就是说，债务人出卖财产、以设立担保来借款等将财产予以变现的行为或对部分债权人的清偿、代物清偿、担保权设定等并非属于从金额上减少债务人一般财产的行为（参见表2的b部分）。由此，过去我妻说等曾认为于此情形不能行使债权人撤销权。那是因为这些学说认为：应当允许面临破产的债务人为了重建经营而将其财产予以变现或通过向有特殊关系的债权人优先清偿来获得其援助。[①] 但是，判例对此情形也承认行使债权人撤销权，并采用了也考虑主观状态的“相关说”。[②] 而其背后存在如下理由：在不容易进行破产程序的情况下，存在着在破产程序之外确保全体债权人之间公平受偿的需求（在多数场合，受益人也是债权人之一）。[③]

日本的相关说属于表2的b的情形，而如若在中国考虑适用相关说的话，其又是何种情形呢？由于相关说的含义因使用场合的不同而有所不同，因此，有必要认识到其属于何种场合。而且，有必要明确，在中国到底是在何种场合承认行使债权人撤销权的。如果立足于日本的判例将具体情形区分为如表2所示的话，给我的印象是中国法在a的场合承认债权人撤销，而在b的场合不承认债权人撤销。如果是那样的话，该相关说是基于不同于日本的考量而得出的。

---

① 关于以上内容，请参见［日］我妻荣：《新订债权总论》，日本岩波书店1964年版，第185页以下。

② ［日］奥田昌道编：《新版注释民法（10）Ⅱ》，日本有斐阁2011年版，第822页（下森定撰写部分）。

③ ［日］奥田昌道：《债权总论（增补版）》，日本悠悠社1992年版，第276页。

表 2：承认诈害行为撤销的场合

②债务人的财产状况	①使得债务人的一般财产	
	减少	未减少
积极财产 < 消极财产	a 中日均承认	b 日本承认 中国是否承认?
积极财产 > 消极财产	c 日本不承认 中国是否承认?	中日均不承认

第五节　放弃继承与债权人撤销权之行使

一、问题的提出

（一）放弃继承与债权人的撤销权

继承人的债权人能否撤销继承人放弃继承的意思表示，在日本也存在着肯定说和否定说。对此,好像中国也存在着学说的对立,想了解中国学说有关这方面的情况。(提问①)

（二）债务人放弃继承与恶意之要件

中国法与日本法不同，区分权利的放弃以及财产转让的无偿行为和有偿行为，对于无偿行为在主观方面不以恶意为要件。此种理解是否在放弃继承权的场合也适用？韩教授在其Ⅳ书中介绍了《最高人民法院关于贯彻执行〈中华人民共和国继承法〉若干问题的意见》(以下简称《继承法司法解释》)第 46 条“继承人因放弃继承权，致其不能履行法定义务的，放弃继承权的行为无效”的规定。此外，还介绍了在司法实践中法院将从朋友处借了 8 万元不还，而放弃 65 万元遗产的行为视为恶意的行为，判定无效的新闻报道(《法制日报》2006 年 9 月 15 日第 6 版)。[①] 从上述规定和案例来看，在债务人的权利相当于债权的放弃的场合，是否恶意这一要件也会成问题呢？（提问②）

① 参见韩世远Ⅳ书，第 355 页。

二、韩世远与王成的答复

（一）韩世远的答复

1. 关于提问①

无答复。

2. 关于提问②

严格地讲，上述《继承法司法解释》第 46 条已经将放弃继承权行为在特定情形下的法律效果规定为无效，对此，可以认为已无必要再借助于债权人撤销权制度来处理问题。当然，从上述司法解释的规定上，看不出要求行为人“恶意”这一要件。这意味着，无论行为人是否为恶意，只要客观上存在着使其不能履行法定义务的事实，便当然地发生放弃行为无效的法律效果。

（二）王成的答复

1. 关于提问①

这一问题，中国也存着两种不同的观点。比如，崔建远教授持否定说，一方面，由于继承人放弃继承仅仅是未增加债务人财产的行为，并未减少债务人的责任财产，依债权人撤销权制度目的衡量，该行为不宜认定为属于撤销权制度的势力范围；另一方面，在司法实务中，很多判决采肯定的观点。

2. 关于提问②

无答复。

三、濑川信久的点评

（一）对放弃继承的债权人撤销

在中国，可以以债权人撤销权来撤销放弃继承，而日本的判例（数量虽少）否定可以撤销放弃继承的行为，[①] 且多数学说也支持判例的立场。但是，批判此种判例与学

---

① 大判昭和 10 年 7 月 13 日法律新闻 3876 号 6 页、最判昭和 49 年 9 月 20 日民集 28 卷 6 号 1202 页、东京高判昭和 30 年 5 月 31 日下民集 6 卷 5 号 1051 页。关于以上判例，请参见［日］饭原一乘：《诈害行为撤销诉讼》，日本悠悠社 2006 年版，第 234 页。

说，并肯定对放弃继承的债权人撤销的学说也很有影响力。[①] 其中，否定说认为：(1) 继承人的债权人应仅以继承人的财产作为担保财产，而期待继承财产作为其担保财产是不合理的；(2) 是否放弃继承应当交由债务人（继承人）自由处理。与此相对，肯定说认为：(1) 除了继承人的债权人期待的正当性之外，还需考虑另外一点即 (2) 继承人为了免于偿还自身债务而放弃继承，其他共同继承人因此而获利的不正当性。也就是说，两相比较继承人的债权人期待的正当性（要保护性）(a) 与继承人放弃继承的不法性 (b)，继而以在与 (b) 的相关关系中 (a) 的强度有多大来进行判断。[②] 如果基于此种观点的话，在诈害性的判断上除了考虑若没有放弃继承则继承人的债权人能够受偿（诈害行为的客观要件）与继承人知道因放弃继承将导致继承人的债权人无法受偿（诈害行为的主观要件）之外，还需考虑继承人的债权人的债权的内容与性质以及共同继承人因放弃继承而受益的内容。此种理解是从与“责任财产的保全”相比更为宽广的“权利滥用”这一角度来看待债权人撤销的。[③] 肯定说的“权利滥用”这一实质性的观点对于放弃继承的债权人撤销进行中日比较也是有用的。即，从此种本质性的观点来看的话，可以将中日关于放弃继承的撤销的差异理解为如下：

(a) 就继承人的债权人的期待而言重要的是，在日本被认为：被继承人可以在继

---

① ［日］大岛俊之：《放弃继承与债权人撤销权（1）(2·完)》，载日本《法律时报》1985 年第 57 卷第 8 号，第 117 ~ 121 页;1985 年第 57 卷第 9 号，第 114 ~ 123 页详细探讨了比较法、《日本民法》的起草过程、学说以及判例。此外，还请参见［日］大岛俊之：《放弃继承与诈害行为》，载日本《判例时报（Times)》1989 年第 688 号；［日］内山尚三：《放弃继承与诈害行为撤销权》，载［日］加藤一郎等编：《家族法判例百选（第 3 版)》，日本有斐阁 1980 年版，第 234 页；［日］前田达明：《口述债权总论（第 3 版)》，日本成文堂 1993 年版，第 282 页；［日］富田哲：《放弃继承、遗产分割与诈害行为撤销权》，载日本《行政社会论集》2002 年第 14 卷第 3 号。其他文献，请参见前引富田文，第 120 页。

② ［日］大岛俊之：《放弃继承与债权人撤销权（2·完)》，载日本《法律时报》1985 年第 57 卷第 9 号。采肯定说的［日］富田哲:《放弃继承、遗产分割与诈害行为撤销权》，载《行政社会论集》2002 年第 14 卷第 3 号的举例明确了这一点。即，【举例 1】认为在继承人的债权人为人身事故的受害人的场合，即使放弃继承也应当承认债权人撤销，这是重视（1）的观点；【举例 2】认为在遗产分割的相对方为继承财产的居住人的场合，即使遗产分割也不应承认债权人撤销，这是重视（2）的观点。

③ 此为[日]片山直也:《诈害行为的基础理论》，日本庆应义塾大学出版会 2011 年版，第 4 页。其中所探究的、有关不限于责任财产之保全的债权人撤销权的理解方式。但是，该书认为也可将严格意义上不属于“诈害”行为的“权利滥用”行为（关于二者的关系，参见该书第 24 页）作为诈害行为撤销的对象，并对此进行了探讨。

承前单独所有并自由处分其财产，继承人对于被继承人的处分丝毫没有发言权。[①] 如此考虑时，继承人的债权人不能期待将其作为担保财产。与此相对，在中国有可能存在被继承人的遗产处分权受到限制，或者被继承人即使可以处分但实际上也无法行使的现状。如果存在此种现状的话，那么就应当保护继承人的债权人的期待。另一方面，在考虑（b）放弃继承的不法性时重要的是，在中国，撤销的对象最多的是房屋与土地使用权的转让行为，其中一半以上属于亲属内部之间的转让行为。[②] 如此，我认为，放弃继承属于针对强制执行而实施的亲属之间隐匿财产行为的一种形态，而债权人撤销是作为对于此种行为的制裁来发挥其功能的。

（二）债务人的放弃继承权与恶意要件

以下将对于主观要件是否区分有偿行为和无偿行为的问题以及放弃继承时的主观要件问题来进行探讨。

关于前者，现行《日本民法》规定，无偿行为与有偿行为都以受益人存在恶意为要件。但是，从比较法上来看，区分有偿行为与无偿行为并在无偿行为的场合不以受让人恶意为要件的国家很多。[③] 日本的旧民法也仅就有偿行为以受益人与债务人恶意串通为其要件的。此外，《日本破产法》第160条第3款、《日本公司重整法》第86条第3款以及《日本民事再生法》第127条第3款在无偿行为的场合，也不以相对方恶意为要件。但是，现行《日本民法》的起草者认为不论有偿行为还是无偿行为，受益人或转得人以诈害行为为由而放弃已经取得的权利是非常重大的事情，因此，必须以受益人恶意为要件而放

① 比如，在与养子X关系恶化的养父Y将包括X居住的房屋在内的大部分农地廉价出售并移转登记于Z（身份不详）的案件中，X以虚假买卖为由主张无效，并基于作为推定继承人的期待权来代位行使Y对Z所享有的撤销登记请求权，但对此最判昭和30年12月26日民集9卷14号2082页否定了推定继承人确认无效的利益，并认为也不存在代位行使的被保全债权。不过，由于继承人享有扣除遗留份请求权，因此可以说以此为限，继承财产为继承人的债权人的担保财产。但是，最判平成13年11月22日民集55卷6号1033页指出："遗留份的恢复交由遗留份权利人自行决定"，并认为当遗留份权人的权利行使的确定性意思没有向外部表明时，其债权人不能代位行使扣除遗留份请求权。且在该案中判决：继承人的继承属于"取决于遗产继承开始时遗产的有无或继承的放弃的、极其不确定的事项，继承人的债权人不应将其作为共同担保来期待。"

② ［日］小口彦太：《中国债权人撤销权的基础性研究》，载《比较法学》2014年第47卷第3号。

③ 参见［日］奥田昌道编:《新版注释民法（10）Ⅱ》，日本有斐阁2011年版，第769页（查士丁尼法典）、第779页（旧德国法）、第783页、第785～787页（新德国法）等。

弃了有偿与无偿的区分。[①] 似乎实际的案例也在认定受益人（受赠人）的恶意。

此外，虽有学者指出在赠与的场合存在很多不问债务人的诈害意思而承认撤销的案例，[②] 但我认为从案情来看，其都属于可以认定债务人具有加害意思的情形。

关于后者，上文“问题的提出”虽将放弃继承理解为无偿行为，但由于放弃继承不伴随有无偿行为所需的“财产的支出”，以及也存在继承债务大于继承财产的情况，因此，在日本法上不将其理解为无偿行为。如上所述，现在日本的判例从继承人的债权人不应期待继承财产这一实质性的考量出发来否定对诈害行为的撤销，此时不问放弃继承的继承人的认知，且并未提及受益的其他继承人的主观状态。关于这一点，由于本章“第6节（三）”所将提到的遗产分割协议属于继承人已经取得继承份额后进行交换的合意，因此，当继承人仅取得小于自身持有份额的财产时将成为无偿行为。日本的案例虽承认此种遗产分割协议的诈害行为债权人可撤销，但此时往往会认定全体继承人具有损害继承人的债权人的意思。

第六节　债务人放弃分割家产权与债权人撤销权的行使

一、问题的提出

在中国，存在着如何认识家庭财产的所有关系这一法律问题。以共同共有（不是按份共有）来理解的观点为多数说。比如父亲甲与其子乙、丙共同共有家庭财产的场合，当甲死亡时上述共有关系就会被消除，发生分割家产的结果。如果作为债权人丁的债务人的乙放弃了家产的分割权的话，丁是否可以撤销其放弃行为呢？乙是为了救助贫寒的丙而放弃自己的分割请求权的场合和乙是为了逃避债权人丁的债权收回而放弃分割请求权的场合，其结果是否不同？如果认为可以行使撤销权，乙的责任财产的减少是如何计算的？笔者认为中国法没有对家产的分割比例规定客观的标准，所以其计算是较复杂的。

---

① ［日］法务大臣官房司法法制调查部监修：《法典调查会民法议事速记录三》，日本商事法务研究会1983年版，第114页。

② ［日］饭原一乘：《诈害行为撤销诉讼》，日本悠悠社2006年版，第189页。

二、韩世远与王成的答复

（一）韩世远的答复

家庭财产通常是共同共有的。就上述设例而言，能否按照《最高人民法院关于贯彻执行〈中华人民共和国继承法〉若干问题的意见》第 46 条处理，要看怎么理解其中的致使其不能履行“法定义务”。如果将法定义务理解为基于法律规定发生的义务，比如因侵权行为而发生的损害赔偿义务，那么，基于合同而发生的义务，比如基于借款合同而发生的金钱债务，便算不上是法定义务，因而，也就不能够适用上述司法解释的规定。如果这种理解正确的话，那么，仍然存在着需要借助于债权人撤销权解决问题的空间。

放弃继承本身属于无偿行为，故对于债权人撤销权的构成而言，并不要求放弃继承的债务人的主观要件。

关于责任财产减少，如果确实需要计算，在上述设例中，其实是遗产侵害的问题。对此，可以按照《继承法》等的规则解决。比如《继承法》第 13 条关于遗产分配的规定：“同一顺序继承人继承遗产的份额，一般应当均等。对生活有特殊困难的缺乏劳动能力的继承人，分配遗产时，应当予以照顾。对被继承人尽了主要扶养义务或者与被继承人共同生活的继承人，分配遗产时，可以多分。有扶养能力和有扶养条件的继承人，不尽扶养义务的，分配遗产时，应当不分或者少分。”“继承人协商同意的，也可以不均等。”

（二）王成的答复

中国家庭重视家庭的整体性。在父亲甲与其子乙丙共同共有家庭财产的场合，在甲去世后，如果母亲还在，一般不发生家庭财产的分割和继承。如果母亲也不在了，则一般会分割共同财产，并开始继承。无论哪种情况，如果债务人乙只有家庭财产的共有份额可供债权人丁债权的清偿，无论甲是否在世，债权人都会提出要求乙拿共有财产中的份额进行清偿。在分割共同财产的事由出现后，如果债务人乙放弃分割请求权影响到了债权人丁债权的实现，无论是为了救助贫寒的弟弟还是以逃避债权为目的，结果都应当是一样的。至于乙的份额如何计算，则于一般共同财产的分割应当相同。的确，中国家庭分割共同财产的计算是很复杂的。尤其现在家庭财产越来越多的情况下，更是如此。

三、濑川信久的点评

由于现行《日本民法》中不存在“家庭财产”这种所有形态，因此，也就不存在共因分割请求权的放弃能否成为债权人撤销对象而难以进行比较的问题。不过，作为与共同继承人放弃共同所有继承财产的分割请求权能否成为债权人撤销对象这一问题上，在日本存在相似问题，亦即：在共同继承财产的遗产分割中，未取得相当于本来的继承份额的财产，由此难以满足自身债权人的继承人的行为能否成为债权人撤销的对象？与放弃继承的场合相反，日本的判例是承认诈害行为撤销的。[①] 在学说上赞成该判例的虽占有多数，但也存在以《日本民法》第 260 条为由而允许债权人申请参加遗产分割，并仅在未允许其参加申请而分割遗产的场合才承认诈害行为撤销的观点。[②]

---

① 对此，除了最判平成 11 年 6 月 11 日民集 53 卷 5 号 898 页以外，尚有 3 个下级审案例。参见［日］饭原一乘：《诈害行为撤销诉讼》，日本悠悠社 2006 年版，第 246 页。

② ［日］饭原一乘：《诈害行为撤销诉讼》，日本悠悠社 2006 年版，第 247～248 页。此外，《日本民法》第 260 条（参加共有物的分割）规定如下：“①对共有物享有权利者以及各共有人的债权人，可以以自己的费用参加分割。②不顾有依前款规定提出的参加请求，不待其参加而实行分割时，其分割不得以之对抗参加请求人。”《日本民法》的起草者认为该条属于诈害行为撤销权的特别规定，其可适用于遗产分割的场合。参见同上书，第 246 页。

第七章　情势变更原则

第一节　中国《合同法》与相关法规及中日条文比较

一、中国相关法律规定

中国《合同法》没有有关情势变更原则的明文规定。但是，正如下文所述，有很多关于情势变更的草案、座谈会纪要、司法解释等。此外，1981年的《经济合同法》包括了情势变更原则，以下将其列出。

（一）《经济合同法》（1981年12月31日公布、1982年7月1日施行。已失效）

第27条第1款第（4）项　凡发生下列情况之一者，允许变更或解除经济合同：四、由于不可抗力或由于一方当事人虽无过失但无法防止的外因，致使经济合同无法履行。

第27条第2款　当事人一方要求变更或解除经济合同时，应及时通知对方。因变更或解除经济合同使一方遭受损失的，除依法可以免除责任的外，应由责任方负责赔偿。

第28条　变更或解除经济合同的通知或协议，应当采取书面形式（包括文书、电报等）。协议未达成之前，原经济合同仍然有效。

（二）新《经济合同法》（1993年9月2日公布施行，已失效）

第26条第（2）项　凡发生下列情况之一者，允许变更或解除经济合同：二、由于不可抗力致使经济合同的全部义务不能履行。

第27条　变更或解除经济合同的通知或协议，应当采取书面形式（包括文书、电报等）。除由于不可抗力致使经济合同的全部义务不能履行或者由于另一方在合同约定的期限内没有履行合同的情况以外，协议未达成之前，原经济合同仍然有效。

（三）1993年《全国经济审判工作座谈会纪要》（根据2013年1月14日发布的《最高人民法院关于废止1980年1月1日至1997年6月30日期间发布的部分司法解释和司法解释性质文件（第九批）的决定》，此文件被宣布废止）

由于不可归责于当事人双方的原因，作为合同基础的客观情况发生了非当事人所能预见的根本性变化，以致按原合同履行显失公平的，可以根据当事人的申请，按情势变更的原则变更或解除合同。

（四）《合同法草案》（1998年8月）第77条　由于国家经济政策、社会经济形势等客观情势发生巨大变化，致使履行合同将对一方当事人没有意义或者造成重大损害，而这种变化是当事人在订立合同时不能预见并且不能克服的，该当事人可以要求对方就合同的内容重新协商；协商不成的，可以请求人民法院或者仲裁机构变更或者解除合同。

（五）全国人大法律委员会关于《中华人民共和国合同法（草案）》有关问题的说明（1998年10月22日九届全国人大常委会第五次会议审议）

四、关于情势变更制度。情势变更制度是指在合同订立后，因发生订立合同时当事人不能预见并且不能克服的情况，改变了订立合同时的基础，使合同的履行失去意义或者履行合同使当事人之间的利益重大失衡，应当允许当事人终止合同或者变更合同。是否在合同法中规定情势变更制度，有两种意见。一种意见认为，如何划分正常的商业风险和情势变更较为困难，在经济贸易中能够适用情势变更制度的情形是极少的，掌握不好，有可能使有的当事人规避正常的商业风险，有的法官也可能滥用这项权力，甚至助长地方保护主义，因此建议在合同法中不要对情势变更制度作规定。另一种意见认为，情势变更不同于不可抗力，不可抗力是致使合同不能履行，情势变更是致使履行合同显失公平，规定情势变更制度有利于贯彻公平原则，最高人民法院在审判实践中，已作出过有关情势变更的判决和规定，建议在合同法中规定情势变更制度。合同法草案规定，由于国家经济政策、社会经济形势等客观情势发生巨大变化，致使履行合同将对一方当事人没有意义或者造成重大损害，而这种变化是当事人在订立合同时不能预见并且不能克服的，该当事人可以要求对方就合同的内容重新协商；协商不成的，可以请求人民法院或者仲裁机构变更或者解除合同。这样规定是否可行，还需要进一步研究。

（六）全国人大法律委员会关于《中华人民共和国合同法（草案）》修改情况的汇报（1998年12月21日九届全国人大常委会第六次会议）

四、关于情势变更制度。合同法草案第七十七条规定……有的委员和地方认为，在什么情况下能够适用情势变更制度，界限不清楚，因某些‘国家经济政策、社会经济形势’发生变化，当事人就可以变更或者解除合同，不利于合同的严肃性，有可能规避商业风险，影响合同履行，建议对情势变更制度不作规定。有的委员和部门认为，应当规定情势变更制度，以利于公平解决当事人之间的合同纠纷。因此，法律委员会建议删去‘国家经济政策、社会经济形势’几个字，并增加规定商业风险不适用情势变更的规定（草案三次审议稿第七十六条）。这个问题拟进一步审议后再研究怎样为宜。

（七）全国人大法律委员会关于《中华人民共和国合同法（草案）》修改情况的汇报（1999年1月25日九届全国人大常委会第七次会议）

三、关于情势变更制度。情势变更是不同于不可抗力和商业风险的一种情况，有的国家在法律中对此做了规定，在国际商事活动中也都适用这一制度。法律委员会认为，将情势变更作为一项法律制度加以规定，符合国际上合同法律制度的发展趋势，但一定要防止滥用。鉴于对情势变更的认定比较复杂，为了避免在执行中对情势变更理解不一而出现影响合同履行的情况，建议由最高人民法院在合同法通过后及时发出通知，规定地方各级人民法院如果依照合同法作出情势变更的判决，变更或者解除合同的，应当报最高人民法院核准。

（八）第九届全国人民代表大会法律委员会关于《中华人民共和国合同法（草案）》审议结果的报告（1999年3月13日）

三、关于情势变更制度。这是一个很复杂的问题，在合同法起草过程中，就有不同意见。这次大会审议，不少代表提出，根据现有的经验，对情势变更难以作出科学的界定，而且和商业风险的界限也难以划清，执行时更难以操作，实际上只有在非常特殊的情况下才能适用情势变更制度，现在在合同法中作出规定条件尚不成熟。法律委员会经过反复研究，建议对此不作规定。

（九）《合同法》（1999 年 3 月 15 日）（未规定情势变更原则）

（十）《最高人民法院关于审理涉及农村土地承包纠纷案件适用法律问题的解释》（法释〔2005〕5 号、2005 年 7 月 29 日公布，2005 年 9 月 1 日施行）

第 16 条　因承包方不收取流转价款或者向对方支付费用的约定产生纠纷，当事人协商变更无法达成一致，且继续履行又显失公平的，人民法院可以根据发生变更的客观情况，按照公平原则处理。

（十一）《合同法适用解释（二）》第 26 条　合同成立以后客观情况发生了当事人在订立合同时无法预见的、非不可抗力造成的不属于商业风险的重大变化，继续履行合同对于一方当事人明显不公平或者不能实现合同目的，当事人请求人民法院变更或者解除合同的，人民法院应当根据公平原则，并结合案件的实际情况确定是否变更或者解除。

（十二）《最高人民法院关于正确适用〈中华人民共和国合同法〉若干问题的解释（二）服务党和国家的工作大局的通知》（法〔2009〕165 号、2009 年 4 月 27 日公布施行）

各省、自治区、直辖市高级人民法院，解放军军事法院，新疆维吾尔自治区高级人民法院生产建设兵团分院：

《最高人民法院关于适用〈中华人民共和国合同法〉若干问题的解释（二）》（法释〔2009〕5 号）业经最高人民法院审判委员会第 1462 次会议讨论通过，现已公布。为保证各级人民法院严格适用该司法解释第二十六条的程序，特别是在当前正处于国际金融危机的情况下，充分发挥其在统一司法标准、保障和服务金融业健康 稳定运行、保持经济平稳较快发展方面的积极作用，特通知如下：

一、进一步增强为大局服务的针对性和有效性

保持经济平稳较快发展是当前党和国家的工作大局。当前，国际金融危机的冲击还在蔓延，而且对实体经济的影响还可能进一步加深，保持经济平稳较快发展的任务异常艰巨。受国际金融危机快速蔓延和世界经济增长明显减速的影响，我国经济运行中出现的问题和合同履行困难都可能转化为各类案件进入司法领域，并给人民法院的审判工作尤其是合同纠纷案件的审判工作带来新的挑战。各级人民法院要

紧紧围绕工作大局，充分发挥审判职能作用，在审判各种类型合同纠纷案件过程中，正确适用合同法及其司法解释，促进合同交易顺利进行，更加重视增强为大局服务的针对性和有效性，积极维护国际金融安全，增强司法服务的效果。越是在企业遇到困难的时候，越要重视发挥诉讼调解的作用。要着眼于从根本上化解合同纠纷，多做调解工作，在依法、自愿的前提下，努力争取案结事了，力求从源头上化解矛盾，为促进经济平稳较快发展创造良好司法环境。

二、严格适用《中华人民共和国合同法》若干问题的解释（二）第二十六条

为了因应经济形势的发展变化，使审判工作达到法律效果与社会效果的统一，根据民法通则、合同法规定的原则和精神，解释第二十六条规定：合同成立以后客观情况发生了当事人在订立合同时无法预见的、非不可抗力造成的不属于商业风险的重大变化，继续履行合同对于一方当事人明显不公平或者不能实现合同目的，当事人请求人民法院变更或者解除合同的，人民法院应当根据公平原则，并结合案件的实际情况确定是否变更或解除。

对于上述解释条文，各级人民法院务必正确理解、慎重适用。如果根据案件的特殊情况，确需在个案中适用的，应当由高级人民法院审核。必要时应报请最高人民法院审核。

特此通知。

（十三）《民商事合同指导意见》（2009 年 7 月 7 日）

一、慎重适用情势变更原则，合理调整双方利益关系

1. 当前市场主体之间的产品交易、资金流转因原料价格剧烈波动、市场需求关系的变化、流动资金不足等诸多因素的影响而产生大量纠纷，对于部分当事人在诉讼中提出适用情势变更原则变更或者解除合同的请求，人民法院应当依据公平原则和情势变更原则严格审查。

2. 人民法院在适用情势变更原则时，应当充分注意到全球性金融危机和国内宏观经济形势变化并非完全是一个令所有市场主体猝不及防的突变过程，而是一个逐步演变的过程。在演变过程中，市场主体应当对于市场风险存在一定程度的预见和判断。人民法院应当依法把握情势变更原则的适用条件，严格审查当事人提出的“无法预见”的主张，对于涉及石油、焦炭、有色金属等市场属性活泼、长期以来价格波动较大的大宗商品标的物以及股票、期货等风险投资型金融产品标的物的合同，更要慎重适用情势变更原则。

3. 人民法院要合理区分情势变更与商业风险。商业风险属于从事商业活动的固

有风险，诸如尚未达到异常变动程度的供求关系变化、价格涨跌等。情势变更是当事人在缔约时无法预见的非市场系统固有的风险。人民法院在判断某种重大客观变化是否属于情势变更时，应当注意衡量风险类型是否属于社会一般观念上的事先无法预见、风险程度是否远远超出正常人的合理预期、风险是否可以防范和控制、交易性质是否属于通常的“高风险高收益”范围等因素，并结合市场的具体情况，在个案中识别情势变更和商业风险。

4. 在调整尺度的价值取向把握上，人民法院仍应遵循侧重于保护守约方的原则。适用情势变更原则并非简单地豁免债务人的义务而使债权人承受不利后果，而是要充分注意利益均衡，公平合理地调整双方利益关系。在诉讼过程中，人民法院要积极引导当事人重新协商，改订合同；重新协商不成的，争取调解解决。为防止情势变更原则被滥用而影响市场正常的交易秩序，人民法院决定适用情势变更原则作出判决的，应当按照最高人民法院《关于正确适用〈中华人民共和国合同法〉若干问题的解释（二）服务党和国家工作大局的通知》（法〔2009〕165 号）的要求，严格履行适用情势变更的相关审核程序。

二、《日本民法》

日本民法没有明文规定，但有几个特别法规定了情势变更原则（参见本章“第二节　三、濑川信久的点评”部分）。

第二节　删除《合同法草案》中重新协商义务[①]规定的理由

一、问题的提出

日本法没有对此的明文规定，亦不存在承认此原则的日本最高法院判决。与此相对，如上所述，中国《合同法草案》曾试图将其予以明文规定。此外，1993 年最高人民法院的座谈会纪要也曾予以认可。然而，该草案最终未被采纳。但是，通过2009 年的合同法司法解释，事实上得到了立法化。需要注意的是：与此前的草案相比，

① ［译者注］在日本称为“再交涉义务”，下同。

草案中将重新协商义务化的规定被司法解释予以删除。

删除该部分规定的积极的理由是什么？与此相关，在日本的民法修正的论争中存在着如下的主张："与突然适用情势变更原则来解除或修改合同相比，使当事人能够重新进行有关合同条款的交涉是首先要解决的问题。"[①]

二、韩世远与王成的答复

（一）韩世远的答复

在情势变更场合，应否规定"再交涉义务"，向来存在分歧。《合同法适用解释（二）》第26条规定了情势变更，但并没有规定"再交涉义务"。"再交涉义务"在中国依然停留在学术探讨的层面，而未进一步进展到司法实践中来。

上述司法解释释义的撰写人也只是认为，"司法解释虽然没有规定此方面的内容，但可以肯定的是，由于外界的变化导致合同的基础发生重大变更后，当事人进行协商以期根据新的情况重新缔结合同，这种行为本身是一种体现诚实信用原则的行为，应该值得鼓励。当然，这种协商并不是强制性的，是否能够重新缔结合同也是不确定的，这完全依靠双方的充分协商和谈判。"[②] 由上述释义可以反映出来，"协商并不是强制性的"，换言之，再交涉义务是不是一项真正意义上的"义务"，是否构成一项带有强制履行效力的义务，这些本身都是问题。对此，司法解释持否定立场。如此，再交涉义务的效力只能体现在：其一，鼓励当事人进行重新磋商；其二，如果一方不进行重新磋商，其法律后果不是强制履行，而只可能是损害赔偿。就这种可能的损害赔偿，如欲落实，也有相当的困难。如何证明损害？很难讲。结果很可能落个"有名无实"。这恐怕是立法或者司法解释不愿规定"再交涉义务"的主要原因。

（二）王成的答复

根据《合同法适用解释（二）》出台后最高人民法院有关人士的观点来看，尽管《合同法适用解释（二）》规定了情势变更原则，但最高人民法院对其采取了非常谨慎的态度。主要体现为适用情势变更有严格的程序规范：一是如果根据案件的特殊情况，

---

① ［日］能见善久：《履行障碍》，载［日］山本敬三等编：《债权法修正的课题与方向》，日本商事法务研究会1998年版，第136页。

② 沈德咏主编：《最高人民法院关于合同法司法解释（二）理解与适用》，人民法院出版社2009年版，第193页。

确需在个案中适用的，应当由高级人民法院审核。必要时应报请最高人民法院审核。此举是为了最大限度地避免对交易安全和市场秩序造成冲击；二是要求坚持调解优先的原则，能够调解的尽可能调解，积极拓展调解工作领域，将调解工作贯穿到合同纠纷诉讼的全过程。

由此可见，适用情势变更时法院应当尽可能地调解。这种调解事实上取代了变更或者解除前当事人的协商。这应当是司法解释中没有规定事前协商的理由。

三、濑川信久的点评

（一）日本法上关于情势变更原则与重新协商义务的情况与其背景

《日本民法》被认为由于其制定于情势变更原则在比较法上处于式微的时期，因此，其没有规定情势变更原则。但是，受第一次世界大战后德国的学说与判例的影响，学说上开始有所讨论——此时所考虑的效果为合同的解除和内容的变更——且讨论一直在持续。[①] 关于重新协商义务学说，在 20 世纪 80 年代末期以后，鉴于除了 80 年代德国的重新协商义务论、90 年代的《国际商事合同通则》与《欧洲合同法原则》以及 2001 年的新《德国债务法》之外，还鉴于 20 世纪 90 年代日本伴随着泡沫经济的崩溃而出现的有关转租（sublease）等等的纠纷，开始在与情势变更原则的关联中进行探讨。[②]

从判例来看，虽然 1944 年的大审院判决承认了以情势变更原则为由的解除（大判昭和 19 年 6 月 16 日民集 23 卷 613 页。在土地买卖合同签订后、履行期前因《宅地房屋等价格限制令》的施行而认定为低于合同价款的认可价格的案件），但其后实际承认情势变更原则的判例很少。日本最高法院在 14 个判例中虽作为一般论而承认了情势变更原则，但否定了个案中的适用。不过，在下级审案例中有 12 个适用情势

① ［日］谷口知平、五十岚清编：《新版注释民法（13）（补订版）》，日本有斐阁 2006 年版，第 69 页。作为古典性文献，请参见［日］胜本正晃：《民法上的情势变更原则》，日本有斐阁 1926 年版；［日］五十岚清：《契约与情势变更》，日本有斐阁 1969 年版。

② 作为近期的研究，请参见［日］久保宏之：《经济变动与契约理论》，日本成文堂 1992 年版；［日］桥本恭宏：《长期契约的研究》，日本信山社 2000 年版，第 189 页；［日］北山修悟：《情势变更原则》，载［日］内田贵、大村敦志编：《民法的争点》，日本有斐阁 2007 年版，第 225 页；［日］山本丰：《情势变更原则与重新协商义务》，载日本《法学教室》2010 年第 353 号；［日］石川博泰：《重新协商义务的理论》，日本有斐阁 2011 年版；［日］吉政知广：《情势变更法理与契约规范》，日本有斐阁 2014 年版。

变更原则的案例。

另一方面,即使在下级审案例中也不存在从正面承认重新协商义务的案例。[①] 不过,仙台高判昭和 33 年 4 月 14 日下民集 9 卷 4 号 666 页在有关土地的再买卖合同案件中,以只要再买卖的出卖人不提出其他增加价款的方案就采用买受人所提出的增加价款的方案这一方式,对不接受重新协商要求的出卖人课以了不利后果。此外,转租案件虽属于《日本借地借家法》第 32 条的解释问题而非情势变更原则本身的问题,但日本最高法院在承认降低租金请求(合同的变更)的同时,又通过将几乎所有的案件发回重审的方式保留了继续协商的余地,而在发回重审的判决中,几乎所有的案件都是以和解的方式进行解决的。将其视为以发回重审这种制裁方式课以了重新协商义务也未尝不可。但是,由于在这些转租合同中规定,如果有任何一方当事人解除合同其都将承担高额违约金的条款,因此,其属于双方当事人均不想解除的一种交易。

如上所述,不论情势变更原则还是重新协商义务,虽然都存在学说上的讨论,但是适用的案例非常有限。不过,就情势变更原则而言,适用情形少的理由在于:对于那些经常需要情势变更原则的合同类型与纠纷类型——特别是各种不动产租赁——除了立足于过去的判例的处理方式的特别法已规定了合同的解除、取消或变更,特别是价款的增减请求之外,判例还将该规定扩大解释以适用于类似的合同类型中。也就是说,《日本借地借家法》第 11 条与第 32 条规定了以增减地价或租税负担为由的租金增减请求权;《日本农地法》第 20 条、《日本采石法》第 7 条也规定了同样的租金或采石费的增减请求权。此外,《日本借地借家法》第 8 条之 2 规定了以情势变更为由的借地条件变更请求权。《日本身元保证法》第 4 条规定,被保证的受雇人有业务上行为不端或其他情况变化时,身元保证人可以解除身元保证合同。除此之外,关于信托合同,旧《日本信托法》第 23 条规定了变更管理方法的请求权;新《日本信托法》第 149 条以下以明显不违反信托目的的范围为限,承认可以不经委托人与受益人的合意即可变更信托合同;判例对于持续性供给合同承认以“不得已的事由”为由解除合同[参见本书第二编第 4 章第 8 节“不安抗辩权与合同解除权再论”的“三、点评”之(三)1. 的内容]。由此,需要情势变更原则的情形为没有此种特别规定或者特别法的情况,具体而言,其仅限于不动产买卖合同、高尔夫球场会员合同、企业年金合同等。而与此相关的判例在抽象地承认情势变更原则的同时,又在实际的个案中不适用情势变更原则。

---

① 关于以上内容,请参见[日]石川博泰:《重新协商义务的理论》,日本有斐阁 2011 年版,第 207 页。

与此相对，就重新协商义务而言，由于《日本民法》与特别法都没有规定，因此有必要另行探讨其适用情形少的理由。

试从上述的整理内容来看一看中国法。王成教授指出，最高人民法院之所以对情势变更原则采谨慎的态度是源于：①确保交易安全与市场秩序，②调解优先的原则（调解事实上代替了当事人的协商）。但是，就①而言，对于特定的合同类型与特定的纠纷类型不是可以考虑将情势变更原则予以明文化吗？顺便提及的是，在中国的情势变更案例中有不少不动产租赁纠纷。[①] 而以②来说，日本也有将情势变更原则理解为“成为和解式解决的基础”的观点。[②]

（二）债权法修正中的议论

在此次的日本债权法修正中，有提案建议将情势变更原则予以明文化，且在讨论该提案的过程中也探讨了重新协商义务，但最终两者都没有被予以明文化。主要是学者在援引修改为国民易懂的《日本民法》这一修改宗旨、判例的一般论、《国际商事通则》以及《欧洲合同法原则》的基础上，主张将情势变更原则予以明文化的，而律师以及经营者则反对规定情势变更原则与重新协商义务。即，对于将“阶段性的论点整理”阶段中的、包括重新协商义务在内的情势变更原则全面地予以明文化的主张，实务法曹（律师协会等）与经营者团体的反对都是非常强烈的。[③] 尽管如此，对于将其效力限缩为解除并将要件限定为情势变更需由“天灾、异常变故以及其他事由”而发生、不能预见、不能归责于主张解除的当事人一方以及合同存续显失公平这一第三阶段的提案，虽然实务法曹的赞成意见有所增加，但经济界、经营者（企业家）团体、中小企业以及劳动团体仍对此持反对的立场。[④] 反对的理由在于：若将

---

① ［日］小口彦太：《中国情势变更原则的基础性研究》，载《早稻田法学》2014年第89卷第3号。

② ［日］《法制审议会民法（债权关系）部会第87次会议议事录》，第46页，为日本内田贵委员的意见。

③ 据［日］金融财政状况研究会编：《对“关于修改民法（债权关系）的阶段性论点整理”所提意见的概要》，金融财政状况研究会2012年版，第2968页。律师协会等26个法曹团体中赞成情势变更原则明文化的仅有7个，而19个企业家团体则全部持反对或谨慎的态度。此外，即使赞成的律师协会等团体也以有被滥用的风险为由，反对作为情势变更原则的效力来规定重新协商义务。

④ 参见［日］《法制审议会民法（债权关系）部会第81次会议议事录》第12页（消费者团体的意见为赞成）；［日］《法制审议会民法（债权关系）部会第87次会议议事录》第37页。

情势变更原则予以明文化则会导致遵守合同思想的衰退；明文化会损害以基于债务不履行的解除和损害赔偿责任这一明确的对应方针来顺利地解决纠纷并节约时间的模式；基于情势变更原则的解除与合同变更的必要性会因合同种类以及当事人之间的关系而有差异；实际上在通过协商可以变更合同的场合，即使没有相关规定也进行着变更。总而言之，对于无需明文化的情势变更原则予以明文化是存在弊病的。

我认为，此种意见的分歧源于在何种社会关系中来看待《日本民法》条文的意义。支持明文化的学者考虑的是与一般国民之间的关系或国际交易中当事人之间的关系；企业家等则重视在纠纷发生阶段、合同当事人之间，所存在的被滥用的风险（认为在最终的裁判阶段即使不存在相关条文，法官仍会以判例与个案情形来判断，因此不存在明文化的实益）；律师则着眼于从外部参与到纠纷解决的情形下依据可能性的问题。

在此，我们再来看一下中国法未将重新协商义务予以明文化的理由。对此，韩世远教授举出难以作为一种义务来进行强制以及难以落实损害赔偿请求这两种理由。韩世远教授是从裁判与执行的角度来考量重新协商义务的规范的，这与在日本债权法修正中经营者等看待情势变更原则的看法是相近的。我认为，是否将情势变更原则与重新协商义务予以明文化，取决于在立法上重视条文所适用的多种社会关系的哪一方面。

第三节 情势变更与不可抗力的区别

一、问题的提出（濑川信久）

中国《合同法》第 94 条于不可抗力之情形承认双方当事人解除合同的事实表明：在“因不可抗力致使不能实现合同目的”的情况下，承认双方当事人拥有被免除履行义务（包括给付风险）的权利。

在《日本民法》中，是否能被免除履行义务（包括给付风险）取决于是否为不能履行。与中国合同法有如下的不同之处：（1）不是“不能实现合同目的”，而是“不能履行”；（2）即使不存在解除合同的意思表示，也可以被免除履行义务。但是，上述两个不同之处的区别有多大，需进行实质性的考察。比如，关于第二个问题，由于中国合同法承认双方当事人的解除权，因此，与日本民法没有多大的不同。

与此相对，关于第一个问题，日本的判例以“社会观念”来判断“不能履行”，其相当有弹性（对于此问题，尚不存在深入的判例研究）。此种判断方法，从其实质上来说或许与中国法上所说的“不能实现合同目的的情况”相似。

如上所述，针对因情势变更而增加了负担的债务人之解除合同的主张，可以说日本法院不是以“情势变更原则”来承认其主张，而是以“不能履行”的扩张解释来承认其主张的。与此相关，我想请教，在中国，以“履行不能”为由的债务之免除，是否没有多大的用武之地呢？

二、韩世远与王成的答复

（一）韩世远的答复

“法律上或者事实上不能履行”是当事人可以要求履行的除外情形之一(《合同法》第110条)，可见，“不能履行”是一个被《合同法》明确使用的概念。根据上述法律规则，不能履行所免除的只是“强制履行”责任（提问中所使用的概念是免除“履行义务”，想必与此相当），并没有排除债务可以转化为损害赔偿的结果。因而，严格地讲，在《合同法》第110条中的“不能履行”是一个内涵广泛的概念，既包括由于情势变更造成的不能履行，也可以包括其他原因（包括债务人的原因）造成的不能履行。进而，在判断是否以“不能履行”为由免除债务时，还必须进一步看其是否符合情势变更的构成要件。在构成符合“情势变更”的“不能履行”场合，债务人既免除强制履行责任，也免除损害赔偿责任。免除履行义务与免除债务，内涵并不一样。相应地,“不能履行”概念与“情势变更”概念,二者的功能看来并不相同。如果这一认识成立，那么，上述二概念，各有其用武之地。

（二）王成的答复

首先，履行不能与不能实现合同目的，还是有些细微的差别。履行不能的结果自然是不能实现合同目的,但是不能实现合同目的的原因未必一定是履行不能。比如，因为迟延履行导致的不能实现合同目的，就不属于履行不能的情况。履行不能考察的是债务人方面，不能实现合同目的考察的是债权人方面，二者侧重点存在不同。

至于以“履行不能”为由的债务之免除，在中国被适用的频率，对此，需要进行实证考察。我个人的印象，应当还是有的，但应当是以不能实现合同目的出现的。

三、濑川信久的点评

此处的问题在于："不能实现合同目的"这一情势变更原则的要件与"不能履行"这一履行不能要件的关系。对此，韩世远教授指出："上述二概念，各有其用武之地"；王成教授指出："不能实现合同目的的原因未必一定是履行不能"，"履行不能考察的是债务人方面，不能实现合同目的考察的是债权人方面。"日本法也与此相同。下文将包括旨在思考第 4 节问题时的准备工作的含义在内，对情势变更原则与履行不能的关系进行整理。① 不论是情势变更原则还是履行不能制度，均为当合同履行发生障碍时承认当事人一方从合同的拘束乃至债务中解放出来的制度。不过，其要件与效力不尽相同。

首先，从效力来看，情势变更原则所解放的是合同上的债务履行义务和损害赔偿责任，而履行不能所解放的只是债务履行义务。此乃韩世远教授所指出的不同之处。尽管如此，由于在日本法上情势变更原则以情势变化因不能归责于当事人的事由而发生为要件，而关于履行不能，若债务人不具有可归责的事由则也可免除损害赔偿责任，因此，此处的不同仅在于因日本法的情势变更原则以无归责事由为要件这一点上。

其次，从要件来看，情势变更原则相较于履行不能，其适用范围有时会狭小，有时也会宽泛。在日本，情势变更原则的要件一般整理为如下：（1）缔约时作为其基础的情势已发生变化；（2）当事人没有也不能预见该情势的变化；（3）该情势的变化是由不可归责于当事人的事由而发生的；（4）因情势变更将当事人拘束于当初的合同已明显不当。② 将此与履行不能相较之，首先，在其要件上附加了（1）（2）（3）这一点上，其适用范围更为狭窄。其中，由于以（3）为要件的意义与第 4 节的问题相关，因此将在该处进行说明。以（1）（2）为要件则是因为情势变更原则属于对由不可预见的情势变化产生的负担进行救济的制度。这就是之所以说情势变更原则邻接于对过错的救济以及就此提出行为基础论的原因。

---

① 作为有必要参详的文献，请参见［日］五十岚清：《契约与情势变更》，日本有斐阁 1969 年版，第 166 页；［日］森田修：《履行不能与情势变更》，载《法学教室》2011 年第 372 号，第 25 页。此外，［日］北山修悟：《情势变更原则》，载内田贵、大村敦志编：《民法的争点》，日本有斐阁 2007 年版，第 225 页指出：在日本也进行着履行不能与情势变更原则关系的讨论。

② ［日］谷口知平、五十岚清编：《新版注释民法（13）（补订版）》，日本有斐阁 2006 年版，第 72 页。

如上所述，在（1）（2）（3）这三点上，情势变更原则的适用范围小于履行不能，而与此相比，除了在严格意义上的“履行不能”之外，还在（4）若继续履行当初的合同对于当事人明显不当时可从其拘束中解放出来这一点上，相较于履行不能适用范围更广。（4）的具体内容可以整理为如下三点：①经济上的不能；②等价关系的破裂；③不能实现合同目的。其中，③不能实现合同目的指的是因情势变更的存在，合同的履行对于一方当事人而言变得毫无意义。比如，买受人为建房而购买的土地因缔约后的自然环境规制而被禁止建房的情形即属此例。②等价关系的破裂指的是，诸如在缔约后尚未付款的情况下该土地价格骤跌等情形。以上两点在虽不属于债务的履行障碍却可以从债务中解放出来这一点上，与履行不能相比其适用范围更广。①经济上的不能具体指的是，比如，从买受人一方来说就是购入款的借款利率暴涨的情形，而从出卖人一方来说就是履行所需的置办费用激增的情形。由于此种情形属于债务的履行障碍，因此，其与履行不能的关系并不明显。[①] 不过，经济上的不能指的是虽可以履行但经济上过于严酷的情形，因此，与“履行不能”相比其适用范围更广。

第四节　司法实践中对于情势变更的处理方式

一、问题的提出

《合同法适用解释（二）》第26条列举了承认情势变更的要件，其中有“非不可抗力造成的”这一表述。我认为，之所以排除不可抗力是因为存在有关法定解除事由的合同法第94条第（1）项的规定。但是，该司法解释中规定“发生了当事人在订立合同时无法预见的、非不可抗力造成的不属于商业风险的重大变化，继续履行合同对于一方当事人明显不公平或者不能实现合同目的的……”，其中，对于画线部分，《合同法》第94条没有规定。因此，当因不可抗力发生重大变化、继续按合同

① 参见［日］神田孝夫:《履行障碍:判例的分析》，载《商学研讨》1971年第22卷;［日］中山充：《情势变更原则》，载［日］远藤浩等监修：《现代契约法体系（第1卷）现代契约的法理（1）》，日本有斐阁1983年版，第75页；［日］久保宏之：《经济变动与契约理论》，日本成文堂1992年版，第230页;［日］谷口知平、五十岚清编:《新版注释民法（13）（补订版）》，日本有斐阁2006年版，第75页。

约定履行变得不公平的场合，是否应当依据情势变更原则来处理呢？也就是说，是否应当在情势变更原则的要件中保留不可抗力要件呢？（小口彦太）

以“不能实现合同目的之情形”中承认任何一方都有权解除合同为前提的话，司法解释就没有理由否认“因不可抗力之情形”中双方解除合同的权利。日本的判例中也存在以因洪水（不可抗力）致使筑坝工程不能履行为由免除承包人债务的判例。关于中国合同法的相关司法解释的规定，我个人与小口教授持有相同的疑问（濑川信久）。

与此相关，韩世远教授在其近期论文中指出（画线部分以及阿拉伯数字皆为小口所加）：

在我国的司法实践中，有些情势变更案件的裁判援引了《合同法》第 94 条第（5）项作为解除合同的法律依据。比如，在“叶某诉潘某房屋买卖合同纠纷案”中，法院认为，“原告以客观上受限购令政策之影响致①无法继续履行合同为由要求解除合同，理由是②因不可归责当事人双方的事由，本院予以支持”，从而依据《合同法》第 94 条第（5）项作出裁判。再比如，在“赵西与张秀琴房屋买卖合同纠纷上诉案”中，法院认为，“从深圳市国土资源和房产管理局出具的《退文通知书》可以确定，造成本次房产交易最终③无法继续履行的根本原因是国家房地产调控政策的变动，③而非本案双方当事人的违约行为所致。原审判决认定涉案《二手房买卖合同》不能继续履行不可归责于任何一方”。同样，其也依据《合同法》第 94 条第（5）项作出裁判。

为何实务中有些法院要援引《合同法》第 94 条第（5）项作为裁判依据呢？第 94 条第（5）项规范的是“法律规定的其他情形”发生的解除权，而上述法院判决书并未明确指出“法律规定的其他情形”究竟指什么。而从裁判文书所记载案情分析，可以合理认定该情形指向《合同法适用解释（二）》第 26 条。当然，这里严格地讲，④司法解释并不算“法律”。法院之所以实质上使用《合同法适用解释（二）》第 26 条，却在形式上不去援引，其背后的原因在于怕“麻烦”。这里所谓的“麻烦”，起因于最高人民法院的特殊要求。最高人民法院强调各级法院重视发挥诉讼调解的作用，并且要求各级法院务必正确理解、慎重适用上述司法解释第 26 条。⑤如果根据案件的特殊情况，确需在个案中适用的，应当由高级人民法院审核。必要时应报最高人民法院审核。由于有了这样的特殊要求，法院为了避免审核的麻烦，在裁判中便不援引司法解释第 26 条。但是，为了形式上有所依据，便“虚晃一枪”，抬出《合同法》第 94 条第（5）项。《合同法》第 94 条第（5）项终究不应在情势变更的案件中被援引，因为，情势变更场合的解除是基于司法解释，不同于当事人行使解除权的解除。[①] 根据上述内容，想请教以下几个问题：

（1）既然画线部分①②③指出，由于不可归责于当事人双方的事由而导致合同无法继续履行（虽然还可能存在根本违约之解释，但既然已断定不存在违约），那么，上述案例是否可以理解为其符合《合同法》第 94 条第（1）项之情形呢？与此相关，存在如下案例。[②] X（戴丽华）拥有一间商铺，2009 年 12 月 18 日，X 与 Y（王丽英）签订了《经营租赁合同》，X 为甲方，Y 为乙方。合同约定租期为 3 年，第一年租金为 1.1 万元，第二年租金为 1.2 万元，第三年租金为 1.3 万元。而在 2010 年 10 月，Y 父亲确诊为脑梗死，Y 无法与其父共同经营该商铺，于是 Y 要求解除该租赁合同，而 X 要求继续履行合同。

对此，一审法院认为，考虑 Y 确需照顾卧病在床的父亲，已无力经营商铺的客观实际，可依据情势变更原则处理本案，并依照《合同法》第 94 条第（1）项判决解除合同、Y 赔偿 X 租金 6000 元以及物业费 1505 元。X、Y 均不符一审判决提起上诉。但二审法院也以 Y 确需照顾年迈多病的父亲而无力继续经营商铺为由，依照《合同法适用解释（二）》第 26 条适用情势变更原则并维持了一审判决。

上述一审判决依照《合同法》第 94 条第（1）项的规定而承认了基于情势变更的合同解除。是否可认为，在司法实践中围绕二者［指的是基于《合同法》第 94 条第（1）项的合同解除与基于情势变更原则的合同解除——译者注］的区分问题存在着混乱呢？（提问①）

（2）关于适用非法律之司法解释的妥当性问题。与画线部分④相关的是，不适用法律而仅适用司法解释不是有违《合同法》第 94 条第（5）项适用“法律”之规定吗？但是，上述案例的二审法院也直接适用了《合同法适用解释（二）》第 26 条的规定。此种案例不在少数。此外，从根本上来讲，司法解释是以存在相关法律条文为其前提的。然而，事实上不存在有关情势变更的法律明文规定，且在 1999 年制定《合同法》阶段已否定了将情势变更原则予以明文化的方针。因此，该司法解释不是明显构成对立法权的越权性解释吗？如果说想举出该司法解释之前提的法律条文的话，是否可以认为只有《合同法》第 5 条规定的公平原则呢？（提问②）

---

① 韩世远：《情势变更若干问题研究》，载《中外法学》2014 年第 3 期。

② “戴丽华与王丽英租赁合同纠纷案”，辽宁省葫芦岛市中级人民法院（2011）葫民二终字第 305 号民事判决书。

（3）关于画线部分⑤。2009年以后也存在不少基于情势变更原则而判决解除或变更合同的案例。是否可理解为这些适用情势变更原则的判决都经过了高级人民法院或者最高人民法院的审核呢？（提问③）（小口彦太）

二、韩世远与王成的答复

（一）韩世远的答复

1. 关于提问①

在中国《合同法》中，"不可抗力"《合同法适用解释（二）》主要规定在第117条、第118条以及第94条第（1）项。"情势变更"则由《合同法适用解释（二）》第26条规定。我们将这样的规范模式称为"二元规范模式"。它与联合国《国际货物销售合同公约》第79条的"一元规范模式"不同。因不可抗力解除，与因情势变更解除，二者在解除的法理构成上存在显著差异，上述案件一审法院并没有准确把握中国法的上述特征，理应予以纠正。

2. 关于提问②

《合同法》第94条第（5）项所指引的是"法律规定的其他情形"发生的解除权，这是由一方当事人行使解除权，与情势变更场合由当事人向法院提出请求、由法院根据公平原则并结合案件实际情况确定是否解除，有显著的差异。因而，在情势变更场合，根本无须援引《合同法》第94条第（5）项。此其一。

其二，最高人民法院司法解释不是"法律"，但在今天的中国，它已经构成一种"法源"。因而，法院裁判案件时，可以而且也时常见到只援引司法解释、没有援引法律的情形。这种做法，并不算错。

其三，最高人民法院司法解释在功能上是为了更好地适用法律而解释法律，其基础是《人民法院组织法》等的授权，该法第32条规定："最高人民法院对于在审判过程中如何具体应用法律、法令的问题，进行解释。"最高人民法院在具体的解释法律过程中，有时并没有固守狭义的解释，而是在其认为法律存在漏洞场合，创设了新的法律规则，实质上相当于分享了立法权。值得注意的是，《立法法》在2015年修正，新增的第104条规定："最高人民法院、最高人民检察院作出的属于审判、检察工作中具体应用法律的解释，应当主要针对具体的法律条文，并符合立法的目的、原则和原意。遇有本法第45条第（2）款规定情况的，应当向全国人民代表大会常务委员会提出法律解释的要求或者提出制定、修改有关法律的议案。”“最高人民法院、最高人民检察院作出的属于审判、检察工作中具体应用法律的解释，应当自公布之日起三十日内报全国人民代表大会常务委员会备案。”“最高人民法院、最高人民检察院以外的审判机关和检察机关，不得作出具体应用法律的解释。”《立法法》第 45 条规定：“法律解释权属于全国人民代表大会常务委员会。”“法律有以下情况之一的，由全国人民代表大会常务委员会解释：（一）法律的规定需要进一步明确具体含义的；（二）法律制定后出现新的情况，需要明确适用法律依据的。”基于上述规定，看来今后最高人民法院在司法解释中新创设规则的做法会受到限制。

3. 关于提问③

可以这么认为。

（二）王成的答复

关于提问①②③

《合同法适用解释（二）》中规定情势变更，与当时国际金融危机的大背景有密切的关联。最高人民法院注意到了情势变更适用的需要，同时，如上所述，对其适用也限定了严格的程序。如此看来，几方面的意义应当都是有的。

三、濑川信久的点评

（一）从比较法与日本法的视角出发

中国最高人民法院的司法解释将情势变更原则限定为“非不可抗力造成”的情势变化，对此，我持有与小口教授相同的疑问。从比较法上来说，一般将“不可归责于当事人的事由而发生”作为情势变更原则的要件。之所以将其作为要件是因为，因债务人自身的归责事由造成情势变更（比如，因债务人的经营失败所致的履行困难）却免除履行义务是不当的。“因不可抗力所致的情形”包含在“不可归责于当事人的事由而发生的情形”之中，因此，其原本属于适用情势变更原则的典型情形。而司法解释却否定了在此情形适用情势变更原则。

关于这一问题，王成教授以存在《合同法》第 94 条第（1）项作为其理由。的确，依据该条款，在因不可抗力致使履行不能时，似乎除了债权人之外，债务人也可以解除合同（在日本，于履行不能的场合，包括不可抗力致使履行不能的情形在内，只有债权人才可以解除合同。因此，解放债务人只能依据情势变更原则。在这一点上，中国法的思考方式与日本法是不同的)。但是，我认为，在因不可抗力致使履行不能的场合，除了债权人之外债务人也可以解除合同不能成为否定当符合情势变更的要件时，由债权人或债务人以情势变更为由解除合同的理由。这是因为，对于重复且竞合性地承认基于履行不能的解除与情势变更原则的解除来说，是不存在障碍的。

（二）从中国法的情况来出发

但是我认为，如果从承认合同的解除与变更的理由、思考方式以及其要件与效果这一角度来对本章第1节介绍的1981年至2009年的13种法律、《合同法草案》、全国人大法律委员会的相关说明等以及最高人民法院的司法解释[①]进行整理的话——关于要件，如果着眼于因何种情势变化对继续履行当初的合同造成何种程度的影响时承认解除与变更这一点来进行整理的话——将可以看出：在中国，对于不可抗力导致情势变更的情形不适用情势变更原则所具有的重要意义（关于下述内容，请参见本文最后所附的表）。

对于中国在改革开放以后的情势变更原则的展开可以分为三个时期。

第1时期为（ⅰ）《经济合同法》与（ⅱ）新《经济合同法》在因不可抗力致使履行不能的场合承认可以变更或解除合同的时期。[②]若欲承认变更或解除还需具备（1）无法履行当初的债务这一要件，仅仅具备（2）造成不均衡或（3）其履行对于一方当事人不具有任何意义是不够的。如前所述，这一时期的规定在其要件方面与履行不能是相同的，而合同的变更或解除这一效果是与情势变更原则相同的。而且可以说，这些规定并未区分“履行不能”与“情势变更原则”。

第2时期为从“履行不能”中剥离出情势变更原则后探讨是否应在《合同法》立法中予以规定的时期。在此时期，最初的（ⅲ）《全国经济审判工作座谈会纪要》以及（ⅳ）《合同法草案》将其要件规定为“客观情况”的“根本性变化”或“国

① 其中，1981年的《经济合同法》第27条第1款（第4项）以及1993年的新《经济合同法》第26条第2款规定，由于不可抗力致使无法（全部）履行时，可以变更或解除经济合同。但是，1993年的新《经济合同法》第27条则似乎认为，由于不可抗力致使全部不能履行时，变更或解除之前经济合同无效。关于中国情势变更原则的相关法律以及司法解释等，也请参见胡光辉：《中国法上的情势变更原则》，载日本《社会科学研究》2011年第62卷第5·6号。

② 虽然从条文的表述来看，其是否属于情势变更原则的规定是不明确的，但中国的学说与案例认为这些规定属于情势变更原则的规定。参见胡光辉：《中国法上的情势变更原则》，载日本《社会科学研究》2011年第62卷第5·6号。

家经济政策、社会经济形势等客观情势发生巨大变化”，而作为情势变更原则的内容所考虑的不是因不可抗力致使（1）履行不能时的合同的解除或变更，而是诸如因更为宏观的经济、社会的变化所导致的（2）履行合同已有失公平的情形或（3）合同的履行对于债权人已毫无意义时的合同的解除或变更的情形。但是，自（v）全国人大法律委员会的说明起开始出现了限制情势变更制度的意见。首先，（v）一并列举了情势变更原则的明文化案与反对案。其次，（vi）强调情势变更与商业风险的差异，并提出了情势变更制度不适用于商业风险这一新观点。最后，（vii）在确认情势变更不同于不可抗力和商业风险的基础上，建议适用情势变更制度时应当报最高人民法院核准。在此，将因不可抗力致使履行障碍从情势变更制度中予以排除，意味着即使没有报请最高人民法院核准也可以免除债务人的责任。

通过以上的讨论，《合同法》最终没有规定情势变更原则（ix）。在与此相连的第3时期中成为该问题的核心的是，由最高人民法院作为下级人民法院解决纠纷时应当依据的规范而出台的几个司法解释，特别是2009年《合同法适用解释（二）》[表中的（xi）]。这些司法解释在一方面承认“情势变更原则”（xi）的同时，又限制其适用。也就是说，或者将基于情势变更原则的合同的解除或变更限于无法预见情势变更的情形[表中（xii）之2-（1），（xiii）之1-（2）]，或者否定在由不可抗力发生的情形和属于商业风险的情形中适用[表中（xi），（xiii）之1-（3）]。[①] 而且，（xii）在适用前述（xi）所规定的情势变更原则时，以高级人民法院审核为其要件[表中（xii）之2-（2）]。但是在另一方面，不限于承认情势变更原则的情形，在促成当事人之间的协商与调解的同时，鼓励当事人通过“公平原则”来解决更大范围内的伴随着社会经济变动而出现的合同纠纷。作为其解决方式所考虑的是不限于合同的解除或变更的更为宽泛的救济方式[表中（xii）之1，（xiii）之1-（4）]。

我认为，以上有关情势变更原则的中国法的变迁，不仅在其内容——不可抗力致使履行不能时的经济合同的解除或变更（第1时期）；因客观情势变化导致当事人之间产生不公平等情况时的合同一般的解除或变更（第2时期）；不可抗力、商业风险以外的情形中的合同一般的解除或变更，以及基于“公平原则”的纠纷解决（第3

---

① 2009年的《合同法适用解释（二）》《民商事合同指导意见》《最高人民法院关于正确适用〈中华人民共和国合同法〉若干问题的解释（二）服务党和国家的工作大局的通知》之所以将排除大宗商品、股票、金融产品等交易中的商业风险作为其重点，正如韩、王两位教授对第5节的问题所指出的那样，是为了应对2008年全球性金融危机所引发的种种纠纷。

时期），而且在法律规制的主体与规范形态——《经济合同法》这一法律、全国人大法律委员会的意见、最高人民法院的司法解释——这一点上反映了此间中国社会与裁判、法律制度的快速发展。①

依据上述内容，以下试对情势变更原则与不可抗力的问题进行探讨。最早否定在因不可抗力而发生重大的情势变更的情形中适用基于情势变更原则的合同的更新或解除的是（xi）。的确，第2时期中的（ⅴ）（ⅶ）也强调了情势变更不同于不可抗力，但对此可以解读为：其是为了说明在基于不可抗力的解除之外，另行规定基于情势变更原则的解除是有其意义的。实际上，（ⅴ）（ⅶ）也否定了在不可抗力致使情势变更的场合适用基于情势变更的解除。另一方面，在《合同法适用解释（二）》后发布的《最高人民法院关于正确适用〈中华人民共和国合同法〉若干问题的解释（二）服务党和国家的工作大局的通知》在适用情势变更时是以高级人民法院的审核为其要件的。以此来看，我认为，《合同法适用解释（二）》否定在因不可抗力的情形中适用情势变更原则的核心意义在于，是为了明确不可抗力场合的解除无需高级人民法院的审核这一点。在日本法上，情势变更不以商业风险而发生这一要件也是相同的，但非以不可抗力发生这一要件则是中国法所特有的。

表　中国法律法规的情势变更相关规定的变化与合同履行效果的关系

	有关合同的解除或变更的思考方式与建议	所考虑的要件		所考虑的效果
		履行障碍的原因	履行障碍的内容以及程度	
（ⅰ）1981年《经济合同法》第27条第1款第（4）项		不可抗力或一方当事人虽无过失但无法防止的外因	（1）履行不能	合同的变更或解除
（ⅱ）1993年新《经济合同法》第26条第2款		不可抗力	（1）全部的履行不能	合同的解除或变更

① 顺便提及的是，最高人民法院在第3时期除了出台2005年的《关于审理涉及农村土地承包纠纷案件适用法律问题的解释》[表中的（ⅹ）]之外，还下达了关于以受2003年SARS影响为由的承认合同变更的通知。此外，2007年的《中华人民共和国劳动合同法》第40条以及2008年的《中华人民共和国劳动合同法实施条例》第19条也都采用了情势变更原则（参见胡光辉：《中国法上的情势变更原则》，载日本《社会科学研究》2011年第62卷）。

续上表

	有关合同的解除或变更的思考方式与建议	所考虑的要件		所考虑的效果
		履行障碍的原因	履行障碍的内容以及程度	
(ⅲ)1993 年《全国经济审判工作座谈会纪要》	情势变更原则	由于不可归责于当事人双方的原因，客观情况的根本性变化	(2) 按原合同履行显失公平	合同的解除或变更
(ⅳ) 1998 年 8 月《合同法草案》	情势变更原则	不能预见并且不能克服的，国家经济政策、社会经济形势等＊客观情势的巨大变化	(3) 致使对一方当事人没有意义 (1) 重大损害	可以要求重新协商；协商不成的，可以请求变更或者解除合同。
(ⅴ) 1998 年 10 月 22 日全国人大法律委员会（说明）	情势变更制度 对此有 2 种意见对立： 1 建议在《合同法》中不要对情势变更制度作规定。 2 建议在《合同法》中规定情势变更制度，其理由为：情势变更不同于不可抗力，不可抗力是致使合同不能履行，情势变更是致使履行合同显失公平〔因此具有分别规定的意义〕。	订立合同时的基础发生改变	(3) 履行失去意义 (2) 当事人之间的利益重大失衡	允许终止或变更合同。
(ⅵ) 1998 年 12 月 21 日全国人大法律委员会（汇报）	建议删去＊“国家经济政策、社会经济形势”并增加规定商业风险不适用情势变更的规定。	在考虑与（ⅴ）相同的要件与效果的情势变更原则的同时，并进行了如左的建议。		
(ⅶ) 1999 年 1 月 25 日全国人大法律委员会（汇报）	情势变更不同于不可抗力和商业风险（因此，另行考虑）。在规定情势变更的基础上，为了避免执行中的不统一和影响合同履行，建议有关情势变更的判决应当报最高人民法院核准。	在考虑与（ⅴ）相同的要件与效果的情势变更原则的同时，并进行了如左的建议。		
(ⅷ) 1999 年 3 月 13 日第 9 届全国人大法律委员会（报告）	以难以对情势变更原则作出界定、难以划清与商业风险的界限以及实际的适用仅限于特殊情况为由，建议不作规定。	在考虑与（ⅴ）相同的要件与效果的情势变更原则的同时，并进行了如左的建议。		

续上表

	有关合同的解除或变更的思考方式与建议	所考虑的要件		所考虑的效果
		履行障碍的原因	履行障碍的内容以及程度	
(ⅸ) 1999 年 3 月 15 日制定《合同法》	未规定情势变更原则。			
(ⅹ) 2005 年 7 月 29 日《最高人民法院关于审理涉及农村土地承包纠纷案件适用法律问题的解释》第 16 条	涉及农村土地承包纠纷案件的公平原则	因承包方不收取流转价款或者向对方支付费用的约定产生纠纷，当事人协商变更无法达成一致	(2) 继续履行显失公平	人民法院根据客观情况，按照公平原则处理。
(ⅹⅰ) 2009 年 4 月 24 日《合同法适用解释(二)》第 26 条	涉及合同法的一般适用	非不可抗力造成的不属于商业风险的重大变化	(2) 继续履行合同对于一方当事人明显不公平 (3) 不能实现合同目的	人民法院根据公平原则，并结合案件的实际情况确定是否变更或者解除。
(ⅹⅱ) 2009 年 4 月 27 日最高人民法院关于正确适用《中华人民共和国合同法》若干问题的解释(二)服务党和国家的工作大局的通知	1. 从在国际金融危机下为大局服务的目标出发来解决合同纠纷，并在多作调解工作、依法自愿的前提下，努力争取案结事了。 2. 严格适用（ⅹ）。(1) 限于以无法预见的重大变化且符合（ⅹ）要件的场合；(2) 根据案件的特殊情况，确需在个案中适用的，应当由高级人民法院审核；必要时应报请最高人民法院审核。			
(ⅹⅲ) 2009 年 7 月 7 日《民商事合同指导意见》	涉及民商事合同纠纷案件。1. 慎重适用情势变更原则，合理调整双方利益关系。(1) 对于因价格、供需变动主张适用情势变更原则增加的情况，依据公平原则和情势变更原则严格审查。(2) 适用情势变更原则时，严格审查“无法预见”的情况。(3) 合理区分情势变更（非市场系统固有的风险）与商业风险。(4) 重视遵守合同原则。非简单地豁免债务人而是要充分注意利益均衡，公平合理地调整双方利益关系。引导当事人重新协商，改订合同，争取调解解决。			

第五节　出台司法解释的背景

一、问题的提出

《合同法适用解释（二）》的出台是否表明尽管《合同法》没有规定情势变更原则，但司法实践中实际上出现了以情势变更原则来进行判决的案例，该司法解释是否属于事后追认的行为呢？是否可以认为该司法解释是为了遏制司法实践中滥用情势变更原则的现象而将其适用标准予以明确了呢？

二、韩世远与王成的答复

（一）韩世远的答复

首先，说明一下司法解释表述的由来。在起草《合同法》时，是否规定情势变更原则，有不同的意见。反对的主要理由在于，情势变更与不可抗力、情势变更与商业风险不易区分，在实践中容易带来混乱。恐怕正是出于这种顾忌，在司法解释中，界定“情势变更”时，明确使用了“非不可抗力”造成的“不属于商业风险”的重大变化。

可是，上述界定还是存在问题。其实，不可抗力与情势变更，并非有楚河汉界可将二者截然分开，而是可能出现二者交叉的局面的。小口教授所举事例，正反映了这一点。这一点，恐怕将来是需要进一步改进的。

在《合同法》出台之前，中国的司法裁判中便已经出现了适用情势变更原则的案例。这次司法解释规定情势变更，主要目的不是为了对此前的裁判案例进行追认，而是在 2008 年全球金融危机的背景下出台的司法回应社会经验需要的重要举措。不过，在该司法解释出台后，据我个人了解的情况，在实务中实际适用上述规定的案例比较少，原因是其适用的前提要求较高，需要向最高人民法院汇报，所以很多法院怕麻烦，不愿意适用情势变更原则裁判案件了，或者在适用法律时模糊化处理，尽管实际上是在适用上述司法解释第 26 条，但只是将其条文在说理时表述出来，并不在判决主文中援引该条文，所引用的是诚实信用原则或者公平原则之类的一般条款。

（二）王成的答复

《合同法适用解释（二）》中规定情势变更，与当时国际金融危机的大背景有密切的关联。最高人民法院注意到了情势变更适用的需要，同时，如上所述，对其适用也限定了严格的程序。如此看来，几方面的意义应当都是有的。

三、濑川信久的点评

依照在第 4 节点评中所述的私见的话,《民商事合同指导意见》属于将大宗商品、股票、金融商品等的交易考虑在内的、指向法官的规范。在这一点上，应认为其在性质上与之前的情势变更原则有所不同。其在一方面，遏制从 1998 年后期开始认识到的审判实务中滥用情势变更原则的情况的同时；另一方面，又以“公平原则”这种裁量来促成当事人之间协商解决。

第八章 风险负担

第一节 中国《合同法》与相关法规及中日条文比较

一、中国《合同法》与相关法规

《合同法》第 142 条【标的物的风险负担】 标的物毁损、灭失的风险，在标的物交付之前由出卖人承担，交付之后由买受人承担，但法律另有规定或者当事人另有约定的除外。

《商品房买卖合同解释》第 11 条第 2 款 房屋毁损、灭失的风险，在交付使用前由出卖人承担，交付使用后由买受人承担；买受人接到出卖人的书面交房通知，无正当理由拒绝接收的，房屋毁损、灭失的风险自书面交房通知确定的交付使用之日起由买受人承担，但法律另有规定或者当事人另有约定的除外。

《合同法》第 143 条【受领迟延中的风险负担——其一】 因买受人的原因致使标的物不能按照约定的期限交付的，买受人应当自违反约定之日起承担标的物毁损、灭失的风险。

《合同法》第 144 条【在途标的物的风险负担】 出卖人出卖交由承运人运输的在途标的物，除当事人另有约定的以外，毁损、灭失的风险自合同成立时起由买受人承担。

《合同法》第 145 条【标的物交付给第一承运人后的风险承担 = 债权人主义】 当事人没有约定交付地点或者约定不明确，依照本法第一百四十一条（标的物的交付地）第二款第一项的规定标的物需要运输的，出卖人将标的物交付给第一承运人后，标的物毁损、灭失的风险由买受人承担。

《买卖合同解释》第 11 条【标的物需要运输时的风险负担】 合同法第一百四十一条第二款第（一）项规定的“标的物需要运输的”，是指标的物由出卖人负责办理托运，承运人系独立于买卖合同当事人之外的运输业者的情形。标的物毁损、灭失的风险负担，按照合同法第一百四十五条的规定处理。

※《合同法》第 141 条（交付的地点）出卖人应当按照约定的地点交付标的物。

当事人没有约定交付地点或者约定不明确，依照本法第六十一条的规定仍不能确定的，适用下列规定：（一）标的物需要运输的，出卖人应当将标的物交付给第一承运人以运交给买受人；（二）标的物不需要运输，出卖人和买受人订立合同时知道标的物在某一地点的，出卖人应当在该地点交付标的物；不知道标的物在某一地点的，应当在出卖人订立合同时的营业地交付标的物。

《买卖合同解释》第 12 条【特定地点风险转移规则】 出卖人根据合同约定将标的物运送至买受人指定地点并交付给承运人后，标的物毁损、灭失的风险由买受人负担，但当事人另有约定的除外。

《买卖合同解释》第 13 条【路货买卖出卖人隐瞒风险事实之风险负担】 出卖人出卖交由承运人运输的在途标的物，在合同成立时知道或者应当知道标的物已经毁损、灭失却未告知买受人，买受人主张出卖人负担标的物毁损、灭失的风险的，人民法院应予支持。

《买卖合同解释》第 14 条【未经特定的标的物风险负担】 当事人对风险负担没有约定，标的物为种类物，出卖人未以装运单据、加盖标记、通知买受人等可识别的方式清楚地将标的物特定于买卖合同，买受人主张不负担标的物毁损、灭失的风险的，人民法院应予支持。

《合同法》第 146 条【受领迟延中的风险负担——其二】 出卖人按照约定或者依照本法第一百四十一条第二款第二项的规定将标的物置于交付地点，买受人违反约定没有收取的，标的物毁损、灭失的风险自违反约定之日起由买受人承担。

《合同法》第 147 条【未交付单证、资料与风险承担】 出卖人按照约定未交付有关标的物的单证和资料的，不影响标的物毁损、灭失风险的转移。

《合同法》第 148 条【标的物的瑕疵担保责任或有关不完全履行的风险负担[①]】 因标的物质量不符合质量要求，致使不能实现合同目的的，买受人可以拒绝接受标

① ［日］冢本宏明监修、村上幸隆编：《逐条解说 中国合同法的实务》，日本中央经济社 2004 年版。

的物或者解除合同。买受人拒绝接受标的物或者解除合同的，标的物毁损、灭失的风险由出卖人承担。

《合同法》第149条【风险承担不影响瑕疵担保或风险承担与违约责任的关系[①]**】** 标的物毁损、灭失的风险由买受人承担的，不影响因出卖人履行债务不符合约定，买受人要求其承担违约责任的权利。

《合同法》第231条【租赁物的灭失】 因不可归责于承租人的事由，致使租赁物部分或者全部毁损、灭失的，承租人可以要求减少租金或者不支付租金；因租赁物部分或者全部毁损、灭失，致使不能实现合同目的的，承租人可以解除合同。

《合同法》第314条【货物的灭失与运费的处理或运费请求权[②]**】** 货物在运输过程中因不可抗力灭失，未收取运费的，承运人不得要求支付运费；已收取运费的，托运人可以要求返还。

《合同法》第338条【风险负担及通知义务或风险责任分担[③]**】** 在技术开发合同履行过程中，因出现无法克服的技术困难，致使研究开发失败或者部分失败的，该风险责任由当事人约定。没有约定或者约定不明确，依照本法第六十一条的规定仍不能确定的，风险责任由当事人合理分担。

当事人一方发现前款规定的可能致使研究开发失败或者部分失败的情形时，应当及时通知另一方并采取适当措施减少损失。没有及时通知并采取适当措施，致使损失扩大的，应当就扩大的损失承担责任。

《合同法》第94条【合同的法定解除事由】 有下列情形之一的，当事人可以解除合同：（一）因不可抗力致使不能实现合同目的；（二）（三）略；（四）当事人一方迟延履行债务或者有其他违约行为致使不能实现合同目的；（五）略。※本条虽不是有关风险负担的规定，但与风险负担联系密切，因此将其列出（小口）。

二、《日本民法》

第533条【同时履行的抗辩】 双务合同当事人的一方，于相对人提供债务之履行前，可以拒绝履行自己的债务。但是，相对人的债务不在清偿期的，不在此限。

第534条【债权人的风险负担】 以特定物物权的设定或转移为双务合同标的，

①②③ ［日］冢本宏明监修、村上幸隆编：《逐条解说 中国合同法的实务》，日本中央经济社2004年版。

其物因不可归责于债务人的事由而灭失或毁损时，其灭失或毁损，归债权人负担。

关于不特定物的合同，自其物依第四百零一条第二款规定确定时起，适用前款规定。

第 535 条【附停止条件双务合同中的风险负担】 前条规定，不适用于附停止条件双务合同的标的物于条件成否未定期间灭失情形。

物因不可归责于债务人事由而毁损时，其毁损，归债权人负担。

物因可归责于债务人的事由毁损，于条件成就时，债权人可以依其选择，或请求合同的履行，或请求合同的解除，但不妨碍损害赔偿的请求。

第 536 条【债务人的风险负担等】 除前二条所载情形外，因不可归责于双方当事人的事由致使不能履行债务时，债务人无受对待给付的权利。

因应归责于债权人的事由致不能履行时，债务人不失受对待给付的权利。于此情形，因被免除自己债务而得到利益时，应将其偿还于债权人。

三、《日本民法修正案》

第 533 条【同时履行的抗辩】 “……于相对人提供债务之履行前，可以拒绝履行自己的债务……”→“……于相对人提供债务之履行（包括代替债务履行的以损害赔偿而为的债务履行）前，可以拒绝履行自己的债务……”

第 534 条、第 535 条 删除

第 536 条【债务人的风险负担等】 因不可归责于双方当事人的事由致使不能履行债务时，债权人可以拒绝履行对待给付。

因应归责于债权人的事由致使不能履行债务时，债权人不能拒绝履行对待给付。于此情形，债务人因免于自己债务而得到利益时，应将其偿还于债权人。

第 567 条（新设）【关于标的物灭失等的风险移转】 于出卖人向买受人交付标的物（限于以买卖之标的而特定之物。于本条中，下同）之情形，在已经交付之后该标的物因不可归责于当事人双方的事由而灭失或毁损的，买受人不能以其灭失或毁损为由而请求履行的补救、减少价款、损害赔偿以及解除合同。于此情形，买受人不能拒绝支付价款。

出卖人已经以符合合同内容的标的物提供了其交付债务的履行，而买受人拒绝接受该履行或不能接受该履行，在已经实际提供履行之后该标的物灭失或毁损的，亦适用前款规定。

第 413 条之 2（新设）【履行迟延或受领迟延中的履行不能与归责事由】 债权人拒绝接受债务的履行或不能接受债务的履行，在已经实际提供履行之后，因不可归责于双方当事人的事由而不能履行该债务的，其履行不能视为应归责于债权人事由的履行不能。

四、中日条文比较

关于风险负担，日本法将其规定在总则部分，而中国《合同法》未将其规定在总则，而是分别在分则中的买卖合同、租赁合同、运输合同、技术合同等各典型合同中进行了规定。日本法对特定物买卖采债权人主义，对其他类型买卖则采债务人主义。中国法就买卖合同采交付主义。中国法上不存在相当于日本法有关附停止条件双务合同中的风险负担规定。关于特定物买卖中的风险负担，日本法规定为“不可归责于债务人的事由”，而中国法不存在此种表述。韩世远教授认为，中国《合同法》第 148 条为“反映中国的立法者对合同解除与风险负担规则交错情形中适用法律问题的思考的恰如其分的规定”，而日本法没有此种规定。此外，日本法也不存在类似于中国《合同法》第 149 条有关违约责任与风险负担关系的规定。中国学者认为，《合同法》第 148 条与第 149 条是分别借鉴《美国统一商法典》与 CISG 而成的规定。

关于不能实现合同目的，现行《日本民法》区分归责事由的有无，规定存在归责事由的场合由合同解除来处理，不存在归责事由的场合由风险负担来处理。而《日本民法修正案》则删除了合同解除的归责事由，由此，因不可抗力致使不能实现合同目的之场合也可以解除合同。受此规定，删除了有关债权人之风险负担的第 534 条以及第 535 条的规定。不过，有关买卖合同规定的《日本民法修正案》第 567 条第 1 款与第 2 款分别就交付标的物后因不可抗力致使标的物灭失的情形与买受人受领迟延后因不可抗力致使标的物灭失的情形规定了买受人的风险负担，可以说，该规定与中国《合同法》第 142 条以及第 143 条是相对应的。因此，在因不可抗力致使不能实现合同目的之场合，中国法有风险负担与合同解除之两种规定。与此相对，日本法则以解除合同为原则，在符合有关买卖合同规定的《日本民法修正案》第 567 条之场合，否定合同解除而以风险负担来处理。

第二节 给付风险与价金风险

一、问题的提出(瀬川信久)

风险负担有给付风险(在准备完毕的给付灭失但尚可以履行的场合,重新给付时所需费用的负担)和价金风险[①](在因出卖人不能履行而不存在重新负担费用进行给付义务的情况下,买受人履行价金给付的义务是否存续的问题)。《日本民法》上之风险负担指的是价金风险,不知中国《合同法》上之风险负担指的是哪一种?我认为,中国《合同法》第94条以及第149条所规定的是给付风险。对此,我想予以确认。除上述条文以外的其他有关给付的条文,可以解释为给付风险或价金风险的任何一种。

对于价金风险,《日本民法》第534条以下有规定。而关于给付风险,只要可以履行(债务人负有履行义务),原则上就由债务人承担。但是,作为提供清偿的效果(参见《日本民法》第485条但书)或者作为一些学说上之受领迟延(参见《日本民法》第413条)的效果,由债权人承担风险。此外,关于委托合同,即使不存在提供清偿或受领迟延,也由委托人(债权人)来承担(参见《日本民法》第560条)。

二、韩世远的答复

所谓"风险负担",如无特别说明,通常是指"价金风险"(或称"对价风险""对待给付风险"Verguetungsgefahr, auch Preis- oder Gegenleistungsgefahr)的负担问题,在买卖合同中是指买卖的标的物如因不可归责于双方当事人的原因而毁损、灭失时,买卖价款是否仍须支付,进而相应的不利益由谁承担的问题。对这一问题,在中国《合同法》上是由第142条以下作了专门的规定。此种意义上的风险负担,是双务合同(买卖、租赁、承揽、运输、仓储等)所特有的问题。[②]价金风险,被认为是风险负担问题的中心。[③]

与此相对,尚有所谓"给付风险(Leistungsgefahr,或称'履行风险')"的负担

① [译者注]日语原文为"对価危険"。就此,韩世远教授译为"价金风险",而译者译为"价金风险"。两者所指是相同的,特此说明。本书统称为价金风险。

② 韩世远:《合同法学》,高等教育出版社2010年版,第395页。

③ 参见[日]半田吉信:《买卖合同中风险负担的研究》,日本信山社1999年版,第8页。

问题。给付风险，是指给付的标的物灭失、毁损之场合，债务人是否依然负担有给付义务之问题。给付风险并不限于双务合同，而是一个对于所有债务普遍适用的概念。价金风险则是双务合同特有的问题，在单务合同中并不存在。给付风险所涉及的是一般性的债务的消灭及其效果的问题，与此处所言风险负担不应混同。[①]《合同法》第 94 条是关于解除权的规定，即便其第（1）项规定了不可抗力，这一规定也并非关于风险负担的规定。《合同法》第 142 ～ 147 条所规定的风险负担，在解释上应当限定于“价金风险”，并不解决“给付风险”问题，尽管法条用语表述为“标的物毁损、灭失的风险”，所指者并非“物的风险”（给付风险），而是价金风险。如果在解释上以之同时规范二者，则会产生问题。比如，在附保留所有权买卖场合，标的物已经交付，价金风险自然转归买受人承担；如果以“交付”而非以“所有权人”判定给付风险的负担,给付风险（物的风险）就会由买受人负担。而依“所有人主义”，给付风险仍应由出卖人负担。《合同法》第 149 条所谓“标的物毁损、灭失的风险”，在解释上也应理解为价金风险，而非给付风险。

三、渡边达德的点评

关于双务合同中一方所负的债务，当不以债务人的归责事由而发生的嗣后不能导致债务消灭时，另一方的债务又何去何从呢（由哪一方当事人来承担该不能的风险）？该论点即属于《日本民法》第 534 条以下所规定的“风险负担”的问题。在此，其归宿成为问题的债务在多数场合为价款、租金、报酬等金钱债务，其被称为“价金风险”。

另一方面，在给付标的物毁损、灭失的情况下，债务人是否仍负有筹措义务这一问题是作为“给付风险”来讨论的。该问题虽主要是考虑买卖情形的，但其不仅限于双务合同。该问题在《日本民法》上属于，作为不特定物的特定（参见《日本民法》第 401 条第 2 款）或提供清偿之效果的“筹措义务的极限”来讨论的问题。

据韩世远教授的主张，中国《合同法》所规定的风险负担指的是“价金风险”。查中国《合同法》上有关买卖风险负担的规定，可以说，其原则上是以标的物的交付作为风险的移转时期的，而设置个别的例外规定则是与《联合国国际货物销售合同公约》即 CISG 的规定方式相似的。但是，CISG 是以“风险的移转”这一标题来

---

① 韩世远：《合同法学》，高等教育出版社 2010 年版，第 395 ～ 396 页。

涵盖此种调整范围,并明示将其效果与“支付价款的义务”联系在一起的。与此相对,中国《合同法》则使用了“风险”“负担”的表述,但并未明示其效力为何。

第三节　合同解除与风险负担的关系

一、问题的提出

中国法对买卖合同中的风险负担采交付主义。采此交付主义时,除了动产之外,是否将不动产也考虑在内了呢?还有,不动产交付的具体判断标准是什么?由于中国的不动产物权变动将登记作为其生效要件,因此,即使交付了该标的物,只要还未登记,其所有权依然掌握在出卖人一方。此时,因不可抗力致使标的物灭失时,买受人就要承担风险。但是,中国《合同法》和《日本民法》不同,在其第 94 条第(1)项规定因不可抗力致使不能实现合同目的的情况下允许解除合同。于此场合,买受人是否可以主张解除合同?以下的案例是其中之一。于该案例中,一审法院基于合同的解除来进行了判决。中国《合同法》对于因不可抗力致使不能实现合同目的的场合,规定了有关解除的第 94 条第(1)项和有关风险负担的第 142 条。既然对于上述两个条文没有明文规定应该优先适用哪一个条文,因此,从逻辑上来说,是否可以得出适用哪一个条文都可以的结论呢?归根结底,二审法院采风险负担规则来进行判决,其是否就是基于利益衡量的呢?

【案例 1】浙江省金华市中级人民法院民事判决书(2003)金中民一终字第 180 号

上诉人(原审被告):磐安县粮食局(Y1)

被上诉人(原审原告):羊某某(X)

被上诉人(原审被告):磐安县拍卖商行(Y2)

被上诉人(原审被告):磐安县新渥粮管所(Y3)

原审法院认为,Y3 与 X 签订书面房屋买卖协议书,证明双方之间的买卖合同已经成立。在实施拍卖行为过程中 Y3 未全面了解房地产所处集镇规划方案,并在 X 等有关投标人询问拍卖标的物情况时仍表示房屋不会被拆除,只因公路拓宽需拆除院子的小部分的意思,不能证明 Y1 故意隐瞒事实真相,因此,不属于欺诈行为。但出卖方除交付标的物外,尚负有办理过户登记等所有权合法转移之义务。虽然出卖方已将标的物的钥匙交给原告,只是将所有权的占有、使用、收益的权能转移给原告，出卖方仍负有办理过户手续之义务。本案中，Y3 至今仍为房屋的所有人，由于该房屋应拆除重新安置，出卖方已不能将房屋所有权转移给 X，即不能履行买卖合同的义务，X 购买房屋之目的已不能实现。据此，X 要求解除合同退回价款的诉讼请求，应予支持。X 在签订合同过程中，向 Y2 支付了佣金，是因不能履行合同导致 X 现有财产的减少，对此应由出卖方承担赔偿责任。Y2 在实施拍卖行为过程中履行拍卖人的法定义务，在本案中无过错，不能对 Y3 不完全履行合同的行为承担责任。Y3 处置房产时既无资金也无人员组成，已实际不能尽到法人的义务，履行法人的职责，Y1 与 Y3 构成上下隶属关系，该处房产由上级主管单位 Y1 作出拍卖决定，并委托 Y2 实施，其所得价款也实际由 Y1 处分。故 Y3 不能履行买卖合同所引起的法律责任，应确定其上级主管部门即 Y1 承担。

原审法院判决如下：一、解除 X 与被告 Y3 房屋买卖合同。二、Y1 应返还 X 购房款 155000 元，并支付自 2001 年 12 月 13 日起至履行之日止的银行贷款利息。于判决生效后 15 日内给付。三、Y1 应赔偿 X 损失人民币 6200 元。于判决生效后 15 日内给付。四、驳回 X 其他诉讼请求。案件受理费 4734 元，其他诉讼费 1530 元，证人工资 120 元，证人交通费 72 元，合计 6456 元，Y1 负担 6192 元，X 负担 264 元。

宣判后，Y1 不服上述判决，提起上诉。主要上诉理由为：（1）Y3 具有独立的法人资格，由自己的财产，企业至今仍在，而本案买卖合同的标的是 Y3 的部分资产。（2）处置国有资产应当经主管部门和国资管理部门批准同意，Y1 作为主管部门，同意企业改制并按规定报国资局批准，所得价款要求国资局用于偿还 Y3 自己所欠的银行债务，是履行主管部门的法定管理职责。（3）未办理过户手续是 X 有意拒绝过户所致，解除合同没有法律依据。（4）我国法律对于买卖合同标的物风险转移采用交付主义，本案集镇规划发生在买卖合同成立并实际交付房屋 3 个月后，被拆除的风险应由买受人承担。上诉人要求撤销原判，发回重审或改判驳回 X 的诉讼请求。

X 答辩称，Y3 已停止营业，公开拍卖 Y3 所属的双峰粮站门市部的五间房屋是 Y1；房屋土地使用权、房屋产权没有办理过户，属于 Y1 的原因。原审判决正确。

Y2 答辩称，接受 Y1 的委托，是在公平、公正的原则下拍卖的，拍卖行没有过错，请求维持原判。

Y3 答辩称，对 Y1 的上诉没有异议。

经审理查明，原审认定的事实，除房款已由 Y1 实际处分的事实外，其余部分本院予以确认。另查明，为了办理过户手续，X 曾把身份证、私章交给 Y3，由于有关土地出让金审批手续，后没有办理过户手续。庭审中，Y1 表示愿意帮助办理过户手续，

X 则认为现在办理过户太迟了。

二审法院认为，由于争议的房屋属 Y3 所有，且在拍卖后 X 也是与 Y3 签订的房屋买卖协议，故房屋买卖关系中的出卖人应当是 Y3，X 是买受人。根据《中华人民共和国拍卖法》的规定，拍卖活动可以委托代理人进行，2001 年 11 月 16 日 Y3 向县粮食局的报告，可视为拍卖委托行为。虽然，拍卖价款由拍卖商行直接缴纳给国资局，不能据此认 Y1 实际处分该款，故在 Y3 主体资格未消亡前，本案合同责任人不应当是 Y1。

关于本案合同能否解除的问题，由于房屋已经交付买受人使用，并且在客观上，X 作为买受人也已经将所购买房屋出租他人，故应当认为房屋买卖的合同目的已经实现，出卖人 Y3 并未构成根本违约。一方面，虽然根据《合同法》的规定，出卖人负有转移所有权的义务，但在出卖人未履行该义务的情况下，买受人可以请求出卖人履行该义务；另一方面，由于本案出卖的划拨土地上的房屋，该房屋系 Y3 因企业改制需要而出卖的，转让时要补交出让金，对此需要进行土地评估，故在时间上不能及时办理过户手续，难以确定是某方当事人的意愿所致，认定出卖人构成违约也缺乏证据。事实上，之所以产生本案的争议，是由于集镇规划的原因，买受人所购买的房屋将被拆迁，这在法律上属于买卖标的物的风险承担问题。根据《合同法》第 142 条的规定，标的物毁损、灭失的风险，在标的物交付之前出卖人承担，交付之后由买受人承担。故本案中，不论房屋被拆迁后的补偿是否超过房屋购买价，有关拆迁所产生的权利由买受人 X 享有，风险也有 X 承担。据此，原审适用法律错误，予以纠正。依据《合同法》第 142 条、《民事诉讼法》第 153 条第 1 款第（2）项之规定，判决如下：一、撤销磐安县人民法院（2002）磐民一初字第 238 号民事判决；二、驳回 X 的诉讼请求。

一审案件受理费 4734 元，其他诉讼费 1530 元，证人工资 120 元，证人交通费 72 元，合计 6456 元，由 X 负担。二审案件受理费 4734 元，由 X 负担。

本判决为终审判决。

二、韩世远与王成的答复

（一）韩世远的答复

《合同法》第 142 条规定了价金风险负担的基本规则。标的物毁损、灭失的风险，在标的物交付之前由出卖人承担，交付之后由买受人承担，但法律另有规定或者当事人另有约定的除外。

《合同法》没有采纳“所有人主义”，而是采纳了“交付主义”，依是否交付决定风险的承担。这一点从《合同法》第 147 条的规定也可以反映出来。出卖人按照约定未交付有关标的物的单证和资料的，不影响标的物毁损、灭失风险的转移（《合同法》第 147 条）。由于不采“所有人主义”，因而，对于不动产买卖，风险负担的判断仍然是依“交付”，而非依“登记”（所有权变动的标志）。“交付主义”可以说成为“占有主义”，这里与标的物的“所有”并没有必然的联系，尽管交付在动产买卖场合意味着所有权的移转。另外，在房屋买卖场合，风险也是随着占有的移转而移转，只要出卖人向买受人交付了钥匙，即使尚未办理房屋过户手续，风险也已转归买受人负担。[①]

第 142 条采纳了“交付主义”，实际上是将风险负担与“占有”联系在一起（links the burden of risk with possession），这与 CISG 及《国际贸易术语解释规则》（INCOTERMS）是一致的。之所以通过“交付主义”将风险与“占有”联系在一起，是因为标的物的实际占有人对标的物具有管领力，最有可能防范标的物毁损、灭失的风险。而且，在必要的场合最易于控制不利后果和计算损害的大小。交付主义的基础或出发点在于“风险应归最易管理风险的人负担”。[②] 有的学者称之为“风险支配之思想”，认为在因不可抗力或事变而发生损害时，风险归由较有优势实力运用之人负担，这样对于损害的发生或其程度，可以预计减轻至最小限度，具有合理性。[③]“风险支配之思想”为交付主义找到良好的论据。[④]

交付主义与所有人主义在很多场合会有相同的外观，这是因为在很多立法例中动产所有权转移的标志是交付。但二者仍有不同，具体体现在虽已交付但所有权没有移转的场合，比如附所有权保留的买卖场合，两种主义在风险的负担上就会有不同的结论。

所提案例［浙江省金华市中级人民法院民事判决书（2003）金中民一终字第 180 号］，确实是一件疑难案件。这起案件，典型地反映出在解除权的发生不以债务人有过错为要件的中国合同法框架下，可能与并存的风险负担规则出现交错，[⑤] 在这样的背景下，就必须探讨合同解除与风险负担制度之间的关系。

首先，应当指出，中国《合同法》在合同解除制度不要求债务人有过错为要件以

---

① 韩世远：《合同法学》，高等教育出版社 2010 年版，第 396 ~ 397 页。

② 韩世远：《合同法学》，高等教育出版社 2010 年版，第 397 页。

③ 故在德国法律及我国台湾地区相关法律文件上，在此场合采取交付主义（《德国民法典》第 446 条、我国台湾地区“民法”第 373 条）。

④ 参见苏俊雄：《契约原理及其实用》，我国台湾地区中华书局 1978 年版，第 153 ~ 154 页。

⑤ 参见周江洪：《风险负担规则与合同解除》，载《法学研究》，2010 年第 1 期。

及在风险负担规则方面，均受到了CISG的影响。CISG并没有以合同解除制度吸收风险负担规则，没有采所谓合同解除一元论。其次，中国《合同法》又没有完全照搬CISG关于风险负担的规定，典型的表现是《合同法》第148条的规定，在CISG中并没有。基于以上两点可以获得一项启发，在对中国合同法中的解除制度以及风险负担制度作解释论构成时，既应参考CISG，又应注意中国《合同法》与它的差异性（比如CISG仅适用于动产买卖，而中国《合同法》除动产买卖外，还适用于不动产买卖）。

《合同法》第148条恰好可以反映出中国立法者对于合同解除与风险负担制度交错场合法律适用问题的思考，它规定"因标的物质量不符合质量要求，致使不能实现合同目的的，买受人可以拒绝接受标的物或者解除合同。买受人拒绝接受标的物或者解除合同的，标的物毁损、灭失的风险由出卖人承担。"

就前文所提疑难案件，我个人更倾向于一审的裁判结果，只是理由构成，与之有别。该案是房屋买卖合同，出卖人虽然已经履行了交付房屋的义务，但是，其"转移标的物的所有权于买受人"的义务，尚未履行。本案之所以产生纠纷，是由于作为买卖标的物的房屋要被拆迁。对于房屋拆迁，当事人在缔约阶段便已有预见。依一审法院认定的事实，"拍卖前原告及证人到盘安县粮食局了解情况时被告知，房屋院子可能因公路拓宽要拆1米多，房屋肯定不会被拆迁。"因而，"房屋肯定不会被拆迁"至少构成了双方当事人对于买卖标的物品质的共同认识，是本案合同的基础。甚至不排除基于上述事实，可以解释认为，出卖人担保了房屋不存在"拆迁"的风险，是出卖人对于买卖标的物的一种"品质担保"。如果没有这种"品质担保"，可以合理地认为，买受人很可能不会缔结房屋买卖合同，或者不会以案件所呈现的条件缔结该合同。二审法院恰恰是对于这一事实，没有给予应有的重视，直接依据《合同法》第142条风险负担规则裁判了案件，似有不当。我个人以为，本案的处理，可以将房屋拆迁作为一种对于标的物使用存在公法上的限制，这在中国实务上是作为一种物的瑕疵，而不是权利瑕疵，[①] 进而依据《合同法》第148条，支持买受人解除合同的主张，价金风险仍由出卖人承担。

就上述疑难案件，我个人认为二审法院的裁判也并非基于利益衡量。如果是从利益衡量角度考虑问题，其一，原告是个人，被告是县粮食局及其下属的粮管所，二者的财力及抗风险的能力不可同日而语；其二，如果拆迁是在本案合同履行后发生，由原告负担价金风险，固然有理；本案恰恰是在合同尚未完全履行的阶段发生了拆迁，

---

① 详见韩世远：《租赁标的瑕疵与合同救济》，载《中国法学》2011年第5期。

而且被告已经向原告表示过“房屋肯定不会被拆迁”。如此，在结论上也应当认为，一审的裁判结论是妥当的。

（二）王成的答复

从文意来看，中国《合同法》第142条没有区分动产和不动产。该条规定的例外是“法律另外规定或者当事人另有约定”，由于法律对不动产的风险负担并无另外规定，故不动产的风险负担也应当适用第142条。

《商品房买卖合同解释》第11条规定:“对房屋的转移占有,视为房屋的交付使用，但当事人另有约定的除外。”“房屋毁损、灭失的风险，在交付使用前由出卖人承担，交付使用后由买受人承担；买受人接到出卖人的书面交房通知，无正当理由拒绝接收的，房屋毁损、灭失的风险自书面交房通知确定的交付使用之日起由买受人承担，但法律另有规定或者当事人另有约定的除外。”周江洪教授文中提到的第二个案例，也是关于不动产风险负担的。

因不可抗力致使合同目的无法实现而解除的制度和风险负担制度，分别采用不同的制度安排，解决标的物毁损灭失后的风险分配问题。风险负担制度，直接通过确定风险的归属确定风险的分配；解除制度，则是通过双方行使解除权，根据解除后相应的法律后果来解决风险的分配问题。若合同解除要求归责事由，与不要求归责事由的风险负担之间不会形成交错，两者并行不悖。如果合同解除也不要归责事由，则会与风险负担发生重叠。但无论哪种制度，最终结果都以公平合理作为衡量指标。

我个人认为，本案一审和二审双方的分歧在于：一审认为是属于履行不适当，使得买受人目的无法实现，故而解除合同，赔偿损失；而二审则认为属于风险负担，故而适用风险负担的规则，由买受人自行承担损失。

我个人更倾向于一审的判决。理由是:第一，本案中的被告事实上存在某种过错。尽管不能证明其存在故意，但在原告向其确认该房屋是否要被拆迁时，被告肯定地回答说不会拆迁。但时隔不久，该房屋就被确定要拆迁。我们可以想象，假如是十年后发生了拆迁的问题，会是什么样的结果。在这种情况下，一审法院基于合同解除，让被告返还已经支付的价款，是妥当的;第二，本案被告还存在无法适当履行的情况，即无法给原告办理过户手续，此点也是违约的体现。因对方违约，守约方解除合同，可以要求返还已经支付的价款；第三，正因为存在着上述两点，故而，本案中的拆迁似乎不属于风险。本案似乎也不应当适用《合同法》第94条第（1）项不可抗力不能实现合同目的解除，而应当适用第（4）项违约不能实现合同目的解除。我们可以比较典型的风险，比如地震。假如本案中的房屋由于地震而毁损灭失，在房屋已经交付给原告的情况下，原告自然无权要求返还已经支付的价款。同时，风险的存在会使标的物毁损或者灭失，因而出现损失。但假如毁损、灭失的标的物因此可以获得某种补偿的话，是否还认其为典型的风险，似乎也存在疑问。比如，地震后获得保险；本案中获得拆迁补偿。假如地震后获得保险赔偿以及拆迁后获得的补偿高于标的物的交易价格，此时守约方或者负担风险的一方反倒可以获得利益。

但假如因不可抗力导致合同目的不能实现［《合同法》第94条第（1）项］的情形出现时，如何处理合同解除与风险负担的问题则会变得棘手。比如，周江洪文中讨论的孙红亮案，标的物被抢后，合同该解除还是按照风险负担来处理，则可能出现竞合的情形。就孙红亮案，个人认为适用合同解除，在结果上更加妥当些。因为，合同解除后，双方分担损失的方案灵活性更大些，比风险负担仅让债权人一方承担更具合理性。

正如前面所说，不可抗力不能实现目的解除制度与风险负担制度均是为解决当事人意思之外的风险导致的损失分配问题。无论适用哪种解决方案，结果均应当公平合理。如果二者的适用出现了如磐安县案截然相反的利益安排，要么是对法律的理解适用出了问题，要么是制度的设计需要反思。比如，风险负担中的利益安排并非一成不变的。

“孙红亮案”[①]：河南省郑州市中原区人民法院判决（判决理由部分）

原、被告均认为该合同不属承包合同，而提出了租赁合同和融资租赁合同的两种说法，法院认为这两种说法均不能成立：租赁合同并不转移租赁物的所有权；融资租赁合同则要求有出租人、承租人及供货人三方，且出租人须具有从事融资租赁业务的经营范围，被告并不具有这方面的资格。

法院认为，原、被告所签合同名为承包合同，实为分期付款买卖合同。分期付款买卖合同与一般买卖合同的不同之处，在于标的物所有权并不随标的物的交付而转移给买受人，而是由出卖人继续保有，在买受人完全履行了分期付款义务后，标的物所有权才发生转移，而且标的物的价款通常要高于相同标的物在一般买卖合同中的价款。买受人在未履行完支付价款的义务前，对标的物仅享有使用权与收益权；

① 参见最高人民法院中国应用法学研究所编：《人民法院案例选（第4辑）》，人民法院出版社2001年版，第225页。

同时，作为标的物的使用者，买受人还应承担标的物灭失、毁损的风险。也就是说，在标的物交付后，不管买受人对标的物的灭失、毁损有无过错，买受人均应履行其承担的支付全部价款的义务。本案中车辆的灭失系抢劫所致，原告没有过错，但原告并不能因此而免除其对被告所承担的支付全部价款的义务，原告仍然有义务支付剩余部分车款。因车辆已灭失，合同的履行已无必要，合同应终止履行，对原告要求解除合同的诉讼请求予以支持。4 万元抵押金系原、被告为履行合同而约定的一种担保方式，在原告履行完支付价款的主债务后，抵押金应予退还，对原告的此项诉讼请求法院亦予以支持。

原告虽交纳了豫 ATH523 号轿车的保险费，但原告既非该车的所有权人，也非保险合同的受益人，其要求按比例分得保险赔款没有法律上的根据；而且被告所获保险赔款已冲抵原告应交纳的部分车款，从而减轻了原告所承担的付款义务，因此，原告要求分得保险公司赔款的诉讼请求，无任何实质意义，法院不予支持。

反诉原告汽车出租租赁公司要求反诉被告孙红亮支付剩余车款的诉讼请求符合法律规定，应予支持。但反诉原告所提供的证明该车的价款为 216000 元的证据，是反诉原告于 1999 年 12 月 24 日开具的车款为 175372.8 元的商业发票和以出租车代办费名义收取的金额为 40627.2 元的收款收据；发票与收据系反诉原告单方面的意思表示，并未获得原承包人荆俊峰的认可，而且反诉原告对收款收据上所载 40627.2 元的出租车代办费用不能作出准确、合理的说明，因此，对以上证据不予采信，车款仍应按合同约定的 176000 元计算。反诉原告在计算剩余车款时，只扣除了已付款 8 万元和保险赔款 72960 元，并未将其于 1999 年 10 月 26 日对反诉被告所作的减免利息 18000 元的承诺计算在内，法院认为，反诉原告所作的这一承诺符合分期付款买卖中的习惯，符合公平的精神，应予遵守。根据《民法通则》第 106 条第 1 款之规定，判决如下：

一、原、被告 1999 年 4 月 2 日签订的承包合同自本判决生效之日起终止履行。

二、被告汽车出租租赁公司自本判决生效之日起 10 日内返还原告孙红亮抵押金 4 万元。

三、驳回原告孙红亮要求分得 33164 元保险金的诉讼请求。

四、反诉被告孙红亮自本判决生效之日起 10 日内给付反诉原告汽车出租租赁公司购车款 5040 元。以上二、四项相抵，被告汽车出租租赁公司应返还原告孙红亮抵押金 34960 元。

宣判后，原、被告均服判息诉，被告自觉履行了判决书确定的义务。

三、渡边达德的点评

对于“案例 1”的案情与争议焦点可整理如下：在以出卖人为 Y3、买受人为 X 的房屋买卖合同中，尽管在签订合同前已确定标的房屋因公法上的原因成为被拆除的对象，但当事人在不知情的情况下签订了合同。其后，在房屋已由 Y3 交付于 X 但尚未办理移转登记的情况下，X 向 Y3 主张解除合同能否被支持［根据《合同法》第 94 条第（1）项］？或者说，风险已转至买受人，那么 X 是否负有支付价款的义务（《合同法》第 142 条）？对此，一审承认了 X 解除合同的主张，二审则适用风险负担的规定认定 X 应承担支付价款的义务。

在认为应承认 X 的主张这一点上，韩、王两位的意见是一致的，但其理由不尽相同。

韩世远教授指出，依签订合同的过程来看，本案应解释为 X 与 Y3 之间已存在这样一种“品质担保”亦即，不存在 X 从本案房屋中搬迁的风险。因此，X 可以依据《合同法》第 148 条解除合同。

王成教授则指出，Y3 向 X 答复本案房屋不是拆迁的对象，Y3 在这一点上具有某种过失。而且，无法办理过户手续也属于违约。据此，X 可以以《合同法》第 94 条第（4）项的根本违约为由解除合同。

在日本发生相同类型的案件时，可以考虑几种法律上的处理方式。如韩世远教授所指出的那样，可以说，将此评价为买卖标的物具有一种原始瑕疵并适用瑕疵担保责任的规定也是一种解决方式（可以以无法达成合同目的来解除合同。参见《日本民法》第 570 条、第 566 条）。而《日本民法修正案》则认为，由于无法实现出卖人的所有权移转义务，因此，买受人可以不经催告解除合同［参见《日本民法修正案》第 542 条第 1 款第（1）项］。此时，出卖人有无归责事由不影响能否解除。

第四节　实务中风险负担制度的操作

一、问题的提出

（一）关于实务上风险负担制度的意义

对于风险负担，日本的学者平井宜雄有如下的说明：“如果将风险负担一般地理解为‘将针对交易之标的（物或行为）将来可能产生（特别是由不可抗力产生的）

的风险事先分配给交易双方的制度’的话，由于为了应对此种风险而事先规定由谁来承担何种风险属于审判实务（特别是在持续性的合同中）的基本范畴，因此，应该说此种意义上的几乎所有的风险负担就可以由交易双方的合意来解决了。一般认为，实务的处理方法为：存在着作为解决方法之一的保险（制度），且其可以被使用的场合，就可基于保险来分散风险……如果果真如此的话，可以认为民法上的风险负担制度于实务中……不具有多大的意义。可以说，有关民法风险负担规定的司法案例并不多就是表明此种情况的吧。”[①] 与此相对，在中国，依据最高人民法院关于《买卖合同解释》的释义："近年来，买卖合同纠纷案件中当事人因风险负担问题发生争议的数量不断增多，故本解释以四个条文对《合同法》的相关规定进行解释和补充，以期能够解决审判实践中存在的问题。"[②] 上述最高人民法院的释义中所提到的有关风险负担的纠纷不断增多是否为事实？（提问①）

（二）有关风险负担的约定与保险的应用

在中国，交易的双方当事人是否不作此方面的约定，亦即，为了应对因不可抗力致使不能履行情况下的风险而事先约定"由谁来承担风险"。此外，适用保险的情况是否不太常见？（提问②）

（三）有关风险负担的主要纠纷

《买卖合同解释》中有关风险负担的规定（参见第 11 ～ 14 条）都与运输途中的标的有关。这是否可以认为在有关风险负担的纠纷中与运输相关的纠纷占多数呢？（提问③）

二、韩世远与王成的答复

（一）韩世远的答复

1. 关于提问①

平井教授的理论分析是基于《日本民法》的特殊规定，特别是特定物买卖中风

① ［日］平井宜雄：《债权各论Ⅰ上 契约总论》，日本弘文堂 2008 年版，第 204 页。

② 最高人民法院民事审判第二庭编著：《最高人民法院关于买卖合同司法解释理解与适用》，人民法院出版社 2012 年版，第 187 页。

险负担的债权人主义立场。而中国《合同法》并不存在像日本民法那样的特殊规定。此为其一；其二，最高人民法院释义所谓近年来因风险负担问题发生争议的案件数量增多，显然是相对于过去而言，而不是相对于日本的裁判状况而言。我个人相信，上述释义所言，不是空穴来风。

2. 关于提问②

合同当事人是否就风险负担作出专门的约定，一方面与其法律意识有一定的关系，当然，法律上关于风险负担的一般规定也很重要。如果中国《合同法》有像《日本民法》第 534 条第 1 款那样的规定，恐怕中国的交易主体也早就像日本的当事人那样，被迫就风险负担作出特别约定了。正是由于《合同法》第 142 条就风险负担采“交付主义”，在实务中，当事人纵然没有就风险负担作出特别的约定，也不至于产生太大的问题。

关于保险，在中国越来越被重视和应用，这当然与保险市场及保险规范的成熟程度相关。就我个人的经验，像至少汽车的车主，通常都会为其汽车购买保险。像房屋等不动产，购买保险的比例远不如汽车。当然，这恐怕也与地区有关，在地震少发的地区，房屋所有人通常不会考虑购买对抗地震的保险。总之，保险市场有其自身的规律，当事人作为理性人，是否购买保险，会有合理的判断。

3. 关于提问③

《买卖合同解释》是学习了公约的规定，但并不意味着此类纠纷在实践中很多，二者之间没有必然的联系。

（二）王成的答复

1. 关于提问①

在中国，这种释义书一般是由参与司法解释起草的法官撰写的。起草司法解释，需要进行大量的调查研究。基于这一前提，该释义中的这一判断，应当是有事实依据的。

2. 关于提问②

交易双方是否进行有关约定，取决于某一交易领域中交易的主体以及交易的性质等情况。一般来说，经验丰富的商事主体对于大量重复进行的标的价值较大的交易，会通过约定加保险的方式解决风险负担问题。相应的，对于普通民事主体偶尔进行的某次标的价值不大的交易而言，是否进行相关约定同时购买相应保险，则值得怀疑。

3. 关于提问③

基于刚才提到的司法解释的起草背景，有理由认为现实中有关风险负担的纠纷中主要是与运输相关的纠纷。

第五节　关于标的物在买受人受领迟延期间因不可抗力毁损灭失情形的处理

一、问题的提出

《日本民法》针对买卖合同中的风险负担规定有“不可归责于债务人的事由”，将因不可归责于债务人的事由致使其不能履行作为风险负担的要件（多数说）。对此，中国存在着需将不可归责于双方当事人的事由作为风险负担要件的学说（比如，王利明教授）。依该说，买受人的受领迟延将构成违约，受领迟延中因不可抗力致使不能履行时应以违约责任来处理。王利明教授介绍的【案例 2】[①] 即属此例。

【案例 2】

原告：某养鱼场（X）

被告：某副食品批发公司（Y）

X 为一大型养鱼场，Y 为一副食品批发公司。双方于 5 月 20 日签订了一份购买活鱼的合同，其中约定：Y 向 X 购买武昌鱼 2000 千克，每千克 16 元；鲫鱼 1000 千克，每千克 15 元；罗非鱼 1000 千克，每千克 13 元，于 6 月 10 日以前，由 Y 至 X 处取货。X 为保证按期向 Y 供货，且便于 Y 取货，遂将 Y 所需的鱼集中放置于一个临近一条大河的水池之中，同年 6 月 5 日，X 催促 Y 前来取货，并提出也可由 X 送货，由 Y 承担运费。Y 提出因其库存的鲜鱼尚未售完，暂不能收货。至 6 月 10 日，Y 仍未前来取货。6 月中旬以后，因连续罕见的暴雨，致使 X 池中的水涨满并溢出。鱼纷纷蹦进附近的大河中。X 提出，为 Y 存放的鱼因蹦进河中，损失 2000 千克，价值 3 万元，因为 Y 违约应由 Y 承担。Y 提出尽管其迟延数天，但双方并没有约定迟延履行的责任，所以他不应承担责任，至于鱼蹦进河中，是由于 X 自身的过错造成的。就此案，王利明教授指出：“不应适用风险负担的规则，而应当由被告承担迟延受领的违约责任。”

然而，于此场合，《合同法》第 143 条规定风险将转移到买受人处，因此，主张应以违约责任来处理的上述见解不能说明《合同法》第 143 条的规定。但需要注意的是：

---

① 参见王利明：《民法疑难案例研究（最新修订版）》，中国法制出版社 2010 年版，第 289 ~ 294 页。

我个人认为，在中国，与英美法系相同，合同的双方当事人负有协力实现合同的义务、受领迟延将构成义务违反进而构成违约的观点相当程度上得到普及。在日本，我妻荣教授亦认为受领迟延将构成债务不履行。他指出："在债权人的受领迟延后发生履行不能时，即便其履行不能因不可抗力而发生，也构成因归责于债权人的事由而发生的履行不能。此与履行迟延中的效果是相同的。"[①]"因可归责于本人的事由已处于迟延状态之人对其后的履行承担全部责任是符合诚信原则的。因此，因履行迟延而发生履行不能的场合，其作为一概基于应归责于债务人的事由，应当承认债务人的赔偿责任"。[②]如果站在此种立场上，是否可以认为于受领迟延中因不可抗力致使标的物毁损灭失的场合，将产生受领迟延、违约责任及买受人承担风险的双重效果呢？

二、韩世远与王成的答复

（一）韩世远的答复

《日本民法》第534条第（1）项明文规定："以特定物的物权的设定或移转为合同的标的场合，其因不可归责于债务人的事由而灭失或毁损时，其灭失或毁损归债权人负担。"由于有此明文规定，故日本民法多数说以"不可归责于债务人的事由"界定风险负担。在中国，尽管《合同法》第142条并没有像日本民法那样在以"不可归责于债务人的事由"界定"标的物毁损、灭失的风险"，中国的多数说确实习惯于用"不可归责于双方当事人的事由"界定风险负担。[③]究其原因，我想这种习惯，与中国大陆民法学说在一定程度上受台湾地区民法学说的影响不无关系。中国台湾地区"民法"的多数说也是用"不可归责于双方当事人的事由"界定风险负担。[④]中国台湾地区多数说的立场又是起因于中国台湾地区"民法"第266条第1项规定，"因不可归责于双方当事人之事由，致一方之给付全部不能者，他方免为对待给付之义务。

---

① ［日］我妻荣：《新订债权总论》，日本岩波书店1964年版，第241～242页。

② ［日］我妻荣：《新订债权总论》，日本岩波书店1964年版，第145页。

③ 参见胡康生主编：《中华人民共和国合同法释义》，法律出版社1999年版，第223页；马俊驹、余延满：《民法原论》，法律出版社2010年第4版，第645页；韩世远：《合同法学》，高等教育出版社2010年版，第395页；崔建远：《合同法》，北京大学出版社2012年版，第414页。

④ 比如王泽鉴：《民法概要》，北京大学出版社2009年版，第262页；黄茂荣：《买卖法》，中国台湾地区台北自版2004年第6版，第744页；刘春堂：《民法债编通则（一）契约法总论》，作者台北自版2011年增修版，第439页。

如仅一部不能者，应按其比例减少对待给付。"

在债权人受领迟延场合，如果由于不可抗力，导致履行不能（比如案例2），按照《日本民法》第536条第（2）项前段，"因可归责于债权人的事由致不能履行时，债务人不失受对待给付的权利。"这种场合，仍然作为风险负担问题，只不过是按"债权人主义"处理。同样的问题，在中国则应依《合同法》第146条处理。罕见的暴雨，本身算是不可抗力；唯其发生系在债权人受领迟延期间，则可谓是不可抗力与受领迟延共同构成了标的物毁损、灭失的原因。就不可抗力而言，显然既不可归责于债务人，也不可归责于债权人。就此而言，以"不可归责于双方当事人的事由"界定不可抗力，并将它作为风险负担的一种特殊情形，并不为过，因为这时的着眼点在于造成履行不能的共同原因中的不可抗力因素。围绕风险负担究竟是因"不可归责于债务人的事由"抑或"不可归责于双方当事人的事由"所致，这可以理解为中、日法学用语习惯问题，实质问题的处理并未因此而有差异。惟债权人受领迟延，或者由于买受人的原因致使标的物不能按照约定的期限交付，可谓是债权人（买受人）的过错。[①] 而依据《合同法》第146条以及第143条的规定，买受人承担标的物毁损、灭失的风险，显然是作为风险负担问题。债权人受领迟延是否等同于违约进而发生违约责任，不论在中国还是在日本，学说上存在不同见解，此处暂不深论。无论如何，在学理构成上，债权人迟延场合的风险移转，本身是债权人迟延的一项特殊法律效果。[②] 如此，风险负担与受领迟延，不仅仅是一种双重效果，而且是一种聚合（而非竞合）的效果。

（二）王成的答复

首先，从王利明教授对该案的分析来看，他的观点应当在于，该案中鱼的损失是因为过错造成的，并不构成风险，故而应按照违约来处理。

其次，我妻荣教授的观点值得赞同。在中国合同法上，违约责任与风险负担二种制度既互相独立，又密切相关。

比如，《合同法》第143条规定，因买受人的原因致使标的物不能按照约定的期限交付的，买受人应当自违反约定之日起承担标的物毁损、灭失的风险。这一规定，意味着风险负担的一般规则（《合同法》第142条）因买受人受领迟延（违约）而发生了移转。

---

① 参见韩世远：《合同法学》，高等教育出版社2010年版，第400页。

② 参见韩世远：《合同法学》，高等教育出版社2010年版，第226页。

《合同法》第146条以及《商品房买卖合同解释》第11条第2款应当都包含了类似的意思。

此外,《合同法》第149条规定，标的物毁损、灭失的风险由买受人承担的，不影响因出卖人履行债务不符合约定，买受人要求其承担违约责任的权利。可见，买受人负担的风险与出卖人承担的违约责任可以并存。

三、渡边达德的点评

【案例2】可理解为在买受人受领迟延后因不可抗力致使标的物灭失的案例。在《日本民法》的解释上，关于受领迟延的法律性质及其效果，虽然观点并不统一，但对于认为“风险的移转”属于其效果之一是不存在异议的［但是，严格来说，一般将此理解为先于受领迟延的提供清偿的效果（参见《日本民法》第492条）］。因此，买受人不能被免除支付价款的义务（参见《日本民法》第534条第1款）。而且，是否可以承认买受人的受领义务并以受领迟延为由承担债务不履行责任属于与风险的移转（买受人支付价款义务的归宿）所不同的问题。

此外,《日本民法修正案》新设了大意为如下的规定：在债权人拒绝受领或不能受领的期间内，因不可抗力（不能归责于当事人双方的事由）致使债务履行不能时，其履行不能视为应归责于债权人事由的履行不能（参见《日本民法修正案》第413条之2第2款）。此外,《日本民法修正案》还规定：出卖人已经以符合合同内容的标的物提供了其交付债务的履行，而买受人拒绝接受该履行或不能接受该履行，此后因不可抗力致使该标的物灭失或毁损的，买受人仍负有支付价款义务（参见《日本民法修正案》第567条第2款）。

第六节　再论风险负担与合同解除的竞合

一、问题的提出

现在在日本正进行着有关债权法修改的议论，其中，针对以债务不履行为由的解除不应附加归责事由的主张受到关注。比如，能见善久教授认为，“当因不可抗力致使债务之标的物毁损灭失时，将产生风险负担与解除的竞合。由此，如何理解二者之间的关系将成为问题”。[①] 能见教授还认为,即使合同的解除无需归责事由的场合,也应当保留风险负担规则。与此相对,还有人主张只要有合同解除即可,无需风险负担规则。[②] 能见教授对保留风险负担规则后的场合,指出存在如下两种情况:

其一,风险还在出卖人一方的情形。也就是说,在将标的物交付给买受人之前,买卖标的物因不可抗力而灭失的场合,作为风险承担的问题,买受人的价金债务消灭(适用债务人主义)。于此场合,买受人也可以以重大的义务违反为由主张解除合同。所以,二者就发生了竞合,买受人可主张其中的任何一种。一般来讲,买受人会以没有接受标的物的交付为由主张解除合同。此时,承认出卖人可以以因风险负担规则的适用致使价金债务消灭为由主张合同的解除是不适当的。

其二,标的物交付到买受人处的场合。于此场合,最可能成为问题的是:“将有瑕疵的标的物交付给了善意的买受人,该标的物却在买受人处因不可抗力而灭失时,将作为风险负担的问题由买受人来承担风险。但是,买受人如果可以证明该标的物存在瑕疵(由于标的物已灭失,所以其证明是困难的),并且其构成重大的债务违反时,买受人就可以解除合同。此时,将优先适用合同的解除……(将标的物交付后就由买受人来承担风险)”。[③]

(一)交付标的物之前的风险负担与合同解除的竞合

中国《合同法》针对合同的履行过程中因不可抗力使标的物灭失、致使不能实现合同目的的情形,在其第 94 条第(1)项中规定合同解除的同时,亦在买卖合同部分规定了风险负担。能见教授认为在其本人所举的上述【案例 1】中二者产生竞合,买受人可主张其中的任何一种(请求权竞合——小口注)。应如何理解中国《合同法》的相关规定?(提问①)在笔者(小口)的印象中,在中国,合同解除与风险负担(看似)发生竞合时,主张应适用风险负担(因此,其为法条竞合型的理解)的见解占支配性地位。不知此种理解是否正确?此外,松冈久和教授着眼于上述【案例 1】中

① [日]能见善久:《履行障碍》,载[日]山本敬三等编:《债权法修正的课题与方向》,商事法务研究会 1998 年版,第 139 页。

② 参见[日]潮见佳男:《债权总论 I》,日本信山社 2003 年版,第 480 ~ 482 页。

③ [日]能见善久:《履行障碍》,载[日]山本敬三等编:《债权法修正的课题与方向》,商事法务研究会 1998 年版,第 138 ~ 139 页。

的画线部分，指出："此种主张可以理解为其反倒表明了解除的优越性。"[①] 虽然日本也存在选择说与风险负担优先说，但如果说解除优先说处于支配性地位的话，中日民法学者在此点上正好形成对比。

（二）交付有瑕疵标的物后的风险负担与合同解除的竞合

如果同时存在合同解除和风险负担规定时，能见教授所举的第 2 个情形将会成问题。我认为，这关系到有关合同解除的中国《合同法》第 148 条以及有关违约责任的第 149 条，对此，在中国也存在着意见的分歧。也就是说，根据《合同法》第 148 条的规定，买受人可以在将有瑕疵的标的物交付之前或交付时拒绝接受标的物或者解除合同。但是，事实上，应该说接受标的物以后发现瑕疵的情形会更多。此时是否适用《合同法》第 149 条由买受人承担风险，且买受人不能主张解除合同，只能向出卖人主张违约责任呢？（如果依据能见教授的见解，此时应以合同解除来处理）（提问②）

（三）与提问②相关的案例

结合上述提问②，如何理解如下案例？

【案例 3】

X 公司与 Y 公司经电话与电传联系，达成买卖皂化甘油（以下简称甘油）的协议。Y 于 5 月 23 日电传 X 称：可供甘油 8 吨，每吨单价 1.7 万元，含量 95% 以上，如有质量问题，则承担全部责任。当日，X 就回电表示同意，并要求用新镀锌铁桶包装。5 月 25 日，X 按照约定将 13.6 万元汇入 Y 账户。但 Y 并未按约定发货 8 吨，而只发了 4 吨，并于 6 月 15 日退还余款 6.8 万元。X 在验货时发现甘油因包装不合格而发生漏损，重量不足 4 吨，经取样送检化验，结果表明甘油含量偏低。X 将化验单与入库验收单电传 Y，要求其派员来处理。而 Y 仅于 6 月 30 日汇给 X5000 元以退还货款，要求 X 对该批甘油试销，但始终未派人处理甘油质量问题。

甘油因质量不达标，X 的客户纷纷退货，给 X 造成 6682 元的损失。在双方发生争议期间，遭到台风袭击，库房倒塌，甘油全部损毁。为此，X 向当地法院起诉，要求解除合同，Y 返还货款，承担差旅费损失、客户损失、利息损失、鉴定测试费。

---

① ［日］松冈久和：《以履行障碍为由的解除与风险负担》，载日本《法学家（Jurist）》2006 年第 1318 号。

法院审理查明：Y 所提供的甘油未达国家强制性标准，给 X 造成经济损失 33262 元。法院判决 Y 退还货款 6.8 万元，赔偿 X 损失 33262 元，标的物灭失的风险由 Y 承担。

该案是由房绍坤与郭明瑞主编的《合同法要义与案例析解(分则)》[①] 一书介绍的，其最初刊载于李显冬主编的《中国合同法要义与案例解释》一书。[②] 对于该案，法院判决承认了合同解除。对此，该书的作者认为，“标的物既然已经交付，则风险应由买受人承担”，买受人只能主张违约责任。在该案中，由于买受人没有表明解除合同的意思表示，所以，产生如该书作者那样的见解也是理所当然的。但是，如果发现瑕疵是在交付标的物以后，且因该瑕疵致使不能实现合同目的，因此，买受人作出解除合同的意思表示，其后，在仓库保管的标的物因不可抗力而灭失的场合，是否可以适用《合同法》第 148 条？此外，交付后立即发现瑕疵的情形与经过相当一段时间后才发现瑕疵并表明解除意思的情形，在其操作上是否有所不同？（提问③）

（四）关于如何理解《合同法》第 148 条的问题

《合同法》第 148 条规定：“买受人拒绝接受标的物或者解除合同的，标的物毁损、灭失的风险由出卖人承担。”合同解除与风险负担为两个不同的概念，上述规定对于笔者来说很难理解。

笔者通过对随机抽样检索到的有关风险负担的约 100 个案例的分析所发现的是，在适用《合同法》第 148 条的案例中涉及风险负担的案例居多这一事实。可适用风险负担规则的典型案例为那些在接受存在使得合同目的无法实现之瑕疵的标的物后，该标的物因不可抗力或意外事故而毁损灭失的案例。但是，笔者注意到，在实际适用《合同法》第 148 条的案例中提及风险负担的大多数案例非为因不可抗力或意外事故而使标的物毁损灭失的案例，而是在与以标的物存在重大瑕疵为由的合同解除相伴而生的恢复原状这一语境中显现出来的。比如，我们可以看一看“北京世源光华房地产开发有限公司与北京科禄格机电设备有限公司、北京伯强工贸有限公司买卖合同纠纷案”。[③]

本案为风机买卖合同纠纷，合同约定共购买 118 台风机，而在合同履行中发

① 参见房绍坤、郭明瑞：《合同法要义与案例析解（分则）》，中国人民大学出版社 2001 年版，第 36 页。

② 参见李显冬主编：《中国合同法要义与案例解释》，中国法制出版社 1999 年版，第 548 ~ 550 页。

③ 北京市第二中级人民法院（2009）二中民终字第 07068 号民事判决书。

现第一次交付的19台风机存在质量问题（瑕疵），据此法院认为无法实现合同目的，并适用有关基于根本违约而解除合同规定的《合同法》第94条第（4）项、有关合同效力规定的《合同法》第97条以及《合同法》第148条，指出标的物毁损、丧失的风险由出卖人Y承担，故Y应当自行取回存放于X的风机19台。由此判决：（1）确认买卖合同解除；（2）Y退还X预付款253435元；（3）Y自行拉回风机19台；（4）Y给付X违约金253434.9元。在此，上述画线部分中风险负担的内容为拉回风机19台，那么，具体的风险负担应为由Y来承担拉回风机19台的费用。但是，让笔者费解的是，该19台风机标的物不是因为不可抗力而毁损灭失的，其应属于以不完全履行为由的单纯的合同解除后恢复原状的问题，为何在此却成为风险负担问题？合同解除与风险负担应是属于不同范畴的两个问题。对此，想请教两位的见解。（提问④）

二、韩世远与王成的答复

（一）韩世远的答复

1. 关于提问①

在风险尚在出卖人的场合，买卖标的物因不可抗力灭失时（能见教授所谓的场合1），中国《合同法》一方面在第94条第（1）项规定了因不可抗力致使不能实现合同目的当事人可以解除合同；另一方面，在第142条规定了风险负担的一般规则（交付主义）。这时，会呈现一种二重效果。就此时合同关系的终了，究竟是由买受人解除合同还是依风险负担规则及双务合同的牵连性推论合同终了，看似任由买受人选择，但中国的经验通常是走前一条道路。之所以如此，其原因如下：

其一，从历史的角度观察，1981年《经济合同法》第27条第1款第（4）项便规定了“由于不可抗力或由于一方当事人虽无过失但无法防止的外因，致使经济合同无法履行”，允许变更或解除经济合同。1993年该法被修改，上述规定改为第26条第（2）项，“由于不可抗力致使经济合同的全部义务不能履行”，允许变更或解除经济合同。但该法并没有规定风险负担。自《经济合同法》发布以来，不可抗力致使合同不能履行，当事人可以解除合同的观念深入人心，而人们对风险负担的观念却较为陌生。这一时期的民法理论上虽然也有关于风险负担的论述，[①] 总体上比较简单，并没有细究双务合同的牵连性及合同关系的终了问题。如此，遇到不可抗力导致履行不能问题，人们习惯于解除合同，而不会想到通过风险负担规则解释合同关系的终了。正所谓“习惯成自然”，这是生活的“经验”胜过了法理的“逻辑”。

其二，《合同法》虽然同时规定了不可抗力场合的合同解除与风险负担，针对使合同关系终了而言，第 94 条第（1）项（合同解除）的规定是明确的，而第 142 条及以下规定（风险负担）只是说某一方当事人承担风险，并没有明确合同关系的终了。这尤其是在中国有上述“习惯”及“经验”的背景下，人们通常并不考虑风险负担及双务合同牵连性，其道理在于：前者的法律效果是明确的，后者合同关系可以终了的效果并不明确，需要作进一步的解释工作，故而对当事人缺乏吸引力。

2. 关于提问②

在风险转移到买受人场合（能见教授所谓的场合 2），意味着出卖人已经将标的物交付给了买受人，因而，无需考虑标的物尚未交付或者交付时被拒收的情形。就此场合以标的物具有隐蔽瑕疵为典型，依《合同法》第 148 条，“因标的物质量不符合质量要求，致使不能实现合同目的的，买受人可以拒绝接受标的物或者解除合同。买受人拒绝接受标的物或者解除合同的，标的物毁损、灭失的风险由出卖人承担。”本来，依据《合同法》第 142 条，在出卖人将标的物交付与买受人时，风险已经由买受人负担。第 148 条的特殊之处在于，在标的物的质量不符合要求且致使不能实现合同目的场合（根本违约），允许买受人通过拒绝接受标的物或者解除合同，将风险转回给出卖人负担。另外，哪怕标的物已经因不可抗力完全灭失，也不妨碍买受人行使解除权。与日本民法比较，中国《合同法》第 148 条的规定或许会让人感到很奇怪。不过，类似的规则在比较法上并不乏其例，比如《美国统一商法典》（UCC）第 2 ~ 510 条 [②] 以及 CISG 第 70 条。[③]《合同法》第 149 条的作用，结合第 148 条观

---

① 比如佟柔、赵中孚、郑立主编：《民法概论》，中国人民大学出版社 1982 年版，第 199 ~ 201 页；佟柔主编：《民法原理》，法律出版社 1983 年版，第 278 页；王家福、谢怀栻、余鑫如、王保树、梁慧星、余能斌：《合同法》，中国社会科学出版社 1986 年版，第 202 ~ 203 页。

② 从立法机关对《合同法》第 148 条的释义看，“本条是参考美国统一商法典作出的规定，美国统一商法典规定了出卖人违约与买受人风险负担的关系。”胡康生主编：《中华人民共和国合同法释义》，法律出版社 1999 年版，第 229 页。这里并没有指明 UCC 的具体条文，依其释义，应指 UCC 第 2 ~ 510 条。

③ See Johan Erauw, in：Kröll/Mistelis/Perales Viscasillas（eds），UN Convention on Contracts for the International Sale of Goods（CISG）Commentary, C.H. Beck, Hart, Nomos 2011, pp.909 ~ 911.

察，应该主要在于出卖人非根本违约场合，买受人无法解除合同，或者拒绝接受标的物，根据第142条的规定，买受人负担风险，但是，针对出卖人履行债务不符合约定，买受人仍然可以要求其承担违约责任。

3. 关于提问③

就【案例3】而言，买受人是在台风（不可抗力）造成已交付的标的物（甘油）全部毁损以后，向法院起诉，提出解除合同，出卖人返还货款等要求。法院查明出卖人所供标的物未达国家强制性标准，并给买受人造成了经济损失。法院判决出卖人退还货款、赔偿买受人损失。我个人以为，法院判决结果并无不妥，以下说明。

首先，从《合同法》第148条来看，买受人拒绝接受标的物或者解除合同的条件仅仅是“因标的物质量不符合质量要求，致使不能实现合同目的”，并没有要求“标的物须可以返还”，因而，在标的物因不可抗力而毁损、灭失场合，买受人仍然有权拒绝接受标的物或者解除合同。其次，买受人固然可以在依第148条规定条件而有解除权场合，按照第96条的规定“通知对方”行使解除权；当事人亦未尝不可采取起诉方式，向法院主张解除合同（像【案例3】所示）。

4. 关于提问④

就合同解除与风险负担，中国《合同法》学习美国UCC以及联合国CISG，规定了第148条。从比较法角度看，《合同法》第148条并非“中国特色”式的规则。《日本民法》（债权法）改正工作中，试图废止风险负担制度，以合同解除制度解决相关问题，[①] 这种尝试值得关注。从中国的经验来看，同时规定合同解除与风险负担，并没有产生什么不良后果。合同解除与风险负担虽然在功能上具有关联性和相似性，但二者毕竟存在差异。合同解除重在合同关系的终了与清算，风险负担则是基于给付与对待给付的牵连性，解决一方给付义务因不可归责于债务人的原因而不能履行场合，对方的对待给付义务是否消灭。尽管在习惯了《日本民法》的学者看来，中国《合同法》的规定里有些问题不易理解，但是，中国法的规则在实务中易于使用，具有实用性。《日本债权法》修正工作中，废除风险负担制度，完全用合同解除制度取而代之，在潘德克顿法典化理念下，合并同类项，追求法典简约化，具有形式上的合理性。但是，是否能够兼顾实用性，是需要审慎考虑的。由于掌握的信息有限，仅依我个人有限的理解，略作分析如下：在种类物买卖场合（比如汽车），在出卖人交付之前，标的物毁损、灭失，如果按照中国《合同法》第142条，则由出卖人负

① ［日］内田贵：《债权法的新时代》，日本商事法务2009年版，第97页。

担风险。由于是种类物，买受人仍然可以依买卖合同继续请求出卖人履行交付标的物的义务。假如《合同法》不规定第 142 条，而是依靠合同解除制度，买受人为了避免自己支付价款，就必须主张出卖人根本违约（种类物买卖，一时不能尚难谓根本违约，买受人须对此进行论证），进而解除合同，这需要买受人专门通知出卖人，或者向法院起诉主张解除，这显然比第 142 条烦琐。在解除合同后，如果买受人仍然需要出卖人供给标的物，则必须另行订立新的买卖合同。两相比较，恐怕还是像中国《合同法》这样同时规定风险负担与合同解除制度更好。此外，这个案件好像并不真正涉及风险负担问题。法院援引《合同法》第 148 条，应是侧重于该条前句。

（二）王成的答复

1. 关于提问①

关于中国对于风险负担与合同解除关系的观点，笔者注意到有以下几方面：

（1）周江洪教授的观点

在给付义务是否得以免除不是十分清晰之情形以及债权人对于合同的存续存有利益之情形，合同解除与风险负担规则相比具有其优势。但解除程序的烦琐、期间的限制、持续性合同中的部分不能以及合同解除后的风险负担问题之应对等方面，风险负担规则较之解除制度更为合理。[①]

（2）韩世远教授的观点

可以请韩世远教授自己来介绍。

（3）崔建远教授的观点

在立法论的立场上，可以放弃合同解除的模式，对于因不可归责于双方当事人的原因致使合同不能履行采取合同自动消灭、由风险负担规则解决的模式。只不过必须满足风险负担规则完整和明确、不可抗力免责清晰的前提条件。在目前的中国合同法体系中，由于风险负担制度规定的不完善，故而，合同解除模式就有存在的合理性。[②]

（4）笔者的简单看法

从立法论上讲，每一种制度如果设计完善的话，均可以解决同样的问题，因为结果的妥当性和合理性是最重要的。在解释论上讲，进行选择时必须考虑现存法律

---

① 参见周江洪：《风险负担规则与合同解除》，载《法学研究》2010 年第 1 期。

② 参见崔建远：《合同解除的疑问与释答》，载《法学》2005 年第 9 期。

制度本身的特点及相互关系。在这一点上，我同意崔建远教授的观点。

在中国合同法上，有关风险负担的规定只是解决了风险如何负担的问题，风险负担的确定很多只是合同中某一部分的解决方案，并没有解决合同本身存续以及相应后果的问题。在这样的意义上，风险负担与合同解除有必要同时存在。或许，这正是周江洪教授文中所引“孙红亮以分期付款期满所有权转移方式承包车辆后因在期间内车辆被抢灭失诉中原汽车出租租赁公司退还抵押金和按已交款比例分享保险赔款案”中法院的思路。

在比较法上，就发展趋势而言，处理风险负担与合同解除的关系，要么，是用合同解除完全取代风险负担，即所谓的一元论，要么，是风险负担与合同解除并存，即所谓二元论。但是，似乎不存在由风险负担制度完全取代合同解除的趋势和做法。回头看中国法上的情况，现行合同解除制度远比现行的风险负担制度要完善得多，故而，更多地适用解除制度，似乎也是情理之中的了。

2. 关于提问②

个人认为，尽管合同归责有客观化的趋势，但是基本的对错仍然影响着违约责任和风险责任的分配。故而，对中国《合同法》第 142 条、第 148 条、第 149 条应当结合起来考察。《合同法》第 142 条的基本规则是不考虑过错来分配风险，但同时明确，法律如果有例外规定的话，例外规定优先适用。《合同法》第 143 条、第 148 条、第 149 条以及《买卖合同解释》第 13 条都构成了《合同法》第 142 条的例外规定，因此，要优先适用。

仅就《合同法》第 148 条、第 149 条而言，从中都可以发现过错对于合同履行过程中发生的不利后果配置的影响。或言之，可能是因为过错的存在，使得《合同法》第 148 条、第 149 条的规范构成了第 142 条的例外。

第一，第 149 条规定，标的物毁损、灭失的风险由买受人承担的，不影响因出卖人履行债务不符合约定，买受人要求其承担违约责任的权利。由于违约责任包括合同解除，故而，此时即使仅从逻辑而言，买受人是有权援引《合同法》第 49 条第（4）项来解除合同的。

第二，即使买受人不能或者不愿意行使解除权，买受人承担风险后，可以要求出卖人赔偿损失。由于瑕疵标的物的价值一定低于合格的标的物，最后，通过赔偿制度，应当可以达到结果上的妥当性。

第三，也存在着交付时检验，发现瑕疵后立即拒绝接受、从而标的物仍然由债务人占有的场合，此时应当适用《合同法》第 148 条前段，还是由债务人承担风险。

第四，如果交付当时就拒绝接受，因为没有交付成功，按照《合同法》第142条的规定，当然应当由债务人承担损失。故而，《合同法》第148条，应当包括经过一段时间或者相当时间发现瑕疵后拒绝接受或者解除的情形。此时，瑕疵标的物的风险依然由债务人承担。比如案例3的情况，如果服务公司发现瑕疵后拒绝接受，或者明确提出解除合同，此时，风险就应当由物资公司承担。

第五，结合《合同法》第142条，从第148条文意理解，由于如果标的物被拒绝，因而继续留在债务人处时，则按照第142条由债务人承担风险；故而，《合同法》第148条所谓的拒绝接受或者解除的时候，都意味着标的物可能在债权人处。此时，第148条的规定才具有意义。此点也符合《合同法》第142条但书的规定（周江洪教授也持这样的看法，只不过，他对这样的安排只保留态度。）[①]【案例3】中的案情中，如果服务公司表示拒绝接受，或者当时就解除合同，则应当适用《合同法》第142条前段。

第六，由于服务公司既没有表示拒绝接受，也没有在当时就解除合同。按照案例书作者的意见，此时应当由服务公司承担风险。此时是否恰好构成了《合同法》第149条的适用条件，即如果风险由买受人承担，不应当否定其向出卖人追究违约责任的权利。

因此，《合同法》第148条似乎可以分为三种情况。第一种情况，如果债权人拒绝交付或者解除合同，此时标的物仍然由债务人占有，根据《合同法》第142条，风险应当由债务人负担；第二种情况，如果债权人在交付时接受交付，后来发现标的物的瑕疵以致合同目的不能实现，于是向债务人提出拒绝接受或者解除合同，此时适用《合同法》第148条后段，由债务人承担风险；第三种情况，如果债权人在交付时接受交付，后来发现标的物瑕疵以致合同目的不能实现，但仍未向债务人提出拒绝接受或者解除合同的主张，此时标的物毁损或者灭失，此时风险分配应当适用《合同法》第149条的规定，由债权人承担风险，但债权人可以向债务人主张违约责任。

第七，由于《合同法》第148条已经给予债权人可以拒绝或者解除，同时将风险转移给债务人的机会，但如果债权人没有拒绝或者解除合同，从而使得风险没有转移给债务人。适用《合同法》第149条可能会产生比适用第148条略微不利的后果。比如，周江洪教授在文章中分析的例子：假设出卖人甲与买受人乙订立了购买

---

① 参见周江洪：《风险负担规则与合同解除》，载《法学研究》2010年第1期。

货物A（市场价值30万元）的合同。因甲交付的货物存在瑕疵（存有瑕疵时的货物简称为B），其市场价值3万元。B在乙处灭失。设若乙解除合同，依《合同法》第148条的规定，乙的30万价款支付义务消灭，甲承担3万元的损失。设若乙未解除合同，是否认可该批货物未予明确，也不符合《合同法》第158条“视为符合质量要求”的规定，依《合同法》第142条的规定，此时风险当由买受人乙承担，乙负有30万价款的支付义务；但依《合同法》第149条的规定，乙可以要求甲承担违约责任，支付A与B之间的差价27万元，结果由乙承担3万元的损失。[①]

3. 关于提问③

关于这一问题，请参见问题2的回答。

4. 关于提问④

关于这一问题，请参见上面的回答。

关于合同解除与风险负担的问题，在2013年3月4日日本早稻田大学研讨会上已经有充分讨论。此处主要结合上述案例谈一些看法。

本案经过两审判决，上文提到的“标的物毁损、丧失的风险由出卖人承担”一句出现在一审判决中。一审判决中的此部分完整表述是：科禄格公司应当退还世源光华已支付的预付款。因科禄格公司提供的产品不符合质量要求，致使不能实现合同目的，世源光华公司解除合同，标的物毁损、丧失的风险由科禄格公司承担，故科禄格公司应当自行取回存放于世源光华公司的19台风机。二审判决相关部分完整表述是：因科禄格公司提供的产品不符合质量要求，致使不能实现合同目的，世源光华公司请求解除合同，科禄格公司应当自行取回存放于世源光华公司的19台风机。二审判决的表述中少了所谓“标的物毁损、丧失的风险由出卖人承担”的内容。

一审判决中关于风险负担的认定，依据是《合同法》第148条。《合同法》第148条属于第142条中“法律另有规定”的情况，而且第148条中风险负担的配置，考虑了过错的因素。同时，《合同法》第148条的理解应当结合《合同法》第97条。根据《合同法》第97条，合同被解除后，其中一个后果是恢复原状。本案中的恢复原状，针对的是出卖人已经交付的被认定为质量不合格的19台风机。合同被解除，出卖人应当将预付款返还给买受人，同时，已经存放于买受人处的19台风机应当返还给出卖人。此时，可能存在的问题是，19台风机从买受人处转移到出卖人处时的

① 参见周江洪：《风险负担规则与合同解除》，载《法学研究》2010年第1期。

费用由何人负担？更重要的是，在判决作出后，转移完成前，标的物出现了毁损、灭失的风险由何人承担？《合同法》第148条中的风险负担,应当是指后面这种情况。故而，此处的风险负担不是指标的物恢复原状的运费的风险。

三、渡边达德的点评

（一）关于提问①

试结合如下举例来讨论:设签订了以A为出卖人、以B为买受人的房屋买卖合同，合同中特别约定交付前的风险由出卖人承担，而该房屋在交付前因属于不可抗力的水灾而灭失。

依据中国《合同法》，B可以依据第94条第（1）项解除合同，也可以依据第142条拒绝支付价款。此时，由于致使房屋灭失的原因在于不可抗力，因此，B不能向A请求损害赔偿（《合同法》第117条）。即，不论依据合同解除还是风险负担的任何一种规则，其结论是相同的。但是，依解除时，直至解除为止合同都将存续（因通知而合同归于消灭）。与此相对，适用风险负担时，成为其前提的是：在房屋灭失的同时合同也归于消灭（因发生履行不能而合同自行消灭）。由此，如何理解合同解除与风险负担的适用关系被提了出来。

在“一、问题的提出”中所介绍的松冈久和教授的见解的主旨在于:在《日本民法》上同时规定解除与风险负担的场合，对于B解除合同的主张，不应承认A可以主张合同自行消灭。也就是说，其采用了解除优先说。

对此，韩世远教授指出，采用哪种方式取决于B的选择，但通常都会选择解除。而且，王成教授也在理论上承认解除与风险负担并存的基础上指出，适用解除制度是“情理之中的”。在此，似乎是受到了中国法律实务的展开以及中国《合同法》规定方式的影响。也就是说，韩世远教授介绍了风险负担的观念深入到中国法理论当中相对较迟的情况，王成教授则指出，中国《合同法》中风险负担的规定不够完善，与此相比，解除的规定则完善得多。

《日本民法修正案》在买卖合同中设置了有关“风险移转”的规定（《日本民法修正案》第567条），并且明示其所调整的情况为标的物（特定物）在交付后灭失或毁损的场合。因此，在上述设例中，B可以依其第542条第1款第1项解除合同，若B解除前被A请求支付价款的，B可以拒绝支付（《日本民法修正案》第536条第2款）。

（二）关于提问②以及提问③

该问题属于：当买卖合同的标的物不符合合同约定，买受人以无法达成合同目的为由在①拒绝受领标的物的场合，或②先受领标的物后再解除合同的场合，其后标的物灭失或毁损的，其风险应由哪一方当事人来负担的问题。

对此，中国《合同法》似采用了此种结构，亦即：在①的场合，仍由出卖人负担风险；则在②的场合，风险先移转于出卖人，其后风险负担通过买受人解除合同而复归于出卖人。[①] 依《日本民法》来考虑的话，由于交付不符合合同的标的物不能称之为提供了有效的清偿，因此，风险不移转于买受人。尽管如此，如上述②的场合，因买受人先受领了不符合合同的标的物，因此，在其解除合同之前该标的物灭失或毁损时有可能成为问题（能见善久教授所举情形的“其二”）。虽然没有调整此种情况的明文规定，但即使买受人先受领了不符合合同的标的物，也不会影响买受人向出卖人行使履行请求权（包括提供替代物、补救的请求）、解除权、损害赔偿请求权。若买受人解除合同的，将作为恢复原状的问题来处理。而且，就标的物灭失或毁损时的恢复原状的方法而言，包括援引风险负担观念的在内，存在意见上的分歧。《日本民法修正案》虽未设有调整不能返还实物场合的明文规定，但因无效情形中的恢复原状已包含了价额偿还（《日本民法修正案》第121条之2），因此于解除中的恢复原状情形，亦可作相同的理解（参见本书第十章第十二节“三、点评”部分）。

（三）关于提问④

关于拉回风机（恢复原状）的费用负担是否属于《合同法》第148条所称的“风险负担”这一问题，王成教授指出，在二审判决的表述中删除了相应的内容（指的是“标的物毁损、丧失的风险由出卖人承担”——译者注）。

---

① ［日］冢本宏明监修、村上幸隆编：《逐条解说 中国合同法的实务》，中央经济社2004年版，第198页。

第九章　债权让与

第一节　中国《合同法》与相关法规及中日条文比较

一、中国《合同法》及《民法通则》

（一）《合同法》

第 79 条【债权让与】 债权人可以将合同的权利全部或者部分转让给第三人，但有下列情形之一的除外：（一）根据合同性质不得转让；（二）按照当事人约定不得转让；（三）依照法律规定不得转让。

第 80 条【债权让与的通知义务】 债权人转让权利的，应当通知债务人。未经通知，该转让对债务人不发生效力。

债权人转让权利的通知不得撤销，但经受让人同意的除外。

第 81 条【从权利的转移】 债权人转让权利的，受让人取得与债权有关的从权利，但该从权利专属于债权人自身的除外。

第 82 条【债务人的抗辩权】 债务人接到债权转让通知后，债务人对让与人的抗辩，可以向受让人主张。

第 83 条【债务人的抵销权】 债务人接到债权转让通知时，债务人对让与人享有债权，并且债务人的债权先于转让的债权到期或者同时到期的，债务人可以向受让人主张抵销。

（二）《民法通则》（2009 年修正）

第 91 条【合同的转让】 合同一方将合同的权利、义务全部或者部分转让给第三人的，应当取得合同另一方的同意，并不得牟利。依照法律规定应当由国家批准的合同，需经原批准机关批准。但是，法律另有规定或者原合同另有约定的除外。

二、《日本民法》

第 466 条【债权的转让性】 债权可以转让。但是，其性质不容许转让者，不在此限。

前款规定，不适用于当事人有反对意思表示情形。但是，不得以其意思表示对抗善意第三人。

第 467 条【指名债权让与的对抗要件】 指名债权的让与，非经让与人通知债务人或经债务人承诺，不得以之对抗债务人及其他第三人。

前款的通知或承诺，非以附确定日期的证书进行，不得以之对抗债务人以外的第三人。

第 468 条【指名债权让与中债务人的抗辩】 债务人不保留异议而进行前条承诺，虽有可对抗让与人的事由，亦不得以之对抗受让人。于此场合，债务人为消灭其债务已向让与人支付者，不妨索回。对让与人负担债务者，不妨视为不成立。

让与人仅发让与通知时，债务人可以以接受通知前对让与人产生的事由，对抗受让人。

《有关动产以及债权之转让对抗要件的民法特例等的法律》第 4 条 于法人已转让债权之情形，在债权转让登记文件中已对该债权的转让进行转让登记的，对该债权的债务人以外的第三人可视为对其进行了以民法第 467 条规定的附确定日期的证书之通知。于此情形，以该登记日期作为确定日期。（以下略）

三、《日本民法修正案》

第 466 条第 2 款 即使当事人作了禁止或限制转让债权之意思表示（下称“限制转让的意思表示”。）亦不妨碍债权转让的效力。

第 466 条第 3 款（新设） 于前款规定情形，债务人可向已知或因重大过失而不知限制转让的意思表示之受让人及其他第三人拒绝履行其债务，且可以对转让人的清偿等其他消灭债务之事由对抗该第三人。

第 466 条第 4 款（新设） 前款规定，于债务人不履行债务之情形，前款规定的第三人定相当期间催告向转让人履行，而在该期间内未履行的，前款规定不适用于该债务人。

第466条之2（新设）【债务人对已进行限制转让意思表示的债权之提存】 转让已进行限制转让意思表示的以金钱给付为其标的的债权的，债务人可以将相当于该债权全额的金钱提存于债务履行地（于债务履行地依据债权人现在的住所而定之情形，包括转让人现在的住所。于次条，亦同。）的提存所。

依据前款规定实施提存的债务人应当及时向转让人以及受让人进行提存通知。

依据第1款规定提存的金钱，以受让人为限，可请求返还。

第466条之3（新设） 于前条第1款规定情形，对转让人作出破产程序开始决定的，受让人（限于受让该款债权的全额且可向债务人及其他第三人对抗其债权转让之人。）即使知道或因重大过失不知有限制转让的意思表示的，也可以要求债务人将相当于其债权之全额的金钱提存于债务履行地的提存所。于此情形，准用该条第2款以及第3款的规定。

第466条之4（新设）【附限制转让的意思表示的债权之扣押】 对于就附限制转让的意思表示的债权实施强制执行的扣押债权人，不适用第466条第3款规定。

不论前款规定，于受让人及其他第三人知道或因重大过失不知有附限制转让的意思表示之情形，其债权人对该款债权实施强制执行的，债务人可以拒绝履行其债务，并且可以向转让人清偿及其他消灭债务之事由来对抗扣押债权人。

第466条之5（新设）【有关存款（預金）债权或储蓄（貯金）债权的限制转让意思表示的效力】 当事人对有关存款账户或储蓄账户的存款或储蓄之债权（下称“存储款债权”。）所作的限制转让的意思表示，不论第466条第2款规定，可以对抗知道或因重大过失不知其限制转让的意思表示之受让人及其他第三人。

前款规定不适用于就限制转让的存储款债权实施强制执行的扣押债权人。

第466条之6（新设）【将来债权的转让性】 债权的转让，不以其意思表示当时现时发生债权为必要。

于债权被转让的情形，其意思表示当时债权未实际发生的，受让人当然取得发生后的债权。

于前款规定情形，在受让人发出依据次条规定之通知或债务人作出依据该条规定之承诺时（下称“对抗要件具备时”。）前作出限制转让的意思表示的，可视为受让人及其他第三人已知该事实，适用第466条第3款（作出限制转让之意思表示的债权为存储款债权之情形，为前条第1款）的规定。

第467条第1款【债权让与的对抗要件】 债权的转让（包括现实未发生的债权的转让。），非经让与人通知债务人或经债务人承诺，不得以之对抗债务人及其他第三人。

第468条【债权让与中债务人的抗辩】 债务人可据以对抗要件具备时之前对转让人所生的事由对抗受让人。

在第466条第4款情形中适用前款规定的，将该款中“对抗要件具备时”解释为“第466条第4款之相当期间经过时”，在第466条之3情形中适用该款规定的，将该款中“对抗要件具备时”解释为“依据第466条之3规定受该条受让人的提存请求时”。

第469条【债权让与中的抵销权】 债务人可以与对抗要件具备时之前取得的对转让人的债权进行抵销而对抗受让人。

即使债务人在对抗要件具备时之后取得对转让人的债权，其债权符合下列条件的，与前款亦同。但是，债务人在对抗要件具备时之后取得对他人的债权的，不在此限。一、基于对抗要件具备时之前的原因而产生的债权。二、除前项规定外，基于受让人取得债权之产生原因的合同而生的债权。

在第466条第4款情形中适用前两款规定的，将这些规定中“对抗要件具备时”解释为“第466条第4款之相当期间经过时”，在第466条之3情形中适用这些规定的，将这些规定中“对抗要件具备时”解释为“依据第466条之3规定受该条受让人的提存请求时”。

四、中日条文比较

（1）中国法不存在《日本民法》第467条规定的诸如没有“通知”或债务人的“承诺”，“不得以之对抗债务人及其他第三人”这一“对抗”的表述。中国法只规定“未经通知，该转让对债务人不发生效力。”在中国，对债权的二重让与情形将以转让合同的先后来决定其效力。（2）中国法没有关于债务人承诺的规定。现行《日本民法》第468条第1款有债务人作出的“不保留异议的承诺”之表述，而《日本民法修正案》则删除了该款。（3）关于通知，日本法规定以附确定日期的证书为要件，而中国法未明示通知方式。在报刊上的公告也可。（4）日本法不存在相当于中国法上“从权利之移转”的明文规定。（5）中国法未像现行《日本民法》那样区分指名债权让与和指示债权让与，而《日本民法修正案》从债权让与规定中删除了指示债权让与规定。

（6）在日本，创设了债权让与登记制度，作为其特别法还制定了《有关动产以及债权之转让对抗要件的民法特例等的法律》（即所谓的债权转让特例法），而中国没有此种立法例。到目前为止，也看不出立法化的动向。（7）中国法在《民法通则》时期将债权转让规定于合同转让中，且以合同相对人的同意为其生效要件，而《合同法》不以债务人之同意为要件。

第二节　不以通知为对抗要件的债权让与

一、问题的提出

关于债权让与的规定，中日两国法有如下显著的不同：

（1）中国法中不存在以通知为对抗要件的表述；（2）中国法在《民法通则》时期将债务人的同意作为转让的要件，而到了《合同法》却以通知取代了同意。显然，中国法不像日本法那般将通知与同意并立。由此产生的疑问为：中国《合同法》为何没有像日本法那样采纳通知与同意的并立主义？

二、韩世远与王成的答复

（一）韩世远的答复

《日本民法》第 467 条第 1 款规定："指名债权的转让，非经转让人将其向债务人通知，或由债务人将其承诺，不得以之对抗债务人及其他第三人。"法条用词为"通知"和"承诺"，没有使用"同意"。《民法通则》第 91 条要求合同权利、义务的转让应当取得合同另一方的"同意"。

《日本民法》第 467 条第 1 款中的"承诺"，是债务人表示其知道债权让与事实的行为。它与和要约相对应的承诺（意思表示）不同，属于观念通知。① 现实中，如果债权让与人或者受让人不告知债务人债权让与的事实，通常债务人不会知道此事。

① 参见［日］潮见佳男：《债权总论》，日本信山社 1994 年版，第 465 页；［日］本城武雄、宫本健藏编著：《债权法总论（第 2 版）》，日本嵯峨野书院 2001 年版，第 202 页；［日］渡边达德、野泽正充：《债权总论》，日本弘文堂 2007 年版，第 212 页；［日］中田裕康：《债权总论》，日本岩波书店 2013 年版，第 535 页。

因而,《日本民法》虽然规定了债务人的“承诺”与让与人的“通知”并立模式作为对抗债务人及第三人的要件,估计绝大多数情形下不会适用债务人的“承诺”。中国《合同法》第80条没有规定债务人的“承诺”作为债权让与对债务人生效的要件，现实生活中也没有因此产生问题。

（二）王成的答复

《民法通则》第91条规定，合同一方将合同的权利、义务全部或者部分转让给第三人的，都应当取得合同另一方的同意。这与当时中国的社会经济发展情况有关，当时进行债权债务转让的民事主体主要都是国有企业，所以，法律考虑到了国有企业之间互相尊重的问题。

后来，民事主体日益多元化；加之，人们理解债权转让需要以不影响债务人合法权益作为前提，无需其同意，只要通知即可。故而,《合同法》第80条将其改为了通知。

三、松冈久和的点评

我认为，中国法并没有采用对抗要件主义。虽然将在随后讨论二重让与的问题时会详细说明，但在此就中国《合同法》第80条而言，其存在着两种理解方式且任何一种都有成立的可能性：第一，按照其文义，以书面通知为生效要件的理解方式；第二，认为债权的移转仅存在转让合同即可发生，但为了保护债务人，不进行通知则在与债务人的关系中为无效的理解方式。

若依前者，由于在债权让与竞合的二重让与的场合，其保护的优先顺序以通知的先后所决定。因此,就此而言,从其结果上来说与对抗要件主义的结论相同。但是，在将通知解释为生效要件这一点上，其与荷兰法相类似。而与以债务人对债权让与的认识为核心，并以通知债务人或债务人承诺为对抗要件的法国法系（日本法也包括在其中）的对抗要件主义相比，其结构不尽相同。

若依后者，债权让与的基本结构类似于不存在对抗要件制度的德国法，即使在二重让与的场合，其保护的优先顺序也是以转让合同的先后来决定的。不过，没有通知的债权让与在与债务人的关系中为相对无效。在此种理解方式中，通知不属于对抗要件。

中国法仅以通知为要件，而没有采用承诺的方式大概是因为没有采用法国法系的对抗要件主义的缘故。而改变过去那种需要债务人同意的法律模式是因为：正如王成教授所说，是与经济发展情况息息相关的，也就是说，从统一管理国有企业之间交易的方针向市场经济体制的转换这一进程进一步加快所导致的。

虽然韩世远教授认为，即使在日本以承诺为对抗要件的情形估计也是不多的。但我个人所闻，在实务上，取得债务人承诺的情形并不鲜见。这是因为，在不希望让与当事人以外的人知道债权让与的要求不强烈的当事人之间的关系中，债务人的承诺具有可以通过取得债务人的承诺书来切断抗辩（指的是现行《日本民法》第468条第1款规定的不保留异议的承诺。不过，在《日本民法修正案》中建议将该制度予以废止），以及通过债务人承诺作为转让客体的债权来中断时效（现行《日本民法》第156条。修正后改为时效的更新，参见《日本民法修正案》第152条）这一效果，承诺具有其独立的意义。

在民法修正的讨论过程中，曾基于如下的理由也讨论过将第三人对抗要件统一为债权转让登记的方案以及将承诺从对抗要件中予以删除的方案：于承诺情形，其对抗力发生的时期并不明确；以通知或承诺来时为依据掌握谁是债权人，这显然对于债务人来说是过大的负担等。但是，由于如下的原因，基本上维持了以往的制度（《日本民法修正案》第467条仅仅追加了对于将来债权让与也可以具备对抗要件的规定）：修改为使用方便的登记制度是需要花费时间和费用的；不能期待个人之间的债权转让也进行登记；在实际的实务中承诺简便易行等。

第三节　由受让人发出之通知的效力

一、问题的提出

依据《合同法》第80条的规定，向债务人通知的主体为债权转让人。是否就不能承认债权受让人向债务人发出的通知呢？

二、韩世远与王成的答复

（一）韩世远的答复

查《日本民法》第467条第1款，向债务人通知的主体也是债权让与人，没有出现债权受让人。在这一点上，《日本民法》与中国《合同法》是相同的。如此规定的合理之处在于，与由受让人通知（旧《日本民法》财产编第347条第1款）相比，由因为债权让与而失去债权的让与人通知，其可信赖性更高。而由受让人通知债务人，则存在由并非真正的受让人对债务人为虚假通知而受清偿之虞。按照《日本民法》的上述规定，让与人以外的人所为通知无效，受让人不得代位让与人为让与通知。[①]不过，让与通知如为由债权让与合同所约定的让与人义务场合，让与人不为任意履行，受让人可向让与人请求强制履行及损害赔偿。[②]

就中国《合同法》第80条第1款的规定（让与人为债权让与的通知人），中国有的学说认为其规定过于狭隘，排除了受让人可以为让与通知的情形。对此，可以通过目的性扩张予以填补，允许受让人也作为让与通知的主体，从而灵活地解决实际中的问题。但从保护债务人履行安全的角度考虑，受让人为让与通知时，必须举证证明自己已经取得了债权。例如，提供债权让与合同、让与公证书等。否则，债务人可以拒绝履行。[③]我个人也接纳了这种观点。[④]如今，值得反思的是，《合同法》的上述规定是否属于一项法律漏洞，换言之，立法者本应考虑到却忽略了这一问题以致形成法律漏洞，由于欠缺立法资料，暂时不好判断其实情。在中国司法裁判中是否允许受让人为让与通知，尚有待观察。

（二）王成的答复

在中国法上，应当只承认让与人的通知。在《合同法（试拟稿）》第80条中曾规定："债权人让与债权，经让与人或受让人通知债务人，即对债务人生效，除非法律另有规定者，不在此限。受让人为让与通知，必须提出取得债权的证据，否则债务人可拒绝对受让人履行。"根据这一规定，让与人和受让人均可为通知主体。但后来的草案都改成只能够由让与人通知。可见，立法当时曾经考虑到这一问题。

《最高人民法院关于审理涉及金融资产管理公司收购、管理、处置国有银行不良贷款形成的资产的案件适用法律若干问题的规定》第6条曾规定，金融资产管理公司受让国有银行债权后，原债权银行在全国或者省级有影响的报纸上发布债权转让

---

① 《日本民法》第423条、大判昭和5年10月10日民集9卷948页。

② 参见大判昭和19年4月28日民集23卷251页；［日］潮见佳男：《债权总论》，日本信山社1994年版，第483页；［日］渡边达德、野泽正充：《债权总论》，日本弘文堂2007年版，第212页；［日］中田裕康：《债权总论》，日本岩波书店2013年版，第533～534页。

③ 参见崔建远：《合同法》，北京大学出版社2012年版，第235～236页。

④ 韩世远Ⅳ书，第476页。

公告或通知的，人民法院可以认定债权人履行了《合同法》第 80 条第 1 款规定的通知义务。在案件审理中，债务人以原债权银行转让债权未履行通知义务为由进行抗辩的，人民法院可以将原债权银行传唤到庭调查债权转让事实，并责令原债权银行告知债务人债权转让的事实。

在本条描述的场景中，受让人与债务人应当同时在审理的现场。在此情况下，依然要求让与人到场进行通知，这说明，法院只承认让与人的通知。

最高人民法院 2003 年的一个案件裁判表明：《合同法》第 80 条第 1 款的规定，是为了避免债务人重复履行、错误履行债务或加重履行债务的负担。债权人以登报的形式通知债务人并不违反法律的规定。只要债权人实施了有效的通知行为，债权转让就应对债务人发生法律效力。①

只承认债权让与人的通知，可能还涉及信任的问题：让与人与债务人之前没有任何关系，债务人为何要相信受让人的通知呢？如果债务人相信受让人的通知，而对受让人进行了履行，假如事实上所谓的受让人通知的事项有误，则债务人对原债权人的债务并不能消灭。实践中可能存在这种情况：债务人即使得到了受让人的通知，也往往会再向让与人进行确认，反倒增加了成本。

对于只承认债权让与人通知的做法，中国也有反对的意见，认为受让人也应当是通知主体。其中一个理由是，债权让与人一旦完成让与，似乎就没有积极性进行通知了；而恰好是受让人最关心债权的实现。②

故而，中国有学者主张，可以承认受让人通知，但其必须有相应的债权转让的证据，以及通知有误时对债务人相应的救济手段。换言之，相比让与人通知，受让人通知应当附加一些限制和条件。

另外，随着现在通信手段的发达，通知越来越方便，让债权人通知，既可以避免上述缺点，也不影响债权转让的效率。

三、松冈久和的点评

关于受让人的通知，其信赖性存在问题反倒增加了确认转让意思的成本。韩、

---

① 参见最高人民法院（2003）民一终字第 46 号民事判决书。

② 参见申建平：《论债权让与通知的主体》，载《河南省政法管理干部学院学报》2009 年第 5 期。

王两位教授的这一意见在解释论上很具有说服力，对于《日本民法》也可以进行相同的考虑。尽管如此，需要注意以下三点：

第一，在实务中存在此种情形：为了避免因债务人及其他第三人知道债权让与而引起信用不安的危险，让与人即使转让了债权也不会立即发出通知。而受让人在从让与人处取得转让通知书与代理委托书后，将自主判断在适当的时期代理让与人发出通知。只要实际存在委托，由受让人发出的通知书就会评价为由让与人发出的有效通知。

第二，在作为第三人对抗要件而利用债权转让登记的情况下，债务人在通知或承诺之前，可以将之前的债权人即让与人作为债权人。于此情形中的通知不同于《日本民法》第 467 条第 1 款，必须交付《有关动产以及债权之转让对抗要件的民法特例等的法律》（1998 年制定，2007 年修改。以下简称《动产及债权转让特例法》）第 11 条第 2 款规定的登记事项证明书而为之（同法第 4 条第 2 款）。由于债权转让登记采共同申请主义且让与人的转让意思已得到确认，因此该通知也可以由受让人来进行。

第三，以通知为确定优先顺位的法律制度中除法国法以外，在规定由受让人发出通知即为已足的基础上，均规定了下列主旨：为了保护债务人，直到确实证明转让事实为止，可以拒绝履行。[①] 中国《合同法（试拟稿）》第 80 条以及少数说的主张作为立法论是一种可行的选择项。并未那么严格地解释由让与人发出的通知这一前述第一点和第二点的事实也印证了这一点。

第四节　债权的二重让与

一、问题的提出

中国法欠缺将通知作为对抗要件的表述，我个人认为这将带来有关债权的二重让与的诸多问题。如下的各种情形，将形成何种权利义务关系？[②]

---

① 参见 Study Group on a European Civil Code and the Research Group on EC Private Law（Acquis Group）,edited by Christian von Bar and Eric Clive,Princeples,Definitions and Model Rules of European Private Law – Draft Common Frame of Reference（DCFR）Full Edition, sellier ,2009 volume 2,pp.1067~1070 的Ⅲ，–5：119 条的 note。DCFR 的提案也是相同主旨。

② 如下各种情形均出自崔建远Ⅲ书，第 225 页以下。

让与人甲和受让人乙（原文标记为Ⅰ，此处称为乙）签订了关于债权 A 的让与合同Ⅰ，然后又同受让人丙（原文标记为Ⅱ，此处称为丙）签订了关于债权 A 的让与合同Ⅱ。

以上述事实为前提，应如何理解如下各个情形？

第一种情形：

在让与合同Ⅰ生效，并将债权让与及时通知了债务人丁的场合。在此场合，受让人乙的权利将被优先考虑。那么，应如何理解有关让与合同Ⅱ的合同法上的问题呢？

（1）受让人丙不知道债权 A 已经让与给乙的场合。于此场合，崔教授认为应“准用”《合同法》第 150 条的权利瑕疵担保责任规定（出卖人就交付的标的物，负有保证第三人不得向买受人主张任何权利的义务，但法律另有规定的除外），而认定让与合同Ⅱ有效，让与人应对丙承担违约责任。此种理解是否正确？

（2）受让人丙已知债权 A 让与给乙（原文为受让人Ⅱ亦即虽标记为丙，但此处应为乙）的场合。于此场合，崔教授认为应“准用”《合同法》第 51 条的规定（无处分权的人处分他人财产，经权利人追认或者无处分权的人订立合同后取得处分权的，该合同有效）让与合同Ⅱ的效力未定。在效力未定场合，若经受让人乙追认，让与合同Ⅱ有效；若在受让人乙不予追认、让与人在让与合同Ⅱ生效时仍未取得债权 A 的情况下，让与合同Ⅱ无效，让与人向受让人丙承担缔约过失责任。但《合同法》第 51 条已被《合同法适用解释（二）》第 15 条（出卖人就同一标的物订立多重买卖合同，合同均不具有《合同法》第 52 条规定的无效情形，买受人因不能按照合同约定取得标的物所有权，请求追究出卖人违约责任的，人民法院应予支持）予以修正，依据该司法解释的规定，让与合同Ⅱ也有效，让与人甲应向受让人丙（原文为受让人Ⅰ亦即虽标记为乙，但此处应为丙）承担不能履行的违约责任。此种理解是否正确？

第二种情形：

在让与合同Ⅰ生效，未将债权 A 让与给受让人乙的事实通知债务人丁，却通知债权 A 已经转让给了受让人丙的场合。于此场合，崔教授认为债务人丁向受让人丙清偿，债务人丁不负民事责任，只是受让人丙获得了不当得利，应当返还给受让人乙。[①] 此种理解是否正确？

在日本法上通知具有对抗效力，因此，上述场合受让人丙取得让与债权。对此，王利明教授在其《合同法研究》第二卷旧版中表述为：“在发生双重转让的情况下，

① 崔建远Ⅲ书，第 226 页。

债权转让的效力应当根据是否通知债务人来决定优先顺序。”[①] 而在其修订版中却表述为：“在发生双重转让的情况下，受让人的权利应当根据受让债权的先后来决定优先顺序。”[②] 此外，王利明教授亦在该书中写道：“在债权双重转让的情况下，适用无权处分的规则，即后来的转让属于无权处分，受让人不能取得债权。”[③] 我个人认为上述理解表明应该适用《合同法》第51条的规则。王利明教授的此种理解是否正确？

第三种情形：

在两个让与合同均已签订，债务人丁均未收到债权让与的通知的场合。于此场合，崔教授认为让与合同Ⅰ有效，让与合同Ⅱ又符合《合同法》第150条（出卖人就交付的标的物，负有保证第三人不得向买受人主张任何权利的义务，但法律另有规定的除外。）和第151条（买受人订立合同时知道或者应当知道第三人对买卖的标的物享有权利的，出卖人不承担本法第150条规定的义务。）规定的条件时，也有效，并且区分如下情形予以说明。

（1）于此场合，因债权让与合同对于第三人不待通知就已经发生了效力，故债务人丁无论向受让人乙还是向受让人丙为给付，都发生清偿的法律效力，债务人所承担的债务消灭。

（2）受让人丙接受的给付没有合法根据，构成不当得利，应当将所受给付返还给受让人乙（原文为让与人，但此处应为受让人乙）。

（3）由于让与合同Ⅱ为有效，受让人丙因此所受的损失，可依据违约责任制度向让与人甲求偿。

（4）如果受让人丙在签订让与合同Ⅱ时为恶意，则让与合同Ⅱ成为效力待定，除非受让人乙追认让与合同Ⅱ，受让人丙接受债务人丁的给付就没有合法根据，所受领的给付构成不当得利，应当返还给受让人乙。

（5）至于让与人甲和受让人丙之间的关系，由于让与合同Ⅱ因未获受让人乙的追认而无效，受让人丙只能向让与人甲追究缔约过失责任。不过，若准用《合同法适用解释（二）》第15条的规定，让与合同Ⅱ仍有效，依然成立不能履行的违约责任。[④]

上述理解是否正确？

---

① 王利明：《合同法研究》（第二卷），中国人民大学出版社2003年版，第238页。
② 王利明Ⅱ书，第222页。
③ 王利明Ⅱ书，第222页。
④ 崔建远Ⅲ书，第226～227页。

第四种情形：

在两个让与合同均已签订，二重的债权让与均已通知，但债务人丁最先收到第二个债权让与通知的场合。

（1）如果债务人丁在第二个债权让与的通知到达后，第一个债权让与的通知到达前，已经向受让人丙为清偿，债务人丁的债务就归于消灭，并不负民事责任；受让人丙对受让人乙负有返还不当得利的义务。

（2）如果在第一个债权让与的通知到达后，债务人丁才为清偿，债务人丁可以选择清偿的对象，既可以向受让人乙为清偿，其根据是受让人乙系真正的债权人；也可以向受让人丙为清偿，其根据是表见让与。不过，受让人丙负有向受让人乙返还不当得利的义务。但是，在债务人丁明知受让人丙并非真正的债权人时，仍向其清偿，债务人丁对因此造成的损失应负赔偿责任，对债权让与通知有过失的让与人甲或受让人丙也应承担相应的责任。上述理解是否正确?

二、韩世远与王成的答复

（一）韩世远的答复

我个人以为，纵然《日本民法》将通知作为对抗要件，债权的二重让与现象在日本也有发生，日本的学说对此也有诸多讨论。[①] 因而，问题的关键不在于法律上是否有将通知作为对抗要件的表述，而在于法律上就债权二重让与应有一定的应对手段。

1. 关于第一种情形中的（1）

这只能算是一家之言。该学说的特点是将第二次债权让与定位为无权处分，并以此为前提，区分受让人是否为善意且无重大过失，分别讨论。该学说看似逻辑井然，细究可能存在如下疑问：

其一，在受让人善意且无重大过失场合，“准用《合同法》第150条的规定，让与合同（II）有效，只是由于受让人（II）不能取得债权A，让与人须向受让人（II）承担违约责任”。[②] 此处的“让与合同（II）有效”，是自何时起有效？是因何而有效？有何法律根据认定其有效？（注意《合同法》第150条仅为买卖合同权利瑕疵担保

---

① 比如铃木禄弥：《物权的变动与对抗》，渠涛译，社会科学文献出版社1999年版，第四章第二节“关于权利的二重买卖与对抗要件的同时成立”。

② 参见崔建远：《合同法》，北京大学出版社2012年版，第238页。

的基本规定，并非判断合同效力的法律规定）对此并没有交待。归根结底，“善意且无重大过失”之要件，并无法律根据。

其二，“让与合同（II）有效”，既没有经权利人追认，也非让与人事后又取得处分权，显然不同于《合同法》第51条规定的“无权处分”合同的有效要件。这种从一开始便确定有效的情形，与该学者将“无权处分”合同定位为效力待定，存在冲突。

其三，“准用”《合同法》第150条也值得辨析。“适用”“准用”和“类推适用”，属于不同层次的法律思考方式，[①] 法律人应当注意区分。“准用”一词并非《合同法》所用概念，《合同法》所使用的是“参照”，比如《合同法》第174条规定：“法律对其他有偿合同有规定的，依照其规定；没有规定的，参照买卖合同的有关规定。”上述学者钟情于类型化分析，如果债权让与的基础法律关系是有偿的，依第174条尚说得过去；如果债权让与的基础法律关系是无偿的（比如第二次债权让与是赠与债权），“准用”又从何谈起呢？看来上述学者的类型化分析本身存在疏漏。

2. 关于第一种情形中的（2）

这是崔建远教授针对受让人丙已经知道或应当知道债权A已经让与给了受让人乙的情形所作的解释。[②] 对此，可能有如下问题点：

其一，受让人丙已经知道或应当知道（恶意），如前所述，是学者自己所作的类型化分析并以此为前提提出的要件，并没有法律根据。另外，意之善恶为心理事实，其证明甚为困难。[③] 因而，此种理论构成，对于司法裁判，弊大于利。

其二，在其理论框架下，既然第二次债权让与已定性为“无权处分”，就应该“适用”《合同法》第51条才对，“准用”一词从何谈起呢？

其三，该学说一方面，钟情于《合同法》第51条；另一方面，又不得不面对最高人民法院司法解释《合同法适用解释（二）》第15条；一方面，认为让与合同（II）因不被追认而无效、让与人向受让人丙承担缔约过错责任；另一方面，又得出结论认为让与合同（II）也有效、让与人向受让人乙承担不能履行的违约责任。这种学说在理论构成上是分裂的，在实务导向上则会引发混乱。

3. 关于第二种情形

---

① 参见王泽鉴：《民法学说与判例研究》（第六册），中国台湾地区台北自版1991年第5版，第143页。

② 参见崔建远：《合同法》，北京大学出版社2012年版，第238页。

③ 参见史尚宽：《债法总论》，台北自版1954年版，第689页。

上述看法并非是崔建远教授一人的看法，在此之前便早有人提出。[①] 我个人也持相同看法。[②] 中国《合同法》关于债权的二重让与并没有具体的规定，这便成为一个有待解释的问题。小口教授的观察很仔细，也很准确。王利明教授在债权二重让与问题上的观点，在其著作的新版与旧版中确有变化。总体而言，其新版著作中的结论还是可以接受的。即“在债权双重转让的情况下，适用无权处分规则，即后来的转让属于无权处分，[③] 受让人不能取得债权。”[④] 如果债务人有效地向第二受让人为清偿或其他免责行为，因受让人之间以第一受让人为真正债权人，第一受让人对于第二受让人得依不当得利的规定，请求返还。

4. 关于第三种情形

此时，没有向债务人通知，对债务人没有发生效力。其清偿行为能否发生清偿效力，本身是个问题。个人以为，由于没有对债务人发生效力，对于债务人而言，向原债权人之外的任何人清偿，都不应该构成一个有效的清偿。

其一，认为“让与合同 II 符合《合同法》第 150 条和第 151 条规定的条件时，也有效”，实在难以理解。第 150 条只是规定出卖人的权利瑕疵担保义务，并未为合同是否有效规定条件；第 151 条规定的是买受人订立合同时知道或者应当第三人对买卖的标的物享有权利的情形，而这种情形，按照该说后文的表述，[如果受让人丙在签订受让合同（II）时为恶意，则受让合同（II）成为效力待定] 应当是效力待定，而非有效。

其二，如前所述，这种学说在理论构成上是分裂的，在实务导向上则会引发混乱。

5. 关于第四种情形

就结论而言，可以接受。

（二）王成的答复

此处讨论债权二重让与的问题，实际上涉及双重买卖等民法上的基本问题。不同学者观点的分歧，主要在于对待物权行为物权行为的独立性、无因性等基本问题态度上的分歧。故而，对这样问题的讨论，实际上是在对这些基本问题的讨论。

在二重让与的情况下，规则需要考虑两点：第一点，确定哪一受让人可以得到

---

① 比如史尚宽:《债法总论》，中国台湾地区台北自版 1954 年版，第 698 页；郑玉波:《民法债编总论》第 15 版，中国台湾地区三民书局 1996 年版，第 479 页。

② 韩世远Ⅳ书，第 484 页。

③ 在权利人不追认、无权处分人事后又没有取得处分权的前提下——韩世远补注。

④ 王利明Ⅱ书，第 222 页。

债权，第二点，如何保护债务人，尤其是不得增加债务人的负担。

在中国，也有人提出借鉴日本的做法，采取电子登记方法，同时，采取其他一系列相关的措施，保障受让债权的安全性。兼顾受让人与债务人的利益平衡，发挥债权让与的融资功能。[①] 权利转让如果没有公示手段，的确会引起很多麻烦。除了债权外，著作权的转让也没有对抗要件。

我个人认为，崔教授的观点是有道理的。因为债权转让自转让协议生效即发生移转，这是回答整个问题的根本。

这一问题，不仅存在债权让与的场合中，而且在买卖合同中双重买卖的场合中的讨论也极其热烈。关于《合同法》第51条与《合同法适用解释（二）》第15条的关系，我个人基本赞同如下的观点，即区分第二受让人的善意与恶意。如果是善意，则为有效，适用《合同法》第15条；如果是恶意，则是效力待定，适用《合同法》第51条。

三、松冈久和的点评

如在第2节“点评”部分所述，韩世远教授以及王成教授的见解属于此种理解方式亦即，通知非为对抗要件而是为了保护债务人所需的要件。我认为，如若像德国法那样贯彻以转让的时间先后来决定保护的优先顺位的观念的话，此种理解在其理论上是具有一贯性的。尽管如此，依照此种理解，善意债务人虽能受保护，但对于第一次让与具有善意的受让人丙来说，特别是在第二种情形和第四种情形中，不得不将从债务人处受领的给付作为不当得利返还于第一受让人甲。而且，即使可以向往往为无资力的二重让与人追究合同责任，但实际上得不到充分的救济。如若试图通过确保债权让与的安全性和可靠性来促进交易的话，此种理解还是存在一定问题的。

虽然在与债务人的关系中不以通知为生效要件，但仅以通知的先后来决定优先顺位的国家也不在少数。[②] 据韩世远教授与王成教授的见解，虽然在中国支持如王利明教授旧说那样的、于二重让与的场合以通知的先后来决定优先顺位的解释的似乎并不多，但此种解释在其结果上来说是与此种法律制度相一致的、可行的解释。

作为参考，以下简述在日本法上前述四种情形的解决方式。

---

① 参见崔聪聪：《债权让与融资的法律障碍及其克服》，载《政法论坛》2011年第1期。

② Supra note 8, DCFR vol.2,pp.1041 ～ 1042的Ⅲ.–5:110条的note以及pp.1076f.的Ⅲ.–5:121条的note1中精炼地总结了欧洲各国的法律制度。

在第一种情形中，需要以附确定日期的证书进行的通知或承诺（《日本民法》第467条第2款），此时，率先进行此种通知的第一受让人乙将成为债权人。而第二受让人丙则不能取得债权，只能追究让与人的合同责任。就让与合同Ⅱ而言，不论在让与合同Ⅰ具备通知要件之前还是在其后签订的场合（此时将成为他人债权的让与），也都属于有效的债权合同，且一般不会像中国法那样区分丙的善意与恶意。不过，可以依据《日本民法》第561条来否定恶意之丙的损害赔偿请求。

在第二种情形中，如小口教授所述，率先实施以附确定日期的证书进行的通知的第二受让人丙将成为债权人。乙由于不能主张取得该债权，因此，也不能取得对丙的不当得利返还请求权，其只能向让与人追究合同责任。

在第三种情形中，让与合同Ⅰ和Ⅱ也均有效，若两者均不具备第三人对抗要件，就不能互相主张优先保护。日本法在与债务人的关系中也承认将单纯的通知或承诺作为对抗要件（《日本民法》第467条第1款）。因此，从债务人处受领清偿等同于取得了对让与的承诺，该债权因有效清偿而归于消灭。由于即使在债权消灭后具备了第三人对抗要件也将失去意义，因此已受偿的受让人不会受到其后具备第三人对抗要件的受让人的不当得利返还请求。未能取得债权的受让人可以向让与人追究合同责任。在此，也未像中国法那样区分善意与恶意。

在第四种情形中，若丙的通知通过附确定日期的证书而率先具备第三人对抗要件的话，则丙将优先受偿。债务人应当向确定为债权受让人的丙清偿，不会出现像中国法那样也可以向乙清偿的情况。但是，如果在丙对于让与合同Ⅱ具备第三人对抗要件之前，乙具备债务人对抗要件并从债务人处受偿的话，除了像中国法那样债务人被免责之外，而且乙也优先于丙。此时，也不发生对于丙的不当得利返还义务。正如在第三种情形的后半部分所述的那样，这是因为即使在债权消灭后具备了第三人对抗要件也将失去意义。

第五节　中国有无债权让与担保立法化趋势的问题

一、问题的提出

（一）有无债权让与担保立法化趋势的问题（小口彦太）

关于债权转让，中国是否也承认持续性合同中未来债权的转让？日本除了债权转让的通知以外，还建立了债权转让登记制度。作为民法的特别法，制定了《有关动产以及债权之转让对抗要件的民法特例等的法律》（1998 年制定、2007 年修改）亦即所谓的债权转让特别法。此为着眼于债权的担保性功能的立法。在日本，作为中小企业的融资手段，集合动产转让担保以及上述债权转让担保备受瞩目。对此，中国是否也存在有关债权转让担保的立法趋势？此外，于现行的债权转让制度中，是否存在具有担保性功能的债权转让合同事例？（提问①）

（二）债权人的第三人对抗要件（濑川信久）

《日本民法》将债权转让的债务人对抗要件规定为通知或者债务人的承诺，将第三人对抗要件规定为附确定日期的通知或者承诺（参见《日本民法》第 467 条）。但是，十几年前，在国际性的债权转让公示手段电子化的趋势下，正如小口教授所指出的那样，作为第三人对抗要件，日本增加规定了债权转让登记制度。我想请教中国法上债权转让的第三人对抗要件是怎样安排的？（提问②）

二、韩世远与王成的答复

（一）韩世远的答复

1. 关于提问①

《合同法》第 79 条确立了债权让与自由原则，持续性合同中未来债权不属于第 79 条所规定的“除外”范围，原则上也是可以转让的。

在中国现行法中并没有债权转让登记制度。关于利用债权设立担保、融通资金，在中国《物权法》中承认“权利质权”（第 223 条以下），可以出质的权利可以包括某些类型的债权（比如债券、存款单、应收账款等）。其中，以应收账款出质的，当事人应当订立书面合同。质权自信贷征信机构办理出质登记时设立（《物权法》第 228 条）。中国《物权法》《担保法》并没有承认让与担保，通过让与债权提供担保，在立法层面欠缺专门的规则。不过，如果当事人特别约定债权让与担保，仍得发生相应的债权效力。

2. 关于提问②

中国《合同法》并没有专门规定债权让与对第三人的特别生效要件（注意《合同法》并没有使用“对抗”概念），依通常的学理解释，债权让与合同一经达成合意，原则上便生效，不仅在当事人之间生效，对于第三人（当然不包括债务人）也发生效力。

（二）王成的答复

1. 关于提问①

持续性合同中的未来债权，比如未来租金债权让与，法律对此是承认的，因为债权无非也就是一种具有财产价值的标的，如果当事人愿意受让，似乎没有限制的必要。

有争议的是没有基础关系的未来债权让与。目前在典型的商事金融领域，比如资产证券化，[①] 国际保理业务中对未来应收账款的转让等，[②] 也存在着未来债权的让与。比如，有文献介绍了以下的情况：

从我国近年来的金融实践来看，未来债权的转让已经成为现实。国家有关部门针对某些特定业务出台的一些政策性规定表明，对于以未来应收款进行融资已持一种认可的态度。如国家计委、国家外汇管理局联合颁布的《境外进行项目融资管理暂行办法》规定了允许境内机构，以境内建设项目的名义在境外筹措外汇资金，并仅以项目自身预期收入和资产对外承担债务偿还责任的内容。为解决出口企业出口退税未能及时到账而出现的短期资金困难，中国人民银行、商务部、国家税务总局联合颁布的《关于办理出口退税账户托管贷款业务的通知》和《最高人民法院关于审理出口退税托管账户质押贷款案件有关问题的规定》，允许银行在对企业出口退税账户进行托管的前提下，向出口企业提供以出口退税应收款作为还款保证的短期流动资金贷款。为促进和指导各银行不断改善对小企业的金融服务，支持小企业的发展，中国银监会在其颁布的《银行开展小企业贷款业务指导意见》中明确规定，对小企业发放的贷款，应主要以借款人经营活动所形成的现金流量和个人信用为基础，并可以其已有可抵押资产和未来融资项下形成的资产和权益进行抵押、质押。[③]

经过检索，没有找到债权让与担保的司法案例。找到一些稍微有些变化的债权

---

① 参见许多奇：《资产证券化中的债权让与法律问题》，载《武汉大学学报（哲学社会科学版）》2004 年 1 期。

② 参见黄斌：《国际保理业务中应收账款债权让与的法律分析》，载《清华大学学报（哲学社会科学版）》2006 年第 2 期。

③ 参见申建平：《论未来债权让与》，载《求是学刊》2007 年第 3 期。

让与的案例，比如，将债权转让后，同时以该债权质押做付款担保的案例。[①]

中国法院关于债权转让的纠纷，大量的体现为不良资产处置。最高人民法院出台两个文件，间隔近十年，即是明证。一是2001年的《最高人民法院关于审理涉及金融资产管理公司收购、管理、处置国有银行不良贷款形成的资产的案件适用法律若干问题的规定》；二是2009年的《最高人民法院关于审理涉及金融不良债权转让案件工作座谈会纪要》。

2. 关于提问②

目前，中国法上还没有债权转让的第三人对抗要件。在中国已经有人提出借鉴日本的做法，采取电子登记方法，同时采取其他一系列相关的措施，保障受让债权的安全性。兼顾受让人与债务人的利益平衡，发挥债权让与的融资功能。[②]

三、松冈久和的点评

首先，对于日本法的议论做一些简短的补充。在日本通过判例与学说，未来债权的广泛的让与可能性被得到了承认。例如：因预定在建成后签订的正在建造中的租赁用房的租赁合同而产生的租金债权等；尚未成立基础性法律关系的纯粹意义上的未来债权也被认为可以转让。而且，对于在债权让与时尚未发生的未来债权，也规定可以具备让与的第三人对抗要件（指的是《日本民法》第467条第2款所规定的以附确定日期的证书而发出的通知或承诺，以及依据《动产以及债权转让特例法》而实施的债权转让登记）。《日本民法修正案》明文承认了这一点（参见《日本民法修正案》第466条之6及第467条第1款的括弧部分。关于对未来债权设立质权，也通过《日本民法修正案》第364条的括弧部分予以明确认可）。

---

① 参见佛山市顺德区太保投资管理有限公司与广东中鼎集团有限公司债权转让合同纠纷案。此外，《最高人民法院关于审理出口退税托管账户质押贷款案件有关问题的规定》(2004年)的相关规定如下：第1条："本规定适用于审理、执行涉及出口退税专用账户质押贷款的案件。本规定所称出口退税专用账户质押贷款，是指借款人将出口退税专用账户托管给贷款银行，并承诺以该账户中的退税款作为还款保证的贷款。"第3条："出口退税专用账户质押贷款银行，对质押账户内的退税款享有优先受偿权。"第4条："人民法院审理和执行案件时，不得对已设质的出口退税专用账户内的款项采取财产保全措施或者执行措施。"第5条："借款人进入破产程序时，贷款银行对已经设质的出口退税专用账户内的款项享有优先受偿权，但应以被担保债权尚未受偿的数额为限。"

② 参见崔聪聪：《债权让与融资的法律障碍及其克服》，载《政法论坛》2011年第1期。

其次，关于让与担保，据韩世远教授的介绍，中国法不承认让与担保，而以权利质权代之。不过，在设立质权后出质人是否可以从其债务人处受到清偿呢？虽然在日本法上也广泛地承认权利出质，但如果说权利出质的本质在于限制权利行使的话，那么，包括出质人受质权人的委托进行催缴的情形在内，由出质人实施的催缴将难以得到承认。与此相对，就流动动产和流动债权的让与担保而言，从如下两点可以看出该制度的特征：让与担保设定人在通常的经营范围内可以处分让与的动产和债权，或者可以催收让与的债权。我认为，这对于不使流动财产担保过度制约债务人的经营自由以及防止在与第三人的关系中将债务人的责任财产作为担保来过度地独占而言，是一种必备的制度。

顺便提及的是，即便不从正面来承认让与担保，但实际上也存在难以区分基于真正让与的资金筹措与以担保为目的的让与的情况。

最后，正如已经在第四节的“点评”部分中所指出的那样，若不存在对抗要件制度，将对安全顺利的债权让与产生影响。

第六节　中国法院对未来债权让与的立场

一、问题的提出

周江洪教授在有关将来债权让与的论文中，论述了在受让人的将来租金债权与租赁物受让人的租金债权中以何者为先的问题。他指出：“在租赁关系中，若出租人以将来租金债权为标的先行出让、而后又因所有权变动发生契约地位的承继时，将来债权让与关系所涉及的利益关系并不限于将来债权的出让人、受让人和债务人，尚包括承继了原契约地位的租赁物受让人。其间的利益考量，不仅仅涉及将来债权是否可以让与的法律判断，尚面临现行法律规范体系下的多重考量。目前司法实践中亦已有案例面临此等问题。”[①] 与此同时，他还在该文中介绍了如下案例。

【案例】“冯碧莹与袁聚财租赁合同纠纷上诉案”。[②]

2007 年 2 月 10 日，A（姜某）与 Y（袁某）签订租赁合同，租期 20 年。2008

① 周江洪：《买卖不破租赁规则的法律效果》，载《法学研究》2014 年第 5 期。

② 金华市中级人民法院（2011）商终字第 1275 号民事判决书。

年9月11日，A将收取租金的权利转让给X（冯某）。X已依该租金债权转让协议收取了两年租金。2009年6月18日，A因借款以该房屋设定抵押，后进入执行被拍卖。2011年2月，X诉请Y支付2011年度租金6万元；房屋现所有权人（原审第三人B）则主张X自其取得房屋所有权时起不再享有收取租金的权利。原审法院认为，A转让的20年收租权，具有不确定因素，是附条件的债权，条件从某时起不能成就，则从该时起丧失收租权，也就无收租债权可转让；X受让的债权并非是必然全部有效存在的债权，而是附条件的债权。同时认为，法院执行局无需将X提交的债权转让协议提交给拍卖公司，且认为即使拍卖公司收到该债权转让协议且告知了参拍人，X亦不得收取租金，其理由是拍卖后租金由新所有权人收取，A不再有收租权，X亦就无从享有。二审支持原审的判断，同时认为，虽然A将收取租金权转让给了X，但A、X已无法按照转让协议履行合同，故X不得收取租金。

以上述判例为题材，周教授提出了如下的主张（以下为原文——译者注）[①]：

就租金债权言，若认为因租赁物的所有权变动而发生租赁关系承受，同时，依《合同法》第88条的概括转让亦得适用《合同法》第80条之规定，那么，将来租金债权受让人与租赁物受让人之间构成"债权二重让与"的对抗关系。此时，因合同法未采取法、日等国的通知对抗主义做法，则应依让与时间先后顺序为标准，在时间上劣后的租赁物受让人，并不能对抗在先的将来租金债权受让人，第二受让人纵属善意亦不能取得债权。[②] 依此，应由将来债权受让人收取租金。但对于承租人而言，依《合同法》第80条，受通知时才对其发生债权让与效力。若将来租金债权的让与未经通知债务人或劣后于标的物所有权变动的通知，则承租人对标的物受让人负有租金支付义务。而将来租金债权受让人与出让人之间的关系，则依原因行为（买卖、赠与等）的法律原理解决。[③]

当然，有观点主张将来债权让与的效力，并不及于出让人地位变动后才实际发生的债权。[④] 其主要理由是，就标的物转让时尚未发生的租金，因债权尚未实际发生，将来租金债权的受让人尚未取得实际的债权。由于作为将来债权让与基础的处分权，乃

---

① 周江洪：《买卖不破租赁规则的法律效果》，载《法学研究》2014年第5期。

② 参见王泽鉴：《民法思维：请求权基础理论体系》，北京大学出版社2009年版，第90页。

③ 参见张谷：《论债权让与契约与债务人保护原则》，载《中外法学》2003年第1期，第28页。

④ 参见[日]法务省民事局参事官室：《关于修改民法（债权关系）中间试案的补充说明》（2013年4月），第255页。

是立基于发生债权的契约地位，因此，将来债权让与的效力，原则上应限于将来债权出让人处分权所及范围。将来债权出让后，该将来债权的出让人的契约地位发生变化时，出让人的处分权并不及于地位变动后发生的债权。从这层意义上说，将来债权让与原因行为虽然并不会因为出让人地位的变动而受有影响，但在“债权变动”方面，则有其效力边界所在。若该解释得以成立，即使出租人出让了将来租金债权，在因适用《合同法》第229条（租赁物在租赁期间发生所有权变动的，不影响租赁合同的效力）发生契约地位承受时，其“债权变动”效力亦无法及于标的物出让后才实际发生的租金。将来债权的受让人仅能取得标的物出让前已实际发生的租金。前述“冯碧莹与袁聚财租赁合同纠纷上诉案”亦正是基于这样的理由否定了将来债权受让人的租金请求权。

但是，笔者并不赞同上述观点。原因在于，标的物受让人承受的是原出租人的契约地位，而原出租人已处分了基于该契约所生之将来债权，标的物受让人正是以此为前提承受了原出租人的契约地位。因此，将来债权让与的效力亦及于承受了该契约地位的租赁标的物受让人，并不能说原出租人对将来实际发生的债权不享有处分权。

应如何理解上述案例?

二、韩世远与王成的答复

（一）韩世远的答复

我对于该案件的看法与小口教授相似，以下具体说明理由：

首先，X从A那里得到的是什么？从二审判决书中看到，“2008年9月11日，姜双林（A）与原告（X）签订《转让协议》，次日签订《补充协议》，约定姜双林（A）将上述租赁协议及补充协议项下收取租金的权利（自2009年2月11日起的租金）转让给原告（X），若袁聚财、叶喜有（Y）提前终止与姜双林（A）的租赁协议，则从终止之日起到2028年2月10日止房屋出租的权利归原告（X）。转让事宜已通知被告袁聚财（Y）。依据转让协议，原告（X）已从被告（Y）处收取了2年租金。”

从上述法院认定的事实可以看出，X从A那里获得了A与Y租赁合同项下收取租金的权利，就该权利起止时间及救济手段，亦有约定。该权利是一项债权，而且就此事已经通知了债务人Y，且Y已向X支付了2年租金。该租金收取权是一项未来的债权吗？很难讲，因为债权都具有未来履行的因素，不能因此就称其为未来的债权。未来的债权，应该理解为有别于现存的债权，是未来发生的债权。如果这一理解是正确的，那么，就本案而言，其中的租金收取权应该是一项现存的债权，而不是未来发生的债权。道理在于，现存的债权，其权利的内容（比如租金的金额、支付的时间等）已经确定，尽管其相应的债务履行可能是分期分批进行的，但这一因素并不影响该债权自始现实存在且内容确定。因而，本案租金收取权并非未来的债权，而是现存的债权。

其次，B在本案中得到的是什么？B是通过执行拍卖购买得到了案件所涉房屋的所有权，另外，在竞买时已知该房屋存在租赁合同关系，进而，依据《合同法》第229条，替代该租赁合同中原出租人A的位置，成为该租赁合同的出租人。问题是，B是否因此当然取得租金收取权之债权？

该案一审法院以"附条件债权"为核心概念，以"所有权——出租权——收租权"（租金收取权之债权）为逻辑链条，认为如果A丧失了房屋的所有权，便不再具有收租权。日本法务省民事局参事官《关于修改民法债权关系的中间试案的补充说明》一文以"处分权"为核心概念，借助处分权所及范围，在结论上与上述案件中国一审法院的立场相当。循此立场，丧失租赁物的所有权，便当然丧失租金收取权；反之，取得租赁物的所有权，便当然取得租金收取权。对于该类观点，仍有进一步探讨的余地。

第一，任何人不得将大于自己处分权的权利转让给他人，这是自罗马法以来被普遍接纳的信条。在A将租金债权转让给X时，A是房屋所有权人和出租人，作为租赁合同中租金债权的权利人，当然对该债权具有处分权，没有问题。当B通过执行拍卖购买房屋时，是否因此而获得房屋租赁合同中的租金债权呢？对此，不应抽象地说，而必须具体判断。判断的时间点是执行拍卖时，在该时间点，X合法拥有房屋租金收取权，执行的对象是A在该时间点的责任财产，这时A已不再享有早已被按期转让给X的租金收取权。由此观察，上述裁判的结果，实际结果违背了上述罗马法以来的基本信条，实质上是将大于转让人权利的权利转让给了他人（B）。

第二，X获得租金债权，其基础在于两份合同：一份是A与Y之间的租赁合同；另外一份是A与X之间的债权转让合同。这两份合同，都是当事人真实意思表示的结果，没有违反法律法规的效力性强制性规定，没有违反公序良俗，因而，是合法有效的合同，应该受到法律的保护。B获得租金债权的基础是什么呢？B主张权利的基础是其通过拍卖形成了房屋买卖合同以及《合同法》第229条，B所购买的是被作为A的责任财产之组成部分的房屋以及其上的租赁关系，如前所述，在该时点，A已经没有了租金债权。因而，从法律行为（合同）的角度，难以说明B何以获得租金债权。案件裁判者更像是在使用一种倒推：因为X的债权是附条件的，当A没有房屋所有权时，X的债权便失去基础；X没有债权，租金债权当然应属于B。这种倒推是有问题的，最大的问题在于其可能带来的不良后果：它会挖空债权让与制度的基础。

债权让与，系以债权为标的，通过法律行为在不同主体之间移转。债权让与当然有前提，前提便是债权是客观存在的。在本案中，租赁合同并不因房屋拍卖而受影响，因而，基于该合同发生的租金债权继续存在，换言之，Y仍在占有使用租赁房屋，也仍有义务支付房租。这种客观存在的合法的交易关系，如果还要被附上什么条件（比如要以出租人持续保有所有权为前提条件），那么，交易秩序便会紊乱。设想，如果A不是将债权转让给X，而是以该债权设定"债权质权"与X，法院是不是也要以之为一种"附条件的质权"呢？试想，在混同场合，如果此前以债权设定了质权，尚不使该质权因混同而归于消灭，意在保护作为第三人的质权人，那么，与债权"质权"相比，如果说债权质权也是一种"他物权"[①]的话，在转让债权场合，债权受让人便成了债权的"所有权"（"自物权"）人，岂非更应当受到保护才对呢？可是，在上述裁判中，法官竟随便以"附条件"为由，轻易地将本应受到保护的权利给排除掉了，考虑欠周。二审法院对一审判决予以支持，理由略谓：A与X已无法按照转让协议履行合同，故X不得再收取租金。此项理由，亦有问题。债权让与属于具有债权处分行为性质的准物权行为，[②]其有别于债权合同之处在于，该行为一旦生效，便不再有履行问题。二审理由以"无法按照转让协议履行合同"，自有所误。

第三，论证B取得租金债权，由上述分析看出法院的"反推"不妥，通过当事人的意思又行不通（因为难以论证A有将租金债权二次让与B的意思），只有借助于法律行为之外的因素，比如通常的事理或者法律上的应然，如此做的基础在于保障B的合理信赖。可是，在我看来，这种解说依然难以成立。

该案的特别之点在于，在拍卖公告及特别申明中，并未提到存在租金由X收取之说，B对于租金债权已转让给X并不知情。既然是不知情，便算是善意，善意便理应得到保护，这似乎是自然而然的。法院显然也不愿意将问题复杂化。可是，与B对于其所从事之交易（竞买房屋）所具有之信赖相比，X对于其所从事之交易（自A受让租金债权）所具有之信赖，毫不逊色，因而，难以论证为何要保护B的信赖而无视X的信赖。而仅就获取债权而言，X系通过法律行为，且已经对Y作了通知，Y亦已向X履行过两年的租金义务；相比而言，B则是通过购买房屋的行为，附带

---

① 权利质权是否是他物权，本身在中国尚有争论。此处打上引号，表示意识到了这种争论。

② ［日］北川善太郎：《债权总论（第2版）》，日本有斐阁1996年版，第251页；同旨参见王泽鉴：《法律思维与民法实例》，中国政法大学出版社2001年版，第111页；韩世远Ⅳ书，第457页。

地且借助于法律行为之外的辅助因素（如果成立的话）而取得，等到他向Y主张租金债权时，便使Y陷入困顿：Y不知道现在该向X还是B履行。至此，B如果遵循诚实信用原则，就应该向其房屋出卖人一问究竟，因为此时发生了与其购买房屋时的意想不一致的情况，是不是标的物存在瑕疵。至此，B的信赖，只会弱于X的信赖，不应强于X的信赖。进而，无从得出优先保护B的结论。

综上，债权让与，是将债权像物一样在不同主体之间转让。《合同法》没有采取法、日等国的通知对抗主义做法，受让人于让与合同发生效力时，也就是双方当事人达成合意时，即可以对于其他第三人主张债权让与的效果，成为债权人。对于债权二重让与问题，应当依让与时间先后顺序为标准，以时间在先者优先，这可称为“先来后到”规则，是一项基本规则。[①] 基于上述规则，在房屋被执行拍卖时，该房屋租赁合同的出租人已不是租金债权的债权人，拍卖行为亦无法律基础使买受人B获得租金债权。在结论上，租金债权人是X，而非B。X向Y主张租金债权，理应获得支持。B是否得主张所拍卖房屋具有瑕疵，系另一法律关系，非本案所应处理的问题。

（二）王成的答复

我个人也不赞同法院的立场，而是同意周江洪教授的观点。从逻辑上说，根据《合同法》第229条规定，中国法采契约地位承受说，则受让人应当承受出让人在租赁合同中的一切法律地位，除非有其他正当的理由。比如，如果不能证明出租人即原所有权人与租金债权受让人存在恶意串通等情形外，标的物受让人则应当承受原所有权人的权利状态。此点类似于负担抵押权的所有权。当然，抵押权有登记等公示手段，而所谓未来租金债权的转让仅仅是一种合同行为，不存在公示途径。故而，存在着原所有权人与第三人恶意串通的可能性，受让人应当更加谨慎，法院也应当对此严格审查。如果受让人在缔约或者经过法院拍卖程序购买标的物时，发现标的物未来的租金债权已经转让，则完全可以放弃购买或者在出价上应当更低，使自己的利益得到保护。当然，对于拍卖的场合，拍卖者应当对此加以明示。在没有明示的情况下，善意受让人应当加以保护，但是，保护的途径究竟是追究拍卖者的责任还是追究出卖人的责任，则需要考虑。韩世远教授比较了标的物受让人与租金债权受让人的信赖，值得赞同。此外，更重要的是，正如周江洪教授在其论文中介绍日本学者对此问题的讨论情况时所说：“关于将来债权让与的效力是否及于在租赁标的

---

① 韩世远Ⅳ书，第483页。

物出让后才实际发生的债权，多数学说并不当然地持肯定见解，[①] 而是从利益衡量角度出发，衡量租金债权受让人与契约地位承受人之利益，进而得出肯定或否定之结论。”此一问题固然涉及民法逻辑推演及体系构成，但起决定意义的应该是利益衡量，尤其是租金债权受让人与契约地位承受人之间的衡量。在此方面，我也赞同周江洪教授论文中所引日本学者松尾弘先生的观点：“即使从利益衡量的角度来看，对于标的物受让人可能遭受的不利益，标的物受让人尚可以通过事先调查、对于恶意串通型的将来债权让与主张无效、受欺诈时行使撤销权、向标的物出让人追究违约责任或缔约过失责任等加以回避。（松尾论文的原文不存在画线部分。其原文为：‘意欲取得租赁不动产之人，就租金债权的提前处分等，通过事先向承租人询问而有可能知悉此种情况。’——小口注）而对于将来债权受让人来说，令其预测租赁标的物的将来出让并采取回避措施，是非常困难的。”[②]

三、松冈久和的点评

关于如何理解作为前提的租金债权，存在两种理解方式，而判例学说的见解并不明确。[③] 其一认为，如韩世远教授所指出的那样，在已经签订租赁合同的情况下，签订合同时已发生租金债权，只不过其属于未到期的现存债权。其二认为，的确，抽象意义上的基础性租金债权是在签订租赁合同时发生的，但是伴有具体金额的分支性租金债权则是根据基础性租金债权、以与出租人履行使承租人在每期内使用收益的债务进行交换的形式而分期发生的，其在到期之前为未来债权。基础性租金债权与分支性租金债权之间的关系被理解为与基础性利息债权和分支性利息债权关系相同的关系。在《日本民法修正案》关于租金债权的讨论中，将后者的理解作为了其前提。尽管如此，无论将此理解为前述任何一种，在让与时均可以具备对抗要件，因此将不会影响关于债权让与的结论。

周江洪教授论文中虽介绍和探讨了《关于修改民法债权关系的中间试案的补充

---

① 周江洪教授论文原文如此。但据2015年3月29日研讨会中日本学者介绍，日本多数说并非持此种观点。

② ［日］松尾弘：《租赁不动产的转让与出租人的地位》，载《庆应法学》第24号（2012年），第82页。

③ 最判平成10年3月24日民集52卷2号399页使用了“将来应收受的租金”这一表述，对此，可理解为下述两种理解方式的任何一种。

说明》，但判例与多数说的立场与在该说明中的建议不同，其认为应以具备租金债权让与的第三人对抗要件（《日本民法》第467条第2款）以及不动产租赁中物权变动的对抗要件（《日本民法》第177条）的先后来决定孰优孰劣。也就是说，如若具备租金债权让与的第三人对抗要件在先，那么，取得租赁不动产所有权的人将以租金债权被处分后的所有权为前提来承继出租人的地位，租金债权让与将优先于租赁。除了对抗要件将成问题这一点外，其与韩、王两位教授见解的结论是相同的。与此相对，如若具备租赁不动产转让的对抗要件在先，那么，租金债权的受让人不能主张取得租金债权。韩、王两位教授均赞成周江洪教授的论文的观点，但在后者的场合，对周江洪教授的论文似乎也可以理解为如下：其将通知理解为债权让与的生效要件，而未采有关通知的先后顺序主义，即便时间上在后的租赁标的物的受让人仍可以取得租金债权（正如本章第2节"点评"部分所述的那样）。

此种以具备对抗要件的先后为基准的日本法的处理方式将广泛地运用于债权让与以外的租金债权的处分等（查封、在与对待债权之间进行的抵销、预付租金）与所有权转让以外的租赁不动产的处分（查封、设立和执行抵押）等的组合情形中。[①]但是，对于此种观点存在如下的批判：（1）由于租金债权无法归属于丧失租赁不动产所有权的人，因此，其处分租金将受到限制（所介绍的中国的案例相当于此种情况）；（2）如果说善意取得所有权的人将受制于公示性不够充分且在登记簿上也不以物的负担显现出来的租金债权的处分的话，会有损此人的信赖并且阻碍不动产顺利地流通；（3）租赁不动产的处分权事实上将被剥夺，也会降低租赁不动产的评价等。[②]

基于此种理解，在日本民法修正中曾探讨过设置如下特别规定："在已转让不动产租金债权的情况下，在作出其意思表示时租金债权尚未发生的，受让人……不能取得在租赁合同上的地位从让与人移转至第三人后所发生的租金债权。"（参见由中间试案发展而来的部会资料81B的8页甲方案）。但是，如上所述，判例暗示了与此完全相反的观点，并且也有强烈反对的意见认为，既然没有因此（指的是以具备对抗要件的先后为基准的处理方式——译者注）给不动产的流通产生影响，就不存在设置此种例外的充分的理由。因此，该规定最终没有被《日本民法修正案》所采纳。

---

① ［日］松冈久和：《关于租金债权与租赁不动产关系的一种考察：将来租金债权的处分会导致所有权被"持仓"么？》，载［日］佐藤进、斋藤修编辑代表、西原道雄先生古稀纪念论文集：《现代民事法学的理论（上卷）》，日本信山社2001年版，第59～101页。其为最早进行网罗性探讨的论文。

② 请参见前引松冈文。

第十章　合同的解除

第一节　中国《合同法》与相关法规及中日条文比较

一、中国《合同法》与相关法规

《合同法》第 93 条【合同约定解除】 当事人协商一致，可以解除合同。

当事人可以约定一方解除合同的条件。解除合同的条件成就时，解除权人可以解除合同。

《合同法》第 94 条【合同的法定解除】 有下列情形之一的，当事人可以解除合同：（一）因不可抗力致使不能实现合同目的；（二）在履行期限届满之前，当事人一方明确表示或者以自己的行为表明不履行主要债务；（三）当事人一方迟延履行主要债务，经催告后在合理期限内仍未履行；（四）当事人一方迟延履行债务或者有其他违约行为致使不能实现合同目的；（五）法律规定的其他情形。

《合同法》第 95 条【解除权的行使期限】 法律规定或者当事人约定解除权行使期限，期限届满当事人不行使的，该权利消灭。

法律没有规定或者当事人没有约定解除权行使期限，经对方催告后在合理期限内不行使的，该权利消灭。

《合同法》第 96 条【解除权行使程序】 当事人一方依照本法第九十三条第二款、第九十四条的规定主张解除合同的，应当通知对方。合同自通知到达对方时解除。对方有异议的，可以请求人民法院或者仲裁机构确认解除合同的效力。

法律、行政法规规定解除合同应当办理批准、登记等手续的，依照其规定。

《合同法》第 97 条【合同解除的效力】 合同解除后，尚未履行的，终止履行；

已经履行的，根据履行情况和合同性质，当事人可以要求恢复原状、采取其他补救措施，并有权要求赔偿损失。

《合同法》第 98 条【结算、清理条款的效力】 合同的权利义务终止，不影响合同中结算和清理条款的效力。

《合同法》第 69 条【不安抗辩权的行使】 当事人依照本法第六十八条的规定中止履行的，应当及时通知对方。对方提供适当担保时，应当恢复履行。中止履行后，对方在合理期限内未恢复履行能力并且未提供适当担保的，中止履行的一方可以解除合同。

《合同法》第 148 条【出卖人根本违约情形中的风险负担或标的物瑕疵担保责任】 因标的物质量不符合质量要求，致使不能实现合同目的的，买受人可以拒绝接受标的物或者解除合同。买受人拒绝接受标的物或者解除合同的，标的物毁损、灭失的风险由出卖人承担。

《合同法》第 167 条【分期付款买卖中的合同解除】第 1 款 分期付款的买受人未支付到期价款的金额达到全部价款的五分之一的，出卖人可以要求买受人支付全部价款或者解除合同。

《合同法》第 224 条【转租】第 2 款 承租人未经出租人同意转租的，出租人可以解除合同。

《合同法》第 227 条【租金未支付、迟延支付和逾期不支付的法律后果】 承租人无正当理由未支付或者迟延支付租金的，出租人可以要求承租人在合理期限内支付。承租人逾期不支付的，出租人可以解除合同。

《合同法》第 268 条【定作人的解除权】 定作人可以随时解除承揽合同，造成承揽人损失的，应当赔偿损失。

《合同法》第 376 条【保管物领取】第 1 款 寄存人可以随时领取保管物。

《合同法》第 410 条【委托合同中的任意解除权】 委托人或者受托人可以随时解除委托合同。因解除合同给对方造成损失的，除不可归责于该当事人的事由以外，应当赔偿损失。

《海商法》第 152 条【租金的支付】 承租人应当按照合同约定支付租金。承租人未按照合同约定的时间支付租金连续超过七日的，出租人有权解除合同，并有权要求赔偿因此遭受的损失。

船舶发生灭失或者失踪的，租金应当自船舶灭失或者得知其最后消息之日起停止支付，预付租金应当按照比例退还。

《民法通则》第 115 条【合同变更或解除时的违约责任】 合同的变更或者解除，不影响当事人要求赔偿损失的权利。

《经济合同法》(1981 年)第 27 条 凡发生下列情况之一者，允许变更或解除经济合同：一、当事人双方经过协商同意，并且不因此损害国家利益和影响国家计划的执行；二、订立经济合同所依据的国家计划被修改或取消；三、当事人一方由于关闭、停产、转产而确实无法履行经济合同；四、由于不可抗力或由于一方当事人虽无过失但无法防止的外因，致使经济合同无法履行；五、由于一方违约，使经济合同履行成为不必要。

当事人一方要求变更或解除经济合同时，应及时通知对方。因变更或解除经济合同使一方遭受损失的，除依法可以免除责任的外，应由责任方负责赔偿。

当事人一方发生合并、分立时，由变更后的当事人承担或分别承担履行合同的义务和享受应有的权利。

《经济合同法》(1993 年)第 26 条第 1 款 凡发生下列情况之一者，允许变更或解除经济合同：一略；二、由于不可抗力致使经济合同的全部义务不能履行。

《经济合同法》第 27 条 变更或解除经济合同的通知或协议，应当采取书面形式(包括文书、电报等)。除由于不可抗力致使经济合同的全部义务不能履行或者由于另一方在合同约定的期限内没有履行合同的情况以外，协议未达成之前，原经济合同仍然有效。

《最高人民法院关于适用〈中华人民共和国担保法〉若干问题的解释》(法释〔2000〕44 号，2000 年 12 月 8 日公布、2000 年 12 月 13 日施行)**第 10 条** 主合同解除后，担保人对债务人应当承担的民事责任仍应承担担保责任。但是，担保合同另有约定的除外。

《商品房买卖合同解释》第 8 条 具有下列情形之一，导致商品房买卖合同目的不能实现的，无法取得房屋的买受人可以请求解除合同、返还已付购房款及利息、赔偿损失，并可以请求出卖人承担不超过已付购房款一倍的赔偿责任：(一)商品房买卖合同订立后，出卖人未告知买受人又将该房屋抵押给第三人；(二)商品房买卖合同订立后，出卖人又将该房屋出卖给第三人。

《商品房买卖合同解释》第 15 条 根据《合同法》第九十四条的规定，出卖人迟延交付房屋或者买受人迟延支付购房款，经催告后在三个月的合理期限内仍未履行，当事人一方请求解除合同的，应予支持，但当事人另有约定的除外。

法律没有规定或者当事人没有约定，经对方当事人催告后，解除权行使的合理期限为三个月。对方当事人没有催告的，解除权应当在解除权发生之日起一年内行使；

逾期不行使的，解除权消灭。

《最高人民法院关于审理建设工程施工合同纠纷案件适用法律问题的解释》（法释〔2004〕14号，2004年10月25日公布、2005年1月1日施行）**第8条** 承包人具有下列情形之一，发包人请求解除建设工程施工合同的，应予支持：（一）明确表示或者以行为表明不履行合同主要义务的；（二）略；（三）已经完成的建设工程质量不合格，并拒绝修复的；（四）将承包的建设工程非法转包、违法分包的。

《最高人民法院关于审理建设工程施工合同纠纷案件适用法律问题的解释》第9条 发包人具有下列情形之一，致使承包人无法施工，且在催告的合理期限内仍未履行相应义务，承包人请求解除建设工程施工合同的，应予支持：（一）略；（二）提供的主要建筑材料、建筑构配件和设备不符合强制性标准的；（三）略。

《最高人民法院关于审理涉及国有土地使用权合同纠纷案件适用法律问题的解释》（法释〔2005〕5号，2005年6月18日公布、2005年8月1日施行）"一、土地使用权出让合同纠纷" **第3条** 第2款当事人请求按照订立合同时的市场评估价格交纳土地使用权出让金的，应予支持；受让方不同意按照市场评估价格补足，请求解除合同的，应予支持。因此造成的损失，由当事人按照过错承担责任。

《最高人民法院关于审理涉及国有土地使用权合同纠纷案件适用法律问题的解释》第6条 受让方擅自改变土地使用权出让合同约定的土地用途，出让方请求解除合同的，应予支持。

《合同法适用解释（二）》第24条 当事人对合同法第九十六条、第九十九条规定的合同解除或者债务抵销虽有异议，但在约定的异议期限届满后才提出异议并向人民法院起诉的，人民法院不予支持；当事人没有约定异议期间，在解除合同或者债务抵销通知到达之日起三个月以后才向人民法院起诉的，人民法院不予支持。

《买卖合同解释》第26条 买卖合同因违约而解除后，守约方主张继续适用违约金条款的，人民法院应予支持；但约定的违约金过分高于造成的损失的，人民法院可以参照合同法第一百一十四条第二款的规定处理。

CISG第25条 一方当事人违反合同的结果，如使另一方当事人蒙受损害，以至于实际上剥夺了他根据合同规定有权期待得到的东西，即为根本违反合同，除非违反合同一方并不预知而且一个同等资格、通情达理的人处于相同情况中也没有理由预知会发生这种结果。

CISG第81条 第1款 宣告合同无效解除了双方在合同中的义务，但应负责的任何损害赔偿仍应负责。宣告合同无效不影响合同中关于解决争端的任何规定，也不影响合同中关于双方在宣告合同无效后权利和义务的任何其他规定。

CISG 第 81 条 第 2 款　已全部或局部履行合同的一方，可以要求另一方归还他按照合同供应的货物或支付的价款。如果双方都须归还，他们必须同时这样做。

二、《日本民法》

第 540 条【解除权的行使】 依合同或法律的规定，当事人一方有解除权时，其解除，以对相对人的意思表示进行。

前款的意思表示，不得撤销。

第 541 条【基于迟延履行等的解除权】 当事人一方不履行其债务时，相对人可以定相当期间，催告其履行。于该期间内仍不履行时，相对人可以解除合同。

第 542 条【基于定期行为的履行迟延的解除权】 依合同的性质或当事人的意思表示，如不于一定时日或一定期间内履行，则不能达到合同目的的，当事人一方不履行而又经过该时期时，相对人可以不发前条催告，而即行解除合同。

第 543 条【基于履行不能的解除权】 债务的全部或部分不能履行时，债权人可以解除合同。但债务的不履行是因不可归责于债务人的事由而发生时，不在此限。

第 544 条【解除权的不可分性】 当事人一方有数人时，合同的解除，只能由其全体或对其全体进行。

于前款情形，解除权就当事人一人消灭时，就其他人亦消灭。

第 545 条【解除的效果】 当事人一方行使其解除权时，各当事人负有使相对人恢复原状的义务，但不得侵害第三人的权利。

于前款本文之情形，对应返还的金钱，应附加自其受领时起的利息。

解除权的行使，不妨碍损害赔偿的请求。

第 546 条【合同解除与同时履行】 第 533 条（同时履行的抗辩）的规定，准用于前条情形。

第 547 条【基于催告的解除权的消灭】 就解除权的行使未规定期间时，相对人可以定相当期间，催告解除权人于该期间内作出是否解除的确定答复。如于该期间内未接到解除通知，则解除权消灭。

第 548 条【基于解除权人之行为等的解除权消灭】 解除权因解除权人自己的行为或过失显著毁损合同标的物或至不能返还时，因加工、改造将其物变为他物时，其解除权消灭。

合同的标的物，非因解除权人的行为或过失而消灭或毁损时，解除权不消灭。

三、《日本民法修正案》

第541条【基于催告的解除】 当事人一方不履行其债务时，相对人可以定相当期间，催告其履行。于该期间内仍不履行时，相对人可以解除合同。但是，按照其合同及交易上的社会一般观念，其期间经过时的债务不履行的程度轻微的，不在此限。

第542条【不经催告的解除】 下列情形，债权人可不经前条催告而即行解除合同。一、债务之全部不能履行的；二、债务人明确表示拒绝履行其债务之全部的意思的；三、不能履行债务之一部或债务人明确表示拒绝履行其债务之一部，而不能仅以剩余部分实现合同目的的；四、依合同的性质或当事人的意思表示，如不于特定时日或一定期间内履行，则不能达到合同目的的，债务人不履行而又经过该时期的；五、除前各项规定情形外，债务人不履行其债务，即使债权人发前条催告，也明显不存在进行足以实现合同目的的履行之可能性的。

下列情形，债权人可以不发前条催告，而即行解除合同的一部。一、不能履行债务之一部的；二、债务人明确表示拒绝履行其债务之一部的意思的。

第543条【应归责于债权人事由之情形】 债务的不履行是因应归责于债权人的事由而发生时，债权人不能依据前二条规定解除合同。

第545条【解除的效果】第3款（新设） 在第1款本文之情形返还金钱以外的物时，应当一并返还其受领时之后所生的孳息。

现行《民法》第545条第3款～《日本民法修正案》第545条第4款

现行《民法》第548条第1款～《日本民法修正案》第548条【基于解除权人之故意毁损标的物等的解除权消灭】 解除权因解除权人故意或过失显著毁损合同标的物或至不能返还时，或因加工、改造将其物变为他物时，其解除权消灭。但是，有解除权之人不知其有解除权的，不在此限。

现行《民法》第548条第2款　删除

四、中日条文比较

（1）日本法不存在如中国《合同法》第93条那样的有关合意解除及约定解除的定义性规定。（2）中国法规定因不可抗力致使不能实现合同目的时可以解除合同，而现行《日本民法》对解除以存在归责事由为其要件。但是,《日本民法修正案》则删除了现行《民法》第 543 条有关以存在归责事由为要件的表述。(3)现行《日本民法》不存在中国法有关以预期违约为由的合同解除规定。对此,《日本民法修正案》第 542 条第 1 款第(2)项、第(3)项规定了以拒绝履行为由的合同解除。但是,该法未规定相当于中国《合同法》有关"以自己的行为表明不履行主要债务"(默示毁约)的表述。(4)现行《日本民法》不存在中国法有关以根本违约为由的合同解除规定。但是,《日本民法修正案》第 542 条第 1 款第(1)项、第(4)项、第(5)项规定了相当于中国法有关以根本违约为由的合同解除。(5)日本法不存在中国法有关作为行使不安抗辩权之效果的合同解除规定。(6)中国法不存在日本法有关解除权不可分性的规定。(7)作为解除权效果的恢复原状义务,日本法有不得侵害第三人权利的明文规定,而中国法没有此种明文规定。此外,作为解除权的效果,日本法规定了恢复原状及损害赔偿,而中国法除此之外还规定了"其他补救措施"。(8)中国法不存在日本法有关合同解除与同时履行关系的明文规定(《日本民法》第 546 条)。此外,中国法也不存在日本法有关基于解除权人的行为等的解除权消灭的规定。但是,《日本民法修正案》第 548 条将现行《日本民法》第 548 条中的"行为"修改为"故意"。(9)日本法不存在中国法有关合同解除不影响合同中结算和清理条款效力的规定。

第二节　合同解除的不可分性

一、问题的提出

《日本民法》第 544 条是关于合同解除不可分性的规定,而中国法上没有相当于该条的规定。据笔者(小口)所知,中国的相关著作中几乎找不到对此问题的论述,而只有韩世远教授提及此问题。韩教授认为,"《合同法》虽然没有明文规定(相当于《日本民法》第 544 条第 1 款的规定——小口补注)亦应作相同解释",[①] 且好像对《日本民法》第 544 条第 2 款部分也认为应作相同解释。关于上述问题,中国的学说以及审判实践的动向是怎样的?

① 韩世远Ⅳ书,第 522 页。

二、韩世远与王成的答复

（一）韩世远的答复

尽管在崔建远Ⅲ书（见凡例）中没有见到相关的论述，但在他2012年出版的《合同法》一书中，就“解除权的不可分性”已作专门的论述。[①]

在审判实践中，如果一方合同当事人不止一人，比如甲乙二人共同租赁丙的房屋，如果因为房屋租赁合同引发诉讼，依据《民事诉讼法》（2012年修正）第52条第1款：“当事人一方或者双方为二人以上，其诉讼标的是共同的，或者诉讼标的是同一种类、人民法院认为可以合并审理并经当事人同意的，为共同诉讼。”由于诉讼标的是共同的，故为必要的共同诉讼。“必要的共同诉讼要求共同诉讼人必须一同起诉或应诉，未一同起诉或应诉的，应予以追加，人民法院还必须合并审理，且作出合一判决。”[②]

又依《民事诉讼法》第52条第2款：“共同诉讼的一方当事人对诉讼标的有共同权利义务的，其中一人的诉讼行为经其他共同诉讼人承认，对其他共同诉讼人发生效力；对诉讼标的没有共同权利义务的，其中一人的诉讼行为对其他共同诉讼人不发生效力。”这里“一人的诉讼行为”，只宜理解为可以分别作出的行为；解除权的行使，本身决定合同关系是否终了，除非当事人有特别约定，否则，性质上决定了不宜分别行使。

（二）王成的答复

关于解除不可分性的问题，除了韩世远教授的讨论外，其他中国学者也有所讨论，比如：刘家希的《合同解除权行使问题研究》；[③] 孙增芹、吴兆祥的《关于合同解除的几个问题》。[④] 尤其是，崔建远教授在其《债权：借鉴与发展》中，也曾详细地讨论了解除权的不可分性问题。[⑤]

中国合同法对此没有规定。但是中国司法实务更多是将其看作一个诉讼法的问题，因而，是通过民事诉讼法中关于必要共同诉讼的规定来解决。中国的审判实践

① 参见崔建远：《合同法》，北京大学出版社2012年版，第272～273页。

② 张卫平：《民事诉讼法》，法律出版社2009年第2版，第151页。

③ 刘家希：《合同解除权行使问题研究》，2012年吉林大学硕士学位论文。

④ 孙增芹、吴兆祥：《关于合同解除的几个问题》，载《人民司法》2008年第21期。

⑤ 参见崔建远:《债权:借鉴与发展》，中国人民大学出版社2012年版，第409～412页。

中也承认解除的不可分性。对合同一方当事人有数人的情形，一般须数人共同参与解除合同的诉讼中，表达对合同解除的意思。除非合同对解除权的行使或者相应的合同义务有明确指向，解除权就当事人一人消灭时，应当产生对其他人消灭的效力。

三、渡边达德的点评

中国的审判实务通过运用必要的共同诉讼赋予解除以不可分性。据王成教授的解说，无论是解除权的行使还是解除权的消灭，都承认所谓的不可分性。这与《日本民法》第544条第1款及第2款的规定是相同的。

此外，韩、王两位教授似乎均肯定当事人之间另有约定的，解除权的行使或消灭就具有个别性。在《日本民法》中，第544条被理解为任意性规定，[①] 在这一点上中国与日本的理解也并无差异。

第三节　第三人的权利保护

一、问题的提出

《日本民法》第545条第1款明文规定了对第三人的权利保护规定，而中国法上不存在类似的明文规定。在日本，关于对《日本民法》第545条第1款的解释，直接效果说认为该规定是例外规定，而间接效果说以及折中说认为该规定是确认性的、注意性的规定。对此，中国也存在承认解除溯及力的学说（相当于日本的直接效果说）和折中说。

（一）对于中国的直接效果说的疑问

在以转让所有权为内容的合同的解除之场合，合同因解除而溯及地归于消灭，当买受人将该标的出卖给第三人时，因买受人为无处分权人，因此，该标的的所有权不能转移到第三人处。于此场合，学理上该怎样对第三人的权利进行保护？溯及

---

① ［日］谷口知平、五十岚清编：《新版注释民法（13）（补订版）》，日本有斐阁2006年版，第867页、第870页。

力说的代表性学者王利明教授在 2000 年出版的《合同法新论：总则（修订版）》中认为，为了避免对第三人产生损害，有必要限制合同解除的溯及效力，[①] 而在其后的著作，比如王利明Ⅱ书以及《合同法新问题研究（修订版）》一书中，上述 2000 年著作中的相关部分被予以删除，且找不到关于为何能对第三人进行保护的有效的说明。对于该问题，同样持溯及力说的崔建远教授仅指出，从有利于“社会经济秩序的正常化”的观点来看，委托合同的解除不应有溯及力。[②] 关于笔者的上述疑问，是否已经暗含了将 2007 年制定的《物权法》除了动产以外还承认不动产的善意取得这一事实作为其前提呢？（提问①）

（二）对于中国的折中说的疑问

采折中说的韩教授指出：“合同解除主要是在恢复原状的效果方面可能与第三人发生联系，这在物权变动采债权意思主义的法制下，比较突出，故《日本民法》第 545 条第 1 项规定，……这样的规定在我国《合同法》中没有特别作出。关于物权变动规则，《物权法》作了规定……物权变动各有其公示方法，并辅以善意取得制度（《物权法》第 106 条），公信原则已有所体现并将逐步完善，以此基本解决合同解除场合的第三人保护问题，故无须另设特别规定。”[③]

依据折中说，是否可以认为，即使合同法上不存在有关保护第三人的明文规定，第三人当然也受到保护？无须以物权法的相关规定为依据，是否也可以得到相同结论？（提问②）

需要讨论的是，对于第三人不能适用善意取得的恶意场合。对此，主张溯及力说的崔建远教授对将解除权人（给付人）的标的物返还请求不以物权请求权而是以债权请求权来理解的折中说进行了如下的批判：“折中说认为，……合同解除后，给付物的所有权并非随解除的意思表示到达相对人而自动地、当然地复归于解除权人；解除权人（给付人）虽可请求相对人（受领人）返还给付物，该请求权并非属于物权的请求权，而应当属于债权的请求权……笔者感到，该债权的请求权说明示了或暗含着几个观点，一是合同解除产生的给付物返还属于一类复原性物权变动……依据复原性物权变动说，在受领人尚未将给付物返还（动产场合）、

① 参见王利明、崔建远：《合同法新论：总则（修订版）》，中国政法大学出版社 2000 年版，第 465 ~ 466 页。

② 参见崔建远Ⅲ书，第 261 页。

③ 韩世远Ⅳ书，第 542 ~ 543 页。

尚未将给付物复原登记（不动产场合）的情况下，给付物的所有权仍然属于受领人，受领人将该给付物出卖与第三人属于有权处分，善意取得规则无适用余地，即使该第三人知晓该给付物应当返还或者复原登记，该买卖合同照样有效，该第三人通过该合同的履行而取得该给付物的所有权，给付人无权抗辩。这显然是过分保护了恶意第三人，忽视了给付人的所有权。”[①] 对于上述批判，想请教各位的见解。（提问③）

二、韩世远与王成的答复

（一）韩世远的答复

1. 关于提问①

具体情况尚不清楚，不过，个人以为小口教授的思考结论应该是可能的。

2. 关于提问②

按折中说分析此问题，以出卖人甲将动产 A 出卖与买受人乙的买卖合同为例，在合同解除前如果已经发生了物权变动（动产 A 已被交付与乙），在合同解除时，物权并不当然复归，A 物的所有权仍在乙手中。如果在解除前，A 物已被乙转卖给了丙并交付与丙，那么，丙当然取得 A 物的所有权。此后，纵然甲解除了买卖合同（比如因乙未完全履行付款义务），并不发生 A 物所有权的当然复归，丙仍继续保有 A 物的所有权。另外，乙出卖 A 物与丙，并不因为此后甲解除了其与乙的买卖合同而变成无权处分，此时，无须借助物权法中的善意取得制度保护第三人丙。

如果在甲解除合同后，乙仍将 A 物出卖与丙并实际交付，由于乙基于有效的买卖合同已有效取得 A 物的所有权（此处是基于物权法关于物权变动的相关规定），在其向甲履行恢复原状义务（《合同法》第 97 条）之前，A 物的所有权并不当然复归于甲，乙仍然可以选择不实际履行恢复原状义务，而是继续向第三人丙履行其基于转卖合同所生交付标的物转移所有权的义务。这时，围绕 A 物，乙负担了两项彼此不兼容的义务，基于债权平等原则，甲并没有优先获得 A 物所有权的权利。即使是在这种场合，第三人丙取得 A 物的所有权，是基于其与乙之间有效的买卖合同以及乙的交付行为，亦无须借助于物权法中的善意取得制度，因为乙出卖 A 物并不属于无权处分，而是有权处分。

① 崔建远：《解除权问题的疑问与释答（下篇）》，载《政治与法律》2005 年第 4 期。

3. 关于提问③

上述批评意见的出发点是批评者的“直接效果说”，并没有从“折中说”的角度思考问题。从折中说的角度思考问题，如前所述，即使是在甲解除合同后，乙与丙签订转卖合同，并且像批评者设例那样，丙知道甲已解除了其与乙的买卖合同，且乙因此应当恢复原状（所谓“恶意”），此时由于A所有权并没有像批评者所持“直接效果说”认为的那样当然复归于甲，其处分A物所有权与丙，并不是无权处分；丙取得所有权并不是基于物权法规定的善意取得规则。这时，就甲与丙而言，二者均是乙的债权人，而不是像批评者所主张的那样认为甲是A物的所有权人。甲与丙既为平等的债权人，哪一个的债权能够获得满足，取决于债务人乙的自由意思，根本不存在“显然是过分保护了恶意第三人，忽视给付人的所有权”的问题。

（二）王成的答复

1. 关于提问①

关于王利明教授观点的演变，的确需要向其本人了解。崔建远教授的观点，其着眼点主要是守约方的保护，同时也包括第三人的保护。故而，他认为对于非继续性合同原则上应当有溯及力，而继续性合同则原则上无溯及力，其目的在于保护守约方。对于委托合同不能有溯及力，则还考虑到第三人的保护，以免因委托合同溯及地解除而使原来的有权代理变成无权代理。

2. 关于提问②③

我个人注意到：《日本民法》第545条第1款规定，当事人一方行使其解除权时，各当事人负有使相对人恢复原状的义务，但不得侵害第三人的权利。这里仅规定了不得侵害第三人的权利。但如何不侵害，换言之，第三人的权利如何加以保护，本条并未有明示，需要借助其他规定加以解决。中国《合同法》第97条关于解除后果的规定中没有关于第三人的内容。但是这并不意味着第三人的合法权益就可以被侵害。结合《民法通则》第5条关于合法民事权益受保护的规定，第三人合法权益不得侵害是法律应有之意。在具体的保护措施上，可以通过《物权法》第106条等规定解决。在这样的意义上，我同意韩世远教授的上述观点。

三、渡边达德的点评

韩、王两位教授均没有对采直接效果说的王利明教授以及崔建远教授的观点进行明确的评价。

关于采折中说的场合，如若按照韩教授所举的设例来进行讨论的话，可作如下的评价。亦即，在出卖人甲将动产A出卖与买受人乙并已交付的场合具体分为两种情形：（1）在A物已被乙转卖给了丙并交付与丙之后，甲解除了甲乙之间合同的情形（丙为解除合同之前的第三人）；（2）在甲解除甲乙之间合同后，A物被乙转卖给了丙并交付与丙的情形（丙为解除合同后的第三人）。

依照韩教授的观点，在（1）的场合，纵然甲解除了其与乙的合同，由于乙仅对甲负有恢复原状的义务，且乙也不会溯及既往地成为无权利人，因此丙取得动产A正是从正当权利人（乙）处取得的。所以，没有援引善意取得（中国《物权法》第106条）的必要。该结果似乎在（2）的场合也是相同的（在事后，将作为乙违反对甲所负恢复原状义务来处理）。

对此，王教授也在依据折中说的场合以解除不导致合同自始无效为前提的基础上，表示了参照《民法通则》第5条所规定的保护民事权益思想等的同时，具体决定是否保护第三人的看法。

关于《日本民法》上解除的法律性质，出现了直接效果说、间接效果说、折中说、合同内容变更说等多种见解，并对第545条第1款但书的理解及其运用也产生了影响。但是，在交易的标的物为动产的场合将成为善意取得（《日本民法》第192条）的问题，因此，在与解除效果的关系中予以讨论的是标的物为不动产的情形。对此，判例以直接效果说为其前提，在第三人（丙）出现于解除前的场合，通过限制适用《日本民法》第545条第1款但书的溯及力来承认第三人可以取得标的物的所有权。此时，依判例，保护第三人不要求其为善意，但要求具备对抗要件。[①] 在此，之所以即使第三人为恶意也仍受保护是因为：即使第三人明知甲乙之间的合同存在解除事由而加入交易关系中，此时甲也不一定行使解除权，且讨论第三人的善意与恶意不具有意义。与此相对，在第三人（丙）出现于解除后的场合，判例并未称甲乙之间的合同因解除而溯及既往地归于消灭，而是进行了此种说明：标的物的所有权先从甲移转于乙，其后因解除而从乙复归于甲（复归性的物权变动）。因此，该情形被视为从乙到甲、从乙到丙的二重让与的问题而非《日本民法》第545条第1款但书的问题，并以具备对抗要件的先后来决定权利的孰优孰劣。[②]

---

① 大判大正10年5月17日民录27辑929页。

② 大判昭和14年7月7日民集18卷748页。

与此相对，由于在不承认解除以溯及效力的学说（间接效果说、折中说、合同内容变更说）中解除不过是恢复原状义务的起点，因此应保护解除权人与第三人的哪一方的问题将作为物权对抗问题来处理，并且不会因第三人出现于解除前还是解除后而存在任何差异。这一结论与韩、王两位教授的观点是相一致的。

顺便提及的是，虽然解除的效果构成判例以及学说中很大的分歧点之一，但《日本民法修正案》对该问题放弃了采特定立场。因此，今后仍将持续判例以及学说上围绕该问题的论争。

第四节　关于以因不可抗力致使不能实现合同目的为由的合同解除

一、问题的提出（与风险负担的关系）

在买卖合同中，当标的物因不可抗力灭失致使不能实现合同目的之场合，可以适用《合同法》第 94 条第（1）项。然而，除此之外，《合同法》第 142 条亦在买卖合同中规定了以交付主义为内容的风险负担规则。因此，从理论上来说，可以认为适用哪一个规定都可以，但是也存在因使用的条款不同而其结论亦不同的案例。① 在日本的民法修正过程中，也在以不问归责事由而应统一为合同解除这一大趋势下，围绕该怎样处理风险负担与解除的关系这一问题展开着讨论。对此，内田贵教授在其近期出版的著作中主张，应将现行《日本民法》第 534 条所规定的风险负担条款予以删除，进而将风险负担与解除两种制度统一为解除，② 还一并指出："德国在 2001 年对债法进行全面修改时……有关（标的物）全部灭失时的风险负担制度被保留了下来，与解除并存。但是，在实务当中此种并存状况不太受到重视，看来实际上风险负担制度没能发挥作用。" ③ 他还认为，CISG 所规定的"风险移转"中的"风险"为以种类物为对象的风险之移转，它所解决的是"当标的物灭失时，出卖人所负的继续准备标的物的义务将持续到何时的问题"（给付风险）。④

---

① 比如，本书"第八章风险负担第三节合同解除与风险负担的关系"中的【案例 1】。

② 参见［日］内田贵：《民法修改的现在》，日本商事法务 2013 年版，第 134 页。

③④ ［日］内田贵：《民法修改的现在》，日本商事法务 2013 年版，第 137 页。

在关于中国《合同法》第 142 条的解释论当中，是否存在像上述内田所主张的、与种类物风险移转规定相关的解释论？此外，当《合同法》第 142 条与第 94 条第（1）项竞合之场合，是否可以认为，以风险负担来处理的主张为通说呢？（提问①）

在中国《合同法》的制定过程中，是否存在过怎样处理《合同法》第 94 条第（1）项与风险负担关系的讨论？（提问②）

二、韩世远与王成的答复

（一）韩世远的答复

1. 关于提问①

关于买卖合同风险负担，中国《合同法》在第 142 条以下作了规定，该规定受到了 CISG 的影响。对于相关规定，在中国的解释论上，认为是针对"价金风险"（或称"对价风险""对待给付风险"），而与"给付风险"（或称"履行风险"）不同。[1] 中国《合同法》的特色在于，以物的买卖为中心，不区分种类物与特定物买卖而统一规制，且以种类物买卖为规制的重点；不区分动产与不动产而统一规制。[2] 换言之，上述关于风险负担的规则，并没有特别区分特定物买卖与种类物买卖，而是规定统一的规则。关于《合同法》第 142 条与第 94 条第（1）项竞合，就我所了解的情况而言，中国学者在起草《合同法》的阶段并没有专门的和深入的探讨。这一话题主要是随着对外（尤其是与日本之间的）学术交流的进展而被意识到，并逐渐有了一些讨论。至于以风险负担来处理的主张是否算是通说，我个人以为很难讲。今天重新思考这个问题，我个人以为，在不可抗力场合如何使债务人获得债务解放，相较于风险负担规则，《合同法》第 94 条第（1）项的规定，可以理解为特别法，故不妨依"特别法优先于普通法"的法律适用原则，解决二者规范竞合带来的困扰（关于普通法与特别法的认定，并非简单在等同于逻辑上的普通与特别的关系，而须经由"规范上的修正"，"只有当系争法条分别规定之法律效力，在存在上已规范地评价为不能并存时，该逻辑上的特别与普通关系，才在规范上进一步将之定性为有特别法与普通法的关系，受特别法优于普通法之原则的适用"）。[3]

---

① 参见韩世远：《合同法学》，高等教育出版社 2011 年版，第 395 页。

② 参见韩世远：《合同法学》，高等教育出版社 2011 年版，第 387 页。

③ 黄茂荣：《法学方法与现代民法》，中国台湾地区台北自版 2011 年增订六版，第 256 页。

2. 关于提问②

如前所述，在制定《合同法》的过程中，中国学者并没有讨论怎样处理《合同法》第 94 条第（1）项与风险负担的关系问题。比如，以那个时期崔建远先生的论文为例，他在《关于制定合同法的若干建议》一文中，专门分析了合同解除的立法设计和风险负担制度的立法设计，[①] 并没有讨论上述问题。

（二）王成的答复

1. 关于提问①

关于学说对风险负担与合同解除的关系，可以参见相关部分的讨论。建议将两部分问题合并成一个问题。关于内田贵教授的观点，我不甚了解。

2. 关于提问②

根据笔者了解的资料来看，当时应当没有对此进行专门的讨论。

三、渡边达德的点评

在“一、问题的提出”中所提到的 CISG 对于合同的解除以及风险的移转（passing the risk）所规定的基本框架如下：（1）出卖人有重大义务违反的，或出卖人不交货，或在买受人规定的额外时间内不交付货物的，买受人可以解除合同。买受人有重大义务违反的，或买受人怠于支付价款或者接收货物，或在出卖人规定的额外时间内不履行义务的，出卖人可以解除合同。（2）买受人不因风险移转后发生的货物的灭失或毁损而免除支付价款的义务。风险原则上自买受人受领货物时起移转于买受人。

也就是说，（1）在对方有义务违反（不履行）且该义务违反为重大的，或在经过额外时间的情况下，可以认可解除权（以重大的义务违反或经过义务违反后的额外时间为由的合同解除）；（2）买受人原则上在受领货物后，即使标的物灭失或毁损的，也不能免除支付价款的义务（以受领货物的时间点为原则性基准的风险之移转）。亦即，解除权的发生是以对方存在某种义务违反（不履行）为其前提的，而风险移转的效果是与支付价款义务的归宿联系在一起的。

---

① 参见崔建远：《关于制定合同法的若干建议》，载《法学前沿》第 2 辑，法律出版社 1998 年版，第 40 ~ 48 页。同时探讨这两个制度的设计问题，这篇论文算是这个时期比较少见的专门论述。

与此相对，中国《合同法》的调整方式为：（1）在因不可抗力致使不能实现合同目的的场合承认合同解除的第 94 条第（1）项不以当事人的债务不履行为其前提；（2）没有明示风险移转的效果（第 142 条）。

因此可以说，在以下设例中，CISG 与中国《合同法》在实际运作中会产生差异。即，设以出卖人为 A、买受人为 B 而签订了有关以著名画家 C 所画的一幅绘画为标的的买卖合同，但在签订合同后交付之前，该绘画因不可抗力而灭失。

此时，如若依据 CISG，由于 A 未履行交付义务且其属于重大的义务违反（参见 CISG 第 25 条），因此 B 可以解除与 A 的合同［CISG 第 49 条第 1 款（a）。但是，B 不能向 A 请求损害赔偿。参见 CISG 第 79 条第 1 款、第 5 款］。此时，B 不存在任何义务违反，因此 A 不能解除合同。此外，也不发生风险的移转问题。

与此相对，如若依据中国《合同法》，由于尚未交付绘画，因此，将由出卖人 A 承担灭失的风险（中国《合同法》第 142 条），但似乎也可以解释为 A 可以以不可抗力为由解除合同［第 94 条第（1）项］。我认为，这是因为：至少在其文义上，中国《合同法》第 94 条第（1）项采用了在不可抗力的场合赋予双方当事人以解除权的规定方式。

关于以债务不履行为由的法定解除的要件，《日本民法修正案》将其分为基于催告的解除（《日本民法修正案》第 541 条）与不经催告的解除（《日本民法修正案》第 542 条）来进行规定，并在不能获得对方之债务履行的当事人已不能期待拘束于合同的情况下，总结了整体要件（比如，已经过催告期间、履行不能、拒绝履行、定期行为中的履行期之经过等）。而且，不以存在债务人的归责事由为要件，即使在债务人举证证明免责事由而被免除损害赔偿责任的情况下，债权人也可以解除合同。

与此相对，关于风险负担的现行《日本民法》第 534 条至第 536 条的规定中，第 534 条及第 535 条将被予以删除。此外，如上所述，由于合同的解除不以债务人的归责事由为要件，因此债权人要想摆脱合同的束缚就有必要行使解除权。但是，《日本民法修正案》在因不可抗力致使不能履行债务的场合，债权人在未解除合同的期间内受对方的履行请求的，赋予了该债权人以拒绝履行权（《日本民法修正案》第 536 条第 1 款）。如若债权人希望从合同的束缚中解放出来的话，（因合同不会自行消灭）不得不行使解除权。

而且，《日本民法修正案》在买卖合同中设置了关于调整标的物灭失等情况下的风险移转的规定（《日本民法修正案》第 567 条）。其主旨与 CISG 第 66 条以及第 69 条第 1 款相同，买受人不能对交付后标的物的灭失或毁损行使权利，不能拒绝向出卖人支付价款。

第五节 关于以履行期届满之前的违反合同为由的合同解除中是否需要催告的问题

一、问题的提出

关于《合同法》第94条第（2）项，是否需要催告是必须讨论的问题。此外，是否需要催告与《合同法》第69条所规定之合同解除场合的关系亦会成为问题。一种主张认为，《合同法》第69条实质上对合同的解除要求了催告，为了与该条进行协调，对于《合同法》第94条第（2）项中“以自己的行为表明不履行主要债务”的情形，亦解释为需要催告。[①] 还有一种主张认为，作为《合同法》第69条解除之前提条件的行使不安抗辩权事由中，只有《合同法》第68条第1款第（2）项的情况属于债务人主观逃避债务履行的情形［该条第1款第（1）（3）（4）项的情况属于客观上财产状况恶化的情形］，属于第（2）项情形时不需要催告，而《合同法》第94条第（2）项属于拒绝履行，完全属于债务人的主观决定，因此，亦不需要催告。[②] 笔者认为，围绕《合同法》第68条以及第94条第（2）项的解释，两者之间存在差异。亦即，前者未对《合同法》第68条中行使不安抗辩权的各项事由作区别化对待，而后者对此进行了区分。还有，前者将《合同法》第94条第（2）项分为明示的毁约与默示的毁约，而后者未作此种区分，一律解释为其属于拒绝履行这一主观决定。

先就笔者（小口）的此种理解是否正确想进行确认，如果理解没有错误，想重新请教两位的见解。此外，司法实践的情况是怎样的？

二、韩世远与王成的答复

（一）韩世远的答复

首先需要界定一下这里讨论的问题：在《合同法》第94条第（2）项中的“以

① 参见韩世远Ⅳ书，第519页。

② ［日］中国合同法研究会：《中国合同法上合同履行中的抗辩权（二）》，载《早稻田法学》第89卷第1号。

自己的行为表明不履行主要债务”场合，解除权的发生是否需要经过催告？在此前提下，确认小口教授的理解正确。之所以需要明确这一前提，是因为笔者对于当事人一方明确表示不履行主要债务场合无须催告即发生解除权，不持异议。

对于王成教授的不同认识，由于我是首次了解，从解释论的角度，尚有需要讨论的余地，故略作补充，以免引起不必要的误解。

其一,不是笔者不对《合同法》第68条中行使不安抗辩权的各项事由作区别化对待，而是《合同法》第69条明确地不作区别化对待，“当事人依照本法第六十八条的规定中止履行的,应当及时通知对方。”这里的“通知”,“既是不按抗辩权人的附随义务（通知义务），同时，也构成一种催告”。[①]《合同法》第69条没有规定依照第68条第1款第（2）项中止履行的不需要通知对方,因而,对于王成教授的上述解释根据表示怀疑。

其二，正如小口教授注意到的,《合同法》第94条第（2）项区分明示的毁约与默示的毁约。前者是指债务人明确表示不履行主张债务；后者是指债务人以自己的行为表明不履行主要债务。前者场合无须催告即可发生解除权，是因为债务人的意思明确，即使催告，债务人也不会履行，故无须浪费时间精力进行催告。在后者场合，债务人默示毁约，由于没有明确表达不履行主要债务的意思，需要当事人之间有意思的交流，故需要通知或者催告。仅就《合同法》第68条第1款第（2）项的情形来看，“转移财产、抽逃资金，以逃避债务”，并没有体现出债务人向债权人明确表达不履行主要债务的特征，故不应归入明示毁约，只宜归入默示毁约。在这里，是否需要经过“催告”，关键点在于是否有需要当事人之间的意思交流，而不在于王成教授所说的“债务人的主观决定”。

（二）王成的答复

1. 正如我在前面讨论提到的,《合同法》第68条第1款第（2）项之外其他各项规定的情形即财产状况恶化属于客观情况，与债务人主观状态无关，且不甚确定。因此，需要催告，催告后，债务人履行能力仍无法恢复或者无法提供担保，则应当允许债权人解除合同。而对于《合同法》第94条第（2）项［包括第68条第1款第（2）项］以及第108条规定的情况，属于拒绝履行，完全是债务人的主观决定。此时，没有必要通过催告,再给债务人机会。债权人应当可以直接追究包括解除合同在内的违约责任。

当然,《合同法》第68条第1款第（2）项和第94条第（2）项是否完全重合，值

---

① 参见韩世远Ⅳ书，第519页。

得讨论。前者的范围可能大于后者。如果属于后者即二者重合部分，则适用《合同法》第 94 条第（2）项，不需要催告。

2. 明示与默示的毁约，均可以推定主观拒绝的存在。故而似乎没有催告的必要。由于并列的《合同法》第 94 条第（3）项明确规定了催告，其他并列但没有规定催告的则可以理解为不需要催告。

《最高人民法院关于审理建设工程施工合同纠纷案件适用法律问题的解释》（法释〔2004〕14 号）第 8 条第（1）项规定，承包人明确表示或者以行为表明不履行合同主要义务的；发包人请求解除建设工程施工合同的，应予支持。本条规定，应当理解为不需要催告。

三、渡边达德的点评

中国《合同法》第 68 条以及第 69 条对“不安抗辩权”作了相关规定，其属于处理与 CISG 第 71 条所规定的因合同相对方的地位恶化而中止履行相同问题的规定。此外，CISG 在有关“中止履行”的第 71 条之后，连续设置了基于预期违约而解除合同的相关规定（CISG 第 72 条）。承认当事人一方因对方的经济状况恶化等而中止履行（CISG 第 71 条），且若该情况持续，则无需等待该合同的履行期届满即可解除合同（CISG 第 72 条）是具有合理性的。

中国《合同法》也在规定不安抗辩权效力的第 69 条中，将不安抗辩权与合同解除结合在一起，由此其与承认履行期届满之前的解除权的第 94 条第（2）项的关系成为了问题。顺便提及的是，尽管中国《合同法》第 69 条未予明示，但显然第 94 条第（2）项将履行期届满前的情形作为了其调整范围。因此，可以认为中国《合同法》第 68 条、第 69 条与第 94 条第（2）项的关系与 CISG 第 71 条和第 72 条的关系是相同的。

在此处将被提出的一个问题是，当事人一方在基于中国《合同法》第 68 条行使不安抗辩权后，于援引第 94 条第（2）项解除合同的场合，是否需要催告？第 69 条要求停止履行的当事人及时通知对方，而第 94 条第（2）项则不以催告为其前提。

关于这一问题，韩世远教授与王成教授的见解略有不同。韩教授认为《合同法》第 69 条所规定的“通知”为一种催告，这在第 68 条第 1 款第（2）项所规定的“转移财产、抽逃资金，以逃避债务”情形中也是一样的。但是，同时又指出，对于在符合《合同法》第 94 条第（2）项的场合肯定不经催告即可解除是不持异议的。与此相对，王教授指出，由于《合同法》第 68 条第 1 款第（2）项所调整的是与第

94 条第（2）项相同的拒绝履行的情况，因此无需催告。

可是，《合同法》第 69 条的“通知”是否与作为解除之前提的“催告”属于同义呢？的确，韩教授指出第 69 条的“通知”也构成一种催告，但是韩教授是否将该条的“通知”完全等同于作为解除之前提的“催告”是并不明确的。《合同法》第 69 条的“通知”是为了赋予受停止履行的债务人以依据该条提供适当的担保并从对方的停止履行状态中脱离出来的机会，而要求具备的要件。其主旨与作为履行期限的延长以及行使解除权之前提的“催告”是不同的。

另外一个论点在于，是否在解释论上有必要对中国《合同法》第 94 条第（2）项所规定的如下两种情形进行区别对待。亦即，第一种情形为：在履行期限届满之前，当事人一方“明确表示”不履行主要债务的场合（明示毁约）；第二种情形为：在履行期限届满之前，当事人一方“以自己的行为表明”不履行主要债务的场合（默示毁约）。对此，韩教授认为，在默示毁约的场合，需要债权人与债务人之间有“意思的交流”，故需要“通知或者催告”。与此相对，王教授则认为，毁约不论明示或默示，均可以推定债务人的主观拒绝，因此不需要催告。如若与《合同法》第 94 条第（3）项明确要求催告进行对比的话，王教授的解释更符合文义解释。而韩教授的理解表明，在与《合同法》第 68 条相结合的情况下将会产生解释论上的分歧。

顺便提及的是，在有关修改《日本民法》（债权关系）的讨论中，关于不安抗辩权的规定，在 2013 年 3 月的“中间试案”阶段也曾显示了新设条文的倾向，但最终的修正案放弃了将其予以明文规定。

第六节　以履行迟延为由的合同解除

一、问题的提出

（一）关于《合同法》第 94 条第（3）项以履行迟延为由的合同解除

日本的判例和通说认为，由于债权人不负受领迟延义务，因此，受领迟延之场合不发生合同的解除。与此相对，我妻荣教授认为：“当承认债权人负有受领义务、将受领迟延视为一种债务不履行时，应当认为，债务人可以约定一定期间而催告债权人受领，继而解除合同。”[①] 在中国，关于债权人迟延，《合同法》第259条规定在承揽合同中定作人不履行协助义务致使承揽工作不能完成的，承揽人（债务人）可以解除合同。与此相关，如何理解上述我妻荣所述，亦即，债务人可以对受领迟延场合约定一定期间而催告债权人受领，继而解除合同的观点？（提问①）

（二）关于定作人一方所行使的解除权

有一种观点认为，《合同法》第94条第（3）项规定的“主要债务”是以给付义务为其内容的。在承揽合同中，如若承揽人未能在约定的期限内交付工作成果，除承揽人恶意迟延场合以外，不宜适用《合同法》第94条第（3）项的规定，而应适用《合同法》第94条第（4）项的规定。[②] 对此，两位是怎么看的？（提问②）

（三）本项所规定的在催告后的“合理期限内”，具体指的是多长期间？（提问③）

二、韩世远与王成的答复

（一）韩世远的答复

1. 关于提问①

围绕债权人迟延责任的性质，存在法定责任说、债务不履行责任说及折中说等不同学说。如果理解不错的话，我妻荣先生的观点可归入债务不履行责任说。该说认为，依据诚信原则，为了实现给付，债权人与债务人之间存在应相互协力的关系。如此，债权人便负有一般性的受领义务，受领迟延便是此种义务的债务不履行，在具有归责事由场合，发生债务不履行的责任。

在中国，学者见解不尽一致，但多数说似采折中说，即认为债权人并非一般性地负有受领义务，债权人迟延责任属于法定责任，但在一些场合可以认为债权人有受领义务时，可以发生债务不履行责任的效果（损害赔偿或解除）。《合同法》第259条规定的解除，便属于法律特别规定的解除，与第94条第（3）项规定的解除，尚有不同。《合同法》第94条第（3）项规定的是“迟延履行主要债务”场合的解除，而第259条第2款规定的是定作人“不履行协助义务”场合的解除，后者并非前者

① ［日］我妻荣：《债权各论 上》，日本岩波书店1954年版，第183页。

② 参见崔建远Ⅲ书，第250页。

的具体化，尽管它们都采用了“催告 + 合理期限”。说到底，定作人的“协助义务”，属于附随义务或者从给付义务，[①] 并非其“主要债务”；定作人的主要债务是“给付报酬”（《合同法》第 251 条第 1 款）。在体系构造上，《合同法》第 259 条属于第 94 条第（5）项“法律规定的其他情形”。

中国民法学说通常将《合同法》第 94 条第（3）项解释为关于债务人迟延（履行迟延）的规定，不包括债权人迟延（受领迟延）。比如，王利明教授便明确写道：“不过《合同法》在总则中所规定的履行迟延，主要是指债务人的履行迟延，而不是指双方履行迟延，如《合同法》第 94 条所规定的‘当事人一方迟延履行主要债务’‘当事人一方迟延履行债务’都是指债务人的迟延。” [②] 由此，也可以进一步印证，学者对于受领迟延并没有采“债务不履行责任说”。

2. 关于提问②

关于定作人的受领义务，《合同法》第 251 条第 1 款虽未将受领（Abnahme）明确规定为定作人的“合同类型上义务”，甚至没有像《德国民法》第 640 条第 1 款那样，将受领规定为定作人的义务。但是在解释上，从该法明确规定受领人的协助义务及其债务不履行后果，依“举轻以明重”，亦应认定定作人受领义务的存在，在性质上宜理解为定作人的一项主义务（Hauptpflichten）。[③] 这是由于承揽人的报酬通常取决于工作被受领与否，因而承揽人对于受领拥有重大利害，故定作人的受领义务属于一项主给付义务（eine Hauptleistungspflicht）。[④] 此项义务的违反，除发生通常的债权人受领迟延的法律效果外，亦可类推适用《合同法》第 257 条和第 259 条，进一步发生损害赔偿、合同解除等法律效果。[⑤]

3. 关于提问③

此处的“合理期限”，属于不确定概念，立法上难以给出一个统一的标准，而需要依个案具体掌握，因而，它实际上是一个可由法官依客观情况具体判断的因素。

---

① 韩世远：《合同法学》，高等教育出版社 2010 年版，第 494 页。

② 王利明Ⅱ书，第 478 页。

③ Vgl. Ebert, in：Reiner Schulze（Schriftleitung）BGB Handkommentar, 5. Auflage 2007, § 640, RdNr. 2；Jan Kropholler, BGB Studienkommentar, 10. Auflage, S.447.。

④ Vgl. Larenz, Lehrbuch des Schuldrechts, II..Band：besonderer Teil, 1. Halbband, 1986, S.363.。

⑤ 参见韩世远：《合同法学》，高等教育出版社 2010 年版，第 494 页。

（二）王成的答复

1. 关于提问①

在中国，崔建远教授认为，债权本质上是一种利益和自由。但在许多场合，债务人如需完成履行，需要债权人的受领和协助。故而《合同法》第 60 条第 2 款规定，当事人应当遵循诚实信用原则，根据合同的性质、目的和交易习惯履行通知、协助和保密等义务。法律既已确定协助义务，举轻以明重，当然应当认为债权人负有受领义务。但是，此种义务应当是一种不真正义务，强度较弱，其违反不发生损害赔偿责任，仅使负担此义务者遭受利益减损或丧失的不利益，应不以之为债务不履行为妥。故而，原则上说债权人迟延责任是一种法定责任而非债务不履行责任。但是，如果法律另有特别规定或者当事人有特别约定，以债权人迟延负债务不履行的后果（比如损害赔偿、解除合同等），仍不妨承认在这些特别的场合的债权人的债务不履行责任。①

我个人赞同崔建远教授上述观点。同时，我个人认为，债权人受领实际上包括受领和协力两方面。对于受领，因为有提存制度（《合同法》第 101 条），所以，似乎没有必要解除合同。而债权人受领义务作为不真正义务的方面，也主要体现在受领。对于协力，则往往不是不真正义务，而是一种真正义务，可能体现为从义务或者附随义务。因此，对于协力义务，如果债权人不协力，则债务人义务无法履行或者无法继续履行，合同目的无法实现。比如，《合同法》第 259 条规定的，房屋装修合同，债权人不让债务人进入待装修的房屋。故而，此时应当赋予债务人解除合同的权利，在债权人不配合的情况下，使其及时摆脱合同的束缚。

2. 关于提问②

查看崔建远教授书相关内容可知，崔建远教授的意思应当是在限制定作人的解除权。因为适用《合同法》第 94 条第（3）项的前提，是证明承揽人迟延的是主要债务。如果适用《合同法》第 94 条第（3）项的话，定作人在承揽人迟延时经催告后则可以解除合同，而如果适用《合同法》第 94 条第（4）项，则需要证明是否因违约而无法实现合同目的，如果答案肯定，才可以解除合同。

我个人赞同崔建远教授的观点。

3. 关于提问③

在一般意义上，本项规定的合理期限应当为一种授权条款，由法官根据个案具

---

① 参见崔建远Ⅲ书，第 289 ~ 292 页。

体情况来确定。

最高人民法院的《商品房买卖合同解释》第 15 条第 1 款规定，根据《合同法》第 94 条的规定，出卖人迟延交付房屋或者买受人迟延支付购房款，经催告后在 3 个月的合理期限内仍未履行，当事人一方请求解除合同的，应予支持，但当事人另有约定的除外。这里规定的是 3 个月作为合理期限。

2013 年第 10 期《最高人民法院公报》刊登“天津市滨海商贸大世界有限公司与天津市天益工贸有限公司、王锡锋财产权属纠纷案”，该案的公报摘要称：《最高人民法院关于审理商品房买卖合同纠纷案件适用法律若干问题的解释》第 15 条关于解除权行使期限的规定仅适用于该解释所称的商品房买卖合同纠纷案件。对于其他房屋买卖合同解除权的行使期限，法律没有规定或者当事人没有约定的，应当根据《合同法》第 95 条的规定，在合理期限内行使。何为“合理期限”，由人民法院结合具体案情予以认定。①

据此，《商品房买卖合同》第 15 条第 1 款关于 3 个月合理期限的规定，仅仅适用于该解释所称的商品房买卖合同纠纷，其他房屋买卖合同以及其他类型的合同应当都不适用。此点具有合理性。因为每类合同、甚至每个合同的情况都不一样，统一都按照 3 个月来理解合理期限的话，也会产生问题。

三、渡边达德的点评

（一）关于提问①

关于受领迟延的法律性质，韩世远教授援引王利明教授的文献，王成教授则引用崔建远教授的见解，二者言下之意都是赞同折中说的。在此基础上，对于如何理解中国《合同法》第 259 条关于在承揽合同中定作人不履行协助义务致使承揽工作不能完成的，承揽人（债务人）可以解除合同的规定，韩教授与王教授作了如下表述。

韩教授指出，由于定作人的协助义务不属于“主要债务”，因此在体系构造上，《合同法》第 259 条属于第 94 条第（5）项“法律规定的其他情形”。王教授也指出，由于协助义务体现为“从义务”或“附随义务”，因此，《合同法》第 259 条不属于规定不履行“主要债务”所致解除的第 94 条第（3）项的问题。但是，将其定位为《合同法》第 94 条的第（4）项还是第（5）项，则不甚明了［由于其表述为如果债权人

① 最高人民法院（2012）民再申字第 310 号民事裁定书。

不协助则无法实现合同目的，因此，似乎也可以认为其所考虑的是《合同法》第94条第（4）项，但若协助义务为从义务或附随义务的话，则也有解释为其不履行不会妨碍合同目的的实现的余地]。

对此问题，日本学说的见解也不统一。有相关判例表明，在有关矿石的买卖合同中，在当事人之间存在由买受人购买出卖人开采的全部矿石这一持续性约定的情况下，承认了买受人负有诚信原则上的受领义务。[①] 而学说关于对该判例的理解也不尽相同：在采法定责任说的同时，认为仅就该案而言，可将其评价为承认了基于默示的意思表示的受领义务；与此不同，也有学者表明了该判例承认了诚信原则上的受领义务这一折中说式的观点。

《日本民法修正案》修改了作为受领迟延之效果的“负迟延责任”这一表述，并建议以表明具体效果的形式来重新规定，亦即：债权人拒绝受领或不能受领债务的履行，其债务的标的为特定物之交付时，债务人自提供履行之时起至完成其交付时止，以对自己财产相同的注意来保存该物为已足（《日本民法修正案》第413条第1款）；因债权人拒绝受领或不能受领债务的履行而增加履行费用时，其增加的数额由债权人承担（《日本民法修正案》第413条第2款）；债权人拒绝受领或不能受领债务的履行，提供履行后因不可归责于双方当事人的事由致使其债务履行不能时，该履行不能视为因应归责于债权人的事由而产生（《日本民法修正案》第413条之2第2款）。因此，就如何理解此处所举之外的效果及其生效要件而言，以往的讨论在未来仍将持续。

（二）关于提问②

中国《合同法》第94条第（3）项与第（4）项均涉及“履行迟延”，因此，二者在具体适用情形中的差异将成为问题。第（3）项所处理的是迟延履行“主要债务”的情形，于此场合以催告为要件，承认因经过催告期间而可发生解除权。与此相对，第（4）项相较于第（3）项而言，其主旨可以认为，在迟延履行不属于“主要债务”的债务之情形，如果该迟延履行将妨碍合同目的的实现，可以承认不经催告而解除合同；但若不属于此种情形的，即便经过催告也不能解除合同。而前述有关中国《合同法》第94条第（4）项所调整的问题相当于《日本民法》上所说的“附随义务的不履行”。关于此种规定方式，将在此后“第7节以根本违约为由的合同解除”中一并进行点评。

---

① 最判昭和46年12月16日民集25卷9号1472页。

（三）关于提问③

在迟延履行主要债务的场合，关于符合赋予债权人以解除权之“合理期限”的标准，韩世远教授与王成教授都认为应根据个案具体情况，最终交由法官的裁量来判断。

在《日本民法》上，关于第541条所规定的“相当期间”也认为应按照合同的性质和履行的难易程度而进行具体判断。作为一般论，将其理解为债务人准备履行且履行债务所必需的期间。[①] 但由于债务人应在履行期到来之前先做好准备，因此，催告中的“相当期间”即使短于合同最初所规定的履行期间也是可以的。[②]

此外，比较中国《合同法》与《日本民法》的相关条文，可以发现：于前者情形，只有经催告后在合理期限内不履行的场合才承认解除权；而于后者情形，约定相当期间催告履行，在该期间经过后承认解除权。也就是说，从文义上来看，前者在催告时无需明示履行期间；而后者则将由债权人按照自己的判断来约定相当期间后进行催告。但是，在日本，即使在规定不合理的过短期间而进行催告或不指定期间进行催告的场合，也认为该催告并不因此归于无效，而是认为从客观上来看经过合理期间后即可产生解除权。[③] 因此，可以说，并未改变在履行期到来后，因相当期间经过而可以将行使解除权予以正当化这一思想。

第七节　关于《合同法》第94条第（4）项规定的以根本违约为由的合同解除

一、问题的提出

（一）与CISG之间存在的差异

本项被说明为是借鉴了CISG而制定的，但CISG中的“除非违反合同一方并不预知而且一个同等资格、通情达理的人处于相同情况中也没有理由预知会发生这种结果。”这一部分没有被采纳。也就是说，本项没有依据可预见性理论来限定根本违

---

① ［日］我妻荣：《债权各论 上》，日本岩波书店1954年版，第159页。

② 参见大判大正13年7月15日民集3卷362页等。

③ 参见［日］我妻荣：《债权各论（上）》，日本岩波书店1954年版，第160页；最判昭和31年12月6日民集10卷12号1527页等。

约的适用范围，而是作为根本违约的认定标准，只强调了“致使不能实现合同目的”这一后果的重大性。为何中国法作出了上述的修改？是否可以理解为与促进交易相比，《合同法》第94条第（4）项更加重视了债权人保护呢？（提问①）

（二）关于如何理解《合同法》第148条的问题

作为“其他违约行为”的具体情形，通常有违反附随义务、履行期限届满后的拒绝履行、不完全履行等被提及，而标的物存在重大瑕疵是作为不完全履行的具体情形来提及的。《合同法》第148条对标的物存在重大瑕疵的情形作了规定。关于该条的标题，一般被标为“不适当履行”（相当于日本法上的“不完全履行”），而由法律出版社出版的《公民常用法律手册》以及《学生常用法律手册》将其标注为“标的物的瑕疵担保责任”。笔者认为，中国法将“不完全履行”包含在违约责任当中，且没有采用作为独立的法定责任的瑕疵担保责任，因此，“标的物的瑕疵担保责任”这一表述会招致不必要的误解。不知笔者的此种理解是否正确？（提问②）

（三）关于依据司法解释而行使解除权的问题

上述《合同法》第148条所规定的事由是属于《合同法》第94条第（4）项还是属于该条第（5）项？在本章第一节中列出的《最高人民法院关于审理建设工程施工合同纠纷案件适用法律问题的解释》等与合同解除相关的司法解释，这些是属于《合同法》第94条第（4）项，还是属于《合同法》第94条第（5）项规定的“法律”？（提问③）

（四）依据情势变更而为之合同解除的定位问题

《合同法适用解释（二）》第26条规定了依据情势变更的合同变更和解除，如果采司法解释不属于“法律”的观点的话，该条应该属于《合同法》第94条中的哪一项？（提问④）

二、韩世远与王成的答复

（一）韩世远的答复

1. 关于提问①

根本违约（fundamental breach）的思想被中国《合同法》接受了，体现在《合同法》第 94 条第（2 ~ 4）项。但是，与 CISG 第 25 条相比，二者有一些差异。其一，CISG 第 25 条对于根本违约的构成作了限制：“除非违反合同一方并不预知而且一个同等资格、通情达理的人处于相同情况中也没有理由预知会发生这种结果。”这在中国《合同法》中是没有的。对于这一差异，有的学者指出：“我国法律规定对根本违约的判定标准不如 CISG 那么严格，没有使用可预见性理论来限定根本违约的构成，只是强调了违约结果的严重性可以成为认定根本违约的标准。这实际上是抛弃了主观标准，减少了因主观标准的介入造成的在确定根本违约方面的随意性以及对债权人保护不利的因素。”[①] 其二，对于所违反的合同义务，CISG 没有进一步要求，只强调其结果；[②] 中国《合同法》第 94 条第（2）项和第（3）项强调了违反的是“主要债务”，同条第（4）项则未再要求“主要债务”，中国的学说解释亦承认在个别场合，附随义务违约亦构成根本违约，发生解除权。[③]

2. 关于提问②

的确如此。

3. 关于提问③

我个人以为，它们属于《合同法》第 94 条第（5）项，尽管第 148 条的规定实质上也契合第 94 条第（4）项的判断标准。

至于司法解释能否算是《合同法》第 94 条第（5）项规定的“法律”，从形式上看当然结论是否定的。这里涉及“法源论”，如今司法解释已经属于正式法源的一种，司法解释有时并不只是单纯解释法律，也有通过司法解释创设新的法规则的事例。假如司法解释创设出新的解除权发生事由，在实践中法院依然会遵照执行。这时，

---

① 王利明：《合同法新问题研究》，中国社会科学出版社 2003 年版，第 544 页；王利明：《合同法研究》第二卷，中国人民大学出版社 2003 年版，第 287 ~ 288 页。中国学者对于公约第 25 条“可预见性”要件的理解，在公约起草时便已有同类观点存在。Schlechtriem 教授对此指出，这个概念更容易被错误地理解为主观归责因素。由于这里最决定性的问题是对合同以及约定的义务的解释，所以最终涉及的就是对每一项义务违反所产生的影响的证明和举证责任。参见［德］彼得·施莱希特里姆：《〈联合国国际货物销售合同公约〉评释》，李慧妮译，北京大学出版社 2006 年版，第 88 页。

② 被违反的义务是（用德国法术语）主要义务（Hauptpflicht）抑或是附随义务（Nebenpflicht），是给付义务（Leistungspflicht）抑或是保护义务（Schutzpflicht，参照德国民法第 241 条第 1 款和第 2 款），是无所谓的；附随义务（或许宜称为附加义务）也可能对债权人如此重要，以至于它可能决定合同“应存续抑或解消”。Vgl. Peter Schlechtriem, Internationales UN-Kaufrecht, 4. Aufl., 2007, Rn 114.

③ 参见韩世远Ⅳ书，第 519 ~ 520 页。

如果固守上述形式论的理解，在合同法理体系构造上便只好在《合同法》第94条的框架外再另辟蹊径。我个人以为，对于上述条文中的“法律”似不必作严格的解释（即仅限于全国人民代表大会及其常委会颁布的法律）。

4. 关于提问④

情势变更场合的解除，是司法解除，而不是一方当事人行使解除权的解除。这一点中国法可能与有些外国法（比如德国法）有差异，需要注意。因而，《合同法适用解释（二）》第26条与《合同法》第94条无关。不过，实务中有些法院将《合同法适用解释（二）》第26条与第94条第（5）项挂起钩来，我个人以为，这是不妥当的。

（二）王成的答复

1. 关于提问①

的确如此。王利明教授在1995年的一篇文章中注意到了CISG第25条的规定。他认为，由于CISG规定必须具备两个条件才构成根本违约，这就严格限定了根本违约的构成。因为根本违约从法律上说等同于不履约，对根本违约规定严格的构成要件，有时会限制非违约方的权利。例如，违约人对结果的预知程度在不同的案件中是不同的，倘若违约人对结果的预知很少，甚至根本没有预知，而违约的结果实际上造成重大损害，在此情况下，因为违约方的行为不构成根本违约，则非违约方仍必须受已被严重违反的合同的拘束，尽管合同的履行对他已经没有意义，也不能解除合同，这显然不妥。所以在此情况下，仅允许非违约方获得损害赔偿，实际履行等救济是不合理的。至于违约人能否预见，那是一个过错程度问题，不应影响到解除权的实际行使。所以，CISG规定的双重要件，不如德国法规定仅以违约的后果为标准以及《美国统一商法典》规定仅根据具体违约程度来确定是否可解除合同。相比之下，德国法和美国法更有利于保护债权人。[①]

按照王利明教授后来的解释，我国法律对根本违约的判断标准没有采用可预见性理论来限定根本违约的构成，只是强调了违约结果的严重性可以成为认定根本违约的标准。这实际上是抛弃了主观标准，减少了因主观标准的介入造成的在确定根本违约方面的随意性以及对债权人保护不利的因素。[②]

---

① 参见王利明：《论根本违约与合同解除的关系》，载《中国法学》1995年第2期。

② 参见王利明Ⅱ书，第305页。

2. 关于提问②

中国合同法上的瑕疵担保责任与违约责任究竟为何种关系，学说有不同观点。但是，将《合同法》第 148 条理解为标的物的瑕疵担保责任，恐怕是不合适的。正如条文比较中所引胡康生及冢本宏明两位书中所标注的，本条应当是关于风险负担的规定，而不是关于瑕疵担保的规定。

3. 关于提问③

《合同法》第 148 条应当属于第 94 条第（5）项所谓“法律规定的其他情形”，因为第 148 条本身还规定了第 94 条第（4）项所无法包含的其他内容。

至于司法解释究竟属于《合同法》第 94 条第（4）项还是第（5）项的问题，涉及司法解释的效力及其与法律的关系问题。这个问题非常复杂，此处不宜展开。我个人认为，司法解释属于对法律的解释，但本身不是狭义的法律，当然不能属于第（5）项的内容。从逻辑上讲，关于合同解除的司法解释，都应当是在解释法律的有关规定，包括对《合同法》第 94 条第（4）项的解释，因此，应当属于第（4）项的内容。

4. 关于提问④

这一问题同样涉及了最高人民法院作出司法解释的权力范围、司法解释的效力及其与法律的关系问题。在我个人看来，关于情势变更的解释，超出了最高人民法院进行法律解释的权力范围。因此，出现了《合同法适用解释（二）》第 26 条不知道在解释哪条法律的局面。

三、渡边达德的点评

（一）关于提问①

CISG 第 25 条所规定的“重大的合同违反”由合同利益的落空（该条本文）与可预见性（该条但书）构成，而对此如何理解，即便是立足于 CISG 本身，在解释论上也存在多种见解。[①] 但是，无论采哪种见解，由于附加了但书，其阻却了合同违反的重大性，肯定这一结果是毋庸置疑的。也就是说，即使因违反某种合同致使债权人实际上被剥夺了合同上所期待的利益，如若债务人及处于相同情况下的通情达理的人没有预见该结果的，该合同违反不被认为重大。这属于意欲通过考虑债权人一方的利益落空与债务人一方的可预见性这一双方当事人的情况来确保保持均衡之结

---

① ［日］甲斐道太郎等编:《注释国际统一买卖法 Ⅰ》，日本法律文化社 2000 年版，第 190 页。

果的思考方式。

因此，如果依据 CISG 第 25 条本文的标准亦即，仅以债权人一方的利益落空来肯定重大的合同违反的话，将会更轻易地肯定合同违反的重大性，也将导致更加轻易地承认债权人解除合同这一结果。对此，中国《合同法》第 94 条第（4）项则仅继承了 CISG 第 25 条所规定的利益落空标准。此外，作为不履行的类型，在例示履行迟延的同时还广泛地将“其他的违约行为”也纳入了其规制的范围。因此，可以认为，其采用了债权人更容易解除合同的结构。

韩世远教授与王成教授都没有对中国《合同法》的此种规定方式持批判性的立场，这似乎也佐证了韩、王两位教授将强烈提出保护债权人的方针理解为在中国的交易环境中是有益且必需的。较容易承认基于债务不履行的解除，将给予不愿合同被解除的债务人以迫使其遵守合同的激励。这一点也是不容忽视的。

与此相对，《日本民法修正案》将法定解除的要件概括性地规定在了两个条文之中。

《日本民法修正案》第 541 条在原封不动地继承现行《日本民法》第 541 条规定的催告解除的结构的基础之上，新设了“但是，按照其合同及交易上的社会一般观念，其期间经过时的债务不履行的程度轻微的，不在此限”这一但书。

此外，《日本民法修正案》第 542 条规定可以在如下五种情形中，不经催告而解除合同：（1）履行不能；（2）拒绝履行；（3）在不能履行部分债务或拒绝履行部分债务的场合，债权人不能仅以剩余部分实现合同目的的；（4）在定期行为中经过履行期限的；（5）除前各项规定情形外，债务人不履行其债务，即使债权人进行催告，也明显不存在进行足以实现合同目的的履行之可能性的（《日本民法修正案》第 542 条第 1 款）。甚至，在不能履行债务之一部或拒绝履行债务之一部的场合，债权人也可以不经催告解除合同的一部（《日本民法修正案》第 542 条第 2 款）。

如上所述，关于催告解除，《日本民法修正案》第 541 条规定在经过催告期间时的不履行的程度属于“轻微”的，债权人不能解除合同。而《日本民法修正案》第 542 条则承认债权人在不能实现合同目的时可以不经催告（即行）解除合同。可以认为，《日本民法修正案》第 541 条中的其程度“轻微”的不履行与能够“实现合同目的”的程度的意思并不是相同的。这是因为，在债务人迟延履行的情况下，债权人约定相当期间催告其履行，而在经过该期间后仍以能够“实现合同目的”为由，不承认解除是显失公平的。倒不如说，该条的主旨在于：在催告解除中，但凡经过催告期间则无需考虑是否可以“实现合同目的”，既然不能说其为“轻微”的不履行，那么，就应当承认解除。而其具体的运用则交由未来的裁判实务了。

（二）关于提问②③

韩世远教授与王成教授都承认中国《合同法》第148条属于风险负担的规定。在此基础上，两位教授都认为，基于第148条的解除属于第94条第（5）项所规定的情形。

此外，关于司法解释，对于其法源性虽存在议论，但韩、王两位均认为司法解释所承认的解除权符合第94条第（5）项的情形。

（三）关于提问④

提问中所举情形属于以情势变更为由的合同的解除或变更，其似乎不是以形成权而是以请求权来构成的。韩世远教授注意到了这一点，并指出该司法解释与中国《合同法》第94条"无关"，而王成教授则指出，"不知道"该司法解释"在解释哪条法律"。

第八节　关于解除权的行使期限

一、问题的提出

关于解除权的行使期限，特别需要讨论的是《合同法》第95条第2款。笔者的疑问之一是：该怎样理解"合理期限"？疑问之二是：非解除权人（违约方——小口注）的催告是否为解除权人丧失解除权的条件？与本条第2款相关的司法解释有《商品房买卖合同解释》第15条第2款。依据该司法解释，经催告后在3个月之内、未接到催告场合在解除权发生之日起1年内未行使解除权，该解除权消灭。有一种观点认为，可以类推适用该司法解释，将经催告后的"合理期限"定为3个月，将除斥期间定为1年，该除斥期间1年与合同撤销权等形成权的除斥期间1年（《合同法》第55条）相同，"符合相似的事物相同处理的理念。"[①] 但是，对此也存在不同的观点。王利明教授的见解就是其中之一，其主张的内容如下：（1）将非解除权人（违约方——小口注）发出的催告作为解除权丧失的条件，不符合"督促解除权的及时行使、使

① 崔建远Ⅲ书，第255页。

合同关系得到尽快的确定和稳定”的这一立法意图。本条第2款只是赋予了非解除权人（违约方——小口注）确定对方是否解除合同的权利；（2）解除权与撤销权在其性质上存在较大的差异，撤销权的行使期限不能类推适用于解除场合。“合理期限意味着在符合解除条件的情况下，解除权人应当在较短的时间内及时行使。”[①] 应如何解释《合同法》第95条第2款？

二、韩世远与王成的答复

（一）韩世远的答复

考察比较法，与中国《合同法》第95条第2款相当者为《日本民法》第547条、中国台湾地区“民法”第257条等。

围绕使解除权消灭的期间，在日本，将依当事人意思而确定的期间（相当期间）与依法律规定确定的期间区别对待，对于前者，似乎并不讨论其性质；[②] 对于后者（称为解除权消灭的一般事由），则存在“解除权消灭时效说”（日本判例）与“债务消灭时效说”（我妻、星野、近江等人的学说）的分歧；另外，围绕恢复原状请求权的消灭时效，则存在“独立说”（二段构成，判例）与“一体说”（一段构成）的分歧，显示出该问题的复杂性。

中国与日本的状况有所不同，有如下两点：其一，中国自清末民律起草时起，对于使解除权消灭的期间，便是称为“除斥期间”而不称为消灭时效。这一点可以从中国台湾地区“民法”第257条的立法理由体现出来；“查民律草案第五百五十条理由谓依契约而保留解除权，有附期限者，有不附期限者。后者情形，须设除斥期间，使相对人有使解除权消灭之权利，始足以保护相对人之利益。盖解除权为不依时效而消灭之权利，无此规定，别无消灭之法，于相对人甚不便也。”其二，由上述立法理由还可以看出，在对于解除权不附期限场合，中国台湾地区“民法”第257条规定他方当事人约定相当期限催告解除权人，此“相当期限”性质为除斥期间。由此，除斥期间除法定期间外，尚得表现为意定期间。

《合同法》第95条第2款中的“合理期限”，严格以言，并非他方当事人依其意

---

① 参见王利明Ⅱ书，第319页。

② 称为解除权消灭的特别事由，比如［日］山本敬三：《民法讲义Ⅳ-1 契约》，日本有斐阁2005年版，第187页。

思确定的期限，而是需要由裁判者依具体个案具体判断的期限，与日本民法相比，这也可以算是另外一点不同。

（二）王成的答复

从法律关系的稳定角度出发，解除权不能无限期存在，这应当是共识。在此前提之下，如何确定其存在期限，则可能会有意见的分歧。《合同法》第 95 条第 2 款规定违约方的催告，目的也是尽快确定解除权人是否有行使解除权的意思。但不等于说，违约方不催告的话，解除权就可以无限期存在。在这样的意义上，我个人理解，违约方的催告，不应当理解为解除权丧失的条件。因为，即使违约方不催告，解除权也不应当无限期存在。但是，催告后的合理期限（《合同法》第 95 条第 2 款）以及没有催告时，解除权究竟应当该存在多久，在司法实务上，必须有可操作性的方案。

《商品房买卖合同解释》第 15 条第 2 款，就是一种可以操作的解决方案。而且，可以类推适用于其他场合。关于 3 个月或者 1 年的起算点，我个人也非常赞同崔建远教授的见解。即催告场合，催告中指明了起算点的，依其约定；未明确的，宜将催告通知到达的次日确定为起算点。无催告场合，则依第 15 条第 2 款的规定，自解除权发生之日起算。

三、渡边达德的点评

中国《合同法》第 95 条第 2 款规定：关于解除权的行使期限，在既没有法律规定又没有当事人约定的情况下，经解除权人的相对方催告后，解除权人在合理期限内不行使解除权的，解除权消灭。其与《日本民法》第 547 条主旨相同。正如韩世远教授所指出的那样，两国的规定方式之所以存在差异是因为：与《日本民法》规定由享有解除权的一方当事人的相对方在定“相当期间”后进行催告相比，在中国《合同法》上，“合理期限”的判断交由法官来进行。在中国《合同法》上，无论是在由解除权人进行催告解除情形中的“合理期限”[第 94 条第（3）项]，还是相对方为了使解除权归于消灭的“合理期限”，均由法官来判断。在这一点上，两者有共通性。

第九节 有关合同解除程序中存在通知以及异议时确认合同解除效力的问题

一、问题的提出

（一）关于以情势变更为由的合同解除与通知的问题

《合同法适用解释（二）》第 26 条中承认了以情势变更为由的合同解除，因为此时需要法院的判决，所以，是否可以理解为此时就不需要通知？（提问①）

（二）关于存有异议时向法院等请求确认合同解除效力的问题

依据《合同法》第 96 条第 1 款后段的规定，对方有异议的，可以请求人民法院或者仲裁机构确认解除合同的效力。对此规定，学界存在着不同的观点。其一为：将法院发出的案件受理通知视为解除通知。依据该观点，当解除权人诉至法院，自法院受理案件的通知到达对方时起合同即行解除。其二为：为了避免不必要的纠纷，应当认为，当合同当事人诉至法院，合同解除的效力被法院予以确认，直至法院作出判决为止，合同不能解除。以上的学说整理出自王利明Ⅱ书，原文详述如下："根据《合同法》第 96 条的规定，'对方有异议的，可以请求人民法院或者仲裁机构确认解除合同的效力。'这就是说，只要对方对解除提出异议，合同不能当然解除，在此情况下，解除权人可以有两种选择：一是放弃解除的补救方式，寻求其他的救济方式；二是请求人民法院或者仲裁机构确认解除合同的效力。因形成权本身发生争议而提起诉讼，或者基于形成权提起诉讼，此种诉讼属于形成之诉。解除权的行使发生争议以后，当事人可以向仲裁机构或人民法院提出解除合同的请求，而仲裁机构和人民法院在作出裁决时应对解除权的存在与否进行确认。

需要探讨的是，当事人向法院直接提起诉讼之后，应当如何确定合同已解除？对此有几种不同的观点：一种观点认为，享有解除权的人一旦向法院提起诉讼，自法院受理案件的通知到达之时起合同解除。法院受理的通知，就视为解除的通知。另一种观点则认为，为了防止造成不必要的纠纷，在当事人起诉确认解除合同的效力时，在法院判决下达之前，合同并未解除。[①] 笔者赞成后一种观点"。[②] 上述两种观

① 参见李国慧：《聚焦合同法适用问题、推动民商事司法发展——就〈合同法〉司法实务相关问题访最高人民法院民二庭庭长宋晓明》，载《法律适用》2009 年第 11 期。

② 王利明Ⅱ书，第 317 页。

点，哪个更合理？（提问②）

（三）关于约定的异议期限届满后提出的异议

依据与《合同法》第96条相关的《合同法适用解释（二）》第24条的规定，当事人“在约定的异议期限届满后才提出异议并向人民法院起诉的，人民法院不予支持。”该规定是否说明，如果非解约方未在期限内行使异议权的，无须对解约方是否有解除权进行实质性的审查，合同在解除通知到达对方时即自行解除？是否存在此种情况，亦即：即使非解约方所提出的异议已经超过了期限，法院仍然可以对合同解除的效力进行实质性的审查，继而以不存在解除权为由将该解除行为认定为无效？[①]（提问③）

二、韩世远与王成的答复

（一）韩世远的答复

1. 关于提问①

情势变更场合的合同解除，是司法解除，不同于一方当事人行使解除权的解除，因而，无须一方当事人依《合同法》第96条第1款通知对方。

2. 关于提问②

由于没有注明上述两种观点的出处，无法查知其本意。依我的理解，上述第一种观点，主要不是针对《合同法》第96条第1款后段。第一种观点，针对的是解除权人不是直接通知对方当事人解除合同，而是以提起诉讼或者仲裁的方式请求解除合同，这种方式的解除自何时发生解除的效果。这种解除通过法院或者仲裁庭把关，避免不必要的异议，是其优点。这种解除，通常仍应理解为是解除权人解除，而不同于情势变更场合的司法解除。由于是当事人行使解除权，故仍应遵循第96条第1款，起诉书或者仲裁申请书送达对方，即为解除的通知到达对方。经裁判确认解除权有效，则应确认合同自上述送达的时点解除，而不应裁判合同自判决书或裁决书生效时起解除。第二种观点，似乎是针对《合同法》第96条第1款后段，即对于解除的异议之诉。这种诉讼，性质上属于确认之诉。但是，合同解除的效力，仍应遵循《合同法》第96条第1款前段的规则，“合同自通知到达对方时解除”，而非自判决确定时始行

① 参见贺剑：《合同解除异议制度研究》，载《中外法学》2013年第3期。

发生。[①] 不应认为，“法院作出判决为止，合同不能解除”。

3. 关于提问③

这是一个困难的问题。上述司法解释，是一个典型的创设新的法规则的事例。《合同法》第 96 条第 1 款后段允许对方对解除提异议，此时的诉讼是确认之诉，判决应当是确认判决。有解释认为，这里的“异议权是一种请求权，是请求撤销合同解除行为”，[②] 果真如此的话，这里的诉讼岂不就是形成之诉了，我认为这种解释不妥。作为确认之诉，原告所追求的是让法院确认解除行为无效，而不是撤销合同解除行为。

《合同法适用解释（二）》第 24 条创设了“异议期限”，一方面，允许当事人约定；另一方面，又规定了 3 个月（自解除通知到达之日起）以后才向法院起诉的，法院不予支持。当然，对于这种期限的性质，是否属于诉讼时效，尚属有待研讨的问题，此处暂不展开。“异议”可以有多种多样的表现形式，比如可以认为对方无权解除，可以是请求对方继续履行合同，可以是拒绝对方基于解除而主张的返还财产等。由于没有区分，由此可能带来一个问题：如果解除合同的一方并非真的有解除权，在通知对方解除合同后，3 个月内对方没有表示异议，3 个月后再向法院起诉要求确认解除无效，法院不予支持，合同是否真的被解除呢？这里涉及法政策问题：究竟追求形式正义（过了异议期限便推定法律关系确定）还是兼顾实质正义（没有解除权便不能解除合同，假的永远真不了）？我个人倾向于后者。因此，所谓“异议期限”，应当不适用于就对方是否有解除权所引发的异议，对于上述司法解释创设规则的适用范围，须作限制。

（二）王成的答复

1. 关于提问①

《合同法适用解释（二）》第 26 条没有将当事人的协商作为必经程序，而是规定“当事人请求人民法院变更或者解除合同”，这意味着，因情势变更的合同解除，是由法院直接裁决的，不需要当事人的通知，或者其他解除行为。这与学说的见解也是一致的。[③]

2. 关于提问②

---

① 参见韩世远Ⅳ书，第 521 页。

② 沈德咏主编：《最高人民法院关于合同法司法解释（二）理解与适用》，人民法院出版社 2009 年版，第 177 页。

③ 参见崔建远主编：《合同法》，法律出版社 2007 年版，第 235 页。

我个人基本倾向于第二种观点。这是因为，法律规定，对方有异议时，可以请求法院或者仲裁机构确定解除合同的效力。这意味着如果对方有异议，则解除合同的效力需要法院或者仲裁机构来确认。如果在法院或者仲裁机构确认前，合同就已经确定地解除，则法院或者仲裁机构的确认就没有任何意义了。但是，由于解除权是形成权，故而，法院或者仲裁机构仅仅是对已经存在的事实加以确认而已，如果法院或者仲裁机构认定解除权本身及其行使均符合法律规定，则应当认定合同自解除权人解除通知到达对方时解除。

最高人民法院民一庭对此问题的观点为：在一方当事人请求确认已经发送的解除合同通知效力的情况下，法院经审查认为对方的异议不成立的，应确认合同自通知到达对方之日起解除。对一方当事人起诉请求判令解除合同的，法院经审查认为该解除请求具有合同或者法律依据的，应确认合同自法院判决生效之日起解除。[①]

3. 关于提问③

贺剑博士的观点是将异议权解释为一种程序性的诉权。他的结论是，诉权消失，不等于实体上就合法；同时由于解约方同样可以提起确认之诉，或者不在确认之诉而在赔偿之诉中要求法院对合同解除的效力加以确认。

仅就上述观点，有其道理。但是，就其反对《合同法适用解释（二）》第 24 条的理由来看，他主要是担心非解约一方当事人不知道或者无暇行使异议权，这点似乎有斟酌的余地。因为，权利存在期限不独异议权有，绝大多数权利似乎都应当有存在期限。

正因为解约方的解除行为可能不存在或者存在瑕疵，法律才为对方设置异议权以图救济。如果对方不及时行使，则应当承担不利后果。故而，就结论而言，我个人赞同《合同法适用解释（二）》第 24 条的立场。

从司法实务来看，比较保险的做法是：既对解约方是否有权解约做出审查，又对非解约方因未在异议期内提出异议加以判断，认定合同已经因解约方行使解除权而解除。[②] 但如果解除权本身存在瑕疵或者不存在，是否会因异议期经过而不进行审查，则仍需要查找实证资料来证明。加之，诉讼中涉及合同解除的情况非常复杂，

---

① 参见最高人民法院民事审判第一庭编：《法院判决解除合同后如何起算解除日期》，载《民事审判指导与参考》第 35 集，法律出版社 2008 年版，第 142 ~ 145 页。

② 参见最高人民法院（2010）民一终字第 45 号民事判决书。

往往不单纯是合同解除的一个问题，故而，可能会出现各种不同的处理方法。

三、渡边达德的点评

（一）关于提问①

正如“第 7 节 以根本违约为由的合同解除”中所指出的那样，由司法解释承认的“因情势变更的解除”以对法院的请求权来构成，并且是否可以解除是以法院的判断这一形式来显现出来的，因此，在此情形中不适用中国《合同法》第 96 条第 1 款。关于这一点，韩、王两位教授的意见一致。

（二）关于提问②

中国《合同法》第 96 条第 1 款后段规定，在由当事人一方解除合同的情况下，对方可以请求人民法院或者仲裁机构确认合同解除的效力。此处的问题在于：此时，解除权人虽可以主张解除有效并提起诉讼，但是在当事人践行此种程序的场合，其解除的效力是发生在（1）法院受理案件的通知到达对方时，还是（2）经由判决等确定解除有效时呢？

韩世远教授与王成教授均支持（1）的观点，王成教授补充指出：一方当事人起诉请求判令解除合同的（似乎指的是行使作为请求权的解除权），合同自法院判决生效之日起解除。

《日本民法》未设有像中国《合同法》第 96 条第 1 款后段那样的程序。在当事人一方解除合同的情况下，对方如果想否定该解除效力的，将按照个案情形来讼争是否存在解除所依据的实体性权利关系，或主张解除的意思表示存在瑕疵。但解除的有效性一经确定，该解除的效力将自意思表示到达对方时起发生。

（三）关于提问③

韩世远教授就在此成为问题的“异议”指出，存在“比如可以认为对方无权解除，可以是请求对方继续履行合同，可以是拒绝对方基于解除而主张的返还财产等”情形，但认为该司法解释“没有区分”此种情况。此外，王成教授也明确指出，“正因为解约方的解除行为可能不存在或者存在瑕疵，法律才为对方设置异议权以图救济”。

如若依据此种理解，所谓“异议”似乎将广泛地包含基于实体上和程序上及其他原因而发生的情形。但是如此理解的话，将会因司法解释所规定的“异议期限”届满而使得行使解除权的一方当事人的相对方失去主张异议的司法上的权利，其结果也会导致解除效力的确定。因此，其后即使存在韩世远教授与王成教授所举否定解除权的事由，对方也不能援引该事由。也就是说，《合同法》第96条第1款后段所规定“异议”（确认请求解除效力）的期限将意味着其是否属于“异议权”的诉讼时效、消灭时效抑或除斥期间。

韩世远教授指出，对于司法解释的适用范围“须作限制”；王成教授似乎也在指出，实务上的处理方式并未完全确定。解除权也因一定期间内不行使而消灭，并且承认经由对方的催告而解除权归于消灭也是理所当然的。但是，如中国的《合同法》那样，将解除权与对方诉请法院等的“异议”联系在一起的立法以及司法实践是并不多见的。如若此种理解是正确的话，为了了解其实务的实际操作方式就有必要积累实务案例。

第十节　合同解除的效力：围绕“恢复原状”与“其他补救措施”之间的关系

一、问题的提出

对于合同解除的效力，中国《合同法》规定了“恢复原状”“其他补救措施”“赔偿损失”等。其中，围绕“恢复原状”与“其他补救措施”之间的关系以及“赔偿损失”的范围，中国与日本一样存在着两种学说。亦即（1）承认解除的溯及效力的学说；（2）认为未履行的债务将消灭，而就已经履行的债务将重新产生返还请求权的学说（相当于日本学说的折中说）。采何种学说，将对“恢复原状”与“其他补救措施”的内涵以及两者之间的相互关系、“赔偿损失”的范围产生不同的后果。

依据笔者的理解，可以对“恢复原状”“其他补救措施”的内涵以及两者之间的相互关系作如下的分类：

1.“恢复原状”中除了返还财产以外，还包括因返还所支付的费用、返还孳息、返还为维护标的物而支付的必要费用等。“其他补救措施”是指，当“恢复原状”不足以保护受害人利益时，受害人可以请求对方承担支付违约金等责任。因为修理和更换是以合同有效为前提的，所以，不包括在“其他补救措施”当中。[①]

2.“恢复原状”只限于给付物为动产时有体物的返还、给付物为不动产时将登记恢复到给付人名下的情形。所提供劳务的恢复原状、受领的标的物为金钱时的恢复原状、受领的有体物消灭时的恢复原状等类型属于“其他补救措施”。[②]

3.“恢复原状”包括：返还原物；原物不存在的，如果原物是种类物，可以用同一种类物返还；返还财产所产生的孳息；支付一方在财产占有期间为维护该财产所花费的必要费用;因返还财产所支出的必要费用。修理、更换、重作、减价属于“其他补救措施”。[③]

4.“恢复原状”有广义和狭义之分。给付物为动产时有体物的返还、给付物为不动产时将登记恢复到给付人名下为狭义的“恢复原状”；所提供劳务的恢复原状、受领的标的物为金钱时的恢复原状、受领的有体物消灭时的恢复原状等类型属于“其他补救措施”。其中，“其他补救措施”包含在广义的“恢复原状”中。[④]

（1）第4种说法（韩世远）是怎样理解修理、更换、重作的？（提问①）

（2）第1种说法将支付违约金包括在“其他补救措施”当中，对此，两位是怎么看的？顺便需要提及的是：对此，最高人民法院民一庭以合同解除的法律效果是使合同关系归于消灭为由，不承认支付违约金的方式。[⑤]（提问②）

二、韩世远与王成的答复

（一）韩世远的答复

1.关于提问①

我未核对其他观点，仅就我的观点而言是对的。我在该书同页继续指明：“本书所谓已履行的债务转化为恢复原状的债务，指的便是广义上的恢复原状义务，包括了‘采取补救措施’的情形。上述两种不同的恢复原状，可以分别称为实物形态的

---

① 参见王利明、崔建远:《合同法新论:总则（修订版）》,中国政法大学出版社2000年版,第465页、第470页;王利明Ⅱ书,第328页。明确将支付违约金也包括在“其他补救措施”之中,是在后书中提出的。

② 参见崔建远:《解除效果折中说之评论》，载《法学研究》2012年第2期。

③ 参见胡康生主编:《中华人民共和国合同法释义》，法律出版社1999年版，第163页。

④ 参见韩世远Ⅳ书，第529页。

⑤ 参见“广西桂冠电力股份有限公司与广西泳臣房地产开发有限公司房屋买卖合同纠纷案”，载《中华人民共和国最高人民法院公报》2010年第5期；另参见韩世远Ⅳ书，第539页注释①。

恢复原状和价值形态的恢复原状。所谓‘采取补救措施’，也就相当于‘价值形态的恢复原状’。”

《合同法》第97条和第107条都出现了采取（其他）“补救措施”，表面上看汉字表述是一样的，但是，如果将它们机械地作同一内容的解释，便会出错了。修理、更换、重作（参见《合同法》第111条），可称为“补救的履行请求”（其对应的概念称“本来的履行请求”），属于《合同法》第107条规定的“采取补救措施”的一个组成部分，并属于强制履行范畴。① 这类属于强制履行范畴的救济手段，本身与合同解除是无法并用的，因而，《合同法》第97条中的采取其他补救措施，不应包括修理、更换、重作。

2. 关于提问②

依我个人的理解，并不应当将违约金包含于“其他补救措施”中。赔偿性违约金在功能上相当于损害赔偿；惩罚性违约金则属于一笔额外的金钱给付，与其他补救措施无关。上述最高人民法院民一庭所作裁判，反映出中国法官在知识更新方面尚需努力，但是，这个案件并非代表整个最高人民法院的立场，甚至不代表最高人民法院民一庭的立场（笔者曾与最高人民法院民一庭的部分法官交换过意见，该法官对笔者如是说）。如今，非常值得注意的是，最高人民法院在关于买卖合同的司法解释中采纳了笔者在中国提倡的“折中说”，其中明确指出，“司法解释起草小组经过充分研究和论证，在合同解除的效果方面，肯定‘折中说’；在合同解除与违约金责任能否并存方面，赞同‘肯定说’。”② 不采“直接效果说”。

（二）王成的答复

1. 关于提问①

由韩世远教授回答。

2. 关于提问②

的确，在中国存在着上述各种对《合同法》第97条的不同理解。

我个人理解，违约金一般被认为是损害赔偿额的预定。比如，《买卖合同解释》第26条后段规定，约定的违约金过分高于造成的损失的，法院可以参照《合同法》

---

① 参见韩世远Ⅳ书，第608页。

② 最高人民法院民事审判第二庭编著：《最高人民法院关于买卖合同司法解释理解与适用》，人民法院出版社2012年版，第418页。

第 114 条第 2 款的规定处理。采取的就是这种立场。由此，违约金应当属于损害赔偿的范畴。

桂冠案判决的立场，在中国的学说及司法判决中甚为罕见。在最高人民法院的层面上，更多的判决是在合同解除时承认违约金条款的效力。在司法解释方面，《民商事合同指导意见》（2009 年）第 8 条最后一句规定，合同解除后，当事人主张违约金条款继续有效的，人民法院可以根据《合同法》第 98 条的规定进行处理。《合同法》第 98 条规定，合同的权利义务终止，不影响合同中结算和清理条款的效力。《买卖合同解释》第 26 条前段更明确规定，买卖合同因违约而解除后，守约方主张继续适用违约金条款的，人民法院应予支持。

三、渡边达德的点评

作为解除的效果，由于中国《合同法》第 97 条并置了“恢复原状”与“其他补救措施”，因此，导致了学说关于两者之间关系的分歧。对于作为解除的效果将产生返还原物（不动产的场合为恢复登记）、返还同等物品（为种类物的场合）、返还价值（金钱或所提供的劳务）等效果是毋庸置疑的，且将此种效果定位于“恢复原状”与“其他补救措施”中的哪一个，不过是结合法律条文将其套用的问题。个人以为，无论在理论上还是在实务上更为重要的是，应如何理解利息、孳息和使用利益的返还，以及应如何规定在原物灭失情形中的返还方式。关于这一点，将在本章“第 12 节 有关合同解除效力的理论构成”中的“点评”部分予以评述。

第十一节　合同解除的效力：围绕损害赔偿的范围

一、问题的提出

（1）关于赔偿损失的范围有限于信赖利益的学说和承认赔偿履行利益的学说。不知两位赞成哪种观点？（提问①）

（2）因不可抗力解除合同之场合，是否承认信赖利益部分的赔偿？（提问②）

二、韩世远与王成的答复

（一）韩世远的答复

1. 关于提问①

合同解除时，只是使合同债务向将来消灭，使双方当事人从将来的债务中解放出来。解除场合的“恢复原状”，只不过单纯地是在本来的给付方面的归还，并没有涵盖履行利益，因而出于对解除人的周全保护，还须包括履行利益的赔偿（并不限于信赖利益的赔偿）。简言之，解除人在通过“恢复原状请求权”恢复自己已给付的物之外，对于并不能由此而获涵盖的因债务不履行所生损害，还须允许请求赔偿。[①]合同解除场合的损害赔偿，依然是违约损害赔偿，以履行利益（包括合同履行后可以获得的利益[②]）为主，在不发生重复填补问题的前提下，也可以包括其他损害的赔偿（信赖利益、固有利益）。[③]

2. 关于提问②

前面所分析的合同解除场合的损害赔偿，系以单方违约（承担违约责任）为前提。如果是《合同法》第 94 条第（1）项“因不可抗力致使不能实现合同目的”而解除的场合，则“根据不可抗力的影响，部分或者全部免除责任”（《合同法》第 117 条第 1 款前段）。当事人因不可抗力而免责，自无赔偿可言。

---

① 参见［日］四宫和夫：《请求权竞合论》，日本一粒社 1978 年版，第 205 页。

② 关于此点在学说上有不同认识，比如王利明教授曾认为，在因违约发生解除的情况下，合同已经被解除，要求违约方承担履行利益的损害赔偿也不公平。既然当事人选择了合同解除，就说明当事人不愿意继续履行合同，非违约方就不应该得到合同在完全履行情况下所应得到的利益，不应该赔偿可得利益的损失。否则，将会使违约方得到不应得到的利益。参见王利明：《合同法研究》（第 2 卷），中国人民大学出版社 2003 年版，第 305 页、第 307 页。不过值得注意的是，王利明教授后来的看法已有改变，认为在因违约发生解除的情况下，违约方理应承担相应的违约责任，而不应因为合同被解除就被完全免除违约责任。合同解除作为一种补救手段，只是使受害人摆脱了合同关系的束缚，从而使其可以选择新的订约伙伴，但其因对方的违约遭受的损失并没有得到补救，即使是在解除后采取恢复原状的方法，也不能使受害人遭受的损失得到补偿。因违约导致的合同解除，应当赔偿履行利益。在确定履行利益的赔偿范围时，也应当考虑合同解除的因素，即应适用损益相抵规则，因合同解除而没有支出的费用等可以扣除。参见王利明Ⅱ书，第 326 ~ 327 页。

③ 参见韩世远Ⅳ书，第 538 ~ 539 页。

（二）王成的答复

1. 关于提问①

赔偿损失的范围，因解除原因不同而存在不同。就违约解除而言，在中国学说及司法实务中，主流观点应当是承认履行利益的赔偿。在承认合同解除后违约金条款继续有效的判决中，违约金一般都是对履行利益损失的预订，故而支持违约金条款，等同于承认履行利益的赔偿。即使在上述不承认违约金条款的桂冠案中，尽管一审判决和二审判决的赔偿数额相差甚大，但都不应当是信赖利益赔偿、而是履行利益的赔偿。

2. 关于提问②

根据中国《合同法》第 117 条第 1 款的规定，因不可抗力不能履行合同的，根据不可抗力的影响，部分或者全部免除责任，但法律另有规定的除外。当事人迟延履行后发生不可抗力的，不能免除责任。

另外，中国《合同法》第 118 条规定，当事人一方因不可抗力不能履行合同的，应当及时通知对方，以减轻可能给对方造成的损失，并应当在合理期限内提供证明。

据此，根据《合同法》第 94 条第（1）项的规定，因不可抗力解除合同时，可能产生三方面的赔偿责任。

第一，不可抗力的影响还不足以全部免除责任而仅仅是部分免除责任时，可能产生赔偿责任。

第二，迟延履行后发生不可抗力而解除合同时，也可能产生赔偿责任。

第三，不可抗力发生后，未及时通知对方，或者未及时采取其他措施，以减少对方的损失，亦可能产生赔偿责任。

如何确定赔偿范围，可能会因具体情况不同而不同。但是，这三种情况下的赔偿范围，至少应当包括信赖利益的赔偿。

三、渡边达德的点评

在日本，近年来如下观点获得了广泛支持：合同解除的效果在于将当事人从履行义务中解放出来并进而使其恢复原状，因此，只要存在客观上的债务不履行之事实，就无需考虑是否存在债务人的归责事由（不存在免责事由）即可承认合同解除。另外，损害赔偿则是基于债务人的归责事由（不存在免责事由）而产生的效果。《日本民法修正案》也沿袭了这种观点。因此，法定解除中的损害赔偿范围问题与在债务不履行的损害赔偿中所讨论的问题并无不同。也就是说，损害赔偿的范围取决于《日本民法》第416条的规定，没有必要以与解除相伴而生的损害赔偿这一特殊理由为由，排除履行利益以及可得利益的赔偿。此外，由于《日本民法修正案》不以债务人的归责事由（不存在免责事由）为解除的要件，因此，即使在债务人因不可抗力而不履行债务的情况下，债权人也可以解除合同。但是，于此场合，既然存在不可抗力这一“免责事由”，债务人就没有必要承担包括信赖利益在内的损害赔偿责任。

第十二节 有关合同解除效力的理论构成

一、问题的提出

（一）关于合同解除与抵销的效力问题

在日本，有判例认为，合同解除前作为自动债权而用于抵销的债权因合同解除而等于没有发生该债权，因此，该抵销是无效的。如果在中国发生类似情形，该如何理解？（提问①）

（二）关于不存在标的物情形中的恢复原状

在日本法中，于恢复原状之情形，当标的物不存在的时候（毁损、灭失），应以与其相当的金钱来进行返还，但在何种要件下由谁承担返还义务将成为一个需要讨论的问题。对此，我妻荣教授认为，只应在受领人对标的物的毁损、灭失存在归责事由时才承认其返还请求。除此之外，还有风险负担类推适用说（是站在债务人主义下的风险负担类推说）。对此问题，在中国，是如何理解的（在学理上是如何进行解释的）？此外，返还之金额的评价是以何时作为其标准的？是否为合同解除时？（提问②）

（三）关于合同解除之效力的理论构成问题

在中国，直接效果说被认为是现时的主流学说。[①] 司法实践中也是直接效果说占支配地位吗？（提问③）

---

① 参见韩世远Ⅳ书，第527页。

二、韩世远与王成的答复

（一）韩世远的答复

1. 关于提问①

日本判例的立场恐怕与之采合同解除“直接效果说”相关，这种处理方案本身是否妥当，值得疑问。假如说买受人X因出卖人Y债务不履行（交付的标的物有质量问题，无法实现合同目的）而解除买卖合同，可是，此前Y已将其在买卖合同中的价款债权作为主动债权，与X对Y享有的借款债权相抵销。如果事情仅涉及X与Y，影响面小，加之Y本身在买卖合同中债务不履行，所以，日本判例立场的结论还不会显现多大的不妥当。假如Y向X借款时，Z充当了Y的保证人或者抵押人，再按照上述思路处理，就会面临抵销无效，保证或者抵押是否当然恢复的问题。如果当然地恢复保证或者抵押，显然该方案并不考虑及保护Z的合理信赖，干扰了正常的交易秩序，并不妥当。如果不恢复保证或者抵押，该方案并没有真正因解除合同而恢复原状，仍需要在法律上思考应对方案。

同样的事例如果发生在中国，依我个人的经验，通常不会否定此前已经发生的抵销的效力，而是在肯定抵销效力的前提下考虑妥当的善后措施。

2. 关于提问②

就标的物的返还，在特定物场合，如果原物存在，自然要求返还原物；原物不存在场合，可按解除当时该物的价款返还。代替物场合，只要返还同种、同等、同量的物即可。在提供劳务或作出其他无形的给付场合（性质上无法原物返还），作价返还。[①] 在无法恢复原状场合的作价返还，本身属于《合同法》第97条中的“采取其他补救措施”。就其主张，法条上并没有要求受领人对标的物的毁损、灭失存在归责事由，故在中国难以像我妻荣先生主张的那样解释。

3. 关于提问③

司法实践的情况并不统一。不过，如今最高人民法院已明确采取“折中说”，不采取“直接效果说”了，[②] 这本身反映出了中国法院的进步。

---

① 韩世远Ⅳ书，第536页。

② 最高人民法院民事审判第二庭编著：《最高人民法院关于买卖合同司法解释理解与适用》，人民法院出版社2012年版，第418页。

（二）王成的答复

1. 关于提问①

笔者查找了一些中国的案例库，未发现类似的案例。但是，根据中国《合同法》第 97 条，该自动债权是因解除而等于没有发生呢，还是可以解释为已经履行的部分？由于抵销是以各自债权充当彼此债务的清偿，抵销发生效果后，各自债权得到满足，债务消灭。此时，自动债权也已经得到满足，因此，应当解释为属于《合同法》第 97 条规定的已经履行的部分。合同被解除后，其效果则应当“根据履行情况和合同性质，当事人可以要求恢复原状、采取其他补救措施，并有权要求赔偿损失”来处理。

2. 关于提问②

标的物不存在时，如何恢复原状，是一个非常复杂的问题，涉及因素较多。如何恢复原状因合同解除的类型及标的物不存在的原因不同而有所区别。在因不可抗力而解除合同，标的物也因不可抗力而不存在时，则产生风险负担问题。在违约解除场合，标的物并非因不可抗力而不存在时，则需要考虑违约方及归责事由等等。关于返还金额的评价标准，也因个案情况不同而不同，而不单单是合同解除时。但是，结果的妥当性应当是最终的考量标准。

关于这一问题在司法实务中的处理，可参见浙江省杭州市下城区法院某案判决：

法院认为，导致合同解除的原因为鑫惠公司无法向金信公司提供其承诺的材质书为舞阳钢铁出具并经过相应船级社认证的钢板，剩余钢板也未能得到更换致使金信公司的合同目的无法实现……鑫惠公司要求返还的 405 块钢板中，314 块存在问题，正因为鑫惠公司的不适当履行，导致金信公司的合同目的的无法实现，致合同解除，责任在于鑫惠公司。故在本案诉讼中，鑫惠公司要求在不能返还钢板的情况下，按供货价予以折价的意见，有悖于公平原则，本院不予支持。目前该 405 块钢板金信公司明确表示返还不能，但也提出公平、合理的方案应以向原钢厂定制的方案返还，或以金信公司收到法院送达的起诉状副本时间，原钢厂提供的价格作为折价依据，根据本案的实际情况及考虑到履行的合理性，本院采信金信公司提出的以金信公司收到法院送达的起诉状副本的时间，原钢厂提供的价格作为折价依据。[①]

就上述法院意见来看，并未如我妻荣教授所见，以受领人对标的物毁损灭失存在

① 参见杭州市下城区人民法院（2013）杭下商初字第 129 号民事判决书。

归责事由时才承认其返还请求。返还金额的评价时间点，考虑的是有利于非违约方的原则。因为在本案中，诉争标的物钢材的价格在下降，故而金信公司主张时间的钢材价格要低于鑫惠公司主张时间的价格。法院最终采纳了有利于守约方的折价标准。

可见，结果的妥当性是学说的归宿。

3. 关于提问③

就笔者所了解的最高人民法院公报刊登的若干关于合同解除的判决，包括桂冠案判决来看，法院所持的应当直接效果说。但是能否说司法实践中直接效果说占支配地位，还需要经过实证的考察。

三、渡边达德的点评

（一）关于提问①

“一、问题的提出”中所提及的判决是大判大正 9 年 4 月 7 日的判决（法律新闻 1696 号 22 页）。可以认为，该判决是以判例所采的直接效果说为其前提的。不过，韩世远教授与王成教授均对此种立场持否定性态度，并试图以即使合同被解除也不会影响解除前已经存在该债权的事实为前提来解决问题。

在《日本民法》的解释论上，关于抵销，原则上以自动债权与受动债权的有效存在为要件。因此，可撤销的债权或因解除而有可能归于消灭的债权，也可以适用于抵销。但由于在抵销后该债权被撤销或合同被解除的情况下，该债权将溯及既往地归于消灭（于此情形，关于撤销所适用的是《日本民法》第 121 条本文的规定，而关于解除所采的是直接效果说），因此，抵销将失去效力，而对待债权则不归于消灭。[①] 但是，似乎因解除而溯及既往地归于消灭的债权与抵销的关系成为问题的判决仅有上述一例。近年的教科书与释义类书均未提到该问题。另外，在采直接效果说的同时，仍可以通过明文规定来限制解除的溯及力（《日本民法》第 545 条第 1 款但书），此外，即使已届时效的自动债权，只要在其消灭前处于抵销适状即可进行抵销（《日本民法》第 508 条）。因此可以说，在采直接效果说的同时，按照个案情形进行具体处理也是可行的。

（二）关于提问②

① ［日］我妻荣：《新订债权总论》，日本岩波书店 1964 年版，第 324 页。

一直以来，《日本民法》在作为解除之效果的恢复原状来返还金钱的场合，（对于应返还的金钱）规定应自其受领时起附加利息（《日本民法》第 545 条第 2 款）。在此基础上，《日本民法修正案》建议在返还金钱以外的物时，应当明文规定一并返还其受领时之后所生的孳息（《日本民法修正案》第 545 条第 3 款）。这意味着在法律条文上明确规定对于法定孳息与天然孳息予以相同处理，其不会引起解释论上的论争。

与此相对，关于使用利益的返还，尽管判例对此持肯定态度（最判昭和 51 年 2 月 13 日民集 30 卷 1 号 1 页），但《日本民法修正案》放弃了将其予以明文化。

此外，关于在不能返还原物的场合是否需要进行价额偿还这一问题，在日本的学说上提出了种种观点。其中，也有主张援引风险负担的观点，但持以价额赔偿为妥观点的学说也很有力。由于《日本民法修正案》对于该问题采用了放弃设置明文规定的方针，因此，对此如何解决只能交由今后的解释论了。但是值得关注的是，《日本民法修正案》明文规定：作为基于无效行为的债务之履行而接受给付者，负有使相对人恢复原状的义务（《日本民法修正案》第 121 条之 2 第 1 款）。在审议的过程中，被指出该恢复原状亦包括价额偿还的意图是明显的。将此种主旨也及于解除的情形是合情合理的，[①] 其将成为今后讨论中的一个大方针。

（三）关于提问③

我认为，在思考关于在中国是如何理解合同解除的效果这一问题时，有必要区分传统的学说状况与中国《合同法》实施后——其意味着 CISG 的思想已被移植和渗透——的发展情况。虽然韩世远教授与王成教授都对断定法院所采立场保持谨慎的态度，但如若中国《合同法》的合同解除制度是受到了 CISG 的影响的话，其效果将更符合间接效果说式的说明，也可以预见未来法院会逐渐支持此种立场。

---

① ［日］潮见佳男：《民法（债权关系）修正法案的概要》，日本金融财政状况研究会 2015 年版，第 27 页、第 220 页。

第十一章　违约责任

第一节　中国《合同法》与相关法规及中日条文比较

一、中国《合同法》与相关法规

（一）《合同法》

《合同法》第 107 条【违约责任】 当事人一方不履行合同义务或者履行合同义务不符合约定的，应当承担继续履行、采取补救措施或者赔偿损失等违约责任。

第 108 条【拒绝履行】 当事人一方明确表示或者以自己的行为表明不履行合同义务的，对方可以在履行期限届满之前要求其承担违约责任。

第 109 条【金钱债务的违约责任】 当事人一方未支付价款或者报酬的，对方可以要求其支付价款或者报酬。

第 110 条【非金钱债务的违约责任】 当事人一方不履行非金钱债务或者履行非金钱债务不符合约定的，对方可以要求履行，但有下列情形之一的除外：（一）法律上或者事实上不能履行；（二）债务的标的不适于强制履行或者履行费用过高；（三）债权人在合理期限内未要求履行。

第 111 条【瑕疵履行】 质量不符合约定的，应当按照当事人的约定承担违约责任。对违约责任没有约定或者约定不明确，依照本法第六十一条的规定仍不能确定的，受损害方根据标的的性质以及损失的大小，可以合理选择要求对方承担修理、更换、重作、退货、减少价款或者报酬等违约责任。

第 112 条【履行、补救后的损害赔偿】 当事人一方不履行合同义务或者履行合同义务不符合约定的，在履行义务或者采取补救措施后，对方还有其他损失的，应当赔偿损失。

第 113 条【损害赔偿的范围】 当事人一方不履行合同义务或者履行合同义务不符合约定，给对方造成损失的，损失赔偿额应当相当于因违约所造成的损失，包括合同履行后可以获得的利益，但不得超过违反合同一方订立合同时预见到或者应当预见到的因违反合同可能造成的损失。

经营者对消费者提供商品或者服务有欺诈行为的，依照《中华人民共和国消费者权益保护法》的规定承担损害赔偿责任。

第 114 条【违约金】 当事人可以约定一方违约时应当根据违约情况向对方支付一定数额的违约金，也可以约定因违约产生的损失赔偿额的计算方法。

约定的违约金低于造成的损失的，当事人可以请求人民法院或者仲裁机构予以增加；约定的违约金过分高于造成的损失的，当事人可以请求人民法院或者仲裁机构予以适当减少。

当事人就迟延履行约定违约金的，违约方支付违约金后，还应当履行债务。

第 115 条【定金】 当事人可以依照《中华人民共和国担保法》约定一方向对方给付定金作为债权的担保。债务人履行债务后，定金应当抵作价款或者收回。给付定金的一方不履行约定的债务的，无权要求返还定金；收受定金的一方不履行约定的债务的，应当双倍返还定金。

第 116 条【违约金与定金的选择】 当事人既约定违约金，又约定定金的，一方违约时，对方可以选择适用违约金或者定金条款。

第 117 条【不可抗力】 因不可抗力不能履行合同的，根据不可抗力的影响，部分或者全部免除责任，但法律另有规定的除外。当事人迟延履行后发生不可抗力的，不能免除责任。

本法所称不可抗力，是指不能预见、不能避免并不能克服的客观情况。

第 118 条【不可抗力的通知与证明】 当事人一方因不可抗力不能履行合同的，应当及时通知对方，以减轻可能给对方造成的损失，并应当在合理期限内提供证明。

第 119 条【防止损害扩大义务】 当事人一方违约后，对方应当采取适当措施防止损失的扩大；没有采取适当措施致使损失扩大的，不得就扩大的损失要求赔偿。

当事人因防止损失扩大而支出的合理费用，由违约方承担。

第 120 条【双方违约的责任承担】 当事人双方都违反合同的，应当各自承担相应的责任。

第 121 条【第三人过错造成违约的责任承担】 当事人一方因第三人的原因造成

违约的，应当向对方承担违约责任。当事人一方和第三人之间的纠纷，依照法律规定或者按照约定解决。

第122条【违约责任与侵权责任竞合】 因当事人一方的违约行为，侵害对方人身、财产权益的，受损害方有权选择依照本法要求其承担违约责任或者依照其他法律要求其承担侵权责任。

（二）《合同法适用解释（二）》

第28条 当事人依照合同法第一百一十四条第二款的规定，请求人民法院增加违约金的，增加后的违约金数额以不超过实际损失额为限。增加违约金以后，当事人又请求对方赔偿损失的，人民法院不予支持。

第29条 当事人主张约定的违约金过高请求予以适当减少的，人民法院应当以实际损失为基础，兼顾合同的履行情况、当事人的过错程度以及预期利益等综合因素，根据公平原则和诚实信用原则予以衡量，并作出裁决。

当事人约定的违约金超过造成损失的百分之三十的，一般可以认定为合同法第一百一十四条第二款规定的“过分高于造成的损失”。

（三）《中华人民共和国合同法试拟稿》（1995年）

第138条【违约责任】 合同当事人一方不履行合同债务或者其履行不符合法定或者约定条件的，应当承担违约责任。但当事人能够证明自己没有过错的除外。

二、《日本民法》【第三编债权 第一章总则 第二节债权的效力 第一款债务不履行责任等】

第412条【履行期与迟延履行】 就债务履行有确定期限时，债务人自期限届至时起负迟延责任。

就债务履行有不确定期限时，债务人自知道期限届至时起负迟延责任。

就债务履行未规定期限时，债务人自受履行请求时起负迟延责任。

第413条【受领迟延】 债权人拒绝受领或不能受领债务的履行时，自有履行提供时起负迟延责任。

第414条【强制履行】 债务人任意不履行债务时，债权人可向法院请求强制履行。但是，债务性质不容许时，不在此限。

债务性质不容许强制履行，其债务以作为为标的时，债权人可以向法院请求以债务人的费用，使第三人为之。但是，就以法律行为为标的的债务，可以以裁判代替债务人的意思表示。

就以不作为为标的的债务，可以请求以债务人的费用，消除其所为者，并为将来作适当处分。

前三款的规定，不妨碍损害赔偿的请求。

第 415 条【债务不履行造成的损害赔偿】 债务人不按债务本旨履行债务时，债权人可以请求赔偿由此所生的损害。因应归责于债务人的事由致履行不能时，亦同。

第 416 条【损害赔偿的范围】 损害赔偿的请求，以赔偿债务不履行而产生的通常损害为标的。

虽因特别情事产生的损害，但当事人已预见或可以预见该情事时，债权人也可以请求赔偿。

第 417 条【损害赔偿方式】 无特别意思表示时，损害赔偿以金钱定其数额。

第 418 条【过失相抵】 债权人就债务不履行有过失时，则由法院斟酌其情事，确定损害赔偿的责任及金额。

第 419 条【有关金钱债务的特殊规则】 不履行以金钱为标的的债务时，其损害赔偿额以法定利率确定。但是，约定利率超过法定利率时，依约定利率确定。

关于前款损害赔偿，债权人无须提出损害证明。

关于第一款的损害赔偿，债务人不得以不可抗力进行抗辩。

第 420 条【赔偿额的预定】 当事人可以就债务不履行预定损害赔偿额。于此情形，法院不得增加或减少其数额。

赔偿数额的预定，不妨碍请求履行或行使解除权。

违约金推定为预定的赔偿额。

第 421 条　前条规定，准用于当事人预定以非金钱财产充抵损害赔偿情形。

第 422 条【依据损害赔偿的代位】 债权人收受了作为损害赔偿的债权标的物或权利价额的全部时，债务人就该物或权利，当然代位债权人。

第 557 条【定金】 买受人向出卖人交付了定金时，于当事人一方着手履行合同前，买受人可以放弃其定金，出卖人可以加倍偿还定金而解除合同。

第 545 条第 3 款的规定，不适用于前款情形。

三、《日本民法修正案》

第 412 条第 2 款 就债务履行有不确定期限时，债务人自其期限届至后受履行请求之时或知道其期限届至时的任何一个更早的时点时起负迟延责任。

第 413 条【受领迟延】 债权人拒绝受领或不能受领债务的履行，其债务的标的为特定物之交付时，债务人自提供履行之时起至完成其交付时止，以对自己财产相同的注意来保存该物为已足。

因债权人拒绝受领或不能受领债务的履行而增加履行费用时，其增加的数额由债权人承担。

第 413 条之 2（新设）【履行迟延或受领迟延中的履行不能与归责事由】 在债务人对其债务负有迟延责任期间，因不可归责于双方当事人的事由致使其债务履行不能时，该履行不能视为因应归责于债务人的事由而生。

债权人拒绝受领或不能受领债务的履行，提供履行后因不可归责于双方当事人的事由致使其债务履行不能时，该履行不能视为因应归责于债权人的事由而生。

第 414 条【强制履行】 债务人任意不履行债务时，债权人可以依据民事执行法及其他法令中有关强制执行程序的规定，向法院请求基于直接强制、代替执行、间接强制及其他方式的强制履行。但是，债务性质不容许时，不在此限。（删除原第 2 款、第 3 款。）

前款的规定，不妨碍损害赔偿的请求。

第 415 条【债务不履行造成的损害赔偿】 债务人不按债务本旨履行债务或债务履行为不能时，债权人可以请求赔偿由此所生的损害。但是，按照合同及其他债务之发生原因以及交易上的社会一般观念，其债务不履行属于不可归责于债务人的事由而生的，不在此限。

依据前款规定可以请求损害赔偿的，债权人可以在下列情形中请求代替债务履行的损害赔偿。一、债务履行为不能的；二、债务人明确表示拒绝履行债务之意思的；三、债务基于合同而生，其合同被解除或发生基于债务不履行的合同解除权的。”

第 416 条第 2 款 虽因特别情事产生的损害，但当事人应当预见该情事时，债权人也可以请求赔偿。

第 417 条之 2（新设）【中间利息的扣除】 在对将来取得之利益定损害赔偿额之情形中扣除取得其利益时止的利息相当额时，以发生其损害赔偿请求权时的法定利率为之。

在对将来应负担的费用定损害赔偿额之情形中扣除应负担其费用时止的利息相当额时，与前款亦同。

第 418 条【过失相抵】 债权人就债务不履行或由此产生的损害或其扩大有过失时，则由法院斟酌其情事，确定损害赔偿的责任及金额。

第 419 条【有关金钱债务的特殊规则】 ……其损害赔偿额以债务人最早负迟延责任时的法定利率确定。……

第 420 条 删除上述画线部分。

第 422 条之 2（新设）【代偿请求权】 债务人因与不能履行其债务相同的原因而取得作为债务标的物之代偿的权利时，债权人以其受到的损害额为限，可向债务人请求转移该权利或偿还其利益。

第 557 条【定金】 买受人向出卖人交付了定金时，买受人可以放弃其定金，出卖人可以实际提供其双倍数额而解除合同。但是，其相对人已着手履行合同的，不在此限。

第 545 条第 3 款的规定，不适用于前款情形。

四、中日条文比较

（1）日本法就基于债务不履行的损害赔偿要件规定了“应归责于债务人的事由”，而规定违约责任一般原则的中国《合同法》第 107 条则采不以过失为要件的严格责任。

（2）作为违约责任的效果，中国法除了规定继续履行与损害赔偿外，还明文规定了“补救措施”。而日本法不存在相当于“补救措施”的表述。

（3）中国《合同法》第 108 条规定了预期违约，而现行《日本民法》没有此种规定。对此，《日本民法修正案》第 415 条第 2 款第 2 项明文规定了以债务人的拒绝履行（预期违约 = 履行期前的合同违反）为由的损害赔偿请求权。不过，该法没有规定默示毁约。

（4）日本法规定了有关受领迟延的规定，而中国法没有此种规定。

（5）关于违约损害赔偿的范围，中国法以订立合同时“预见到或者应当预见到”为其范围，而日本法以债务不履行而产生的“通常损害”为其范围，仅对因特别情势产生的损害，以当事人“已预见或可以预见该情势”来对其范围进行了限制。

（6）中国法特别就瑕疵履行作了规定，而日本法没有此种规定。

（7）关于违约金，现行《日本民法》规定违约金推定为预定的赔偿额，并规定法院不得增减其数额，而《日本民法修正案》第 420 条删除了此部分内容。与此相对，中国法不仅规定当事人可以请求人民法院等增减违约金，且《合同法适用解释（二）》第 28 条在规定违约金以实际损失额为限的同时；另一方面，又对减少违约金的请求规定了诸如“兼顾合同的履行情况、当事人的过错程度以及预期利益（expected profit）等综合因素，根据公平原则和诚实信用原则予以衡量”这一标准与予以数字化的客观标准（“约定的违约金超过造成损失的百分之三十的”）两种性质不同的标准。

（8）中国法不存在日本法有关过失相抵的规定，而现行《日本民法》不存在中国法有关防止损害扩大义务以及双方违约的规定。不过，《日本民法修正案》第 418 条明文规定了“就损害的扩大有过失时”可以减少损害赔偿额。

（9）关于定金，日本法原则上将其规定为解约定金，而中国法原则上规定为违约定金。日本法没有中国法有关可以选择违约定金或违约金的规定。

（10）中国法不存在日本法有关对于金钱债务不得以不可抗力进行免责抗辩的规定（参见《日本民法》第 419 条）。但是，学说主张中国法也应作相同解释。[①]

（11）日本法不存在相当于中国法有关因第三人的原因造成违约的责任承担规定。

（12）日本法不存在中国法有关违约责任与侵权责任竞合的规定。

第二节　关于《合同法》第 107 条的立法论上的评价问题

一、问题的提出

曾经，违约责任要件被规定为过失责任（如《经济合同法》，已失效），而在审判实践中采用了过失推定的方式。与此相对，《合同法》第 107 条采用了严格责任。对此转变，梁慧星教授提出了如下的看法：“司法实践中奉行的是过错责任中的过错推定。在最初起草的合同法草案上规定的是过错推定，修改中进一步改为严格责任，把过错责任彻底砍掉了……现在参考了国际间的发展趋势，参考了 CISG 的经验，参考了国际商事合同通则的经验，将违约责任的归责原则一下子改为严格责任。这个变化是符合合同法发展潮流的。”[②] 但是，对采用此种严格责任也存在反对论。比如，

① 参见王利明Ⅱ书，第 557 页。

② 梁慧星：《合同法的成功与不足（上）》，载《中外法学》1999 年第 6 期。

崔建远教授提出了如下因素作为其反对论据：（1）对以过错作为归责事由，得到了中国法官的普遍认可，国民也是普遍接受的。（2）严格责任主义在对具有过错的行为进行惩罚而实现合同正义来说是不利的。（3）采用严格责任的 CISG 等与国内合同法所设想的合同当事人是不同的。国内合同法设想的并非只是具有交涉能力和注意力的商人之间的交易。① 我想就中国《合同法》采用严格责任主义的立法论上的评价，请教两位的看法。

二、韩世远与王成的答复

（一）韩世远的答复

就此想谈两个问题：其一，中国《合同法》立法过程中围绕此问题的争论。其二，今天如何从立法论角度看待这一问题。

中国《合同法》立法过程中，向严格责任原则的转变始自 1996 年 6 月 7 日《合同法试拟稿（第三稿）》。该稿第 80 条规定，当事人不履行债务或者履行债务不符合合同约定或者法律规定的，应当承担违约责任。据梁慧星先生的报告介绍，此条规定为“严格责任”，之所以由过错推定改为严格责任是考虑了违约责任的性质及国际公约的经验。② 当时正值笔者撰写博士论文阶段，针对上述转变，在中国国内最先发表反对意见，提出了四点反对理由：（1）严格责任原则会对法律体系产生什么影响？（2）我国法官及民众能否接受严格责任原则？（3）公约是否成为支持者的理由？（4）合同责任：道德性还是非道德性？当时我的基本见解是，在我国《合同法》上采取以严格责任原则取代过错责任原则，是一项重大的举措，应该慎重考虑，而不宜草率行事。③ 我的博士论文指导教授梁慧星先生阅读到了我提出的上述反对意见，并针对性地撰写了《从过错责任到严格责任》一文，指出“在 1997 年 6 月 9 日～18 日讨论《合同法草案》的会议上，有学者对这一条文提出疑问，认为不宜将违约责任规定为严格责任，此前亦有学者著文针对《合同法草案（第三稿）》第 80 条第 1 款

---

① 参见王利明：《违约责任论（修订版）》，中国政法大学出版社 2003 年版，第 69 ～ 79 页。

② 参见梁慧星：《关于中国统一合同法草案第三稿》，载《法学》1997 年第 2 期。

③ 参见韩世远：《违约损害赔偿研究》，1997 年中国社会科学院研究生院博士学位论文，第 48 ～ 51 页。

将违约责任改为严格责任提出批评。”[①] 梁慧星先生虽然在这里没有注明著文的学者是谁，但可以肯定这位著文者便是笔者。梁慧星先生在这篇文章中就从过错责任转向严格责任作了四点理由说明：其一，《民法通则》《涉外经济合同法》和《技术合同法》已经将违约责任规定为严格责任；其二，严格责任是合同法的发展趋势；其三，严格责任具有显而易见的优点；其四，严格责任更符合违约责任的本质。此后，崔建远教授撰写了《严格责任？过错责任？——中国合同法归责原则的立法论》一文，回应梁慧星先生的上述四点理由。崔建远教授担任过我的博士论文答辩委员会的委员，当然阅读并了解我的前述批评意见，在他的论文中，也可以看出对我的批评意见的接受和使用。

今天回过头来看归责原则问题，似乎对于审判实践并没有带来什么不便或者问题。但是，仍然有一些问题，我们有必要进一步明确。首先，应当注意区分“归责原理”与“归责原则”。《合同法》总体上规定了两类违约责任：过错责任与无过错责任（严格责任），二者各有其归责的原理。在《合同法》内部，两类责任及两种归责原理各有其适用对象和作用领域，适用法律时各依其规定，不会产生问题。问题在于，在《合同法》外部，换言之，对于非典型合同，一旦违约，适用法律时，如何确定相应的归责原理？因而，当存在不同的归责原理可供选择的场合，作为思想指南，应当以何者为思考问题的出发点、以何者为一般性立场者，便是“归责原则”。其实，“归责原则”所代表的正是不同的归责原理中的一种，而且是“头号原理”或者“原理之首”，是适用法律遇有疑问时被默认应予适用的归责原理。[②] 如此，在《合同法》采“严格责任”原则的前提下，对于非典型合同，比如服务合同（例如医疗服务合同），是否遵循“严格责任”归责原则？这是现如今最大的问题。现实司法实务中，对于医疗服务合同，似未采取严格责任立场，从结果上值得肯定。但是，在法理说明上，尚属问题。

（二）王成的答复

1.《合同法》的制定时期，是中国法治发展的一段黄金时期，充满了理想主义色彩。比如，法学家主导的《合同法》起草和制定。这一背景，是理解《合同法》关于违约责任归责原则时需要考虑的重要因素。上述梁慧星教授的观点，是《合同法》

---

① 梁慧星：《从过错责任到严格责任》，载梁慧星主编：《民商法论丛》第 8 卷，法律出版社 1997 年版，第 1 ~ 7 页。

② 韩世远Ⅳ书，第 589 ~ 590 页。

制定过程中理想主义的体现。崔建远教授的观点，则是理想主义大背景下冷静的现实主义思考的代表。

2. 违约责任采过失归责，尤其是采过失推定来归责，与违约责任采取严格责任归责，究竟会有多大的差异和不同，需要仔细分析。

（1）在中国，严格责任基本等同于无过失责任。我个人也将二者基本上等同对待。如何界定严格责任，存在着两种观点。一种观点是，严格责任就是不考虑过错的责任。在侵权法上，以《侵权责任法》第7条“行为人损害他人民事权益，不论行为人有无过错，法律规定应当承担侵权责任的，依照其规定”为代表。另一种观点是，严格责任是在没有过错的情况下承担的责任。以《民法通则》第106条第3款“没有过错，但法律规定应当承担民事责任的，应当承担民事责任”为代表。

我个人理解，前一种观点实际上是结果责任，因为其以结果作为归责正当性。后一种才是真正的无过失责任，它是在无过失的情况下，因为法律的特别规定而承担的责任。比如，中国的《道路交通安全法》第76条第1款第（2）项最后一句：“机动车一方没有过错的，承担不超过百分之十的赔偿责任”，就是典型的关于无过失责任的规则。

（2）《合同法》第107条属于哪种情况？从文义上来看，第107条规定的“当事人一方不履行合同义务或者履行合同义务不符合约定的，应当承担继续履行、采取补救措施或者赔偿损失等违约责任”，应当属于上述第一种观点即结果责任。换言之，只要违约，即有违约责任的承担。违约结果就是违约责任的正当性。

（3）从《合同法》第107条结果归责的效果来看，守约方无需证明违约方的过错，需要证明的只是违约行为、损害、损害赔偿的因果关系等内容。

（4）在此前采过失推定的情况下，守约方同样无需证明违约方的过错。在这一点上，二者是相同的。只不过，在过失推定的情况下，违约方可以通过证明自己无过失而免责。而在《合同法》第107条的情况下，违约方应当无法通过证明自己无过失而免责。这意味着过失推定和无过失责任仅在这一点上存在着差别。但是，《经济合同法》第29条规定了不可抗力的免责，《合同法》第117条也规定了不可抗力的免责，当违约方无过错时，很可能归入到不可抗力的范畴，从而进一步缩小过失推定和无过失责任的差别。

3.《合同法》第107条尽管规定了严格责任，但是，就整个合同法而言，实际上还是充分考虑过错的。比如，《合同法》第94条第（2）项以及第108条关于预期违约的规定，第94条第（3）项关于迟延履行的规定，第143条以及第146条关于风险负担由买受人承担的规定，《买卖合同解释》第13条关于在途货物交易风险负担的规定，都沿用了过错的观点。在《合同法适用解释（一）》第26条（“债权人行使撤销权所支付的律师代理费、差旅费等必要费用，由债务人负担；第三人有过错的，应当适当分担。”）、《合同法适用解释（二）》第29条（“当事人主张约定的违约金过高请求予以适当减少的，人民法院应当以实际损失为基础，兼顾合同的履行情况、当事人的过错程度以及预期利益等综合因素，根据公平原则和诚实信用原则予以衡量，并作出裁决。”）、《买卖合同解释》第30条（“买卖合同当事人一方违约造成对方损失，对方对损失的发生也有过错，违约方主张扣减相应的损失赔偿额的，人民法院应予支持。”）的规定中，更明确地出现了“过错”一词。

此外，在《合同法》分则中，很多有名合同的违约责任，需要考虑过错。比如，《合同法》第189条和第191条规定的赠与合同、第374条规定的无偿保管合同、第406条规定的无偿委托合同，违约发生的损害赔偿责任，都规定因故意或者重大过失造成对方损害的，才承担损害赔偿责任。第303条规定的旅客运输合同中，对旅客自带物品的损失，承运人只有在有过错的条件下，才承担损害赔偿责任。第320条规定，因托运人托运货物时的过错造成多式联运经营人损失的，托运人应承担损害赔偿责任。第374条规定，在保管期间因保管人保管不善造成保管物毁损、灭失的，保管人应当承担赔偿责任。《合同法》第302条规定的旅客运输合同中，旅客伤亡属于自己故意、重大过失造成的，承运人不承担责任。第311条规定，因收货人的过错造成托运货物毁损的，承运人不承担赔偿责任。

上述局面的出现，与合同义务的性质有很大关系。下面问题中提到的朱广新博士的论文对此有深入的讨论。

（三）简单的小结

《合同法》第107条尽管规定了严格责任，但是由于其他条文的规定，使得严格责任的规定并未严格贯彻。我个人认为，尽管二者在责任的正当性方面存在差异，严格责任与过失推定责任起到了实际上差不多的效果。就价值判断的角度，在民事活动中分清楚对错，还是非常有必要的。

三、松冈久和的点评

韩、王两位教授均主张，并未在所有的合同中一般性坚持了即使举证证明无过失也不能被免责这一意义上的严格责任原则，而且也不应如此；并认为在不同的合同类型和具体的合同中，债务人应履行的义务也不尽相同。从《合同法》第 107 条的条文表述来看，其似乎一般性地采用了严格责任。我个人充分理解，在中国旨在使合同责任不至于过于严格的解释论是必要的。

与此相对，从其条文来看，虽然《日本民法》上有关合同的一般归责原则和标准并不是清晰的，但有一段时期，包括侵权法在内，曾经过于强调过失责任原则，而现在出现了反弹。也就是说，侵权法与合同责任相比，其义务和归责的结构是不尽相同的。因合同而负有不同于一般性注意义务的债务人，以无过失为由而被一般性地免责显然是不合理的。此外，即使在裁判实务中，关于如以交付物品为内容的债务这一所谓的“结果债务”而言，仅举证证明第三人存在故意或过失是并不容易被承认免责的。倒不如说，认为既然未能实现所约定的内容，原则上就应承担违约责任，这对于源于法国法的日本法来说，是更为自然的。现在的多数说大体上都是如此理解的，而且在民法修正的讨论中，最初也曾提出了以由合同所承受的风险范围来承担责任为主旨的提案。

但是，对此日本学界存在此种批判，亦即：对于那些如韩世远教授所举的医疗服务合同等，乃至于更为广泛的作为债务与行为债务，也不承认通过举证证明无过失来免责是不妥当的。除此之外，对于似乎债务或损害赔偿责任的内容完全取决于合同（合意）这样的表述也出现了强烈的反对。为此，《日本民法修正案》变更为“按照合同及其他债务之发生原因以及交易上的社会一般观念，其债务不履行属于不可归责于债务人的事由而生的”不承担合同责任（《日本民法修正案》第 415 条第 1 款但书）这样一种妥协性的表述。尽管如此，此处虽使用了与现行规定的“应归责之事由”相同的“不可归责之事由”的表述方式，但是这显然不意味着其所采取的是过失责任主义。

个人观点与王成教授的意见相近。按照合同的类型或具体的合意内容之不同，承认免责的范围也不同，将会产生多种处理方式：因不存在故意或重大过失而被免责的情形；举证证明无过失而被免责的情形；除了不可抗力均不免责的情形；与填补损失的约定和保证结果的约定相结合而基本上不承认通过证明来免责的情形（这不属于违约责任而是作为替代最初给付的填补损失的约定责任）等。简单地以过失责任还是严格责任这样一种二选一的方式来下结论是困难的。不过，包括对于至今为止的偏重过失责任主义的观念进行反思的意思在内，对于日本法而言，强调约定责任（并不一定是严格责任）是有其意义的。

第三节 关于中国《合同法》上严格责任的定位问题

一、问题的提出

中国《合同法》第107条未就违约责任以过失作为其要件，这似乎在说明作为《合同法》总则的一般原则而采用了严格责任，与此同时作为其例外，在《合同法》分则中规定了例外规定。但是，实际上，在总则部分中规定双方违约的第120条是以当事人双方的过错程度来确定其应承担的责任的。除此之外，有关损害赔偿范围的第113条但书规定："但不得超过违反合同一方订立合同时预见到或者应当预见到的因违反合同可能造成的损失"，该规定是以过错责任为前提的。如此看来，是否可以认为，不能断言中国《合同法》将严格责任作为一般原则予以采纳呢？与此相关，朱广新指出，在违约责任中，继续履行这种违约责任形式，根本不存在归责性问题，补救措施实际上也属于继续履行的范畴，归责性成为问题的只是有关损害赔偿责任的部分而已。[①] 两位是如何理解此种见解的？

二、韩世远与王成的答复

（一）韩世远的答复

关于"归责原则"的内涵，前面已经作了说明。中国《合同法》第107条确立了严格责任之归责原则，这是目前中国学术界的通说。《合同法》第120条并没有出现"过错"概念，第113条第1款"可预见性规则"也不宜解释为是以过错责任为前提。

归责原则主要是针对损害赔偿而言的，这一点本来算不得什么新观念。"继续履行"作为违约责任，本身是"履行请求权"应有的内容，其成立本来就不要求"过错"之类归责事由。由于《合同法》改为采用了严格责任原则，这本来是就损害赔偿而言的观念，在第107条表现出来，形式上涵盖了"继续履行"等违约责任，似乎"越界"了。但是，考虑到《合同法》向严格责任原则的转向，进而将损害赔偿与"继续履行"一并规范，统一地不要求"过错"要件，只是立法技术或者规范表现形式的问题，本身尚难谓是什么大的问题。

---

① 参见朱广新：《违约责任的归责原则探究》，载《政法论坛》2008年第4期。

（二）王成的答复

（1）关于其他条文与第107条对归责原则的不同规定以及我个人对合同法归责原则的看法，前面已经讨论过。

（2）第120条双方违约的规定，是否就是根据双方当事人的过错程度来确定责任分配的，至少从文意上（“当事人双方都违反合同的，应当各自承担相应的责任”），无法得出其与第107条采取了不同归责原则的结论。当然，中国学术界存在着这样的看法。另外，第113条但书，是否是过错责任，也值得思考。

（3）关于朱广新博士的观点。朱广新博士的观点是将违约责任的具体形式加以区分，分别配置不同的归责原则，具有合理性。在中国，还有其他学者也持同样的主张，比如杨立新教授认为，在实际违约责任中，如果仅仅适用无过错责任原则，也不是一个最佳的选择。违约责任是一个很广泛的概念,并不是一个简单的赔偿问题，还有继续履行、采取补救措施、给付违约金等违约责任形式。在后三种违约责任上，适用无过错责任原则是完全正确的。只要债务人违反约定不履行或者不适当履行，无论有无过错，都应当承担责任。但是，如果将违约责任中的损害赔偿也适用严格责任，那将是一个很严重的问题。①

此外，朱广新博士借鉴国际公约的做法，提出违反结果性义务和方式性义务，应当分别采用严格责任和过错责任的观点。他同时认为，《合同法》分则中承揽合同部分第262条（承揽人交付的工作成果不符合质量要求的，应承担减少报酬、赔偿损失等违约责任）与第265条（承揽人应妥善保管定作人提供的材料以及完成的工作成果，因保管不善造成毁损、灭失的，应当承担损害赔偿责任），采取的就是不同的归责原则。前者为结果性义务的违反，后者为方式性义务的违反。这些观点也值得赞同。

三、松冈久和的点评

赞同韩、王两位的意见，履行请求权（“继续履行”）的主张就是为了强制实现约定本身的，将过失抑或无过失作为问题本身即是不妥的。违约金也同样属于与在

① 参见杨立新:《论我国合同责任的归责原则》，载《河南公安高等专科学校学报》2003年第2期。

第 2 节点评部分中所提及的填补损失的约定和保证结果的约定相并列的约定责任。因而，归责原则的问题将集中到损害赔偿责任之上。

虽然对比结果债务（结果性义务）与手段债务（方式性义务）是容易理解的，但二者分别对应于严格责任与过失责任这样一种分类方式显得得出结论过于简单。正如在本章第 2 节“点评”部分所阐述的那样，我认为，按照合同的类型或具体的合意内容不同，承认免责的范围也是多种多样的，不可能简单地将其分为两种类型。

第四节　关于“补救措施”之内涵的理解问题

一、问题的提出

查阅法律出版社 1998 年版《英汉法学词典》，第 107 条规定的违约责任方式中“补救措施”被译为“remedy”。然而，英美法上的“remedy”是包括损害赔偿等在内的广义概念，与此相对，第 107 条中的“补救措施”是一个狭义概念。王利明教授在其 2003 年所著的《违约责任论》（修订版）中，将“补救措施”解释为“修理、更换、重作”，并认为“减少价款”“只是使违约方交付的商品或劳务符合其应有的价值，而不是使违约方承担某种责任，所以减价不是一种补救方式”，[①] 而在王利明Ⅱ书中将“减少价款”包含在了“不适当履行情况下的补救措施”。[②] 是否如同王利明教授所主张的那样，将“减少价款”也应包含在第 107 条规定的“补救措施”中呢？

二、韩世远与王成的答复

（一）韩世远的答复

《合同法》第 107 条所规定的“采取补救措施”为一概括用语，包括多种救济手段。此一用语与同条“继续履行”的关系，仍有待解明。从第 107 条的文字上看，二者并列，继续履行不包括采取补救措施。结合第 111 条的规定，退货、减少价款或者报酬作为“补救措施”，均非继续履行所能概括。从问题的实质来看，修理、更换、重作均以达至

① 王利明：《违约责任论（修订版）》，中国政法大学出版社 2003 年版，第 436 页。
② 王利明Ⅱ书，第 501 页。［译者注］该书第 578 页也有与上述引用部分相同的表述。

现实给付为目的，与继续履行同属“特定救济”（specific relief）范畴，故我个人的观点是将“采取补救措施”中的修理、更换、重作作为强制履行的具体形态。[①] 不过，对此也有质疑的观点，略谓：尽管法院命为修理、更换、重作的命令，其最终目的是要实现对于合同条款的实际遵行，就对债务人所要求的行动则非必然反映了合同债务。交付货物的合同，可能并没有合同条款规定供货人在所供货物瑕疵场合要进行修理，然而，却无妨法院作出这样的命令。最终的结果是一样的，但是，实现该结果的手段，依个案具体情形，可能要比遵行表述合同债务的文句更为复杂。[②]

（二）王成的答复

学者对上述概念的看法存在很多分歧。我个人的看法是：（1）从解释论，尤其是体系解释的方法出发，对这些概念的理解需要建立在《合同法》第 107 条和第 111 条总的概念体系下。第 107 条是关于违约责任的一般性规定，即使没有全面列举违约具体形式的话，其他有关规定也应当用解释的方式归入第 107 条中去。《合同法》第 107 条将继续履行、采取补救措施和赔偿损失并列。第 111 条列举的违约责任具体形式包括：修理、更换、重作、退货、减少价款或者报酬。就体系解释的逻辑而言，第 111 条列举的各项违约责任均应当能够被第 107 条的三种责任形式所涵盖。至于如何归类，不同学者产生了不同的看法。

（2）从立法论的角度出发，我个人认为，采取补救措施，仍然是在实际履行原来的合同条款，故而同样属于继续履行。这样，第 107 条意义上的违约责任总的形式，可以分为继续履行和赔偿损失两类。而继续履行可以分为完全不履行之后的继续履行和瑕疵履行之后的继续履行。就《合同法》第 111 条列举的各种具体形式而言，修理、更换、重作，属于瑕疵履行后而采取的补救措施、因而属于对原合同条款的继续履行。退货属于解除合同（从第 111 条中关于退货的规定中，也可以推断出解除合同属于违约责任形式的意思）。减少价款或者报酬，则属于一方瑕疵履行，双方协商、合同变更后或者法院判决的继续履行。其效果，既有赔偿受害人因瑕疵履行所遭受的损失的意思，也有对原来瑕疵履行采取补救措施后的继续履行的意思。

（3）在《合同法》上，除了第 107 条，第 97 条关于合同解除后果外，也有“采取

---

① 韩世远Ⅳ书，第 608 页。

② See Solene Rowan, *Remedies for Breach of Contract : A Comparative Analysis of the Protection of Performance*, Oxford University Press 2012, p.18.

其他补救措施”的措辞。崔建远教授认为,《合同法》第 97 条中的“恢复原状”“采取其他补救措施”“赔偿损失”，各自有其法律基础。在不采纳物权行为制度、却采取直接效果说的背景下，“恢复原状”适用于原物的占有移转或者复原登记的场合，从权利的角度讲，属于物的返还请求权；“其他补救措施”适用于给付劳务、物品利用、交付金钱、受领的原物毁损灭失等场合，从权利的角度看，属于不当得利返还请求权；“赔偿损失”适用于上述救济方式运用之后,当事人还有损失的情形,为民事责任的范畴。①

可见,《合同法》第 107 条和第 97 条同样使用“采取其他补救措施”的措辞，但是含义却有差异。

三、松冈久和的点评

至今为止,《日本民法》中不存在相当于“补救措施”的规定。虽然从对于债务不履行一般的救济这一观点出发，实际履行请求、损害赔偿请求以及解除作为买卖等有偿合同的特别规定的担保责任，也曾存在讨论减少价款请求、损害赔偿请求以及解除的情况，但是在过去将修理、更换、重作予以一并讨论的情况是不多的。但是，在近年来关于担保责任，合同责任说逐渐成为通说的过程中，这些责任承担方式逐渐开始作为不完全履行情况下补救请求(日语原文为“追完請求”,下同)的各种形态而被讨论。

《日本民法修正案》作为债务不履行责任的一个环节而简化了担保责任的规定。而且，将补救请求权（日语原文为“追完請求権”）作为处于履行请求的延长线上的一种请求权，在买卖合同中作了如下规定：

“所交付的标的物属于不符合合同关于种类、品质或者数量所约定的内容的，买受人可以向出卖人请求修补标的物、交付替代物或者由交付不足部分来补救履行。但是，没有给买受人造成不当负担的，出卖人可以通过与买受人请求的方式所不同的方式来补救履行。”(《日本民法修正案》第 562 条第 1 款)

此处的补救请求相当于“补救措施”。该规定虽不属于直接阐述担保责任之性质的规定，但被认为也适用于特定物，可见其所依据的是合同责任说。此外，买受人的减少价款请求作为一种普遍的请求方式（由于在现行《日本民法》第 566 条与第 570 条中排除了减少价款请求，因此，是以损害赔偿的形式来请求并获得承认的），在补救请求之外，对其进行了另外规定(《日本民法修正案》第 563 条)。而且，相

---

① 参见崔建远:《解除权问题的疑问与释答（下篇）》，载《政治与法律》2005 年第 4 期。

当于“继续履行”的“强制履行”和基于债务不履行的损害赔偿以及解除被分别规定于债权总则和合同总则之中（《日本民法修正案》在其内容上不同于现行规定，但所处位置是相同的。各参见现行《日本民法》与《日本民法修正案》的第414条、第415条、第540条～第548条）。也就是说,在民法典上是分别规定这些救济方式的。

对于这些救济方式的体系性梳理将会因学说的不同而存在差异，但个人以为，补救请求权为履行请求权的特殊形态，而减少价款请求权属于合同的部分解除，二者具有不同的性质。二者均不承认通过举证证明不存在归责事由而免责，在这一点上不同于损害赔偿请求。

第五节　关于继续履行的性质问题

一、问题的提出

《合同法》第107条规定的继续履行被称为实际履行或强制实际履行。[①]《日本民法》亦在其第414条中规定了强制履行。但是在《日本民法》第414条被理解为是有关强制执行的规定（通说判例）。与此相对,在中国,区分强制实际履行和强制执行,其中，强制实际履行应向审判庭申请，而强制执行应向执行庭申请。如果此种理解正确的话，当合同的相对方不履行债务时，是否可理解为其模式为首先向审判庭申请实际履行，在债务人不履行的场合，再向执行庭申请强制执行这一二阶段结构呢？此外，就强制履行中的间接强制，《最高人民法院关于人民法院执行工作若干问题的规定（试行）》（法释〔1998〕15号）中的“六、交付财产和完成行为的执行”第60条第3款规定：“对于只能由被执行人完成的行为，经教育，被执行人仍拒不履行的，人民法院应当按照妨害执行行为的有关规定处理。”作为其相关规定,《民事诉讼法》第102条（指的是2007年10月28日通过实施的法律，在新法（2012年8月31日通过、自2013年1月1日起实施）（条文序号为第111条——译者注）规定可以对此种行为予以罚款、拘留和追究刑事责任。《日本民事执行法》中所规定的间接强制只有支付金钱这一种方式，可否认为中国《民事诉讼法》中的罚款相当于日本法中的支付金钱呢？此外，在间接强制中是否存在适用拘留或刑事处罚的案例？

① 参见韩世远Ⅳ书，第600页。

二、韩世远与王成的答复

（一）韩世远的答复

在中国，合同诉讼或者民事诉讼，首先是向法院提起诉讼，在获得民事判决等“执行名义”的基础上，才有可能进入执行程序，在这个意义上，也可以称之为“二阶段结构”。

关于间接强制，是采取对债务人施加心理压力以促使其履行债务的强制方法。具体的手段可以多样，并非仅以金钱为限。在中国法上，包括加倍支付迟延期间的利息、支付迟延履行金、限制出境、在征信系统记录、通过媒体公布不履行义务信息等措施。至于说拘留或刑事处罚，尽管在规范层面有这种可能性，在实际操作层面，鲜见如此操作的案例。

（二）王成的答复

在中国，实际履行和强制执行是两个不同的概念和制度。

《合同法》第107条规定的继续履行，是指继续按照合同约定的内容进行履行，而不是采取金钱赔偿的替代方式。这种继续履行包括第109条金钱债务的实际履行，也包括或者说更包括第110条规定的非金钱债务的实际履行。因此，实际履行或者继续履行，是指按照合同约定的内容进行履行。

强制执行，属于《民事诉讼法》的概念，指的是通过强制手段执行法院裁判文书确定的执行内容，其内容不限于实际履行，也包括腾退房屋、赔偿损失各种判决内容等。《民事诉讼法》第二十一章规定的各项执行措施，均可以强制执行。

故而，实际履行的依据是合同，也是一种违约责任，能否成立，需要法律判决的确认；强制执行的依据是法院的生效裁判文书。这是二者之间非常重要的区别。

一方违约后，另一方要求实际履行的，如果违约方依约实际履行了，则无需诉讼。只有在违约方不能满足非违约方的请求时，非违约方才会提起诉讼或者仲裁（如果合同约定了仲裁条款的话）。如果法院或者仲裁机构支持了非违约方的请求，此时合同条款的内容就转变成了裁判的内容。此时违约方履行的，是判决的内容，而不是，或者不完全是合同条款。如果违约方不履行判决，则胜诉方（即非违约方）则可以申请强制执行。此时，法院执行的也是法院的裁判文书，而不再是当事人之间的合同约定。

就法院内容分工而言，对当事人争议进行裁判的是审判庭，对判决进行执行的是执行庭。中国《民事诉讼法》第228条规定：“执行工作由执行员进行。”“采取强制执行措施时，执行员应当出示证件。执行完毕后，应当将执行情况制作笔录，由在场的有关人员签名或者盖章。”第 240 条规定，执行员接到申请执行书或者移交执行书，应当向被执行人发出执行通知，并可以立即采取强制执行措施。

可见，强制执行措施的条件是执行员接到执行书，发出执行通知。

故而，《民事诉讼法》第 111 条第 1 款第（6）项规定的是“拒不履行人民法院已经发生法律效力的判决、裁定”。如果败诉方拒不履行，则可以通过罚款、拘留等措施加以强制，甚至追究刑事责任（《刑法》第 313 条规定，对人民法院的判决、裁定有能力执行而拒不执行，情节严重的，处三年以下有期徒刑、拘役或者罚金）。

中国存在着适用拘留和刑事处罚的案例。

三、松冈久和的点评

在日本，判决程序与强制执行程序也同样属于两种不同的制度，而包括民事保全和破产程序在内，主要是由法院负责的。就强制执行程序而言，也由虽隶属于法院而为独立机关的执行官分担着部分功能（《日本民事执行法》第 2 条）。王成教授所述的二者的彻底分离确实饶有兴味，但在日本法上是无法维持（此种结果）的。这是因为：除了生效判决、法院的命令以及类似于生效判决的执行名义以外，还可以依据“关于以支付一定数额的金钱或给付其他替代物或一定数量的有价证券为目的的请求，由公证人所出具的、载有以债务人立即服从强制执行为主旨之陈述的公证书（‘执行证书’）”（《日本民事执行法》第 22 条第 5 项）来开始强制执行；并且可以通过“证明存在担保权的、由公证人所出具的公证书副本”“有关担保权登记［假登记（相当于中国的预告登记——译者注）除外］的登记事项证明书”以及“证明存在一般先取特权的文书”（同法第 181 条第 1 款第 2 项～第 4 项）来开始执行不动产担保权（此外，关于作为执行动产担保权的拍卖，请参见同法第 190 条）。这些都意味着可以基于具有一定确定性的实体法上的权利来进行强制执行。

现行《日本民法》如小口教授所介绍的那样，虽然规定了强制履行，但没有设置关于履行请求权本身的规定。在民法修正的讨论过程中，尽管有学者建议规定存在履行请求权以及其极限事例（如履行不能、产生明显过大的费用等），但也有意见认为没有必要规定理所当然的事项，由此，《日本民法修正案》建议仅明文规定：在履行不能的场合不得请求履行，以及自始不能不妨碍基于债务不履行的损害赔偿请求（这属于否定以自始不能为由的债权关系之无效）的提案正在审议中（《日本民法修正案》第

412 条之 2）。此外，关于强制履行的规定，《日本民法修正案》仅规定了可以强制履行以及“直接强制、代替执行、间接强制及其他方式的强制履行”这种强制的类型，并将其详细内容交由《日本民事执行法》来规定（《日本民法修正案》第 414 条）。

此外，关于合同上的债务不履行，虽然通常不存在有关刑事处罚的规定，但在行政法中，规定有公布实施性质恶劣的违反行为的经营者名单等行政性措施和行政处罚（比如，参见《日本融资法》第 41 条之 45、第 51 条之 2 以下、第 47 条以下）。

第六节 关于预期违约与行使不安抗辩权的关系

一、问题的提出

《合同法》第 108 条是有关预期违约的规定。CISG 亦规定了预期违约，并将其区分为预期根本违约与预期非根本违约，与此相对，中国《合同法》第 108 条被理解为未采纳此种区分，而是采用了英美法上的明示毁约与默示毁约此种区分方式。在立法阶段，是否有过采何种立法例的议论？此外，就默示毁约而言，是先行使不安抗辩权通知对方终止履行，并要求对方提供担保，当对方不提供担保时追究预期违约的责任，还是如同美国法那样，解释为默示毁约之成立不以行使不安抗辩权为要件，对此问题，在中国是存在分歧的。该如何理解此问题？

二、韩世远与王成的答复

（一）韩世远的答复

CISG 第 72 条规定了预期违约情形的合同解除。与之相比，中国《合同法》对于预期违约的规定并非集中在一个条文，而是由分别不同的条文予以规定［第 108 条，第 94 条第（2）项］。由于 CISG 第 72 条重点规定了合同解除，所以它强调根本违约（这个条文只涉及预期根本违约，并没有涉及预期非根本违约）。中国《合同法》第 94 条第 2 项虽然也像第 108 条那样反映出对于明示毁约与默示毁约的区分，它同样也反映出对于根本违约的奉行。而仔细分析 CISG 第 72 条，其实也区分了明示毁约（第 3 款）与默示毁约（第 2 款）。如此看来，CISG 与中国《合同法》在预期违约问题上，差异并不大。

关于默示毁约，CISG 第 72 条第 2 款的规定更具有参考价值。它规定：“如果时间许可，打算宣告合同无效的一方当事人必须向另一方当事人发出合理的通知，使他可以对履行义务提供充分保证。”

（二）王成的答复

第一，关于立法过程中，是否有过采取何种立法例的争论，个人未见到此方面的资料。

第二，关于默示毁约和不安抗辩权的关系。

首先需要注意的是，不安抗辩权的前提条件是双方债务的履行时间有先后的顺序，而先期违约中的默示毁约则不需要此种前提。在不安抗辩权和默示毁约均可以构成的情况下，二者关系如何，则存在着不同的观点。

比如，韩世远教授主张的不安抗辩权属于防御的范畴，故而中止履行，属于不安抗辩权；而默示毁约，则属于进攻的范畴，故而，要求提供担保、解除合同以及追究其他违约责任，则属于先期违约。[①] 据此，出现默示毁约时，首先，应当行使不安抗辩权，即应当有权中止履行；其次，要求对方提供担保，或者提供证据证明履行能力没有问题或者已经恢复；最后，如果对方没有好的回应，则再解除合同或者要求其他违约责任。

王利明教授则认为，《合同法》同时规定两种不同的制度，有助于更好保护当事人合法权利。故而，当事人可以选择适用。既可以选择不安抗辩权的规定，也可以选择先期违约的规定。[②] 但是，就默示毁约的场合，王利明教授也主张，中国《合同法》是在不安抗辩权制度的基础上规定的默示毁约，而默示毁约是否构成，不能仅凭一方的主观判断，因此，确定对方是否构成默示毁约，必须以一方行使不安抗辩权为前提。[③]

我个人基本同意这样的观点。

三、松冈久和的点评

不论是不安抗辩权还是预期违约，现行《日本民法》上都没有规定。但是，在

① 参见韩世远：《合同法总论（第二版）》，法律出版社 2008 年版，第 274 页。

② 参见王利明Ⅱ书，第 94 页。

③ 参见王利明Ⅱ书，第 518 ~ 522 页。

下级审的案例中存在承认相当于不安抗辩权的权利以及以履行期前的拒绝履行或履行不能为由的合同解除的案例，在学说上肯定性的见解也很有力。

受此影响，在民法修正的讨论过程中也曾探讨过将此予以明文规定，但是由于对新设不安抗辩权的规定，赞成与反对的意见相对立而未能取得共识，因此最终还是胎死腹中。对此，反对的意见举出了如下理由：以不安抗辩权为由的拒绝给付或解除具有也可导致企业破产这一巨大的影响，特别是在设定抽象性要件的情形中存在滥用该权利之虞；由于与此相关的案例不多，且其是基于诚实信用原则来进行综合判断的，因此具体设定要件是非常困难的；如若设置严格的要件，较之现在的案例，将更加缩小不安抗辩权的成立范围等。而肯定的意见则主张：在包括中国法在内的已经设置相关规定的国家中，未确认存在被滥用的事实，而且与不作任何规定相比，设置对于法院的判断提供其方向性或线索的规定将可以更加提高法律的稳定性。但是，最终未能弥补二者之间存在的对立。受韩世远教授观点的启发，个人以为，在依据提供担保的请求或公开信息以消除不安的请求以及对此的回应方式的基础上，也有必要探讨通过从客观上证实存在不安或合同违反这一形式并以协商程序性的要件来进行限定。总而言之，关于不安抗辩权，即使在日本民法修正后也将通过积累依据诚实信用原则的判例来进行处理。

与此相对，由于不能通过扩张履行不能的范围来适用履行期前的拒绝履行，因此其被承认可作为损害赔偿与解除的独立依据，并且建议新设使用“债务人明确表示拒绝履行债务之意思的”这样一种限定性表述的规定（关于损害赔偿、不经催告的合同全部之解除以及不经催告的合同部分之解除，各请参见《日本民法修正案》第 415 条第 2 款第 2 项、第 542 条第 1 款第 2 项以及第 542 条第 2 款第 2 项）。

第七节　关于物的瑕疵担保责任与违约责任之间的关系

一、问题的提出

我认为，就物的瑕疵担保责任与违约责任之间的关系，存在着统合论和竞合论两种观点，且以统合论为通说。亦即，统合论将中国的违约责任采取严格责任为原则作为其依据，认为物的瑕疵给付作为不适当履行而构成违约并统合到违约责任之中。但是，如崔建远教授那样的有力学者则认为物的瑕疵担保责任与违约责任是彼此相对独立的，买受人可以自由选择其中之一。[①] 从竞合论的立场出发，李永军和易军所著的《合同法》一书指出："如果认为物的瑕疵担保责任包含在不完全履行之中的话，在确定出卖人出售的标的物不符合质量要求的责任时，应当同时满足合同法总则中质量不符合要求的要件（《合同法》第 111 条）和分则中买受人的检查义务（《合同法》第 157 条）、通知义务（《合同法》第 158 条）这两方面的要件。这对买受人来说是不利的……两者处于竞合关系，（总则中的）不完全给付责任的成立不要求债权人履行检查通知义务，主张不完全给付更有利于买受人。"[②] 如何理解此种主张？

二、韩世远与王成的答复

（一）韩世远的答复

关于中国《合同法》中物的瑕疵担保问题的争论，即竞合说与统合说的争论，可以参阅拙文《标的物的瑕疵与出卖人的责任》。[③]

中国《合同法》第 111 条与第 157 条、第 158 条在适用上的关系，是一个有意思并值得深入思考的问题。假如依上述竞合说的主张，第 111 条可以由买受人直接主张，不受第 157 条和第 158 条的限制，这样更有利于买受人。但是，要注意第 111 条适用的要件之一是"质量不符合约定"，而围绕这一要件是否成立，在当事人之间会存在不同意见。如果从出卖人的立场出发，就可以追问："买受人在收到标的物后有没有检验？如果买受人认为质量有问题，有没有将质量不符合约定的情形通知出卖人？按照第 158 条第 1 款的规定'买受人怠于通知的，视为标的物的数量或者质量符合约定。'"注意这里的"视为"二字，表明存在着法律的拟制，其结果是标的物的数量或者质量符合约定，这是一种不允许推翻的推定。从这里我们可以看出来，第 158 条所规范的是判断标的物是否存在质量问题的前置程序，而第 111 条是在"质量存在问题"业已判明基础上的法律后果。通常，所谓竞合，指的是同一生活事实同时符合不同的法律规范，且其法律效果难以并存，只能从中选择其一。比如同一

---

① 参见崔建远Ⅲ书，第 395 页；崔建远：《合同责任研究》，吉林大学出版社 1992 年，第 274 ~ 275 页。

② 李永军、易军：《合同法》，中国法制出版社 2009 年版，第 450 页。

③ 韩世远：《标的物的瑕疵与出卖人的责任》，[日] 小林俊一、冈孝、高须顺一编：《下森定先生八十寿辰纪念论文集 债权法在不远的将来之形象》，日本酒井书店 2010 年版，第 293 ~ 350 页。

事件既符合债务不履行的构成要件，又符合侵权行为的构成要件，两种路径虽然都能够得出损害赔偿的结果，但法律不允许受害人一并主张，只能选择其中之一（在比较法上具体的法技术有多种，在中国允许受害人进行选择）。而我们这里所讨论的问题，并非竞合的问题，而是这些不同的法律条文各有其不同的规范对象。从结论上，我本人持统合说，认为上述竞合说的立场难以成立。

（二）王成的答复

瑕疵担保责任与违约责任的关系，在中国存在着不同的观点。个人认为，统合论和竞合论，皆有其各自的道理。但是需要指出的，主张不同观点的人，各自的理论前提存在着不同，比如，统合论者似乎多以法定责任说为其理论基础；而竞合论则多以债务不履行说为其基础。不同学说，各自看重的角度不同，对相关概念、制度的内涵和外延存在着不同的认识，在解释现有法条上也就存在了分歧。比如，统和论和竞合论皆以中国《合同法》上存在着瑕疵担保责任作为讨论的前提，但是，王利明教授认为，中国《合同法》在起草时就放弃了瑕疵担保责任，即中国《合同法》上只有违约责任，根本就没有瑕疵担保责任。[①]

就我个人而言，在民法学的意义上，讨论二者的关系是有意义的。在规范的意义上，个人倾向于瑕疵担保责任的独立性，瑕疵担保责任的规定应当优先适用。

三、渡边达德的点评

关于这个问题，虽然在《日本民法》上也是作为其讨论对象的，但是修正案对于调整在买卖合同中所交付的标的物不符合合同内容情形的问题，采取了将其与债务不履行责任予以一元化的方针（《日本民法修正案》第562条~第564条）。在此，也未采用“瑕疵担保责任”这一表述。

---

① 参见王利明Ⅱ书，第417～422页。

第八节　关于请求减少价款和报酬的性质问题

一、问题的提出

于《合同法》第111条规定的减少价款和报酬此种违约责任的性质，存在着请求权说与形成权说。请求权说认为，当事人请求减价时，需要对方的同意，对方也可以拒绝其请求。与此相对,形成权说认为,减价可以以单方意思表示为之。[①] 而在《日本民法》中，减价请求权被认为是合同的部分解除。[②] 如果将减价请求理解为合同的部分解除，这说明此种理解是站在形成权说的立场的。如何理解上述问题？

二、韩世远与王成的答复

（一）韩世远的答复

就减价权的法理构造，我个人持形成权说。我也注意到日本等国家和地区的通说是从"一部解除"角度理解减价问题,在这个意义上认为减价权实质上是一种形成权。不过，我个人一直有一种疑问：为何不将减价理解为一种合同变更呢？同样，在情势变更场合，法律效果可存在合同变更[③] 以及合同解除等不同可能。如果将这种对于合同内容的调整（变更）可以称为"一部解除"，将情势变更的法律效果统称为"解除"（包括一部解除）岂不更简明？学者显然不会这么处理，这也说明了变更与解除还是存在实质的差异。

（二）王成的答复

我个人理解，减价是以对方给付存在瑕疵为前提，而且是以一方接受另一方的瑕疵作为前提，减价属于合同的变更。也就是说，双方已经就瑕疵履行达成了某种一致。如果在一方瑕疵履行，对方不接受；或者对方接受，但同时要求减价，而瑕疵履行方不同意减价，此时能否直接由法院判决减价，法院是不是做的太多？是否不该代替当事人的意思？合同是一系列的安排，而不是仅一个安排，故而，只是某

---

① 参见韩世远：《减价责任的逻辑构成》，载《清华法学》2008年第1期。

② 参见［日］我妻荣：《债权各论 中1》，日本岩波书店1957年版，第270页。

③ 日本学者称之为"契约改订"，参见［日］内田贵：《民法Ⅱ债权各论》，日本东京大学出版会1997年版，第75页;［日］山本敬三:《民法讲义Ⅳ-1契约》，日本有斐阁2010年版，第107页。

条发生变化，是否符合当事人的意思，则需要思考。在这一点上，减价与其他责任方式的确存在着不同。

三、渡边达德的点评

在中国，围绕中国《合同法》第111条所规定的请求减少价款和报酬，将其理论依据寻求于合同的一部解除还是将其解释为合同的变更（改订），也存在着意见的分歧。对此，韩、王两位教授有关这一问题的见解均饶有兴味。

韩世远教授似乎在暗示此种方向，亦即：在将基于情势变更的合同内容的调整（变更）解释为“部分解除”的同时，将减少价款视为形成权。之所以这样认为是因为，可以通过此种方式来将情势变更的法律效果统一理解为合同的“全部或部分解除”。

对此，王成教授指出，减少价款属于基于当事人合意的合同的变更。可以看出，王教授所认同的是合同的持续性与弹性原理，而非对其性质进行请求权抑或形成权这样一种二分法的理解。

该问题也在日本被提出来探讨。现行《日本民法》在权利部分属于他人情形中的出卖人担保责任规定（《日本民法》第563条第1款）以及数量不足或物部分灭失情形中的出卖人担保责任规定（《日本民法》第565条、第563条第1款）中明确规定了减少价款。此外，在租赁合同中也规定了减少租金请求权（《日本民法》第609条、第611条）。而关于这些规定的性质，判例以及通说将其解释为伴有合同的一部解除这一实质的形成权。[①]

《日本民法修正案》在买卖合同中，于所交付的标的物的种类、品质或者数量不符合合同目的的情形，作为买受人一般性的权利来承认了减少价款请求权（《日本民法修正案》第562条、第563条）。在提出该修正案之时，在减少价款的法律性质为形成权以及认为其发挥着与一部解除相同的功能这一点上，也是沿袭了以往的观点的。

如上所述，可以说在《日本民法》上，减少价款为形成权、其法律性质为合同的一部解除的观点占据了主流地位，但也存在将其法律性质理解为合同改订的有力学说，对此问题还有待于今后学说的深入发展。

---

① ［日］我妻荣：《债权各论 中1》，日本岩波书店1957年版，第278页、第468页。

第九节　关于《合同法》第 113 条规定的违约损害赔偿责任范围

一、问题的提出

1. 关于可预见的判断时点与预见的内容

就违约损害赔偿责任范围而言，中国《合同法》与以债务不履行时为赔偿范围的日本法不同，是以违约方在订立合同时所预见到的范围为标准的。关于预见的内容，据韩世远教授的说明，存在着认为只要被告本可预见到损害的类型或种类即可的国家（英国）和还要求预见到损害程度的国家（法国）。[①] 中国《合同法》第 113 条没有明确规定该问题，该如何理解此问题？此外，关于预见的主体，存在着仅限于违约方、必须根据双方的预见来确定合理预见的范围、应当根据合理的标准来考虑当事人一方或双方是否应当预见等不同观点。[②] 如何理解上述问题？（提问①）

2. 关于惩罚性损害赔偿《合同法》第 113 条第 2 款规定了惩罚性损害赔偿，亦即，当经营者对消费者有欺诈行为时，依据中国 2009 年《消费者权益保护法》第 49 条给予经营者消费者购买商品的价款或者接受服务的费用 2 倍的赔偿（2013 年 10 月 25 日通过的新法第 55 条规定为 3 倍赔偿——小口注）。[③] 此种惩罚性赔偿是基于合同法上的请求权还是基于侵权法上的请求权的？（提问②）

3. 关于实务中对可预见性规则理论的处理方式

关于违约损害赔偿责任的范围，中国《合同法》第 113 条采用了可预见性规则。对此，依据对吴行政论文的梳理，在 1999 ~ 2008 年 10 年间全国各地各级人民法院

---

① 参见韩世远Ⅳ书，第 633 页。

② 参见王利明Ⅱ书，第 672 ~ 673 页。

③ [译者注] 2013 年《消费者权益保护法》第 55 条规定的全文为："经营者提供商品或者服务有欺诈行为的，应当按照消费者的要求增加赔偿其受到的损失，增加赔偿的金额为消费者购买商品的价款或者接受服务的费用的三倍；增加赔偿的金额不足五百元的，为五百元。法律另有规定的，依照其规定。经营者明知商品或者服务存在缺陷，仍然向消费者提供，造成消费者或者其他受害人死亡或者健康严重损害的，受害人有权要求经营者依照本法第四十九条、第五十一条等法律规定赔偿损失，并有权要求所受损失二倍以下的惩罚性赔偿。"

审理的涉及可得利益赔偿的300件合同损害赔偿案例中，判决理由或当事人抗辩中涉及可预见性规则适用的合同损害赔偿纠纷只有15起，且1999～2008年的10年间，在《最高人民法院公报》公布的合同损害赔偿案例中，涉及可得利益赔偿的案件有8起，但不存在适用可预见性规则的案件。该论文的作者据此认为，《合同法》第113条的可预见性规则没有在司法实践中予以适用。[①] 如何理解此种主张？（提问③）

4. 关于因违约行为造成的非财产性损害的赔偿请求

《最高人民法院关于审理人身损害赔偿案件适用法律若干问题的解释》（法释〔2003〕20号，2003年12月26日）第1条将赔偿权利人定义为："是指因侵权行为或者其他致害原因直接遭受人身损害的受害人……"是否也可将违约行为包含在"致害原因"中？该问题与在违约场合是否可以请求非财产性损害赔偿的问题有关。（提问④）

二、韩世远与王成的答复

（一）韩世远的答复

1. 关于提问①

（1）就可预见性规则的判断时点中日之间确实存在差异。《日本民法》第416条虽非学自德国，但学者通说却依德国民法学说中的"相当因果关系"理论加以解释。而依相当因果关系，裁判者对于损害赔偿的范围，在侵权行为场合，是依不法行为时为标准；对于债务不履行，很自然地以债务不履行时为标准。中国《合同法》采纳"可预见性"标准界定违约损害赔偿的范围，立法者非常明确地在第113条第1款中确立了"订立合同时"作为标准。当然，以订立合同时为标准，也有其背后的道理，这里暂不详细展开了。

（2）关于预见的内容，《合同法》第113条第1款并未特别言明是否要求预见到损害的程度或数额（the extent or quantum），解释上宜将预见的内容确立为，只要求预见损害的类型（the type or kind）而无须预见损害的程度。[②]

① 参见吴行政：《合同法上可得利益赔偿规则的反思与重构——从〈中华人民共和国合同法〉第113条适用的实证考察出发》，载《法商研究》2012年第2期。

② 韩世远Ⅳ书，第633页。

（3）关于预见的主体，《合同法》第113条第1款明确规定可得利益的赔偿“不得超过违反合同一方订立合同时预见到或者应当预见到的因违反合同可能造成的损失”，十分明确地确立了预见的主体为违约方，不存在作其他解释的余地。当然，从比较法角度观察存在不同的做法或者观点，那是另一回事。

2. 关于提问②

中国法在消费者保护领域出现了一些特别规定，允许一方当事人请求惩罚性赔偿，包括《消费者权益保护法》《食品安全法》《商品房买卖合同解释》等。我认为，所谓“惩罚性赔偿”，不过是打着“赔偿”的名义，达到惩戒违法行为、维护公共秩序等特别目的。也可以说，它是对于公法的一种私的执行（A private enforcement of public laws）。以《消费者权益保护法》第49条（现第55条）为例，对欺诈消费者的行为进行行政处罚，这原本是消费者行政机关（在中国为工商行政管理部门）的职责，是一种行政执法行为。但是，考虑现实可行性，立法者激励受欺诈的消费者与此类行为作斗争，效果可能比行政机关行政执行更有效率、效果更好，因而，出现了上述特别立法规定。如此看来，所谓惩罚性赔偿，不过是对于受欺诈的消费者的一种特别激励（a special incentive）。这种基于特别法的特别请求权，既具有上述特殊性质，它本身并非真正的损害赔偿，而是一种特别激励，因而，它本身并不具有特定的私法性质，而是可以与私法请求权或者民事诉讼一并主张的权利。换言之，它既可以在合同诉讼中主张，也可以在侵权诉讼中主张。

3. 关于提问③

法学研究提倡研究方法的多样化，比如对于实定法规则的实践应用作经验性研究，从而发现某种规律，提示法律人关注的问题等，都是值得肯定的。

4. 关于提问④

《最高人民法院关于审理人身损害赔偿案件适用法律若干问题的解释》（法释〔2003〕20号）第1条第1款规定：“因生命、健康、身体遭受侵害，赔偿权利人起诉请求赔偿财产损失和精神损害的，人民法院应予受理。”而依第1条第2款，“本条所称‘赔偿权利人’，是指因侵权行为或者其他致害原因直接遭受人身损害的受害人、依法由受害人承担扶养义务的被扶养人以及死亡受害人的近亲属。”依第1条第3款规定：“本条所称‘赔偿义务人’，是指因自己或者他人的侵权行为以及其他致害原因依法应当承担民事责任的自然人、法人或者其他组织。”显然，对于人身损害赔偿诉讼的提起，并非以“侵权行为”为限，另外尚有“其他致害原因”，应理解为可以包括“违约行为”。如此，因违约行为导致非财产损害，依本条第1款，人民法院应当受理提起精神损害赔偿请求的违约诉讼。[①]

（二）王成的答复

1. 关于提问①

第一，关于可预见的内容。

我个人理解，可预见规则的正当性，来源于违约责任的正当性。与侵权法不同，合同法的基调是理性与算计。违约责任的正当性来源于当事人的允诺。当事人之所以要为自己的违约行为承担责任，是因为当初订立合同是对对方的允诺。双方当事人彼此允诺时，一定要对对方以及自己一方履约能力及如果不能履行承担违约责任能力进行评估。因此，违约责任，尤其是包括损害赔偿的范围，在合同订立时已经为双方所评估。如果感觉自己无法履约，以及无法承担违约后果，则理性的当事人就不会与对方缔约。当然，如果感觉对方无法履约，以及无法承担违约后果，则理性的当事人更不会与对方缔约。理性当事人在评估违约后果时，不仅仅会评估损害赔偿的类型，应当也会评估损害的程度。

故而，在这样的意义上，我个人理解，应当同时预见到损害类型和损害程度。司法实务中也存在着相同的见解。[②] 但是，对可预见内容的解释，意味着在损害赔偿方面对守约方限制的大小。当然，如何认定损害类型以及损害程度，本身就是解释的过程。法律规则的正当性,很大程度上取决于最终结果的妥当性。如果在个案场合，此种见解导致不妥当的结果，则可以放松此种限制。由此，对预见内容的解释，最终还取决于结果的妥当性。

第二，关于预见主体以及预见能力。

《合同法》第113条规定的预见主体应当是违约方，从违约责任的正当性考量，此点值得赞同。问题的关键是如何确定违约方的预见能力，即采取主观判断标准还是采取客观判断标准。王利明教授的观点是，一般情况下采取客观标准即以社会一般人的标准作为标准，如果非违约方能够证明违约方具有高于社会一般人标准的能

---

① 韩世远Ⅳ书，第620～621页。

② 比如，最高人民法院民二庭相关负责人认为，包括合理预见的损失数量和根据对方的身份所能预见到可得利益损失类型，例如守约方是生产企业，那么，通常违约方应当预见到生产利润损失，而不应预见到转售利润损失。参见《加强调查研究探索解决之道——就民商事审判工作中的若干疑难问题访最高人民法院民二庭庭长宋晓明》，载 http://blog.sina.com.cn/s/blog_4ac0fb8101008lji.html

力，则应当采取主观标准。[①] 此点值得赞同。

2. 关于提问②

此处惩罚性赔偿是受害人所受损失的2倍以下，而受害人所受损失的赔偿基础是《消费者权益保护法》第49条和第51条（现第55条）。其中第49条规定的是因商品或者服务造成消费者或者其他受害人人身物质性损害的赔偿，第51条规定的是因经营者有侮辱诽谤、搜查身体、侵犯人身自由等侵害消费者或者其他受害人人身权益的行为，造成严重精神损害的精神损害的赔偿。此处惩罚性赔偿以侵权造成的物质性损害及精神损害为基础，而且受害人不限于消费者，还包括其他受害人，可见，此种赔偿请求权，是基于侵权法上的请求权。

3. 关于提问③

这个结果很意外。因为我没有进行过类似的实证研究，所以，对该结论无法进行判断。但是在个案中，是存在适用第113条的案例。比如，在北京市第三中级人民法院判决的一个上诉案件中，一审北京市朝阳区人民法院认为：根据认购书内容，双方对违约责任进行了约定，林某主张的房价上涨等造成的损失并非签订认购书时所能预见，故林某主张的其他损失无合法依据，不予支持。[②]

4. 关于提问④

该解释第1条除在第2款"赔偿权利人"的定义中出现了"其他致害原因"外，在第3款的"赔偿义务人"中也有规定，第3款规定，"本条所称'赔偿义务人'，是指因自己或者他人的侵权行为以及其他致害原因依法承担民事责任的自然人、法人或者其他组织。"

根据该司法解释起草人的解释，此处的其他致害原因是指除自己或者他人的侵权行为，其他造成损害的事由，包括三种类型：其一指动物致人损害，其二指物件致人损害，其三指活动致人损害，比如《民法通则》第125条规定的，在公共场所、道旁或者通道上挖坑、修缮安装地下设施等，没有设置明显标志和采取安全措施造成他人损害的，施工人应当承担民事责任。[③] 可见，此处的其他致害原因，不包括违约行为。

① 参见王利明Ⅱ书，第673～674页。

② 参见北京市第三中级人民法院（2013）三中民终字第00693号民事判决书。

③ 参见最高人民法院民事审判第一庭主编：《最高人民法院人身损害赔偿司法解释的理解与适用》，人民法院出版社2004年版，第24～28页。

三、渡边达德的点评

以下，将对“一、问题的提出”中所提出的提问①～提问④依次进行点评。

1. 关于提问①

规定损害赔偿范围的中国《合同法》第113条第1款，显示了三个论点。也就是，(1)判断预见可能性的时点、(2)预见的内容以及(3)预见的主体。

首先来看(1)，从其法律条文上来看，判断预见可能性的时点为订立合同时是明确的。关于其依据，韩世远教授仅简述为“有其背后的道理”，而王成教授则提到了所谓“理性与算计”这一“合同法的基调”。此种理解方式与以不履行时为基准的日本判例（大判大正7年8月27日民录24辑1658页）是不同的。但是即使在日本，由于预见可能性的判断应取决于合同的规范性解释，因此也存在主张订立合同时为基准的有力说。[①] 关于(2)，韩世远教授表明了在第113条第1款的解释上只要求预见损害类型的理解方式，而王成教授则指出应当同时预见损害类型和损害程度。由此可见，对此问题可能存在意见的分歧。可以说在日本，该问题是以结合第416条第2款的文义来判断可预见的对象为“特别情事”还是“损害”这一形式来显现出来的。在多数场合，此种观点不会产生具体差异。但是也有学者指出：比如，在考虑“于出售腐烂的食物情形，一般拉肚子就完事儿了，但由于对方身体虚弱，导致了脑疾”这样一种情形时，由于“情事”为对方身体虚弱，而“损害”为患有脑疾，因此其赔偿范围将产生差异。[②] 而关于(3)，韩、王两位教授均指出，从法律条文上来看，预见的主体为违约方（债务人）是很明显的。这一点与日本的判例及通说是相同的（但是，如前注所述，也存在解释为“双方”当事人的有力说）。

中国《合同法》的规定类似于CISG第74条。中国在该条约签署期限的最后一天的1981年9月30日予以签署，并于1986年12月11日批准了该条约。由于中国《合同法》是于1999年3月15日通过、并自同年10月1日起施行的，因此可以说，在起草中国《合同法》时作为比较法的素材而借鉴了该条约。

与此相对，上述(1)(2)(3)的论点也在日本成为了争论的焦点，而《日本民法修正案》除了将表述对于特别情事的预见可能性的文字从“可以预见”修改为“应

---

① ［日］平井宜雄：《债权总论（第2版）》，日本弘文堂1994年版，第96页［如若依据该立场，关于(3)也将以“双方”当事人为标准］。

② ［日］星野英一：《民法概论Ⅲ（债权总论）》，日本良书普及会1978年版，第75页。

当预见”之外，均维持了现行规定。因此，以往的争论在今后还将持续下去。

2. 关于提问②

关于惩罚性损害赔偿是基于合同法上的请求权还是基于侵权法上的请求权这一提问，韩、王两位教授的答复是不同的。亦即，韩世远教授指出，惩罚性损害赔偿可以在合同法和侵权法的任一场合主张，而王成教授则表明了其为侵权法上的请求权这种理解方式。不过，二者产生此种意见分歧的视角似乎也是不同的。

韩世远教授以《消费者权益保护法》为例，在将该法所规定的惩罚性损害赔偿理解为特别法所规定的特别请求权而非真正的损害赔偿的基础上，并从无法将其私法性质定性为合同法性的抑或侵权法性的这样一种立场出发，主张惩罚性损害赔偿可以与私法请求权或者民事诉讼“一并主张”（似可将其称为惩罚性损害赔偿与私法上损害赔偿的“二元说”）。

与此相对，王成教授则表明了另一种理解方式，亦即：《消费者权益保护法》上的赔偿范围是以侵权造成的物质性损害及精神损害为基础的，此处的惩罚性损害赔偿是基于侵权法上的请求权的（惩罚性损害赔偿与侵权行为的“一元说”）。

也就是说，韩世远教授是着眼于惩罚性损害赔偿这一请求权的法律上的定位（公法性的属性）的，而王成教授则是试图从应当予以赔偿的损害内容中推导出答案的。

顺便提及的是，在日本，关于是否可以在日本执行美国加利福尼亚州法院所作出的承认惩罚性损害赔偿的判决这一问题，日本最高法院以惩罚性损害赔偿制度违反日本的公序为由，否定了该判决的执行。①

3. 关于提问③

该提问意在询问中国《合同法》第113条所规定的可预见性规则理论（“预见可能性”理论）是否在司法实践中实际发挥着其功能。无论是韩世远教授还是王成教授，都未必会从实证性和综合性的观点来出发对此提问进行明确的答复。

反观《日本民法》上的“预见可能性”理论，其也在审判实务中发挥了重要作用，学说也在对判例进行分析和探讨的同时，逐渐取得了深入发展。作为有关第416条第2款的解释问题，除了在关于①的点评中已探讨的（1）（2）（3）之外［特别是，存在重要的判例且在学说上也成为恰如其分的争论对象的是（1）］，还出现了对于特别情事的“预见可能性”是事实性的还是规范性的这样一种分析的视角。如前述①的点评中所述，《日本民法修正案》采用了“应当预见”这种规范性的表述。如若结合此种表述

① 最判平成9年7月11日民集51卷6号2573页。

与《日本民法修正案》第415条规定按照“合同……以及交易上的社会一般观念”来判断是否存在债务不履行的免责事由的话，从整体上来看《日本民法修正案》，也可以将其评价为：试图在考虑合同以及交易上的社会一般观念的基础之上，侧重于规范性判断来决定债务不履行责任的存在与否以及认定存在承认情形中损害赔偿的范围。

4. 关于提问④

可以认为，前文所举司法解释中的“加害原因”是否包括违约行为（债务不履行）这一提问，是与是否也可以在基于合同上的债务不履行的损害赔偿中请求精神损害抚慰金的问题相连的。韩世远教授对此表示肯定，而王成教授则持否定立场。

关于在合同上的损害赔偿中能否请求精神损害抚慰金的问题，在日本也存在议论。关于侵权行为中可以要求赔偿非财产性损害是有明文规定的（《日本民法》第710条），而在债务不履行中不存在此种规定。但是，诸如医疗过失或违反安全保障义务那样，在个人的生命、身体、健康等受到侵害的案件中，承认请求精神损害抚慰金是毋庸置疑的。与此相对，在财产权受到侵害的案件中，通常在多数情况下，只要赔偿该财产损害即可认为债权人（受害人）的损害已获填补。但是，可以说，诸如在债权人所特别喜欢的财产被损坏的案件中，也存在承认精神损害抚慰金的可能性。

第十节 关于违约金的性质问题

一、问题的提出

关于《合同法》第114条规定的违约金性质，存在着种种观点。

（一）关于违约金与损害赔偿之间的关系

《日本民法》第420条第3款规定，“违约金推定为预定的赔偿额”，对于该规定，被解释为不能认可增减预定的赔偿额。此点与按照实际的损失额来认可增减预定的违约金的中国是不同的。[①] 作为产生此种分歧的理由，王利明教授指出：“在我

---

① 不过，《日本民法修正案》删除了现行《日本民法》第420条中的“法院不得增加或减少其数额”这一表述。

国，违约金主要是补偿性的，但我国《合同法》并没有确认违约金为预定的损害赔偿，原因在于，即使是补偿性的违约金也不能完全等同于预定的损害赔偿。比如，违约金不能填补因违约而生的损失时，受害人可另行获得赔偿。”作为其依据，王教授举出了《民法通则》第 112 条的规定（当事人一方违反合同的赔偿责任，应当相当于另一方因此所受到的损失。当事人可以在合同中约定，一方违反合同时，向另一方支付一定数额的违约金；也可以在合同中约定对于违反合同而产生的损失赔偿额的计算方法），并认为该条实际上承认了当事人同时可以约定预定为违约金的损害赔偿。[①] 是否可以如此理解《民法通则》第 112 条？与此相对，也有观点认为《民法通则》第 112 条的规定表明当事人可以选择违约金与预定的损害赔偿（违约金与预定的损害赔偿只能择一行使，不能在合同中同时约定二者）。对此该如何理解？（提问①）

（二）关于违约金与合同解除之间的关系

当合同被解除后，违约金请求权是否归于消灭这个问题会因是否采有关解除的直接效果说而产生不同的结果，此外，采直接效果说的论者当中也存在着意见的分歧。如何理解此问题？（提问②）

（三）关于违约金责任的构成要件

围绕区别于惩罚性赔偿金的所谓的赔偿性违约金是否以过失为要件这一问题，在日本也存在着学说的分歧。我妻荣教授采归责事由不要说，而法院以归责事由为其要件。在中国也存在着分歧，在司法实务部门，违约责任的基本构成要件被认为是违约行为与过错，[②] 也有学者主张应根据过错程度来确定违约金的数额。[③] 如何理解该问题？（提问③）

（四）关于惩罚性违约金

如果重视违约金责任的制裁性因素的话，将会积极评价惩罚性违约金的存在意义。对此，有论者指出：（1）如果法院不能直接调整违约金的数额，在司法实践中会成为问题；（2）在判断违约金的高低时，违约金是以补偿为主还是以惩罚为主将

---

① 王利明：《违约责任论（修订版）》，中国政法大学出版社 2003 年版，第 631 ~ 632 页。

② 参见王利明Ⅱ书，第 714 页。

③ 参见崔建远主编：《新合同法原理与案例评析》（上），吉林人民出版社 1999 年版，第 622 页；转引自前引王利明书，第 714 页注释②。

会成为问题，但是在现阶段的中国，惩罚性违约金是必要的，且惩罚性赔偿金利大于弊；(3) 惩罚性违约金的数额可以类推适用《担保法》第 91 条的规定，不得超过主合同标的额的 20%。[①] 如何理解此种观点？（提问④）

（五）关于法官调整违约金的释明权

梁慧星教授在最近的论文中已提到该问题。具体来讲，《民商事合同指导意见》(2009 年) 规定："人民法院可以就当事人是否需要主张违约金过高问题进行释明"(画线部分为小口所加，下同)，而《买卖合同解释》第 27 条却规定："买卖合同当事人一方以对方违约为由主张支付违约金，对方以合同不成立、合同未生效、合同无效或者不构成违约等为由进行免责抗辩而未主张调整过高的违约金的，人民法院应当就法院若不支持免责抗辩，当事人是否需要主张调整违约金进行释明。""一审法院认为免责抗辩成立且未予释明，二审法院认为应当判决支付违约金的，可以直接释明并改判。"[②] 上述两个司法解释语言上的变化，是否意味着行使有关调整违约金的释明（权）从"可以"变更为"应当"亦即变更为义务了呢？此外，关于调整违约金的问题，是否可以认为《合同法》第 114 条是以当事人的请求为前提的，而上述 2012 年的司法解释却在要求法官以行使职权的方式调整违约金呢？（提问⑤）

二、韩世远与王成的答复

（一）韩世远的答复

1. 关于提问①

在当事人之间就违约场合可得请求的损害赔偿额事先加以约定，对于债权人而言，在无须举证损害这点上具有便利性；对于债务人而言，违约场合应予赔偿的数额自始确定下来，也得安心。这种损害赔偿额预定的制度，属于对于债权人及债务人均具有便利性的制度；另外，根据合同自由原则，通过合同对赔偿额加以约定，也没有什么问题，因而，损害赔偿额预定制度被许多国家的法制所承认。[③] 中国《合同法》第 114 条第 1 款后段允许当事人约定因违约产生的损失赔偿额的计算方法，

---

① 靳学军、李颖：《违约金调整的司法难题及解决》，载《人民司法·应用》2008 年第 19 期。

② 参见梁慧星：《审理合同纠纷案件的若干问题》，载《法律适用》2012 年第 12 期。

③ 参见［日］奥田昌道编：《新版注释民法（10）Ⅱ债权（1）》，日本有斐阁 2011 年版，第 571 页（奥田昌道、坂田宏撰写部分）。

其实质也是一种损害赔偿额的预定（确定损失赔偿额的计算方法，自然也就可以确定损害赔偿额，这种确定本身具有预定的属性）。《合同法》第 114 条第 1 款前段则是允许当事人约定违约金。由于违约金与损失赔偿额的计算方法并列规定，自然就引出二者之间的关系问题。换言之，违约金在性质上是否算是或者像《日本民法》第 420 条第 3 款那样被推定为一种损害赔偿额的预定呢？

《合同法》并没有明确规定违约金被推定为损害赔偿额的预定，也没有像此前的《涉外经济合同法》第 20 条第 2 款前段规定："合同中约定的违约金，视为违反合同的损失赔偿。"由此，在学者中间存在不同的理解，是很正常的事情。比如，王利明教授便认为，新合同法虽然规定违约金数额可以调整，但并没有确认违约金为预定的损害赔偿。①

从立法资料看，《合同法（建议草案）》第 146 条规定违约金由当事人约定；其第 147 条规定：除当事人另有约定外，违约金视为预定的违约赔偿金。债权人请求债务人支付违约金的，不得同时请求其继续履行合同或者赔偿损失，但如果违约金是专门为迟延履行约定的，不在此限。第 149 条规定违约金的增减。1996 年 5 ~ 6 月的修改，对条文和文字作了调整，并对约定违约金的增减作了更具体的规定。这就是第三稿第 81 条：当事人可以约定违约金。当事人违约后，应当按照约定支付违约金。（第 1 款）违约金视为因违约造成损失的赔偿金。约定的违约金过分高于或者低于因违约造成损失的，当事人可以请求人民法院或者仲裁委员会适当减少或者增加。违约没有造成损失，但按照约定支付违约金明显不合理的，当事人可以请求人民法院或者仲裁委员会适当减少。（第 2 款）当事人在合同中约定的损失赔偿额，适用本条规定。（第 3 款）另外在第 83 条规定：当事人既约定违约金，又约定赔偿损失额的计算方法的，一方违约后，受害方只能选择一种承担责任的方式。征求意见稿的第 77 条保留了第三稿第 81 条的第 1、2 款，删去第 3 款。第三稿的第 83 条未予保留。② 如今《合同法》第 114 条第 1 款和第 2 款，大致相当于《涉外经济合同法》第 20 条的第 1 款和第 2 款。差别在于：其一，《涉外经济合同法》第 20 条第 2 款前段规定的违约金"视为违反合同的损失赔偿"，在《合同法》第 114 条中并不存在；其二，《合同法》第 114 条第 3 款相较《涉外经济合同法》第 20 条是新增加的。

---

① 王利明：《违约责任论》，中国政法大学出版社 2000 年修订版，第 578 页。

② 参见梁慧星：《民法学说判例与立法研究（二）》，国家行政学院出版社 1999 年版，第 180 ~ 181 页。

就上述第一点差别，虽然有多种解释的可能，包括“不明确规定即是否定”，但我个人以为不应这样解释。理由在于：上述立法草案的表述反映出，起草人基本沿用了《涉外经济合同法》关于违约金的定性，即作为违反合同的损失赔偿。如果立法者有意否定这一定性，立法修改便属于重大修改，必然会用适当的方式展示其改正的理由，而这一点恰恰是我们没有见到的。这样，不作为重大的修改，仅属文字调整，精神不变，则更符合立法者的原意。对此，今天来看，仍有其积极的方面。因为“视为”乃是不可推翻的推定，是一种法律拟制。果如此，违约金一旦被“视为”违反合同的损失赔偿，便无“惩罚性违约金”存在的空间。

王利明教授认为即使是补偿性的违约金也不能完全等同于预定的损害赔偿。二者的区别之一在于，在支付了预定的损害赔偿以后，当事人无权请求其他形式的损害赔偿，但在适用了补偿性违约金以后，并不完全排斥赔偿的运用。[①] 这种看法也还有探讨的余地。《合同法》第 114 条所规定的违约金作为损害赔偿额的预定，究竟是最低限度的赔偿额的预定，抑或是最高额的损害赔偿额的预定？王利明教授承认违约金与损害赔偿的并用，显然不会认为违约金是最高额的损害赔偿预定。疑问由此产生：既然请求了违约金后还可以进一步要求损害赔偿（如同此前的《经济合同法》第 35 条），那么，立法者何必再于《合同法》第 114 条第 2 款允许当事人请求人民法院或者仲裁机构予以增加呢？直接适用损害赔偿不就解决问题了吗？显然立法者的本意不是如此。立法者注意到了就违约金问题《经济合同法》与《涉外经济合同法》之间的差异，[②] 并在制定《合同法》过程中审慎地加以抉择，放弃了《经济合同法》的模式，选择了《涉外经济合同法》的模式。

关于违约金与损失赔偿额的计算方法可否并用，这本身是合同解释问题，需要探究当事人的真实意思。而以有可能二者并用，进而认为违约金不同于预定的损害赔偿，实在是难以看清其间的逻辑。对于持这种看法的观点，只需举《涉外经济合

---

① 王利明：《违约责任论》，中国政法大学出版社 2000 年修订版，第 578 页。

② 1981 年《经济合同法》第 35 条与 1993 年《经济合同法》第 31 条规定：“当事人一方违反经济合同时，应向对方支付违约金。如果由于违约已给对方造成的损失超过违约金的，还应进行赔偿，补偿违约金不足的部分。对方要求继续履行合同的，应继续履行。”1985 年《涉外经济合同法》第 20 条规定：“当事人可以在合同中约定，一方违反合同时，向另一方支付一定数额的违约金；也可以约定对于违反合同而产生的损失赔偿额的计算方法。合同中约定的违约金，视为违反合同的损失赔偿。但是，约定的违约金过分高于或者低于违反合同所造成的损失的，当事人可以请求仲裁机构或者法院予以适当减少或者增加。”

同法》第 20 条的规定，即可澄清问题。该条第 1 款如同《合同法》第 114 条第 1 款，允许当事人约定违约金，也可以约定违约的损失赔偿额的计算方法。而第 20 条第 2 款明定：合同中约定的违约金，视为违反合同的损失赔偿。

2. 关于提问②

在合同因一方违约而被解除场合，非违约方还有没有违约金请求权，值得探讨。依合同解除的“直接效果说”，合同因解除而溯及地消灭，皮之不存，毛将焉附？所以违约金条款也丧失所附立的基础，违约金请求权自当归于消灭，不得再行请求。[①]对于上述推理，采“直接效果说”立场者亦非完全赞同，其理由在于，“因为当事人违约而产生的违约金责任是客观存在，不能因合同解除而化为乌有，对此，不论什么性质的违约金均应一样。为了照顾违约金需要以合同关系存在为前提的理论，在合同解除有溯及力时，可以拟制合同关系在违约金存在的范围内继续存在。”[②]

《合同法》第 98 条规定：“合同的权利义务终止，不影响合同中结算和清理条款的效力。”合同解除是合同的权利义务终止的情形之一（参见《合同法》第 91 条），因而，合同解除场合，合同中的结算和清理条款仍得有效。其中，违约金条款就可包括在内，因而，在我国现行法上，违约金并不因为合同解除而受影响，仍可请求。[③]

3. 关于提问③

在《合同法》之前，中国的民法学说关于违约金的构成要件通常是包含过错在内的，比如梁慧星先生在 1988 年出版的著作中便写道：“鉴于法律对违约行为适用严格的过错责任原则（我国法律至今未规定适用无过错责任的合同），因此违约金属于过错责任，只在违约人对于违约行为具有过错时才发生违约金责任。如果不存在过错，违约人可以因此免责。”[④]

1999 年采纳“严格责任”原则的《合同法》出台，带来了解释违约金构成要件的困难。当时，我在写作违约金问题时，深感困惑。我请教我的博士论文指导老师梁慧星先生，得到的答复是：《合同法》已经改采“严格责任”原则，违约金的构成要件当然不需要过错。我再请教我的硕士论文指导老师崔建远教授，得到的答复则

---

① 可参见左觉先：《论契约解除后违约金之请求权是否存在》，载郑玉波主编：《民法债编论文选辑》（中册），中国台湾地区五南图书出版公司 1984 年版，第 855 页。

② 崔建远：《合同责任研究》，吉林大学出版社 1992 年版，第 257 页。

③ 韩世远Ⅳ书，第 673 页。我国实务已倾向于此种见解，参见沈德咏主编：《最高人民法院关于合同法司法解释（二）理解与适用》，人民法院出版社 2009 年版，第 206 页。

④ 梁慧星：《民法》，四川人民出版社 1988 年版，第 422 页。

完全相反。我继续追问为何仍需要过错要件时，崔建远教授答曰，这是传统！在崔建远教授主编的《新合同法原理与案例评释》中，作为第七章“违约责任”的执笔人，我按照主编崔建远教授的观点写作，认为违约金责任的成立“原则上要求违约金有过错，或者是故意，或者是过失。”“纵在严格责任原则下，违约金责任的构成，在解释上也应采取限缩解释，要求违约金以有过失为要件”。由于当时已经意识到这是一个问题，因而也在该书中指明了这个问题。[①]

围绕上述问题的思考并没有因为上述著作的出版而终止，2002年的北京冬天下第一场雪时，我感到这不应当是一个简单的“Yes or No”的问题，恐怕区分类型分别讨论更好。这种想法与崔建远教授沟通后，得到其认可。于是在2003年出版的《合同法》教科书第三版中，我执笔的这部分内容便有了质的变化，“违约金责任的构成是否要求违约金具有过错？应当区分类型，作具体分析：（1）如果当事人约定违约金的成立以一方当事人有过错为要件的，依其约定。（2）在《合同法》分则以及单行法规中特别规定违约责任为过错责任场合，违约金的成立应当要求过错要件。（3）在惩罚性违约金场合，由于其目的在于给债务人心理上制造压力，促使之积极履行债务，同时，在债务不履行场合，表现为对过错的惩罚，因而，应当要求以债务人的过错作为其承担惩罚性违约金的要件。[②]（4）在赔偿性违约金场合，除前述特别情形外，不要求以过错为成立要件。原因在于，其性质上是作为损害赔偿额的预定，强调的是对因违约造成的损害的补偿，不必要求过错之归责事由，这也符合《合同法》采纳的严格责任原则。”[③] 上述想法后来也出现在我的一篇题为《违约金的理论问题》的论文中，[④] 以及我的《合同法总论》中。[⑤] 时至今日，上述想法仍被崔建远教授所认可。[⑥]

4. 关于提问④

（1）对于惩罚性违约金存在的必要性，我从未怀疑过。但是，对于惩罚性违约金

---

① 参见崔建远主编：《新合同法原理与案例评释》（上册），韩世远执笔，吉林大学出版社1999年版，第622页；崔建远主编：《合同法》，韩世远执笔，法律出版社2000年修订本，第319～320页。

② 韩世远：《中国的履行障碍法》，载《私法研究》，中国政法大学出版社2002年版，第193页。

③ 崔建远主编：《合同法》，韩世远执笔，法律出版社2003年版，第285～286页。

④ 参见韩世远：《违约金的理论问题》，载《法学研究》2003年第4期。

⑤ 参见韩世远：《合同法总论》，法律出版社2004年版，第772～773页。

⑥ 参见崔建远：《合同法》，北京大学出版社2012年版，第370页。

在法律上也应当有所规制。（2）类推适用《担保法》第 91 条以控制惩罚性违约金的想法，在中国是我首先提出来的观点。[①] 这一观点如今在实务界也产生了一定的影响。

5. 关于提问⑤

围绕裁判者在审判过程中的“释明”问题，中国实务界及理论界还在摸索过程中。“释明”到底是一种权利或者权力，抑或是一项义务或者职责，在不同的国家和地区，实践做法和理论认识并不完全一样。最高人民法院的上述司法解释本身也是一种探索，并非最终定型。“释明”由“可以”到“应当”的转变，就其背后理论意涵的差异，梁慧星先生的分析是有道理的。

调整违约金要以当事人提出调整请求为前提，法院或者仲裁庭不能够依职权主动调整，这一点目前在中国是明确的。即使是上述司法解释，也没有改变这一基本立场的意思。

（二）王成的答复

1. 关于提问①

在中国《合同法》上，违约金与损害赔偿的关系密切。但二者关系究竟如何，存在着不同的认识。从立法规定来看，1981 年《经济合同法》第 35 条、1993 年修订后的《经济合同法》第 31 条规定，当事人一方违反经济合同时，应向对方支付违约金。如果由于违约已给对方造成的损失超过违约金的，还应进行赔偿，补偿违约金不足的部分。对方要求继续履行合同的，应继续履行。而 1985 年《涉外经济合同法》第 20 条规定：“当事人可以在合同中约定，一方违反合同时，向另一方支付一定数额的违约金；也可以约定对于违反合同而产生的损失赔偿额的计算方法。”“合同中约定的违约金，视为违反合同的损失赔偿。但是，约定的违约金过分高于或者低于违反合同所造成的损失的，当事人可以请求仲裁机构或者法院予以适当减少或者增加。”

《涉外经济合同法》第 20 条第 1 款和第 2 款但书，分别就是 1987 年《民法通则》第 112 条第 2 款和 1999 年《合同法》第 114 条第 2 款的内容。但是关于违约金与损害赔偿关系的“合同中约定的违约金，视为违反合同的损失赔偿”一句，无论民法通则还是合同法的规定中，都没有再出现。

个人认为，违约金与损害赔偿的关系，与违约金的性质与能否调整有关。比如，现在，多数人主张，违约金应当被视为损害赔偿的预定，此处的违约金多数是指补

---

① 参见韩世远：《违约金的理论问题》，载《法学研究》2003 年第 4 期。

偿性违约金。同时，因为《合同法》第 114 条规定违约金可以依当事人请求而调整，而调整的标准就是损失。故而，使得损失与违约金就变成了一回事情。可见，关于违约金与损害赔偿的关系，与违约金本身的性质及能否调整有关。比如，《合同法适用解释（二）》第 28 条规定，当事人依照《合同法》第 114 条第 2 款的规定，请求人民法院增加违约金的，增加后的违约金数额以不超过实际损失额为限。增加违约金以后，当事人又请求对方赔偿损失的，人民法院不予支持。第 29 条规定，当事人主张约定的违约金过高请求予以适当减少的，人民法院应当以实际损失为基础，兼顾合同的履行情况、当事人的过错程度以及预期利益等综合因素，根据公平原则和诚实信用原则予以衡量，并作出裁决。当事人约定的违约金超过造成损失的 30% 的，一般可以认定为《合同法》第 114 条第 2 款规定的“过分高于造成的损失”。

关于《民法通则》第 112 条，存在着不同的理解。我个人理解，所谓约定一定数额的违约金，指约定一个固定的数额；所谓约定损失赔偿额的计算方法，指的是计算方法。这种计算方法的约定相对于固定数额的约定。因此，《民法通则》第 112 条的规定可以理解为，要么约定固定的数额，要么约定计算方法，都是关于损失赔偿的预定。

《买卖合同解释》第 24 条第 4 款规定，买卖合同没有约定逾期付款违约金或者该违约金的计算方法，出卖人以买受人违约为由主张赔偿逾期付款损失的，人民法院可以中国人民银行同期同类人民币贷款基准利率为基础，参照逾期罚息利率标准计算。此条应当可以作为上述理解的佐证。

2. 关于提问②

在中国，绝大多数的判决，包括最高人民法院的判决，都支持合同因违约被解除后可以继续要求违约金。但是，最高人民法院至少有一个判决作出了相反的解释。由此引起了人们的讨论。

《买卖合同解释》第 26 条规定，买卖合同因违约而解除后，守约方主张继续适用违约金条款的，人民法院应予支持。这一规定，明确了最高人民法院的看法。我个人也赞同这样的规定。

在学说上，合同解除后，有学者认为，依直接效果说是否必然意味着违约金请求权也不复存在？[①] 似乎也未必如此。采直接效果说的学者也支持违约金条款可以继续适用。比如，崔建远教授认为，依直接效果说，合同解除即使具有溯及力，也不

---

① 韩世远：《合同法总论（第二版）》，法律出版社 2008 年版，第 602 页。

影响违约责任的存在，并且该责任关系与原合同关系具有同一性。[①] 其理由在于，因为当事人违约而产生的违约金责任是客观存在，不能因合同解除而化为乌有，对此，不论什么性质的违约金均应一样。为了照顾违约金需要以合同关系存在为前提的理论，在合同解除有溯及力时，可以拟制合同关系在违约金存在的范围内继续存在。[②] 王利明教授也认为，在一方违约导致合同解除的情况下，应当允许另一方要求支付违约金。因为违约金的主要作用就在于制裁违约行为和担保债务履行。[③]

3. 关于提问③

违约金责任作为违约责任的方式，其构成要件应当与违约责任的构成要件一体考虑。如前所述，由于对违约责任构成要件存在分歧，对违约金责任存在分歧，也可以理解。我个人的看法，违约金责任的构成要件就是违约责任的构成要件。另外，违约金数额应当就是损失赔偿额的预定。

另一方面，由于违约损害赔偿额未必在每个案件中都有非常精确的数额，故而，法官在裁判时会有一定的自由裁量权。损害赔偿如果体现为违约金的话，则面临着违约金因过低或明显过高而调整的问题。在这个调整过程中，过错则会起到一定的影响作用，但过错只是影响因素之一。比如，《合同法适用解释（二）》第29条第1款规定，当事人主张约定的违约金过高请求予以适当减少的，人民法院应当以实际损失为基础，兼顾合同的履行情况、当事人的过错程度以及预期利益等综合因素，根据公平原则和诚实信用原则予以衡量，并作出裁决。

关于上面引用的王利明教授和崔建远教授书中的观点，可能存在着引述上的误会。此处所谓“在司法实务部门，违约责任的基本构成要件被认为是违约行为与过错”，以及“也有学者主张应根据过错程度来确定违约金的数额”应当均出自王利明教授著作第714页脚注1之前的内容。但是，该脚注1之前的原话是“在学术界和司法实务部门一直存在着一种流行的观点，即违约金责任的基本构成要件是违约行为和过错，并要求根据过错程度来确定违约金的数额。”王利明教授书第714页脚注2所引的是王家福教授的《合同法》，其内容是违约金的支付不应与实际的损害为条件，可见，与这部分内容无关。根据脚注1，上述这段话来自崔建远教授书第622页。查崔建远教授书第622页，也没有所谓“在学术界和司法实务部门一直存在着一种流

① 崔建远：《解除权问题的释问与解答（下篇）》，载《政治与法律》2005年第4期。
② 崔建远：《合同责任研究》，吉林大学出版社1992年版，第257页。
③ 王利明：《违约责任论（修订版）》，中国政法大学出版社2000年修订版，第581页。

行的观点，即违约金责任的基本构成要件是违约行为和过错，并要求根据过错程度来确定违约金的数额”这段原话。崔建远教授书第622页相关内容是违约金责任的成立。该书认为，违约金责任需要两个条件：第一，违约行为发生；第二，原则上要求违约方有过错。“不过在采严格责任原则之体制下，会发生一个问题：违约责任的构成无须以过错为要件，违约金责任没有理由例外，故不应以过错为要件，此处又如何要求以过错为违约金责任的发生要件呢？对于此一问题，实际存有两类见解：一种见解认为，依据严格责任原则，违约金责任的构成并不以债务人主观上具有过错为要件；另一种见解认为，纵在严格责任原则下，违约金责任的构成，在解释上也应当采限缩解释，要求以违约方有过错为要件。本书赞同后一种见解。”可见，即使不是原话引用而是概括性引用，似乎也存在着误解。

4. 关于提问④

小口教授对中国的文献真是非常的熟悉。这两位作者是我曾经的同事。两位作者都是审判经验非常丰富的法官，他们的观点既是多年审判经验的总结，也具有一定的代表性。

比如，文章提出，当事人在一审时往往更多关注是否构成违约，而不太关注违约金的高低，由此导致当事人在一审时不提违约金的调整，到了二审，发现违约问题相对明确了，才想到提出申请违约金调整的问题。这种情况下，二审就可能对一审判决进行改判。而一审法官从职业荣誉的角度，不愿意看到自己的裁判被改判。由此一审法官就可能想办法提醒当事人在一审时提出违约金调整的申请。此时，对方当事人又可能会产生不满：法官凭什么在对方并不认为违约金过高的情况下，不断提醒对方当事人。进而甚至怀疑法官的中立性。

这些都是非常宝贵的审判经验。值得研究者关注。作为回应，《买卖合同解释》第27条规定：“买卖合同当事人一方以对方违约为由主张支付违约金，对方以合同不成立、合同未生效、合同无效或者不构成违约等为由进行免责抗辩而未主张调整过高的违约金的，人民法院应当就法院若不支持免责抗辩，当事人是否需要主张调整违约金进行释明。”“一审法院认为免责抗辩成立且未予释明，二审法院认为应当判决支付违约金的，可以直接释明并改判。”

需要指出的是，此处总结的三方面观点，尤其是其中第一点和第三点，仅仅是上述文章中提到的别人的少数观点，并不是两位作者的观点。

比如，第一点认为，“如果法院不能直接调整违约金的数额，在司法实践中会成为问题”。两位作者的观点恰好与此相反。即他们认为，法官应当谨慎行使释明权。

在违约金调整的问题上，释明权行使是一种例外情况。仅在下列特殊情况下，法官可以行使释明权：(1)当事人虽未明确申请调整违约金，但在其诉讼请求或抗辩理由中却表达了相应的意思，如在违约金低于损失时，当事人在主张违约金的同时对违约金低于损失的部分要求赔偿损失，虽然形式上没有申请增加违约金，但实质和增加违约金是一致的，仅是意思表达方式有所不同。(2)违约方虽未主动申请法院对违约金进行调整，但在抗辩不构成违约的同时，提出即使构成违约，实际损失也很小或没有损失。(3)没有聘请律师、法律知识极度匮乏、经济风险承受能力极低的社会弱势群体。

第三点认为，“惩罚性违约金的数额可以类推适用《担保法》第91条的规定，不得超过主合同标的额的20%”。这也仅是文章中引用的他人观点之一。两位作者的观点并非如此。他们认为，适当的做法应是，不给违约金过高（后文关于过低的判断也相同——笔者注）给出具体的最高限额，只是大致划定指导原则或裁量幅度，然后依赖法官的法律素养和对经济生活的体认进行合理的自由裁量。

5. 关于提问⑤

(1)《买卖合同解释》第27条，规定了当事人获取救济的两条可能的途径：一条是合同未成立、未生效、无效或不构成违约的问题；另一条是构成违约后的违约金问题。我个人理解，第1款中的“应当”重在强调向当事人释明两条途径的问题，以确保当事人获得充分的救济机会。第2款中的“可以”则是强调二审法院可以直接判决而无需发回一审法院重新审理，以减轻当事人的诉累。

(2)从《买卖合同解释》第27条中读出法官对违约金调整负有释明的义务，也未尝不可。我个人认为，法官原本就应当对此进行释明。

(3)在中国，通说认为，释明权的适用范围应保证法官不至于取代当事人决定实体内容的形成。[①]《买卖合同解释》第27条仅仅是规定了法官应当就有关情况加以释明，是否请求调整仍然是由当事人决定，因此，第27条应该没有改变《合同法》第114条的立场。

三、渡边达德的点评

以下，将对“一、问题的提出”中所提出的提问①至⑤依次进行点评。

---

① 张卫平：《转换的逻辑：民事诉讼体制转型分析》，法律出版社2004年版，第349页。

（一）关于提问①

关于违约金，中国《合同法》第 114 条规定 :（1）合同中可以约定支付违约金以及因违约产生的损失赔偿额的计算方法 ;（2）约定的违约金与实际造成的损失额存在差异的，当事人可以请求人民法院或者仲裁机构予以增减 ;（3）就迟延履行约定违约金的，债务人在支付违约金后仍负有履行责任。该规定相当于《涉外经济合同法》第 20 条，但未继受后者所规定的“约定的违约金，视为违反合同的损失赔偿”这一部分。由此，围绕中国《合同法》第 114 条的解释，存在着不同的理解。

韩世远教授表明了《涉外经济合同法》第 20 条的主旨已继受于中国《合同法》第 114 条的理解，王成教授指出，可以按照实际发生的损失来调整违约金。依两位教授的见解，法律的主旨将在于 : 违约金可构成损害赔偿的大致的标准，当实际发生的损害与违约金相背离时可以承认进行调整。

此种调整方式与《日本民法》第 420 条第 1 款的规定（当事人可以就债务不履行预定损害赔偿额。于此情形，法院不得增加或减少其数额）是不同的。此外，如若通过中国《合同法》第 114 条最终以实际造成的损失额为标准来进行调整的话，也可以说将产生为何要规定违约金这种疑问。但是，虽然在《日本民法》上，违约金被推定为赔偿额的预定（第 420 条第 3 款），不过并未排除作为对债务不履行的制裁亦即违约罚来规定违约金，并另行请求赔偿实际损失。因此，也可以认为在实际的运用中，中国与日本不会产生明显的差异。

顺便提及的是，《日本民法修正案》建议删除规定“于此情形，法院不得增加或减少其数额”的第 420 条第 1 款后段。

（二）关于提问②

该提问属于此种问题，亦即 : 关于合同解除的效果如若采所谓的直接效果说的场合，合同因解除而溯及的消灭，因此，是否包括合同中的违约金条款也归于消灭，当事人也不能援引该违约金条款呢？但是，韩世远教授与王成教授都没有这样认为。作为其理由，韩世远教授提到了规定“合同的权利义务终止，不影响合同中结算和清理条款的效力”的中国《合同法》第 98 条。此外，韩世远教授和王成教授都介绍了此种理论上的依据，亦即 : 即使合同被溯及地解除，合同关系在违约金存在的范围内继续存在。我认为，不妨将此视为在中国具有支配性地位的见解。

关于合同的法定解除采直接效果说这一点与日本的判例以及过去的通说是相同

的，但在于后者，几乎没有迹象表明在与违约金条款的关系中讨论过该问题。既然因解除合同溯及地消灭，不履行的事实也随之消失，那么，不也就不能行使损害赔偿请求了么？虽然曾有一段时期讨论过该问题，但可以说，其属于盖棺定论的议论了。

此外，可以说，韩世远教授所提及的中国《合同法》第98条体现出了其受到CISG第81条第1款第2句的影响。

（三）关于提问③

从韩世远教授与王成教授的解说中可以看出，是否将违约方（债务人）的过失理解为违约金责任的构成要件这一问题，属于采严格责任主义的中国《合同法》上重要的解释问题。

在日本，关于该问题的学说也存在意见的分歧。虽然过去也曾有过，似乎可以认为要求支付违约金不以债务人的归责事由为要件的观点为通说这样一种时期，[①] 但是近年来，主张只要债务人举证证明不存在归责事由即可免责的观点也开始多起来。[②]顺便提及的是，当事人之间存在合意的，承认违约金责任的要件依照其合意的内容是不言自明的。[③]

（四）关于提问④⑤

对于惩罚性违约金的可否乃至必要性，韩世远教授在提倡抑制性运用的同时持肯定态度。此外，王成教授所介绍的审判实务也饶有兴味。也就是说，存在此种倾向：当事人首先讼争的是是否构成违约（债务不履行），而不太关注违约金的高低，等到明确了违约不被免责后，才开始提出申请违约金调整的问题。由此，法院在违约不被免责的场合，对于是否要求调整违约金进行释明。此时，释明是属于法院的裁量还是义务，则属于提问⑤的问题。

在日本，不存在惩罚性违约金的概念。但是，在实务中有可能规定包括惩罚性意思在内的、高额违约金的情况。于此情形，《日本民法》法条上虽规定“法院不得增加或减少其数额”（第420条第1款后段），但在诸如所预定的赔偿额明显过高或

---

① ［日］我妻荣：《债权总论》，日本岩波书店1940年版，第114页；［日］于保不二雄：《债权总论》，日本有斐阁1959年版，第139页。

② ［日］内田贵：《民法Ⅲ》，日本东京大学出版会2005年版，第171页；［日］奥田昌道编：《新版注释民法（10）Ⅱ》，日本有斐阁2011年版，第601页（能见善久、大泽彩撰写部分）。

③ ［日］平井宜雄：《债权总论（第2版）》，日本弘文堂1994年版，第111页。

违反公序良俗的场合，也可以不承认按照约定支付赔偿金。于此场合，就如何确定合理的赔偿额而言，将存在两种解决方式：（1）由法官来确定适当的金额；（2）回到一般原则，由当事人举证证明实际损失。（1）为使违约金条款部分无效的处理方式，而（2）为使违约金条款全部无效的方式。视何者为妥当，将会按照在多大程度上承认由法院介入到该问题此种评价的不同，其结论也会不同。

第十一节　关于定金与违约金以及损害赔偿之间的关系

一、问题的提出

中国《买卖合同解释》第 28 条规定："买卖合同约定的定金不足以弥补一方违约造成的损失，对方请求赔偿超过定金部分的损失的，人民法院可以并处，但定金和损害赔偿的数额总和不应高于因违约造成的损失。"关于这一问题，梁慧星教授认为，"我国《合同法》上的定金，是参考我国台湾地区的定金，性质上属于违约定金"，"违约定金为损害赔偿之预定，性质上同于违约金，因此，定金与损害赔偿不得并用。"[①] 与此相对，王利明教授认为："从《合同法》第 116 条的本意来看是排斥违约金和定金的并用的。如果违约以后造成的损失过大，非违约方只能请求支付违约金或者要求承担定金责任以后，另外要求赔偿损失，但就违约金和定金的运用来说，只能适用一种。"[②] 如果依据王利明教授的主张，可以认为，在合同当事人对损害赔偿的预定已有约定时，可并用定金和损害赔偿预定的规定。如何理解此问题？

二、韩世远与王成的答复

（一）韩世远的答复

就《买卖合同解释》第 28 条的规定，显示出违约定金具有填补损失的功能，由于系当事人事先确定其数额，故也可以理解为一种损害赔偿额的预定，在这个意义上，

① 梁慧星：《审理合同纠纷案件的若干问题》，载《法律适用》2012 年第 12 期。

② 王利明：《民法疑难案例研究》（最新修订版），中国法制出版社 2010 年版，第 339 ~ 340 页；王利明：《民法疑难案例研究》（增订版），中国法制出版社 2013 年版，第 323 页。

梁慧星先生认为其性质同于违约金，有其道理。不过，也还是应当注意它与违约金之间的差异，违约金是损害赔偿总额的预定，违约定金则被理解为了损害赔偿最低额的预定。由于是最低额的损害赔偿，故以违约定金抵充填补损害之后，非违约方仍有损失的，仍不妨就未获填补的损失继续要求赔偿。这样理解上述司法解释第 28 条，它本身规定还是合理的。我个人以为，在我国将违约定金理解为损害赔偿最低额的预定，有其正当的理由或者基础，这便是《担保法》第 91 条的规定，它限定了定金不得超过合同标的的 20%。经由如此限定，确实不宜将违约定金解释为损害赔偿总额的预定了。王利明教授认为在中国的合同中支付违约金后，如果非违约金还有损失，仍可以继续请求赔偿，这便相当于将违约金理解为一种最低额的损害赔偿。他的这种理解与通常学说（包括我本人在内）将违约金解释为损害赔偿总额的预定，并不一样。

（二）王成的答复

查王利明教授书，他的观点包括两方面：其一，《合同法》第 116 条应当理解为定金和违约金只能够选择适用，否则该条款就不具有规范意义。其二，如果当事人在合同中明确约定，两者可以并用，只要在数额上不是过高，也是有效的。如果合同中既约定定金条款，又约定违约定金条款，当事人在合同中明确约定这两种责任针对不同的违约行为而适用（如约定在拒不履行时应支付违约金，在迟延履行时双倍返还定金），但并没有规定是否并用，此时也应当尊重当事人的约定，允许违约金和定金并存。[①]

认为中国法上的定金属于违约定金的观点，可能是因为《民法通则》第 89 条第（3）项（当事人一方在法律规定的范围内可以向对方给付定金。债务人履行债务后，定金应当抵作价款或者收回。给付定金的一方不履行债务的，无权要求返还定金；接受定金的一方不履行债务的，应当双倍返还定金），《担保法》第 89 条（当事人可以约定一方向对方给付定金作为债权的担保。债务人履行债务后，定金应当抵作价款或者收回。给付定金的一方不履行约定的债务的，无权要求返还定金；收受定金的一方不履行约定的债务的，应当双倍返还定金），以及《合同法》第 115 条（当事人可以依照《担保法》约定一方向对方给付定金作为债权的担保。债务人履行债务后，定金应当抵作价款或者收回。给付定金的一方不履行约定的债务的，无权要求返还定金；收受定金的一方不履行约定的债务的，应当双倍返还定金）的规定。

---

① 参见王利明：《民法疑难案例研究（增订版）》，中国法制出版社 2013 年版，第 323 页。

我个人看法,定金的性质取决于当事人的约定,此点,《担保法解释》第118条规定,当事人交付留置金、担保金、保证金、订约金、押金或者订金等,但没有约定定金性质的,当事人主张定金权利的,人民法院不予支持。此规定,将决定定金性质的权利完全交给了当事人。

而当事人约定的定金应该不只限于违约定金。这点在有关法律和司法解释的规定中也有所体现。比如,《商品房买卖合同解释》第4条规定,出卖人通过认购、订购、预订等方式向买受人收受定金作为订立商品房买卖合同担保的,如果因当事人一方原因未能订立商品房买卖合同,应当按照法律关于定金的规定处理;因不可归责于当事人双方的事由,导致商品房买卖合同未能订立的,出卖人应当将定金返还买受人。此处的定金属于订约定金。

《担保法解释》第115条规定,当事人约定以交付定金作为订立主合同担保的,给付定金的一方拒绝订立主合同的,无权要求返还定金;收受定金的一方拒绝订立合同的,应当双倍返还定金。此处的定金也属于订约定金。

《担保法解释》第117条规定,定金交付后,交付定金的一方可以按照合同的约定以丧失定金为代价而解除主合同,收受定金的一方可以双倍返还定金为代价而解除主合同。此处的定金属于解约定金。

中国台湾地区的定金,应当也是首先取决于当事人的约定。中国台湾地区"民法"第249条规定,定金除当事人另有约定外,适用下列之规定:(1)契约履行时,定金应返还或作为给付之一部。(2)契约因可归责于付定金当事人之事由,致不能履行时,定金不得请求返还。(3)契约因可归责于受定金当事人之事由,致不能履行时,该当事人应加倍返还其所受之定金。(4)契约因不可归责于双方当事人之事由,致不能履行时,定金应返还之。

定金、违约金与损害赔偿的关系,存在着各种学说。《合同法》第116条规定,当事人既约定违约金,又约定定金的,一方违约时,对方可以选择适用违约金或者定金条款。从文义解释的角度看,《合同法》第116条应当理解为违约金与定金不能同时适用。

但是总体上而言,定金、违约金和损害赔偿的目的,都是为了填补受害人因对方违约造成的损失,有些时候可能还稍微有些惩罚性。比如,违约金只有过分高于损失,才进行调整。故而,讨论定金、违约金以及损害赔偿的关系,取决于各个概念的界定,以此决定彼此的关系。

比如,《买卖合同解释》第28条规定,买卖合同约定的定金不足以弥补一方违约造成的损失，对方请求赔偿超过定金部分的损失的，人民法院可以并处，但定金和损害赔偿的数额总和不应高于因违约造成的损失。据此，定金和损害赔偿可以并处，违约金如果定性为损害赔偿额的预定，当然也可以与定金并处。

三、濑川信久的点评

小口教授提出了没收定金与损害赔偿能否并用的问题。如果将其一般化，就是定金、违约金以及损害赔偿处于何种关系的问题。但是，在此之前，中国法在将定金作为违约定金这一点上，与将定金作为解约定金的日本法是不同的。首先有必要确认此种不同。

（一）是违约定金还是解约定金

《日本民法》规定，收受定金将赋予双方当事人以解除权（解约定金）。此外，还规定，虽然以定金为由而解除合同的一方将受到定金损失（定金损失与双倍偿还定金。以上为《日本民法》第 557 条第 1 款），但是，解除方和被解除方均不得在定金之外请求所受损害的赔偿（同条第 2 款）。如上所述，《日本民法》将定金作为解约定金，并对其附加了损害赔偿的预定这一效果。① 不过，《日本民法》第 557 条是任意性规定。因此，当事人可以通过将收受的定金约定为损害赔偿的预定或违约罚，② 将其作为违约定金（最判昭和 38 年 9 月 5 日民集 17 卷 8 号 932 页）。不过，相较于解约定金，违约定金的案例并不多见。

与此相对，在中国，将定金的目的理解为由合同所产生的债权之担保。《担保法》第 89 条和《合同法》第 115 条均规定，当事人可以约定一方向对方给付定金作为债

---

① 民法起草者虽没有考虑违约定金，但是考虑到了不采定金形式的违约金的合意（以确保履行为目的）。最初的计划是将其规定在合同总则的“定金及违约金”这一款的，但考虑到与损害赔偿的关系，最终规定在了《日本民法》第 420 条第 3 款。参见［日］奥田昌道编：《新版注释民法（10）Ⅱ》，日本有斐阁 2011 年版，第 663 页。

② 就与相关条文的关系而言，损害赔偿的预定将依据第 420 条第 1 款，而有关违约罚的合意将基于排除第 420 条第 3 款适用的合意。

权的担保。[①] 另一方面，作为定金的效果，《民法通则》第 89 条第（3）项、《担保法》第 89 条以及《合同法》第 115 条均规定，在已履行债务的场合，“定金应当抵作价款或者回收”；在不履行债务的场合，给付定金的一方不履行时没收定金，收受定金的一方不履行时双倍返还。与日本法将定金损失、定金双倍返还作为合同解除的效果相比，如前所述，中国法则将定金损失、定金双倍返还作为合同上债务不履行的效果。

如上所述，虽然上述三部法律将定金作为违约定金，但 2000 年的《担保法司法解释》还规定了与违约定金所不同的定金。[②] 首先，其第 115 条所规定的是“当事人约定以交付定金作为订立主合同担保的”情形（订约定金）。依据该条，作为该定金的效果，给付定金的一方拒绝订立主合同的，没收定金；收受定金的一方拒绝订立主合同的，应当双倍返还定金。其次，第 116 条所规定的是“当事人约定以交付定金作为主合同成立或者生效要件的”情形（成约定金）。作为其效果，规定即使未支付定金，但“主合同已经履行或者已经履行主要部分的，不影响主合同的成立或者生效。”最后，第 117 条规定，不受收受定金的合意内容的限制，交付定金的一方可以以“丧失定金为代价”，收受定金的一方可以以双倍返还定金为代价，而解除主合同（解约定金）。[③]

依照上述内容，可以看出，无论是在日本还是中国，当事人可以赋予定金以与法律规定为原则之功能所不同的种种功能。但是，与在日本以解约定金为原则相比，

① 《民法通则》第 89 条第（3）项虽然没有规定定金是为了担保债权，但是自《担保法》起，均将其予以明文规定（在王成教授的答复中也部分引用了以下条文）。

《民法通则》第 89 条第（3）项规定：“当事人一方在法律规定的范围内可以向对方给付定金。”

《担保法》第 89 条规定：“当事人可以约定一方向对方给付定金作为债权的担保。”

《合同法》第 115 条规定：“当事人可以依照《中华人民共和国担保法》约定一方向对方给付定金作为债权的担保。”

此外，与《担保法》第 90 条规定定金合同（非主合同）的书面性和要物性，以及《担保法》第 89 条的表述也将定金合同作为要物合同（实践合同）相比，《合同法》第 115 条似乎将定金合同作为诺成合同。但是，未能确认这一点。

② 参见［日］森川伸吾：《逐条解说中国担保法司法解释》，载《国际商事法务》Vol.29，No.8（2001 年），第 965 页。据该文介绍，中国的学说将此类定金理解为《民法通则》《担保法》以及《合同法》所没有规定的非典型定金；其中，该司法解释第 115 条、第 116 条以及第 117 条所规定的定金分别称为“立约定金”“成约定金”和“解约定金”。

③ 从其条文表述中不能确定，可以解除的期间有无限制以及是否可以在完成债务履行之前解除合同。

在中国则是以违约定金为原则的。应如何看待这种差异呢？

关于这个问题，有必要从违约定金与解约定金的差异来考量。无论是在日本还是中国，基于解约定金而解除合同的，其效果均为损失定金或双倍返还定金。这与债务不履行情形中违约定金的效果是相同的（但是，其属于作为损害赔偿之预定的违约定金）。因此，其差异在于，若为解约定金，在收受定金以后可以不问缘由而单方解除合同；与此相对，若为违约定金，则直到履行期限届满后对方不履行为止，不能解除合同。综上所述，若为解约定金，当事人可以在很早的阶段任意解除合同，如若将此种差异考虑在内的话，可以说，之所以在日本以解约定金为原则是因为：由于将买卖合同规定为诺成合同且可在较早的阶段成立，因此，有必要赋予当事人以重新考虑缔约的余地。此外，现在的判例之所以宽泛地承认解约定金是因为，将实际上应作为买卖合同之预约的合意作为了买卖合同的本约。①

与此相对，我认为，在中国，以担保债权履行的违约定金作为原则，可能是出于如下的理由：一方面，由于过去将登记或交付作为买卖合同的生效要件，因此，仅以买卖的合意不能使合同具有拘束力，解约定金可以发挥作用的余地不大；另一方面，作为强制遵守合意的最低限度的措施，违约定金具有重要的意义；此外，由于现在逐渐开始承认即使不存在登记或交付也可以使买卖合同具有拘束力，因此才开始规定解约定金。②

我并不认为，即使在中国，解约定金早晚将成为普遍的定金类型，或者应当以解约定金为原则。毕竟，日本法将买卖合同一律规定为诺成合同并以解约定金为原则，这在比较法上也属异类。重要的是，违约定金抑或解约定金需要以当事人的实际意思为基础来进行判断。为此，我认为，除了在理论上对定金种类进行整理之外，还有必要探寻其在实际交易中的意义。

（二）违约定金与违约金以及损害赔偿

首先对问题稍作整理。不论是违约定金还是违约金，抑或损害赔偿，在广义上均属于基于债务不履行的损害赔偿（在广义上也包含违约罚、惩罚性损害赔偿）。但是，与通常的损害赔偿基于法律相比，违约定金和违约金是基于当事人的合意或

① ［日］来栖三郎:《日本的定金法》，载《来栖三郎著作集Ⅱ》，日本信山社2004年版，第250页。此外，也请参见该书第241页。

② 话虽如此，我（濑川教授）不了解的是：在解约定金之外，另行规定担保订立主合同的定金类型的意义，以及将其称之为“立约定金”的主旨。

合同的。此外，当事人在不履行债务之前已收受定金这一点上，违约定金不同于违约金和损害赔偿（以上内容，请参见下表）。总而言之，就违约定金而言，由于当事人协商一致将其作为不履行时的赔偿额并已收受，因此，法官难以通过法律上的损害赔偿标准来对其数额进行增减（变更所收受的数额将使有关返还的权利关系变得复杂）。

以下，从上述一般性的问题整理来看一下中国法的情况。中国《合同法》第 116 条规定，只能由当事人的一方来行使请求支付违约金或违约定金的没收以及双倍返还（表中的 a）。但是另一方面，第 114 条又规定违约金的数额与实际的损失数额不同的，可以请求增减该数额（表中的 b）。而且，《买卖合同解释》第 28 条还规定，在买卖合同中，可以请求赔偿超过（违约）定金数额的损失；但此时所能认可的总额不能超过实际的损失数额（表中的 c）。①

以下，试将韩世远教授和王成教授的观点定位到示意图之上。依濑川的理解，韩世远教授是基于违约定金为损害赔偿最低额的预定以及违约金为损害赔偿总额的预定此种理解来说明可以一并请求违约定金和损害赔偿的（参见《买卖合同解释》第 28 条及表中的 c）。与此相对，王成教授除了通过重视当事人的约定来论证《买卖合同解释》第 28 条的合理性之外，还暗示了《合同法》第 116 条有可能成为具文。

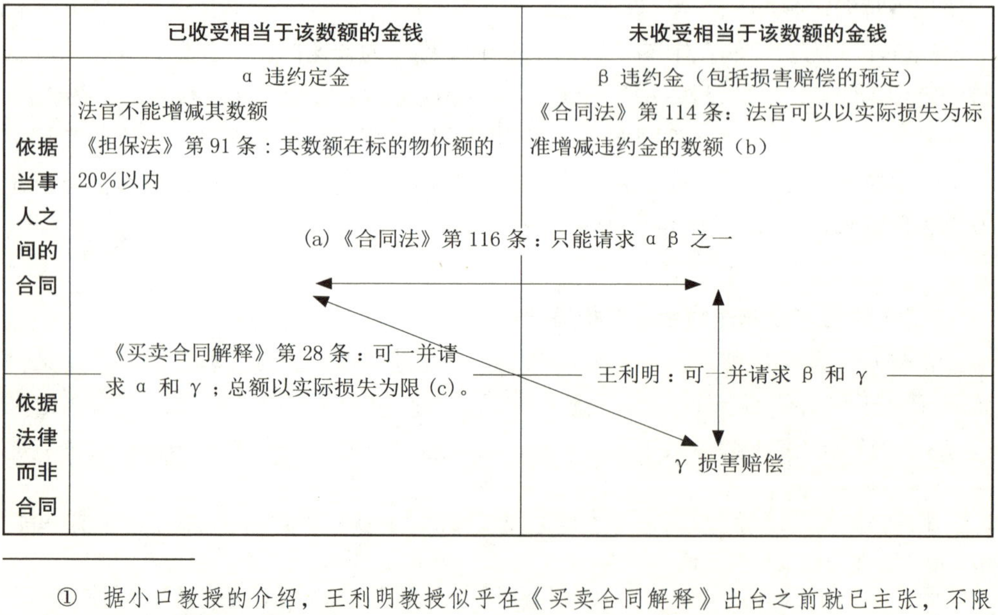

① 据小口教授的介绍，王利明教授似乎在《买卖合同解释》出台之前就已主张，不限于买卖合同，一并请求违约定金与损害赔偿是不被禁止的（表中的 c）。

也就是说，王成教授将王利明教授的观点分析为其包括两个方面，即尊重法规（《合同法》第116条）的方面与当事人的明确约定可以排除法规适用的方面；并且指出，虽然《民法通则》《担保法》以及《合同法》将定金规定为违约定金，但当事人的约定是决定性的，按照约定的内容，可成为订约定金或解约定金。此外，以两种理由为依据，即《买卖合同解释》第28条规定可以并处违约定金与损害赔偿（表中的c），以及违约金为损害赔偿的预定（构成b之基础的观念），认为可以并处违约定金与违约金（a之否定）。

王利明教授在维护《合同法》第116条规定的同时，以在违约定金、违约金之外还可以请求损害赔偿为线索，试图承认超过违约定金、违约金数额的损害赔偿。与此相对，韩王两位教授均通过解释当事人意思来扩大审判对法规的判断权。不过，相较于韩世远教授承认扩张法官对违约定金和违约金合同数额之主旨的解释权，王成教授则试图通过，除了数额之主旨以外，将法官的解释权限扩大到一般性的定金种类来排除《合同法》第116条的适用。个人以为，上述梁慧星教授、王利明教授、韩世远教授以及王成教授关于违约定金的法解释论变迁的基础上体现着，在从1995年的《担保法》到1999年的《合同法》、再经2000年的《担保法司法解释》到2012年的《买卖合同解释》这一时期，伴有定金的买卖合同的变迁与对法官判断权限的思考方式的变迁。对于《合同法》上的其他问题，我也曾好几次感受到，不同年代的学者之间所存在的学说的差异反映了中国社会与司法审判的变迁。倘若关于违约定金的学说的差异所反映的是中国社会的变迁的话，就有必要从理论上把握其变迁的内涵。

比如，我认为，依上述解释论，除《合同法》第116条之外，将违约定金限定在买卖标的价格20%以下的《担保法》第91条也有可能成为具文。反过来说，如若能了解《合同法》第116条和《担保法》第91条等的立法理由的话，应该能够明确今日之法解释论的意义。对此，是否可能存在此种情况：当时制定《担保法》时，由于买卖在履行登记或交付之前不具有法律效力，继而认为不应对该不履行课以过大的责任，因此在第91条中将违约定金限定在买卖标的价格的20%以下。

最后，试观日本法关于上述问题的情况。由于违约定金也属合同，因此按照当事人的意思与主旨的不同，将存在如下三种情况：（1）如若为损害赔偿的预定，则不能另行请求损害赔偿；（2）如若为最低限度的损害赔偿，则可以在实际的损失范围内，在违约金之外另行请求损害赔偿；（3）如若为违约罚，则可以包括违约金在内请求损害赔偿。由于（1）（2）（3）越往后合同的拘束力越强，因此法官将考察当事人的合同意思，在将合同的拘束力判断为偏弱时，则解释为（1）；判断为较强时，则解释为（2）；判断为更强时，则解释为（3）。《日本民法》不存在在此处（1）（2）（3）的情形中限制定金数额或规制由法官增减定金数额的规定。尽管如此，《日本民法》第420条第3款虽在没有特别约定的场合，将违约金合同推定为（1）赔偿额的预定，但其原则上仅为推定。此外，同条第1款但书虽然规定，法官不能增减由当事人约定的（1）赔偿额的预定额，但判例在所约定的违约金畸高等特定情况下，以该合意违反公序良俗或存在特别法为由认定其无效，并按照一般的损害赔偿标准来决定赔偿额。[①] 总而言之，究属（1）（2）（3）的哪种情形，在日本法上属于合同解释的问题。

如前所述，在日本法上，考察当事人的意思后认为应赋予较强拘束力的，将通过认定为违约定金而非解约定金，或者虽为解约定金但认定为存在"着手履行"等方式，否定希望消除合同关系的当事人一方所主张的解除。其后，还将存在与中国法相同的意思解释的问题，即，作为违约定金的该定金究竟属于（1）（2）（3）的哪种情形。不过，在基于定金的解除被否定的情况下，将其解释为（1）损害赔偿的预定实际上是自相矛盾的。可能是因为此种原因，主张基于定金解除的当事人通常不会主张（1）损害赔偿的预定，因此如若基于定金的解除被否定，则（2）包括违约金数额在内，将按照一般规定来承担损害赔偿责任。

如上所述，关于存在收受定金情形的合同的拘束力问题，在中国是作为违约定金与损害赔偿的关系为何的问题来讨论的，而在日本则是作为在基于定金的解除场合二者的关系为何这一问题来讨论的。但是对于中日两国来说，共同且重要的是，在何种场合、在多大程度上承认合同的拘束力这一判断。

第十二节　关于《合同法》第119条规定的减损规则

一、问题的提出

（一）关于"适当措施"

关于本条的"适当措施"，王利明教授在其所著的《违约责任论》（修订版）中将其替换成"合理措施"，在此基础上指出，关于确定受害人采取的措施是否合理的

---

① ［日］奥田昌道编：《新版注释民法（10）Ⅱ》，日本有斐阁2011年版，第570页（能见善久、大泽彩撰写部分）。

标准有如下三种观点：第一种观点认为，应当根据合理人的标准来确定，也就是说一个合理人处于当时受害人的情况下应当采取什么措施而受害人没有采取该措施，即认为其未采取合理措施；第二种观点认为，确定是否合理应看受害人主观上是否出于善意；第三种观点认为，是否采取合理措施应当考虑受害人采取某种措施在经济上是否合理，并阐明了他本人支持第二种观点。[①] 如何理解上述观点？（提问①）

（二）关于不合理的行为

王利明教授继续提出，应吸取英美法的经验，除了受害人在违约发生以后未能采取措施防止损失扩大的情形以外，也应将采取了不合理的行为造成损失的扩大这种情形纳入违反减轻损失义务中来。[②] 如何理解上述观点？（提问②）

（三）关于减轻损失义务存在的依据

不过，受害人为什么要负有减轻损失的义务？减轻损失义务在法律上存在的依据是什么？对此，王利明教授介绍了混合过错说、因果关系说、默示条款说、效率说等。[③] 对此问题是如何理解的？（提问③）

二、韩世远与王成的答复

（一）韩世远的答复

1. 关于提问①

减损规则直接影响非违约方所可获得的损害赔偿的范围，其关键在于如何判断非违约方行为的“合理性”。《合同法》第 119 条所谓“适当措施”，系属开放的不确定概念，其内涵不确定，但外延是开放的，在适用于具体案件之前，须由法官作价值补充，使其具体化。在为此项作业时，法官应当注意行为“合理性”标准之定位。

---

① 参见王利明：《违约责任论》（修订版），中国政法大学出版社 2000 年版，第 544 ~ 546 页。另参见王利明Ⅱ书，第 676 ~ 677 页；王利明：《合同法新问题研究》（修订版），中国社会科学出版社 2011 年版，第 690 页。

② 参见王利明：《违约责任论》（修订版），第 546 页；王利明Ⅱ书，第 677 页；王利明：《合同法新问题研究》（修订版），第 690 ~ 691 页。

③ 参见王利明：《违约责任论》（修订版），第 548 页；王利明Ⅱ书，第 678 ~ 679 页；王利明：《合同法新问题研究》（修订版），第 692 ~ 693 页。

减损规则的目的是要促使受害人采取合理措施减轻损失，避免社会资源的浪费，因而，受害人的行为合理性标准一是要在其行为时或应为行为时加以判断，而不应以事后的情况来衡量先前的行为是否合理；二是要看行为人的主观方面而不应拘于行为的客观结果，只要行为人在当时已经尽心尽力，纵使在客观上并没有减轻损失甚或增加了损失（在并不过分的限度内）仍可获取全面赔偿。[①]

2. 关于提问②

《合同法》第119条第1款规定："没有采取适当措施致使损失扩大的，不得就扩大的损失要求赔偿。"这里的"没有采取适当措施"，不仅可以包括受害人未能采取措施（不作为）的情形，也可以包括受害人虽然采取了措施（作为）但其措施不适当并因此扩大损害的情形。如此看来，《合同法》第119条在这里并没有法律漏洞。

3. 关于提问③

我在1997年第1期《法学研究》上曾发表《减损规则论》一文，文中曾就减损义务的理论根据作过梳理。现摘录如下：

法律为何要对赔偿权利人课以减损义务？对此有不同的解释，在英美法上主要有：近因和惩罚理论、信赖利益优先论以及经济效益论三种解释，[②] 在大陆法上主要有诚信原则论，下面分别介绍：

（1）近因和惩罚理论

这类解释体现于英美的一些判例之中，其中近因说可算是最为简单和最为直观的解释，认为减损原则是用以把违约方的责任限制于由他自己的行为造成的损失，受害方未能利用机会减轻损失系一介入原因，因此免除了违约方对该部分损失的责任。类似于侵权法中的近因和"最后清醒机会"原理，违约之受害人无权对本可以通过减轻损失而避免的损失获取赔偿。惩罚说则认为减损原则源自合同损害赔偿系设计用以赔偿受害方的损失，而非惩罚违约方，如果允许受害人继续履行并对由此产生的损失获取赔偿，其结果在这些法院看来无异于强加给违约方一种"罚金"。

这两种解释均非完美，瑜瑞（Yorio）教授认为前者并不准确，"并非受害方单方有'最后清醒机会'以避免损失，相反，双方当事人均有相似的能力去防止损失的发生：违约方通过履行，受害方通过采取减损措施。"而后者"对那部分损害赔偿贴上'罚金'

---

① 韩世远Ⅳ书，第646页。

② See Edward Yorio, *Contract Enforcement*, pp. 178 ~ 180.

的标签进而用此标签去证成减损原则则实属妄下结论。”[①]

（2）信赖利益优先论

英国合同法专家阿蒂亚认为减损规则表明法律制度对受害方信赖利益的保护优先于对期待利益的保护。[②] 这一主张来自两方面的观察：第一，减损规则一般不限制对信赖某允诺而支出的费用的赔偿；第二，减损规则通常通过要求受害人停止履行或采取其他措施减轻损失而不允许其执行交易的具体条款（期待利益）。

“作为对于许多判例中减损原则之效力的描述，这些观察自然是准确的；作为对减损原则的解释或说明，该主张似乎牵强。该原则所作出的关键区分不是信赖的和期待的损害赔偿，而是在于可避免的和不可避免的损失。信赖的损害赔偿一般并不为减损规则所限制是因为业已发生的损失无法成为可避免；不可避免的期待的损害亦不受制于减损规则。当然，期待的损害好比信赖的费用更易于减轻，但是，此一事实尚不足以将减损原则归因于法律制度关于保护期待利益的矛盾心理。”[③]

（3）经济效益论

认为减损规则是一种激励受害方按促进经济效益的方式行为的规则。“这样做，不仅是对债务人利益的维护，而且是对社会整体利益的维护，是为了避免社会财富的减少。”[④]“减损规则发挥着一种重要的经济功能：鼓励资源的有效配置。”[⑤] 它鼓励受害方有所作为以使违约的浪费性后果最小化。[⑥] 具体言之：一方面，通过普遍地否决对毁约后发生之费用的赔偿，鼓励着受害方停止履行，因为订购商品或服务的一方现已决定不再想要它们了，于毁约后受害方继续履行在绝大多数场合即是对社会资源的浪费；另一方面，减损规则激励受害方采取果断措施防止损失发生，以这种方式，减损规则通常也导出了有效益的结果，比如，在非法解雇受雇人之场合，减损规则阻止着受雇人无所事事并降低了劳动效率这一宝贵的社会资源被浪费的机会。[⑦]

---

① Edward Yorio, *Contract Enforcement*, pp. 178 ～ 179.

② See P.S. Atiyah , *An Introduction to the Law of Contract* , 3rd ed . Carendon Press , Oxford, 1981 , p. 314.

③ Edward Yorio, *Contract Enforcement*, p.179.

④ 王利明、方流芳、郭明瑞:《民法新论》(上册), 中国政法大学出版社 1988 年版, 第 502 页。

⑤ Donald Harris & Denis Tallon , *Contract Law Today : Anglo-French Comparisons*, Clarendon Press, Oxford , 1989 , p. 249.

⑥ Faransworth, *Farnsworth on Contracts*, Vol. III , p. 219.

⑦ Edward Yorio, *Contract Enforcement*, p. 180.

（4）诚信原则论

在大陆法系，限于承认减损义务的国家，减损义务通常被视为一种不真正义务或间接义务（也有学说主张附随义务），“不真正义务”一语是德国法学的产物，并已为日本和我国台湾地区的学说所接受。不真正义务固然可以通过法律的直接规定及当事人的特别约定而产生，学说上认为除此之外还可以从诚信原则导出，而且均可依诚信原则作出解释。对于减损义务，学者通说认为其根据在于诚信原则。我国学者亦认为“减轻损害规则的主要依据是民法的诚实信用原则。”① 应该注意到，诚信原则论与经济效益论二者是可以统一的，设立减损义务的初衷不可否认的主要是增进效益，尽管有这种目的未必一定能够达到这样的效果。

如今，我解读减损义务时认为，“减损义务”充其量只不过是一种强度较弱的义务，属于“不真正义务”，相对人通常不得请求履行，而其违反一般认为并不发生强制执行或赔偿损失之后果，而只是发生义务人权利或利益的减损或丧失。自社会角度观察，减损义务的功能体现在，通过设定减损义务，可激励受害方按促进经济效益的方式去行为，增进社会整体效益。②

（二）王成的答复

1. 关于提问①

大陆法上，减损规则的基础是诚信原则，其目的在于促使受害人采取合理措施减轻损失，避免社会资源的浪费。故而，受害人是基于诚信而减轻损失。这或许就是王利明教授主张善意的原因。崔建远教授、韩世远教授均认为，一是受害人的行为合理性标准一是要在其行为时或应为行为时加以判断，而不应以事后的情况来衡量先前的行为是否合理；二是要看受害人的主观方面而不应拘于行为的客观结果，只要受害人在当时已经尽心尽力了，纵使在客观上并没有减轻损失甚或增加了损失（在并不过分的限度内），仍可获取全面赔偿。③ 我个人赞同这样的观点。

2. 关于提问②

个人觉得这点非常值得赞同。采取了不合理行为造成损失扩大，同样违反了诚信原则。可以解释为未采取适当措施避免损失的扩大。但是需要注意的是，减损规

① 王利明：《违约责任论》，中国政法大学出版社1996年版，第460页。

② 韩世远Ⅳ书，第643页。

③ 参见韩世远：《违约损害赔偿研究》，法律出版社1999年版，第391页。转引自崔建远Ⅲ书，第334～335页。

则源于诚信，合理与否的判断需要基于诚信原则，不可过分扩大其适用，从而使其变成违约方逃避违约责任的借口。

3. 关于提问③

根据王利明教授的观点，王利明教授在介绍完混合过错说、因果关系说、默示条款说、效率说之外提出，他认为减损规则的基础是诚实信用原则。这也是中国学者的通说，此点值得赞同。

三、濑川信久的点评

关于提问①，我个人对于王利明教授将《合同法》第119条的“适当措施”解释为“善意”这一点——由于尚未拜读王利明教授《违约责任论》一书，因此有可能存在误解——存在疑问。个人以为，此处所言善意应指，债权人不知道债务不履行的事实或因债务不履行而发生损害和扩大的事实，仅仅因为不知道这些事实，就可以请求赔偿所受的全部损失是不妥的。此处所谓“善意”应指的是“善意无过失”。但是，另一方面，认为仅仅对于这些事实具有恶意或过失，就可以减少赔偿数额也是不妥当的。正如崔建远教授、韩世远教授以及王成教授所考虑的那样，“适当措施”还是应解释为合理的行为。此外，我认为，韩、王两位教授指出“只要已经尽心尽力了，仍可获取全面赔偿”，这是产生歧义的表述。个人以为，其主旨并不在于以受害人的主观来判断行为的合理性，而仅在于不应拘泥于行为的客观结果。

不过，韩、王两位教授主张只要实施了合理的行为，即使增加了损失仍可获取全面赔偿的同时，也附加了“在并不过分的限度内”这一保留。个人以为，关于该保留所考虑的是减损规则以外的其他限制赔偿数额的方式，但其又是何种方式呢?

在此进入提问③的讨论。中国的学说将减损规则的依据寻求于诚实信用原则，而非混合过错说、因果关系说、默示条款说、效率说抑或近因说、惩罚理论、信赖利益优先论、经济效益论。我个人并未研究过这些学说和法理，因此不能说孰是孰非。不过，如若阐述直观意见的话，我认为，减免赔偿数额是基于多种法理的，如果想概括其整体的话，只不过是在将其说明为适合适用各个法理的各个情形中的诚实信用原则而已。反过来说，即使将其理解为诚实信用原则，也还将另外产生该诚实信用原则的依据与属性为何，是混合过错、因果关系、默示条款、效率抑或近因、惩罚、还是信赖利益优先这一问题。在此，产生了答案衍生出问题这种循环。为了不至于陷入此种循环，有必要结合实际案例来阐明减损规则或诚实信用原则的内容和依据。

但是，反观日本法也会发现，关于债务不履行责任中减轻赔偿额之法理的内容和标准是不明确的。首先，就《日本民法》所规定的减免赔偿额的法理而言，不论是关于债务不履行责任还是侵权责任，仅有过失相抵（第418条、第722条第2款），且未与减损义务进行区分。此外，关于侵权责任中的过失相抵还存在着种种议论，亦即：是属于加害行为的因果关系问题，还是对受害人行为的评价问题；是属于减轻加害人责任的问题，还是归责于受害人的问题等。而且，与以交通事故场合为中心而形成具体的减轻赔偿额标准相比，就债务不履行中的过失相抵而言，也由于公开发行的判例不多，因此相关研究也不多。关于过失相抵制度的依据，与中国的损害减轻规则同样，仅仅停留在“支配公平原则与债权关系的诚信原则”（我妻荣语）这一层次的说明。有关债务不履行中过失相抵的公开发行的判例及其研究不多的原因可能在于：在债务不履行中，债权人协助义务的内容按照具体的合同关系而存在差异，因此进行一般性的讨论比较困难，而且，如此为之的意义也不大。

尽管如此，最近也有学说在债务不履行责任的场合提倡适用减损义务，[①]而且，虽仅限于买卖合同，但也存在比较有关过失相抵与减损义务案例的研究。[②]以此为线索，以下将试对债务不履行责任中减免赔偿额的法理及其过失相抵与减损义务的关系作以简单整理。

首先，如上所述，不论是债务不履行还是侵权行为，《日本民法》均将过失相抵作为了减免赔偿额的法理。而反观案例可以看出，减免赔偿额时所考虑的情事，在债务不履行和侵权行为中有很大差异。在侵权行为的过失相抵中重要的是受害人的辨别是非善恶的能力、体质、其他原因的参与程度等因素，而这些在债务不履行的过失相抵中几乎不会成为问题。虽然也会在交易型侵权行为或违反合同中的附随义务情形中考虑与债务不履行的过失相抵相同的情事，但是原则上应认为，在债务不履行与侵权行为中所考虑的减免赔偿额的内容是完全不同的。

---

① ［日］内田贵：《强制履行与损害赔偿：从“损害减轻义务”的观点出发》，载《法曹时报》1990年第42卷第10号；［日］内田贵：《民法Ⅲ（第3版）》，日本东京大学出版会2005年版，第124页、第167页、第169页在考虑种类物交易的基础上，以可置办替代物为由，（1）限制债权人的履行请求权；（2）以解除时或履行期限为计算赔偿额的标准时点（无需赔偿其后价格上涨部分）；（3）作为限制赔偿额的依据来理解减损义务。与本文探讨减免赔偿额相关的是，其中的（3）即作为限制赔偿额之依据的减损义务。

② ［日］冈本诏治：《损害赔偿的范围Ⅰ（总论·买卖）》，日本一粒社1999年版，第33页、第344页。

其次,《日本民法》第416条将债务不履行责任中应予赔偿的损害范围限定在“通常所产生的损害”和当事人已预见或可以预见的“因特别情事产生的损害”。这主要是基于债务人的预见可能性的限制。第418条规定的过失相抵是以债权人的过失为由减轻赔偿额的,有必要将其与第416条相区别。而且,基于过失相抵的赔偿额之减免与基于第416条的赔偿范围之限制是被重叠适用的。我个人以为,关于上述提问①,韩王两位教授在作“在并不过分的限度内”这一保留时所考虑的是,如《日本民法》第416条规定的赔偿范围之限定。但问题在于,过失相抵与减损义务之间的关系。

一般来说,在债务不履行中债权人受损的过程可以分为:(ⅰ)从债务人的行为(作为或不作为)到债务不履行的事实(经过履行期限、交付有缺陷的产品等);(ⅱ)从债务不履行的事实到债权人的损失(因开工迟延而产生的收益的减少、转卖利益的丧失、购买替代物品的费用等)。《日本民法》第418条仅考虑了债权人参与到债务不履行的情形(该条规定“债权人就债务人不履行债务有过失时”)。但是,其后的判例与学说将过失相抵也适用到了债权人参与到损害的发生和扩大的情形之中,此次的民法修正将此种判例与学说予以了明文化(《日本民法修正案》第418条规定:“债权人就债务人不履行债务或由此产生的损害或其扩大有过失时”)。近年来有关减损义务的主张所考虑的也是(ⅱ)的场合。[①]

在此,考察基于不履行买卖合同的请求损害赔偿之案例,可以发现存在如下几种情况:在债权人(买受人)参与到债务不履行之发生的场合,存在以过失相抵为由的案例和以怠于履行减损义务为由的案例;[②] 但是,考察关于债权人未防止损害由该债务不履行发生和扩大到债权人的事业和生活领域之场合的案例,可以发现有如下情况:在(1)因没有购买替代物品而停工受有损失的场合,以及(2)因对购买替代物品具有过失而受有损失的场合,是以违反减损义务为由否定损害赔偿请求的;而在(3)债

① [日]内田贵:《民法Ⅲ(第3版)》,日本东京大学出版会2005年版,第169页。其中指出限制赔偿额的减损义务属于(ⅱ)债权人参与到损害的发生和扩大情形中的过失相抵[其指出,“减损义务的违反被评价为对损害之扩大〔即属于(ⅱ)的过程〕的过失”]。

② 据[日]冈本诏治:《损害赔偿的范围Ⅰ(总论·买卖)》,日本一粒社1999年版,第40页。其中所举的(4)(a)(b)的案例,诸如有关他人之物、设有抵押的土地、设有借地权土地的买卖或对于不切实际的过大方案的融资承诺等那样,在合同当时就有不能履行、不能实现风险的合同陷入不履行状态的场合,减轻了赔偿额。

权人继续准备履行自己债务的场合，则是以过失相抵为由按比例来减轻赔偿额的。[①]之所以在（ⅱ）的（1）（2）场合未采用按照过失的比例来进行过失相抵的方式，可能是因为，买受人（债权人）可以单独采取避免损害发生的措施。[②]

第十三节 关于因第三人的原因造成的违约

一、问题的提出

（一）关于《合同法》第121条的标题

本书对《合同法》第121条标有“因第三人过错造成的违约”这一标题，而据周江洪教授的论文，在司法实践中适用本条的案例是很多的。该论文介绍了本条的立法过程，学者的“合同法建议稿”第139条规定：“合同当事人一方因与自己有法律联系的第三人的过错造成违约的，应当向他方当事人承担违约责任。”但到了《合同法（意见征求稿）》阶段，该稿第87条改为“当事人一方因第三人的过错造成违约的，应当向对方承担违约责任。”其后又在《合同法》第121条中变更为“当事人一方因第三人的原因”。[③]上述法律出版社版《公民常用法律手册》的标题为“因第

① ［日］冈本诏治：《损害赔偿的范围Ⅰ（总论·买卖）》，日本一粒社1999年版，第33～40页、第344～348页所举案例。本文中的（1）（2）（3）属于该书第33页以下各案形的标题［（1）（2）（3）］。而从案情来看，该书第344～348页所举案例应属于（4）的案例。

顺便提及的是，这些案例并未在用语以及表述上区分过失相抵与减损义务。在此，是以此种标准来对这些案例进行整理的，亦即：比较债权人与债务人的过失（注意义务违反），将债务人的赔偿责任限定于其过失比例的理解为过失相抵；仅着眼于债权人的注意义务违反，并否定债务人对因此产生之损害份额的赔偿责任的理解为减损义务的违反。

② 最判平成21年1月19日民集63卷1号97页是有关房屋租赁人X（经营KTV的业主）请求赔偿因出租人Y不履行修缮义务而所受营业利益损失的案件。对于X的请求，该判例指出：对于可认定为X可以采取“在其他场所重新开始KTV的营业等避免或减少损害措施”的时期以后所发生的损害，其赔偿请求“在法理上是不能认可的”。

顺便提及的是，该判决虽继续指出，“不能认为”房屋承租人X所能够避免的损害“相当于《日本民法》第416条所称的通常所生之损害”，但我不能赞成此种观点。正如本文中所述，这是因为第416条第1款的赔偿范围之限制是基于与以违反减损义务为由的损害之减免所不同的考虑。

③ 参见周江洪：《〈合同法〉第121条的理解与适用》，载《清华法学》2012年第5期。

三人过错”，该标题是否正确？（提问①）

（二）关于直接向第三人追偿的问题

非违约方是否可以直接向第三人追偿？（提问②）

（三）关于第三人的范围

应如何理解第三人的范围？对此，存在限于与当事人一方有法律联系的第三人的观点（梁慧星教授）[①] 和对第三人的范围不作限制的观点（韩世远教授）两种。[②]（提问③）

（四）与不可抗力情形下免责条款之间的关系

上述（三）的论点与《合同法》第117条不可抗力情形下免责条款之间的关系将成为问题。亦即，如果在文字上理解第三人的“原因”的话，其范围可以是无限的，从理论上来说，也可将不可抗力情形包含在内。如果认为因第三人基于不可抗力的原因而造成违约的场合，债务人也承担违约责任的话，《合同法》第117条的免责事由将受到限制。（提问④）

（五）与《侵权责任法》第28条的关联

上述因第三人的原因造成的违约是否会与《侵权责任法》第28条（损害是因第三人造成的，第三人应当承担侵权责任）产生矛盾？（提问⑤）

二、韩世远与王成的答复

（一）韩世远的答复

1. 关于提问①

《合同法》第121条并没有出现“过错”二字，而是因第三人的“原因”造成违约。第三人的“原因”可能是第三人的“过错”，但也可能是第三人对该“原因”没有过错。因而，将该条标注为“因第三人过错造成的违约”，并不准确。

①② 参见周江洪：《〈合同法〉第121条的理解与适用》，载《清华法学》2012年第5期。

2. 关于提问②

这里有“请求权基础”的问题，换言之，非违约方基于什么向第三人追究赔偿？首先，二者之间没有直接的合同关系，因而，无法基于合同要求赔偿。其次，非违约方可否基于侵权法规范向第三人主张赔偿？可以想到的是所谓第三人侵害债权的问题，涉及如何解释《侵权责任法》第 2 条第 2 款“财产权益”的问题。[①]

3. 关于提问③

从法条上看不出对第三人有什么特别的限制。

4. 关于提问④

《合同法》第 117 条第 1 款前段“因不可抗力不能履行合同的，根据不可抗力的影响，部分或者全部免除责任，但法律另有规定的除外。”这里开头的“因”字，宜理解为不可抗力是不能履行合同的直接原因。如果由于不可抗力 A 不能向 B 履行交付原材料的义务，B 因此无法生产 C 订购的产品，在 A 与 B 的合同中，不可抗力可以作为免责事由；但是，不可抗力可否作为 B 与 C 之间的合同不履行的免责事由，则是值得探讨的。我个人认为，不可抗力并非 B 与 C 之间合同不履行的直接原因，因而，不能够成为 B 对 C 违约的免责事由。

5. 关于提问⑤

这恐怕需要放在具体的场景中分析，泛泛而谈不便说明问题。

（二）王成的答复

1. 关于提问①

如周江洪教授论文提到的，这种变更应当与人们对违约责任归责原则的认识过程有关。如前所述，当违约责任的归责原则被认定为无过错责任时，再称第三人过错造成的违约，则似乎就是不合适的。

韩世远教授、崔建远教授将《合同法》第 121 条与第 65 条一起，一并称为“为第三人负责”，此两条涉及的问题是，因第三人的行为或原因造成违约，债务人是否承担责任。[②] 此点值得赞同。

---

① 可参见韩世远Ⅳ书，第 723 页。

② 参见韩世远：《合同法总论（第二版）》，法律出版社 2008 年版，第 532 ~ 536 页；崔建远Ⅲ书，第 305 ~ 307 页。

2. 关于提问②

按照周江洪教授的理解，从文义来看，因第三人违约时，该条只是规定了一方当事人应向非违约方承担责任，并没有说“只能由一方当事人向非违约方承担责任”，并非是完全严格的“合同相对性”。因此，该条并未排除非违约方向第三人直接求偿的可能，并不构成第三人积极侵害债权、生产者向消费者承担责任等的制度障碍。①

从立法资料来看，《合同法》第 121 条目的在强调合同的相对性问题。个人理解，第 121 条解决两方面的问题，其一是守约方不能向第三人主张违约责任；其二是违约方不能以违约出于第三人的原因所造成而主张免除自己的责任。这两点，在制定《合同法》当时的社会背景中，都是非常重要的。

由于《合同法》第 121 条的规定，产生如下两方面的效果：守约方如果想向第三人直接追偿，需要特别的理由尤其是法律的明确规定；违约方想以第三人造成损失为由，免除自己的责任，也需要特别的理由尤其是法律的明确规定。

前者的例子，如《合同法》第 313 条规定，两个以上承运人以同一运输方式联运的，与托运人订立合同的承运人应当对全程运输承担责任。损失发生在某一运输区段的，与托运人订立合同的承运人和该区段的承运人承担连带责任。

后者的例子，如《最高人民法院关于审理旅游纠纷案件适用法律若干问题的规定》（法释〔2010〕13 号）第 7 条第 2 款规定，因第三人的行为造成旅游者人身损害、财产损失，由第三人承担责任；旅游经营者、旅游辅助服务者未尽安全保障义务，旅游者请求其承担相应补充责任的，人民法院应予支持。

与《合同法》第 121 条相关的中国的立法有以下一些例子：

中国《旅游法》第 71 条规定：“由于地接社、履行辅助人的原因导致违约的，由组团社承担责任；组团社承担责任后可以向地接社、履行辅助人追偿。由于地接社、履行辅助人的原因造成旅游者人身损害、财产损失的，旅游者可以要求地接社、履行辅助人承担赔偿责任，也可以要求组团社承担赔偿责任；组团社承担责任后可以向地接社、履行辅助人追偿。但是，由于公共交通经营者的原因造成旅游者人身损害、财产损失的，由公共交通经营者依法承担赔偿责任，旅行社应当协助旅游者向公共交通经营者索赔。”

《旅游法》第 71 条第 1 款体现了与《合同法》第 121 条相同的思路。第 2 款由于出现了侵权损害，第 2 款放弃了第 121 条的立场，但是也不是《侵权责任法》第

① 参见周江洪：《〈合同法〉第 121 条的理解与适用》，载《清华法学》2012 年第 5 期。

28 条的立场。《旅游法》第 71 条第 2 款中的但书，似乎又回到了第 121 条的立场。但是，这些责任的变化，正当性何在呢？

《消费者权益保护法》(2013 年第二次修正)中也有多处为第三人负责的规定。比如第 40 条规定："消费者在购买、使用商品时，其合法权益受到损害的，可以向销售者要求赔偿。销售者赔偿后，属于生产者的责任或者属于向销售者提供商品的其他销售者的责任的，销售者有权向生产者或者其他销售者追偿。""消费者或者其他受害人因商品缺陷造成人身、财产损害的，可以向销售者要求赔偿，也可以向生产者要求赔偿。属于生产者责任的，销售者赔偿后，有权向生产者追偿。属于销售者责任的，生产者赔偿后，有权向销售者追偿。"

其第 42 条规定，使用他人营业执照的违法经营者提供商品或者服务，损害消费者合法权益的，消费者可以向其要求赔偿，也可以向营业执照的持有人要求赔偿。

其第 43 条规定，消费者在展销会、租赁柜台购买商品或者接受服务，其合法权益受到损害的,可以向销售者或者服务者要求赔偿。展销会结束或者柜台租赁期满后，也可以向展销会的举办者、柜台的出租者要求赔偿。展销会的举办者、柜台的出租者赔偿后，有权向销售者或者服务者追偿。

其第 44 条规定："消费者通过网络交易平台购买商品或者接受服务，其合法权益受到损害的，可以向销售者或者服务者要求赔偿。网络交易平台提供者不能提供销售者或者服务者的真实名称、地址和有效联系方式的，消费者也可以向网络交易平台提供者要求赔偿；网络交易平台提供者作出更有利于消费者的承诺的，应当履行承诺。网络交易平台提供者赔偿后，有权向销售者或者服务者追偿。""网络交易平台提供者明知或者应知销售者或者服务者利用其平台侵害消费者合法权益，未采取必要措施的，依法与该销售者或者服务者承担连带责任。"

值得注意的是，从上述规定可以看出，受害人可以向第三人直接追偿的，多数是在合同关系的背景下，发生了侵权行为。此时究竟是因为侵权的因素，还是合同的因素使得受害人可以直接向第三人追偿，值得思考。《侵权责任法》第 28 条可能构成《合同法》第 121 条的例外。

如果第三人的行为构成第三人侵害债权，债权人则可以向第三人追偿。在中国司法上，第三人侵害债权，应当是被普遍承认的。

在耐克诉阿迪达斯、郑智财产损害赔偿案中，中国足球运动员郑智本于 2003 年 7 月已与耐克苏州公司签订代言合同，约定郑智在其之后至 2007 年 12 月参加的所有运动和商业活动中都只穿着和使用耐克公司的产品，公司向其支付代言费。而这之后的数次比赛和商业活动中，郑智则穿着阿迪达斯公司的产品，并向耐克提出终止合同，其后同阿迪达斯苏州签订了新的代言合同。

上海市第一中级人民法院认为：耐克苏州与郑智签订的合同系双方真实意思表示，均应严格恪守及履行。从耐克苏州方面来看，虽然耐克苏州支付郑智的2004年下半年款项被银行退回，但不可否认耐克苏州主动付款的行为本身是欲正常履约，款项退回后，耐克苏州主动为郑智缴纳了个人所得税，其愿意继续支付该笔款项的意思表示非常明确，至于未继续付款，不排除郑智告知耐克苏州他将要转会，要求暂缓付款的可能。而且，耐克苏州继续支付2005年上半年和下半年款项的行为，表明其要求继续履行合同，并未同意郑智终止履行合同的要求。从郑智方面来看，在耐克苏州付款被银行退回后，郑智从未向耐克苏州催款，其主观上不愿再履行合同的意图较明显。提出解约之前，郑智在比赛中未按约穿耐克球鞋，而是穿着了标识未经任何遮盖的阿迪达斯球鞋出场，该行为显然违反了合同的约定。自此之后，郑智一直穿着阿迪达斯球鞋出场，不愿再履行合同，故意毁约的意思表示显而易见。虽然郑智坚持认为自其2005年3月18日提出解约之后，合同就已经解除，但本院认为郑智的解约并不符合合同约定的在30天违约补救期之后方可书面通知终止履行合同的条件，故该解约要求是否发生效力，取决于耐克苏州与郑智能否就此达成一致意见。从耐克苏州的行为表示来看，显然双方对此存有分歧，故该解约行为并不当然发生效力。在耐克苏州与郑智尚未就合同解除达成一致的情况下，郑智不得以合同已经解除为由要求免除其就违约行为应当承担的责任。

阿迪达斯苏州与耐克苏州同是在苏州注册经营的公司，该两个品牌的公司均为世界知名的体育用品生产商，阿迪达斯苏州对郑智系耐克产品代言人应为明知。在郑智代言耐克产品期间，由阿迪达斯这一品牌的法律顾问所律师代表郑智向耐克苏州提出重新谈判代言费用，谈判未成后，阿迪达斯苏州与郑智签约。阿迪达斯苏州在本案审理中称，因郑智口头告知其是自由身，故与郑智签约。本院认为，作为一家著名的大型体育用品公司，在签订代言合同时，仅凭对方口头告知即签约，明显不合常理，阿迪达斯苏州至少应当与耐克苏州沟通，了解核实相关情况，可见其陈述并不属实。至于阿迪达斯苏州称在签约前仅与郑智洽谈两三天，更是不符合常理和商业惯例。综合上述事实，法院认为自2004年11月基德所律师代表郑智提出谈判时，阿迪达斯苏州就已经介入了郑智与耐克苏州的合同关系，阿迪达斯苏州以涉及商业秘密为由拒绝向法庭透露郑智代言费用，可以推定该费用高于耐克苏州支付郑智的代言费，故阿迪达斯苏州存在诱使郑智毁约的主观恶意，也实施了诱使郑智违约的行为。

综上所述，可以认定阿迪达斯苏州违背诚实信用原则，故意以高额利益引诱郑智毁约，从而达到其与郑智签订代言合同的目的。阿迪达斯苏州和郑智的行为，导致耐克苏州丧失了剩余合同期内郑智代言耐克产品所应获得的商业利益，两方应当连带赔偿耐克苏州的损失。原告提出的赔偿数额无直接事实依据，法院难以采信。同时，法院注意到，耐克苏州遭受的利益损失显然也难以量化。综合各方面因素考虑，本院酌情确定阿迪达斯苏州和郑智应当赔偿损失的数额为 20 万元。

综上所述，依照《民法通则》第 4 条、第 106 条第 2 款之规定，判决如下：

一、被告阿迪达斯（苏州）有限公司与被告郑智应当于本判决生效之日起十日内连带赔偿原告耐克（苏州）体育用品有限公司损失人民币 20 万元；

二、驳回原告耐克（苏州）体育用品有限公司的其余诉讼请求；

三、驳回原告耐克体育（中国）有限公司的全部诉讼请求。[①]

3. 关于提问③

个人认为，从保护受害人角度出发，原则上不应当限制第三人的范围。除非法律有特别的规定。比如，《旅游法》第 71 条规定："由于地接社、履行辅助人的原因导致违约的，由组团社承担责任；组团社承担责任后可以向地接社、履行辅助人追偿。""由于地接社、履行辅助人的原因造成旅游者人身损害、财产损失的，旅游者可以要求地接社、履行辅助人承担赔偿责任，也可以要求组团社承担赔偿责任；组团社承担责任后可以向地接社、履行辅助人追偿。但是，由于公共交通经营者的原因造成旅游者人身损害、财产损失的，由公共交通经营者依法承担赔偿责任，旅行社应当协助旅游者向公共交通经营者索赔。"此条应当是将第三人限定在与其有合同关系的范围内。对于与其没有合同关系的公共交通经营者而言，则不属于第三人的范畴。

之前的《最高人民法院关于审理旅游纠纷案件适用法律若干问题的规定》（法释〔2010〕13 号）第 7 条规定："旅游经营者、旅游辅助服务者未尽到安全保障义务，造成旅游者人身损害、财产损失，旅游者请求旅游经营者、旅游辅助服务者承担责任的，人民法院应予支持。""因第三人的行为造成旅游者人身损害、财产损失，由第三人承担责任；旅游经营者、旅游辅助服务者未尽安全保障义务，旅游者请求其承担相应补充责任的，人民法院应予支持。"此条第 2 款中的第三人，应当是指与旅游经营者无关的第三人。

① 参见上海市第一中级人民法院（2007）沪一中民五（商）初字第 99 号民事判决书。

4. 关于提问④

需要讨论的是，第三人的行为如何构成不可抗力?

如果第三人的行为本身构成不可抗力，则债务人可以依据《合同法》第 117 条的规定，主张免责。如果不是属于这种情况，则需要进一步讨论。

不可抗力成为免责事由，一定需要有第三人的行为作为媒介。即如果单纯的不可抗力直接作用于受害人，则没有加害人或者违约人，损失只能由受害人自己承担。此外，受不可抗力影响的可能是直接的加害人或者违约人；也可能是第三人，第三人再作用于违约方造成违约。在受不可抗力影响的人为直接的违约方时，则可能因不可抗力而免责。在受不可抗力影响的人是合同关系之外的第三人时，该第三人又作用于合同法一方构成违约时，能否因此免除违约方的责任，则构成问题。按照《合同法》第 121 条，此时，违约方应当向守约方承担责任，至于违约方和第三人的关系，则另行处理。这可能涉及价值衡量，一旦因为不可抗力造成损失，总要有人出来承担损失，问题就在于由谁承担损失。

值得注意的是《旅游法》第 75 条的规定，“住宿经营者应当按照旅游服务合同的约定为团队旅游者提供住宿服务。住宿经营者未能按照旅游服务合同提供服务的，应当为旅游者提供不低于原定标准的住宿服务，因此增加的费用由住宿经营者承担；但由于不可抗力、政府因公共利益需要采取措施造成不能提供服务的，住宿经营者应当协助安排旅游者住宿。”

本条中，因不可抗力造成住宿经营者不能提供服务，其应当协助安排旅游者住宿。当然，本条中住宿经营者是否属于《旅游法》第 71 条第 1 款（由于地接社、履行辅助人的原因导致违约的，由组团社承担责任；组团社承担责任后可以向地接社、履行辅助人追偿）中的履行辅助人，则值得讨论。

5. 关于提问⑤

由第三人侵权造成损失的情形，与因第三人违约造成损失的情形存在不同。在侵权的场合，不存在所谓相对性的问题。侵权人就是直接造成损失的人。《侵权责任法》第 28 条可能构成《合同法》第 121 条的例外。在损害是因第三人造成时，第三人就是侵权人。当然，如果侵权行为发生在合同关系背景下，情况可能就非常复杂。债务人与第三人直接作用的人，有可能连带或者按份对受害人承担责任，也可能构成不真正连带责任。

前面提到的中国《旅游法》第 71 条规定第 1 款和第 2 款区分了第三人违约和第三人侵权，在第 2 款第三人侵权中又区分了与债务人有合同关系的履行辅助人以及与债务人没有合同关系的公共交通经营者。该条第1款规定："由于地接社、履行辅助人的原因导致违约的，由组团社承担责任；组团社承担责任后可以向地接社、履行辅助人追偿。"此时，坚守合同相对性原则。

《旅游法》该条第2款规定："由于地接社、履行辅助人的原因造成旅游者人身损害、财产损失的，旅游者可以要求地接社、履行辅助人承担赔偿责任，也可以要求组团社承担赔偿责任；组团社承担责任后可以向地接社、履行辅助人追偿。但是，由于公共交通经营者的原因造成旅游者人身损害、财产损失的，由公共交通经营者依法承担赔偿责任，旅行社应当协助旅游者向公共交通经营者索赔。"此时，与债务人有合同关系的直接侵权人与合同债务人构成不真正连带；而与债务人没有合同关系的侵权人，则为侵权责任人。

《消费者权益保护法》（2013年第二次修正）第40条，基本上也贯彻了这样的思想。第40条规定："消费者在购买、使用商品时，其合法权益受到损害的，可以向销售者要求赔偿。销售者赔偿后，属于生产者的责任或者属于向销售者提供商品的其他销售者的责任的，销售者有权向生产者或者其他销售者追偿。""消费者或者其他受害人因商品缺陷造成人身、财产损害的，可以向销售者要求赔偿，也可以向生产者要求赔偿。属于生产者责任的，销售者赔偿后，有权向生产者追偿。属于销售者责任的，生产者赔偿后，有权向销售者追偿。"

第44条第2款规定："网络交易平台提供者明知或者应知销售者或者服务者利用其平台侵害消费者合法权益，未采取必要措施的，依法与该销售者或者服务者承担连带责任。"此时，由于网络交易平台提供者存在明知或者应知，故而二者构成连带责任。

《最高人民法院关于审理旅游纠纷案件适用法律若干问题的规定》（法释〔2010〕13号）第7条规定："旅游经营者、旅游辅助服务者未尽到安全保障义务，造成旅游者人身损害、财产损失，旅游者请求旅游经营者、旅游辅助服务者承担责任的，人民法院应予支持。""因第三人的行为造成旅游者人身损害、财产损失，由第三人承担责任；旅游经营者、旅游辅助服务者未尽安全保障义务，旅游者请求其承担相应补充责任的，人民法院应予支持。"

三、濑川信久的点评

提问②至提问⑤均属于由第三人参与其中而发生债务不履行场合的问题。其中，提问②非违约方对第三人的直接请求权和提问⑤与《侵权责任法》第28条的关联属于不具有合同关系的该第三人是否对债权人承担赔偿责任，以及该责任是侵权责任还是债务不履行责任的问题；提问③第三人的范围和提问④与不可抗力免责条款之间的关系属于在承担债务不履行责任的场合，债务人对多大范围内的事由承担责任的问题。以下，分别对提问②和⑤、提问③和④一并予以探讨。

（1）提问②关于非违约方对第三人的直接请求权，其依据在日本法上也将成为问题。所能考虑的虽有侵权行为和债务不履行，但是由于债权人与第三人之间没有合同关系，因此如若承认则只能是侵权行为。具体来说，便是侵害债权的侵权行为或对消费者所承担的产品责任。以上内容与韩王二位教授的观点是相同的。

小口教授在提问⑤中将《合同法》第121条与《侵权责任法》第28条的关联视为一个问题。但是,《合同法》第121条规定，债务人只要符合债务不履行的要件，即便因第三人的行为所致也需承担债务不履行责任；《侵权责任法》第28条亦规定，第三人只要符合侵权责任的要件，就要承担侵权责任。这两个条文仅在于规定，只要符合各自的要件，就要承担债务不履行责任或侵权责任，二者的规范内容不论在形式上还是在实质上都不发生冲突。[①] 而就请求权竞合（对此,请参见本章第十四节）而言，其属于一个行为人对同一损害同时具备债务不履行责任和侵权责任要件时的问题。

王成教授关于提问②和⑤的意见，在以上述内容为其前提的基础上，对于在合同关系中因第三人的侵权行为而发生损害时由谁来承担赔偿责任，以及该责任为侵权责任还是债务不履行责任这一问题，通过列举几个事例来进行了探讨。在考虑当今交易过程中损害发生的形态时，此种主张的意义是重大的。也就是说，当提供物品或服务是由一次性的交易及其连锁关系来构成时，作为形成债务不履行之原因的第三人所考虑的是怠于履行的履行辅助人。但是，当提供物品或服务逐渐开始建立于生产者与销售商之间持续性的关系和消费者对生产者或销售商的品牌信赖之上时，或者建立于诸如网购之类的持续性的网络时，在实现给付的过程中将有多数人以各种形式参与其中。比如，在融资租赁中，将由土地所有权人、开发商、不动产中介公司以及金融机构从不同层面参与到提供房屋的程序之中。由于在合同履行过程中

① 《侵权责任法》第28条虽规定,“损害是因第三人造成的,第三人应当承担侵权责任”,但有鉴于该条处于“第三章 不承担责任和减轻责任的情形”之中，因此其主旨应理解为：“损害因第三人造成的，被告虽有不承担责任或减轻责任的情况，第三人应当承担侵权责任”。

呈现出了此种多层次的状态，因此成为不履行之原因的第三人也呈现出了多样化。这也是王成教授之所以主张有必要对其赔偿责任进行理论上的整理的原因吧。个人以为，在日本，虽有后述的多角形合同关系论对此问题进行了探讨，但到目前为止还未找到其落脚点。以下，将以针对王成教授关于提问②和提问⑤的形式来介绍日本对此问题的讨论情况。

在关于提问②的意见中，王成教授对此问题依据《合同法》第121条的“债务不履行责任由债权关系来处理”这一原则性标准——王成教授将其分解为“如果不存在债务不履行的情况，就不承担债务不履行责任”与“如果存在债务不履行的情况，就要承担债务不履行责任”进行了整理。也就是说，其一为，债权人不能向第三人追究债务不履行责任这一原则及其例外——《合同法》第313条（对于托运人，除了与其处于直接合同关系的、全程运输区段的承运人之外，特定区段的承运人也要承担债务不履行责任）；其二为，如若债务人存在如安全保障义务那样的债务不履行的情况，也要对由第三人的原因造成的损害承担债务不履行责任。

对此，据王成教授的介绍，在中国有扩张合同责任之趋势。而在日本，最判平成10年4月30日判例时报1646号162页在一方面指出，与托运人签订运输合同的承运人，向不具有合同关系的收货人（货物的所有人）承担丢失货物的侵权责任的同时，另一方面又指出，该责任受托运人与承运人之间运输合同责任的限制。

在关于提问⑤的意见中，王成教授着眼于被侵害利益来整理了相同的问题。也就是说，在列举《旅游法》第71条和《消费者权益保护法》第40条的同时，将其分为（1）旅游者或消费者的人身、财产权益受到侵害的场合与（2）违约以及合法权益受到侵害的场合；并指出，在（1）的场合，与旅游者或消费者没有直接合同关系的人对旅游者或消费者承担侵权责任；与此相对，在（2）的场合，组团社或销售者对旅游者或消费者承担合同责任，而与旅游者或消费者没有直接合同关系的人，对组团社或销售者负有求偿责任（合同的相对性原则）。但是，（3）《消费者权益保护法》第44条第2款以及《最高人民法院关于审理旅游纠纷案件适用法律若干问题的规定》分别规定，网络交易平台提供者对销售者等侵害消费者未采取必要措施的，承担连带责任；旅游经营者对第三人侵害旅游者人身、财产未尽到安全保障义务的，承担补充责任。个人以为，王成教授是认为这些情况属于（1）的场合的。

在日本，着眼于被侵害利益的议论出现在，从定作人（房屋所有人）B处购得房屋的C以该房屋存在缺陷为由向其建筑承揽人A请求损害赔偿的案件。在传统上，只有因房屋的缺陷致使C的生命、身体、财产受侵害时，才承认侵权行为的。可以说，这是为了确保建筑承揽人 A 与定作人 B 之间存在的有关免责的特别约定等合同自由的。但是近年来，最判平成 19 年 7 月 6 日民集 61 卷 5 号 1769 页、最判平成 23 年 7 月 21 日判例时报 2129 号 36 页（整栋购买的公寓存在缺陷的案件）以确保与该建筑物相邻的多数人的安全为由，对于“有损作为建筑物基本的安全性能之瑕疵”——涉及足以导致建筑物倒塌的结构耐力上的瑕疵、存在脱落风险的外壁以及存在致人坠落风险的阳台、发生有损害健康和财产风险的漏水或有害物质等——情形中的修缮费用，承认了 A 向转得人 C 承担侵权责任。[①]

在以上提问②和提问⑤的任一场合，中国法是通过扩张适用合同责任的方式来承认第三人的责任的，而与此相对，日本法则是通过扩张适用侵权责任的方式来承认的。之所以会出现此种差异，是源于中日有关合同责任与侵权责任的观念存在错位抑或是其他理由，这是一个值得考察的问题。

（2）其次，提问③第三人的范围与提问④与不可抗力免责条款之间的关系，属于债务人向债权人所承担的赔偿责任范围的问题。对此，中日的讨论方式也稍有不同。

考察提问③第三人的范围可以发现，作为债务人对其行为承担债务不履行责任的第三人，韩王二位均认为，不存在有什么特别的限制。此外，王成教授还指出：《旅游法》第 71 条特别规定债务人（旅行社）对于与其没有合同关系的第三人（公共交通经营者）的行为不承担责任；另一方面，《最高人民法院关于审理旅游纠纷案件适用法律若干问题的规定》规定，因第三人的行为造成旅游者人身损害、财产损失，旅游经营者、旅游辅助服务者对此未尽安全保障义务的，承担补充责任，但除此之外不承担责任，此处的第三人应当是指与旅游经营者没有合同关系的第三人。也就是说，王成教授指出，上述最高人民法院的司法解释也认为债务人对于与其没有合同关系的第三人的行为不承担责任。

与此相对，在日本，[②] 作为债务人对其行为承担债务不履行责任的第三人，传统通说仅考虑了履行辅助人。作为该履行辅助人所考虑的是，债务人将其作为左右手来使用的“真正意义上的履行辅助人”和代替债务人接受履行的“履行代办人”，且均为债务人可

① 以上参见［日］濑川信久：《施工方等基于侵权行为而对不动产购买人所负瑕疵修补费用赔偿责任的“缺乏作为建筑物基本的安全性能之瑕疵”的意义》，载《现代消费者法》No.14。

② 作为有关履行辅助人之讨论的简要整理，请参见［日］长坂纯：《“履行辅助人”概念与多方性法律关系》，载椿寿夫、中舍宽树编：《多方性法律关系的研究》，日本评论社 2012 年版，第 271 ~ 276 页。

予以干预的第三人。与此相对，现今的学说（合同责任说）认为：债务人在将该第三人的行为用于自己债务的履行时应承担责任（森田宏树）；或者，按照合同内容予以区分，在存在保证实现结果的结果债务中，除了不可抗力情形之外，也应对第三人的行为承担责任；在不存在保证实现结果的手段债务（方式性债务）中，仅在第三人的行为被纳入债务的履行过程中时才承担责任；在禁止使用第三人的场合，债务人只要使用了第三人，就应对该第三人的行为承担责任（潮见佳男）。由于该学说（指的是合同责任说——译者注）不要求将债务人对第三人的可干预性作为债务人的责任要件，因此，不像传统通说那样限定第三人的范围。具体来说，该说认为，对于运输人和酒店经营者所提供的服务，旅游业者应向旅游者承担责任（森田宏树，加藤雅信）。

但是还存在此种观点，即通过不同于"履行辅助人"这一思考框架的其他框架来把握债务人关于第三者行为的责任，以期扩大债务人承担责任的第三人行为之范围的观点。其一为，有关债务人的"组织编成义务论"；其二为，"复合型合同论""多角形法律关系论"。组织编成义务论指的是，依据该合同的内容或诚信原则，为了保护对方的利益而课以一方当事人适当选任、指挥、监督第三人的义务。而多角形法律关系论则在探讨多数人参与其中的法律关系的过程中，探讨了同样的问题。具体而言，包括上述旅游业者对旅游者承担的责任；汇出行对汇款人承担的构筑适当的人力、物力网络的义务；金融分期付款销售中金融公司所承担的对销售分店的监管义务；融资租赁公司所承担的对供应商的监管义务等。[①]

依据以上内容，可以看出，仅限于现时之学说的结论的话，中日两国之间并无太大差异。不过，其讨论的出发点存在很大差异。个人以为，日本的学说之所以以债务人是否对"履行辅助人的过失"承担责任这一形式来展开讨论是源于其继承了有关旧《德国民法》第278条规定的理论。该理论将此种观念作为其基础，亦即：将债务不履行的要件分为客观要件（不履行的事实）和主观要件（应归责的事由。对不履行的认识或认识可能性），并将主观要件作为不可或缺的责任要件。与此相对，在中国，与《合同法》第121条相同主旨的规定已出现在1995年的《合同法（试拟稿）》第139条以及1997年的《合同法（征求意见稿）》第87条之中，并且有学者指出其基于非常确定的理由。[②] 而中国法从一开始就拥有此种规定的理由是在于中国法的传

① 参见［日］潮见佳男：《债权总论Ⅰ（第2版）》，日本信山社2003年版，第302页；长坂纯前引文，第278页。

② 王成教授在"2.关于提问②"中指出，第121条的内容在《合同法》制定当时就受到了极大的重视。

统还是受外国法的影响，非常耐人寻味。

关于提问④与不可抗力免责条款之间的关系。关于基于不可抗力的免责，日本法与中国法之间也存在着很大的差异。

首先，日本关于债务不履行的赔偿责任是以“应归责于债务人的事由”为要件的过失责任（现行《日本民法》第 415 条）。由此，不可抗力免责根本没有发挥其功能的余地。并且，不存在有关不可抗力免责的条文，[①] 相关案例也不多，学说上也鲜见有相关讨论。[②]

与此相对，由于中国法上的违约责任属于严格责任，因此不可抗力免责具有了重大意义。[③] 此外，关于因第三人的行为造成的《合同法》第 121 条的债务不履行场合以及非因第三人行为的《合同法》第 117 条不可抗力免责的场合，韩世远教授按照不可抗力为不履行的直接原因还是间接原因来予以区分；而王成教授则按照不可抗力作用于谁来进行区分。二位的意见虽有所不同，但在注重不可抗力的客观作用这一点上是共通的。

如上所述，虽然日本法与中国法关于债务不履行责任的责任要件在其基础上存在差异，但实际的差异到底有多大还需要探讨。一方面，由于日本法上“应归责的事由”这一要件由债权人承担举证责任，且对其进行宽泛解释，因此，实际上已接近于承认不可抗力免责的无过失责任。此次的债权法修正以但书的形式明确了债权人对此承担举证责任，并明确规定将交易上的社会一般观念这一客观性因素作为判

① 《日本民法》第 419 条对于金钱债务，除了例外地规定不履行为无过失责任（绝对责任）之外，还规定即使不可抗力也不能免责。而作为在不可抗力的场合可被免责的合同责任，包括：《日本商法》第 594 条所规定的（旅馆、餐厅、影剧院、游乐场等）公共场所的营运人责任（receptum 责任＝结果责任）；《日本民法》第 276 条所规定的佃农的佃租支付义务；《日本民法》第 609 条所规定的土地承租人的租金支付义务。

② 关于学说的讨论情况，请参见［日］荻野奈绪：《契约责任中不可抗力的定位：以法国的讨论为中心》，载《同志社法学》2006 年第 58 卷第 5 号。

③ 1981 年的《经济合同法》第 27 条第 1 款第 4 项、1985 年的《涉外经济合同法》第 24 条、1987 年的《技术合同法》第 20 条、第 24 条第 1 款第 2 项以及《技术合同法实施条例》第 24 条、1986 年的《民法通则》第 107 条均对违约责任规定了不可抗力免责。此外，关于不可抗力，作出了签订合同当时不能预见、不能避免其发生与结果、并不能克服的客观情况这种与日本基本相同的定义。参见胡光辉：《关于中国法上不可抗力的一种考察》，载《国际商事交易学会年报》2014 年第 16 号。

断标准之一；[①] 另一方面，如若在中国法上也限定作为违约责任之义务的范围，或者宽泛地解释不可抗力的话，[②] 也将接近于过失责任。而日本法与中国法之间存在的实际差异，还有待于对实际案例的分析。

第十四节　关于违约责任与侵权责任的请求权竞合问题

一、问题的提出

关于中国《合同法》第 122 条规定的违约责任与侵权责任请求权竞合，其宗旨是否可以理解为：当违约责任与侵权责任发生竞合时，原告只能选择其中之一，即使原告据此败诉，也不能再以其他请求权来进行请求？此外，当原告选择违约责任进行请求后，就不能要求精神损害赔偿，或者不能通过其他请求权来填补原告未能获得的损害赔偿额的不足部分？

二、韩世远与王成的答复

（一）韩世远的答复

《合同法》第 122 条在违约责任与侵权责任竞合场合，赋予受损害方以选择权：要么依照《合同法》要求违约方承担违约责任，要么依照其他法律要求其承担侵权责任。最高人民法院采“请求权竞合”说立场，在《合同法适用解释（一）》第 30 条进一步规定，债权人依照《合同法》第 122 条的规定向人民法院起诉时作出选择后，在一审开庭以前又变更诉讼请求的，人民法院应当准许。对方当事人提出管辖权异议，经审查异议成立的，人民法院应当驳回起诉。

在侵权责任与违约责任竞合场合，我国有的学者指出，“受害人享有双重请求权，但一旦行使其中之一，另一请求权也就当然消灭。”[③] 这可以说是当下比较普遍的立场。

---

① 《日本民法修正案》第 415 条规定为：“按照合同及其他债务之发生原因以及交易上的社会一般观念，其债务不履行属于不可归责于债务人的事由”。

② 虽限于日本法，[日] 潮见佳男：《practice 民法 债权总论（第 4 版）》，日本信山社 2012 年版，第 114 页。其中介绍了扩大解释不可抗力的学说。

③ 张新宝：《侵权责任法原理》，中国人民大学出版社 2005 年版，第 100 页。

一旦选择且经过裁判，受害人胜诉场合其遭受的损害获得填补，另外未被选择的请求权自然没有继续存在的必要而归于消灭。如果受害人败诉，该案通常也会以民事判决的既判力及“一事不再理”原则为由，不支持受害人再行主张另外一种请求权。

在因违约而引发非违约方遭受精神损害场合，在非违约方提起诉讼使违约方承担了违约责任之后，如果由于该诉讼是违约责任诉讼而法院未支持原告的精神损害赔偿请求，或者原告在起诉时考虑到上述可能的结果而没有提起精神损害赔偿请求，在被告承担违约责任（比如违约金责任）后，是否还可以另行提起侵权诉讼，要求精神损害赔偿呢？这是一个富有挑战性的好问题。

就上述问题，从目前所见到的裁判案例来看，鲜见在违约赔偿之外基于侵权另行请求赔偿精神损害的实例。不过，对于这一问题，从学理角度，仍有进一步分析的可能及必要。通常，所谓“一事不再理”，是指在判决确定场合，禁止就同一事件再次审理。这一原则来自罗马法，其在拉丁语中的表达是 ne bis in idem（对于发生在相同当事人之间的同一争议事项，一旦作出终局裁决，即不再进行第二次审理[①]）。就上述因违约而引发非违约方遭受精神损害的事例而言，何谓此处的“损害赔偿”？进而何谓此时的“一事”？如果对于非违约方所遭受的损害，不区分类型，只要予以金钱赔偿，即谓“损害赔偿”，那么，经由违约赔偿，确实就了结了纠纷，不应再有另行依侵权请求赔偿的余地。而这种立场，显然是把“损害赔偿请求权”当作一个抽象的概念，一经有效行使，其目的便获实现。如果进一步注意“损害赔偿请求权”，一如其他的请求权，可以类型化，可以区分，那么，这里便存在着分别主张的可能性。我们知道，本金请求权与利息请求权可以分开来主张，而且，利息请求权本身也可以分阶段分别主张，这时，并不与“一事不再理”冲突。[②]如果非违约方在违约诉讼的诉讼请求中明确主张的是“财产损害赔偿”，在该诉讼胜诉后，另行提起侵权诉讼，在诉讼请求中明确请求“非财产损害赔偿”，如果说不可以，其法理又在哪里呢？如今，围绕“一事不再理”原则，中国民事诉讼法学的代表学说认为，“这里的‘事’就是事件，也就是案件。但如果简单地将此案与彼案加以区别，依然是模糊和笼统的，因为一个案件往往包含若干诉讼请求。如果其中一个请求，法院没有作出裁决，当事人有可能就该请求提起诉讼，

---

① 黄风编著：《罗马法词典》，法律出版社 2002 年版，第 182 页。

② 参见张卫平：《一事不再理原则的法理根据及其运用》，载《人民法院报》2014 年 5 月 28 日第 5 版。

此种情形不能认为违反一事不再理原则。"[①] 如此，通过将"诉讼标的"聚焦于诉讼请求，确实增进了可操作性。

另外，在实务中，有时在合同诉讼场合，法院会明确表示，原告的某项诉讼请求在本案中不获支持，但并不妨碍原告另行提起侵权之诉寻求保护。这种做法意味着，法官也并没有机械地固守"原告请求权一经法院处理，便不得再行诉讼主张"的教条。如此，即便法院在违约诉讼中对于某项请求权作出败诉裁决，依然有可能就此另行基于侵权诉讼加以主张，这与"一事不再理"原则及作为其制度表现形式的民事判决的既判力并不冲突。

（二）王成的答复

《合同法适用解释（一）》第 30 条规定，债权人依照《合同法》第 122 条的规定向人民法院起诉时作出选择后，在一审开庭以前又变更诉讼请求的，人民法院应当准许。对方当事人提出管辖权异议，经审查异议成立的，人民法院应当驳回起诉。

《最高人民法院关于审理旅游纠纷案件适用法律若干问题的规定》（法释〔2010〕13 号）第 21 条规定，旅游者提起违约之诉，主张精神损害赔偿的，人民法院应告知其变更为侵权之诉；旅游者仍坚持提起违约之诉的，对于其精神损害赔偿的主张，人民法院不予支持。

根据上述两条规定，可以看出，对于这一问题，中国最高人民法院皆采肯定的立场，即原告只能选择一条救济途径。在选择违约的情况下，则不能要求精神损害赔偿。

《消费者权益保护法》（2013 年第二次修正）第 51 条规定，经营者有侮辱诽谤、搜查身体、侵犯人身自由等侵害消费者或者其他受害人人身权益的行为，造成严重精神损害的，受害人可以要求精神损害赔偿。此条中的精神损害赔偿的请求权基础应当是侵权。

三、濑川信久的点评

所谓违约责任与侵权责任的竞合是指，如因未履行旅游合同而使旅游者受伤并

---

① 参见张卫平：《一事不再理原则的法理根据及其运用》，载《人民法院报》2014 年 5 月 28 日第 5 版。

造成精神损害的场合，同一种事实关系同时具备债务不履行与侵权行为的任一要件的场合。此处存在几个问题，而日本法与中国法所不同的是其中的一部分。

首先，在上述竞合场合，在实体法上存在两种立场：(1)仅承认其中的一种损害赔偿请求的立场（法条竞合说）；(2)两种损害赔偿请求均予以承认的立场（请求权竞合说）。在(1)仅承认其中一种的场合，承认哪一种请求权及其决定的标准为何将成为问题。一般来说，以与侵权法被广泛适用相比，合同法属于其适用限于存在合同关系的一种特别法为由，仅承认基于债务不履行的赔偿请求。但是，不论是在中国还是在日本（判例与多数说）均采用了(2)请求权竞合说。[①]

如若采请求权竞合说而在实体法上承认两种赔偿请求权的话，在实际的诉讼中，是①由原告选择其中之一来进行主张，还是②两种主张均予以承认，将成为问题。中国《合同法》第122条属于①的情形，[②] 而日本法属于②的情形。如②那样同时主张两种请求时，当事人有两种方式可供选择：一是，不分主次地进行主张的方式（选择性主张）；二是，将一种请求作为主要的主张，而将另一种请求作为预备性主张的方式。[③] 顺便提及的是，在②的场合，可以同时主张两种请求，但也存在当事人仅主张一种请求的情况。

在如①那样由原告选择其中之一来进行主张的场合（中国），以及虽属于②的情形，但当事人仅主张一种损害赔偿请求的场合，抑或虽然当事人同时主张了两种损害赔偿请求，但仅承认一种请求而未予判断另一种请求的场合（在日本有此种情况），当所主张的请求被认可判决或驳回判决予以确定时，是认为（ⅰ）既然当事人已主张一种请求，就不承认其他请求；还是（ⅱ）承认另行以另一种请求来起诉，将成为问题。在日本，新诉讼标的理论所主张的是（ⅰ），但实务则依据旧诉讼标的理论而采用了（ⅱ）的观点。韩世远教授所介绍的张新宝说属于（ⅰ），且其被认为中国“当

---

① 顺便提及的是，还存在此种见解，亦即：即使存在可适用于同一种事实关系的多种法律规范，但如债务不履行与侵权行为那样，在其目的相似的场合，应在实体法上构建不属于两者中任何一种的特别请求权，且其要件与效果应通过调整侵权规范与合同规范来确定（四宫和夫教授主张的规范统合说）。关于请求权竞合问题的简要整理，请参见［日］泽井裕：《无因管理·不当得利·不法行为（第3版）》，日本有斐阁2001年，第277页。

② 《合同法》第122条规定，“有权选择”其中之一，未将选择规定为义务。但是，似乎并未考虑可以同时请求二者。

③ 在日本，比如在事故发生后3年之内提起以违反安全保障义务为由的请求损害赔偿的诉讼时，（原告）是以选择性合并或预备性合并的方式来主张债务不履行和侵权行为的。

下比较普遍的立场”,[①] 但似乎也存在不少以某种形式来承认其他请求的观点。[②] 对此，韩世远教授提出如下建议：将请求按照其内容来予以区分和把握，就精神损害赔偿而言，在违约责任诉讼中未予主张的场合，或者即使在因其为违约责任诉讼而被驳回的场合，也可以另行在侵权之诉中提出请求。[③] 不过，虽仅限于精神损害赔偿请求，但这意味着其采用的是（ⅱ）的观点。韩世远教授的依据是基于此种对一事不再理的实质性解释，也就是说：将损害赔偿请求权分为本金请求权与利息请求权，并将利息请求权“类型化和区分为”不同阶段的利息请求权，“通过将‘诉讼标的’聚焦于诉讼请求，确实增进可操作性。”

如若像日本那样采（ⅱ）的话，将意味着承认即使败诉也可以以另外的请求为依据而在实际上重复同样的诉讼。而如若像中国那样采（ⅰ）的话，存在本应被承认的请求因原告的选择失误而不被承认的可能性。

顺便提及的是，在中国，作为请求权竞合的问题而讨论的是由违约造成的精神损害的处理问题；而关于由违约造成的精神损害，在日本法上原则上以债务不履行为由否定抚慰金的请求，但即使在债务不履行的场合，当侵害生命、身体或其他人格性利益时［有关医疗过失、护理设施入住者的受伤事故（东京地判平成 25 年 5 月 20 日判例时报 2208 号 67 页）；有关怠于照顾受托动物、因违反安全保障义务所致的工伤（最判昭和 55 年 12 月 18 日民集 34 卷 7 号 88 页）；劳动者在休息时间受不当约束（最判昭和 54 年 11 月 13 日判例时报 402 号 6 页）］等，也是承认抚慰金的。虽然仅限于精神损害，但可以说，判例在实体法上的侵权行为与债务不履行之间创设了一种介于二者之中的损害赔偿请求权（此为规范统合说的观点）。[④]

---

① ［日］田中信行编:《中国商务法的理论与实务》，日本弘文堂 2011 年版，第 73 页（小口彦太撰写部分）列举了王利明教授的观点，并将其称为请求权选择竞合说。

不过，该说是否真正符合在中国广泛认可再审（［日］铃木贤：《关于中国民事裁判正统性的一种考察》，载小口彦太编：《中国的经济发展与法》，日本早稻田大学比较法研究所 1998 年版，第 369 页）这一情况呢？

② 作为符合此种情况的观点，［日］田中信行编：《中国商务法的理论与实务》，日本弘文堂 2011 年版，第 73 ~ 74 页。其中列举了王成教授的观点以及上海高级人民法院的判决。

③ ［日］田中信行编：《中国商务法的理论与实务》，日本弘文堂 2011 年版，第 73 页。将此称为限制性请求权事由竞合说。

④ 之所以不将违反安全保障义务和保护义务的财产性损害统合为实体法上的一个损害赔偿请求权，不是因为法院不予承认，而是因为原告不作此种主张。